KB260358

중앙문화재연구원 학술총서 26

한국 청동기문화 개론

韓國靑銅器文化槪論

중앙문화재연구원 엮음

진인진

지은이

이청규(영남대학교)
고일홍(서울대학교 인문학연구원)
김승옥(전북대학교)
이수홍(울산문화재연구원)
김민구(전남대학교)
이기성(한국전통문화대학교)
조진선(전남대학교)
김종일(서울대학교)
김범철(충북대학교)
강인욱(경희대학교)
천선행(전북대학교 박물관)

한국 청동기문화 개론

초판 1쇄 발행 ｜ 2015년 12월 28일
초판 2쇄 발행 ｜ 2021년 9월 7일

엮 음 ｜ (재)중앙문화재연구원
발행인 ｜ 김태진
발행처 ｜ 진인진
등 록 ｜ 제25100-2005-000003호
교정·교열 ｜ 김범철, 박주영
본문편집 ｜ 배원일
주 소 ｜ 경기도 과천시 별양동 1-14 과천오피스텔 614호
전 화 ｜ 02-507-3077~8
팩 스 ｜ 02-504-3079
홈페이지 ｜ http://www.zininzin.co.kr
이메일 ｜ pub@zininzin.co.kr

:::목 차

우리 연구원에서는 그동안 연구·학술지원 사업의 일환으로『동아시아의 고분문화』,『아시아의 고대 문물교류』,『한국 신석기시대 토기와 편년』등 한국 고고학의 다양한 주제를 선정하여 학술총서를 간행한 바 있고, 특히『한국 신석기문화의 양상과 전개』는 2013년도 대한민국학술원 우수학술도서로 선정되었습니다. 또『마한·백제의 분묘 문화』를 비롯하여『고구려의 고분 문화』와『발해의 고분 문화』를 연차적으로 간행하여 마한·백제의 분묘와 고구려와 발해의 고분에 좀 더 쉽게 접근하여 그 문화상을 이해할 수 있도록 하고 있습니다.

또한 우리 연구원에서는 한국고고학의 전반적인 흐름을 파악할 수 있도록 개론서의 간행을 계획하여『한국 신석기문화 개론』,『신라고고학개론』,『낙랑고고학개론』을 간행하였습니다. 이 가운데『한국 신석기문화 개론』은 2012년도 대한민국학술원 우수학술도서로 선정되는 영예를 얻었습니다. 앞으로도『마한고고학개론』,『가야고고학개론』,『북방고고학개론』,『통일신라시대고고학개론』,『고구려고고학개론』,『발해고고학개론』등의 개론서가 순차적으로 간행될 예정입니다.

한국고고학계에서 청동기시대는 다른 분야보다 전공자가 많으며, 조사와 연구가 가장 활발하게 진행되어 세부적인 주제에 이르기까지 집대성이 이루어지고 있습니다. 그렇지만 한국 청동기문화를 종합적으로 파악하거나 강의 교재로 사용할 수 있는 개론서가 없는 실정입니다. 이러한 상황에서 우리 연구원은 충북대학교 김범철 선생님과 함께 2013년 1월부터 한국 청동기문화에 대한 입문서를 간행하고자 준비하였고, 3년여의 노력 끝에『한국 청동기문화 개론』을 간행하게 되었습니다.

이번 총서에는 총설, 자연환경과 주민, 편년과 지역적 이해, 주거와 취락, 묘제의 특징과 변천, 생계경제: 농경, 채집, 수렵, 어로, 도구와 수공생산, 청동기의 제작과 사용, 경관, 의례, 예술, 사회성격의 이해, 주변의 청동기시대 문화: 북방지역, 주변의 청동기시대 문화: 일본열도 등 12편의 논고를 수록하였습니다.

아무쪼록 이 학술총서가 관련 연구자들과 한국고고학계에 작으나마 보탬이 되기를 기대하고, 앞으로도 한국고고학계에 도움이 될 수 있는 다양하고 심도 있는 주제를 선정하여 학술총서를 발간할 계획입니다.

  끝으로 옥고를 집필하여 주신 이청규 선생님을 비롯한 여러 선생님들, 이 학술총서가 간행될 수 있도록 책임연구를 맡아 주신 충북대학교 김범철 선생님께 감사드립니다. 또한 총서가 간행될 수 있도록 애써준 우리 연구원 학예연구실 직원 여러분, 어려운 여건에서도 간행을 맡아주신 김영진 사장님과 진인진 관계자 여러분께 감사드립니다.

2015년 12월

중앙문화재연구원장 조 상 기

_연표: 한국과 주변의 청동기시대 문화

	서기전 1500		서기전
초원지대	중기청동기		후기청동기
미누신스크	안드로노보		카라숙
서부 시베리아	크로토보 사무스		
동부 시베리아	드로닌 · 오논		드보르쪼이
알타이			카라숙
요서	하가점 하층		위영ㅈ
시기구분		조기	전기
요동		고대산	망화/마성자
	쌍타자 I 기	쌍타자 II 기	쌍타자 III 기
동북한	자이사노프카 후기	오동, 홍성 III ~ V	유정동
서북한	신암리 I	신암리 II	신암리 III
		공귀리 I 심귀리 I	
		세죽리 II 1 구룡강 I	구룡강 II 세죽리 II
	남경 II	팽이형 I	팽이형 II 1, 침촌형,
남한		미사리	가락동, 역삼동, 흔암ㄷ
일본	조몬 후기		조몬 만기

	서기전 500		서력기원
	스키타이		흉노
	타가르	테신	타쉬트익
	볼세레치예	흉노	
	판석묘	흉노	
마이에르	파지릭		後파지릭
...가점 상층		전국-한대	
	중기	**후기**	
	비파형동검문화		전국-한대
	강상누상유형 적석묘		
	유정동 후기, 초도	끄노우노프카	
	미송리동굴 상층	신암리 모래산	
, 공귀리Ⅱ, 토성리			
	구룡강Ⅱ2 세죽리Ⅱ3	세죽리Ⅲ	세죽리-연화보
	팽이형Ⅱ2 오덕형, 묵방형	신성동 남경	철기시대
	송국리형, 역삼동 후기형	수석리	철기시대
요이 야요이 즈기 전기	야요이 중기	야요이 후기	고훈시대

01

총설

_한국 청동기시대 문화의 시·공간성   _한국 청동기시대 문화의 전개: 개관
_한국 청동기시대 연구의 흐름

_한국 청동기시대 문화의 시·공간성

한국 청동기시대는 한반도와 중국 동북지방에서 청동 합금으로 도구를 제작하면서부터 철기가 첨단의 도구로 등장하기 전까지의 시기를 일컫는다. 이는 도구제작 기술의 진보에 초점을 맞춘 유럽식 '삼시대법三時代法, Three-Age System'과 일면이 닿아있는 개념이다. 요동에서는 쌍타자雙砣子 3기의 여순 대취자大嘴子, 고대산高臺山유형의 법고 만유가灣柳家, 서북한에서는 신흥동新興洞 1기의 평양 금탄리金灘里, 동남한에서는 미사리渼沙里유형의 진주 대평리大坪里 등 유적에서 청동기가 발견된다. 따라서 이들 유적이 속하는 서기전 2천년기 중반부터 청동기시대라고 할 수도 있다.

그러나 청동기시대의 실제적 이해와 설명에 그러한 원론적인 개념을 적용하기란 쉽지 않다. 사실, 한국 청동기시대는 청동기보다는 무문토기의 등장을 그 시작으로 삼는다. 그런 이유로 '무문토기시대'라는 명칭이 선호되기도 한다. 더욱이 시대를 구분하기 위해서는 기술의 진보 외에도 사회의 다양한 측면, 예를 들어 정치, 경제, 사회, 문화, 이념 등 문화체계의 모든 요소가 어떻게 변화하는가를 주목할 필요가 있다. 한반도에서는 무문토기시대의 시작과 함께 마제석기 제작기술의 발전과 보급, 농경의 본격적 개시, 방어시설을 갖춘 대규모 취락의 등장, 사회복합도의 증가, 제사의례의 발달 등 신석기시대에는 잘 보이지 않던 사회문화적 현상이 나타나게 된다. 또한 한국 청동기문화의 고지故地인 중국 동북지방에서는 새로운 자료가 축적되면서 무문토기문화와 청동기문화 시작의 간극이 점차 좁혀지고 있다. 따라서 한국 학계에서의 청동기시대란 청동기의 제작과 사용이 본격적으로 이루어지지 않았던 단계의 무문토기문화를 포함하게 된다.

물론 청동기시대의 끝은 철기가 나타나는 시점이지만 철기의 등장이 지역별로 상당한 편차를 보이고 있어 한반도와 중국 동북지방에서 일목요연한 선을 긋기가 어렵다. '초기철기시대初期鐵器時代'라는 명칭으로 남한의 '청동기시대 후기'가 중국 동북지방이나 북한의 철기시대와 겹치는 사실을 표현하는 어색한 상황이 나타나기도 한다. 두만강유역의 무산 호곡동虎谷洞 유적에서 출토된 철기를 서기전 7세기로 올려보기도 하지만 대체로 연燕 계통의 주조철기와 맥락이 닿아 있는 바, 서기전 4~3세기로 비정하는 것이 일반적이다. 남한에서는 이보다 더 늦은 서기전 2세기가 되어서야 철기가 나타나는데, 이즈음을 청동기시대의 하한으로 삼게 된다.

한편, '한반도와 중국 동북지방'이라고 대략적인 범위를 정하였지만 한국 청동기문화의 공간적 범위를 분명하게 하는 일도 그다지 쉽지는 않다. 공간적 범위는 고정된 것이 아니고 시간의 흐름에 따라 달라지기도 한다. 뿐만 아니라, 청동기시대의 공간적 범위 문제는 당시 중국 동북지방에 있었던 고조선古朝鮮이나 부여夫餘의 강역과 관련되어 있으므로 논쟁거리가 될 수밖에 없다. 특히 중국 동북지방의 어디가 서쪽 경계인지에 많은 논의가 집중되고 있다. 여러 주장을 종합해보면 비파형동검을 지표로 하는 십이대영자十二臺營子문화가 분포하는 대릉하유역을 포괄하되, 서쪽의 하가점상층夏家店上層문화가 주로 분포하는 요하상류는 제외하는 것이 무난해 보인다. 한편, 동쪽으로 와서는 서단산西團山문화가 포함되는 송화강유역, 흥성興城문화가 분포하는 연해주 일대를 포괄하는 것이 적절하다.

조선 후기 실학자를 중심으로 주먹도끼, 지석묘, 토성 등에 대한 서술과 초보적인 해석이 없었던 것은 아니나 근대학문으로서 한국고고학이 시작된 것은 일제강점기부터이다. 그로부터 현재까지 한국 청동기시대에 대한 연구는 몇 차례 크고 작은 변화를 보인다.

제1기(1910년~1950년)

일제강점기 동안 일인日人학자들이 우리 선사문화 연구를 주도하면서, 일본의 관점이 적극적으로 반영된 고고학의 토대가 갖추어진다. 특히, 관변학자들의 관점이 투영되면서 식민사관植民史觀의 색채를 강하게 띠게 된다. 더구나 근대 학문으로서 고고학의 연구가 활발하지 못하고 자료의 축적이 이루어지지 않았던 탓에 각 시대의 고고학적 문화상이 정립되지 못하였다. 또한 실생활 도구의 대부분을 차지하는 청동기와 같은 시기에 속한다는 점이 실질적으로 입증되지 못하면서 청동기시대도 인정되지 않았다.

청동기시대의 지표인 무문토기를 즐문櫛文토기와 같은 시대에 해당하는 것으로 편년하고, 전자는 구릉에 거주하는 주민집단, 후자는 강변 저지의 주민집단으로 이해하기도 한다.

일본의 원시시대는 신석기시대에 대응되는 조몬[繩文]시대와 청동기와 철기가 거의 동시에 도입되는 야요이[彌生]시대로 이루어진다. 조몬시대는 서기전 300년을 하한으로 하고, 야요이시대는 그 다음에 시작되는 것으로 설명되었다. 이러한 일본의 사정이 중원中原은 물론 중국 동북지방이나 한반도와는 차이가 있음에도 불구하고, 한반도에 유사한 틀을 그대로 적용한 것이다.

아울러 식민사관을 바탕으로 한반도에서는 자체적인 발전을 통해 석기시대가 청동기시대로 이어지지 못하고 중국의 식민지로 편입되면서 청동기·철기문화를 받아들였다고 설명한다. 그리하여 외래에 의한 금속문명의 이식을 전제로 한 '금석병용기金石竝用期'의 개념이 제시되기에 이른다.

금석병용기에 속하는 대표적인 유물로 석검과 동검이 있는데, 동검은 중국계 유물로 파악하고 석검은 한반도의 토착민이 동검을 모방하여 만든 것이라고 주장하게 된다. 더 나아가 드물게 발견되는 광폭의 비파형동검도 중국계 세형동검을 서툴게 모방한 것이라고 주장하기도 한다. 이 또한 일본의 광형동검廣形銅劍이 세형동검細形銅劍을 모방하였다는 관점을 그대로 적용한 것이다.

현재의 관점에서 보면 청동기시대에 해당하는 고고학자료를 석기시대 혹은 금석병용기에 소속시키고, 그 연대도 한사군漢四郡 등장 이후로 내리고 있는 것이다. 사실, 금석병용기란 1960년대 초 도유호가 지적한 바대로 '신석기시대 말에 순동제품을 사용하는 시대'를 일컫는 것이므로 잘못 적용된 용어라 할 수 있겠다.

일제강점기 동안 주거지에 대한 고고학적 조사는 거의 이루어지지 않았지만 노출되어 확인이 용이한 지석묘의 경우 몇몇 조사·연구가 발표되기도 한다. 지석묘는 기본적으로 탁자식과 기반식으로 구분되며, 각각은 한반도 북부와 남부에 분포하는 바, 북방식과 남방식으로 구분할 수도 있다는 점을 확인하게 된다. 한편 대구 대봉동大鳳洞의 지석묘의 발굴에 의거하여 지상에 하나의 상석을 묘의 표식으로 하여 지하에 다수의 매장시설이 있는 '묘표식墓標式' 지석묘의 형식이 확인되었다고 주장하기도 한다.

제2기(1950년~1970년)

1950년대에 들어 먼저 북한 연구자들이 주도적으로 정식 발굴조사를 통해 청동기시대 문화상을 규명하고 시대개념을 확립하게 된다. 봉산 지탑리智塔里유적의 발굴을 통해 동일 시대의 것으로 이해되었던 빗살무늬토기와 무문토기의 선후관계를 입증하게 된다. 발굴을 통해 압록강이나 두만강유역에서도 빗살무늬토기와 공반하지 않는 무문토기가 확인된다.

청동기도 발굴되는데, 평양 금탄리 주거지에서 팽이형토기와 함께 수습된 동착과 강계 풍룡동豊龍洞 석관묘에서 출토된 청동도자가 바로 그것이다. 이를 통해서 무문토기집단에 청동기가 보급되었음을 확인할 수 있게 된다.

이러한 조사를 통해 청동기시대가 서기전 10세기~서기전 3세기에 해당한다는 연대관을 제시하기도 한다. 하한은 중국 연燕의 영향을 고려한 것으로 동시에 회령 오동五洞, 무산 호곡동 등 유적의 주거지에서 발견되는 주조철기가 서기전 7세기까지 올라가는 의견이 제시되기도 한다.

1950년대 북한에서는 주거지 발굴조사가 활발하게 이루어진다. 그 결과, 요동반도의 쌍타자, 압록강유역의 강계 공귀리公貴里와 시중 심귀리深貴里, 두만강유역의 무산 호곡동, 회령 오동, 그리고 대동강유역의 평양 금탄리 등 유적에서 다수의 청동기시대 주거지가 확인된다. 1960년대 들어서면 남한에서도 규모는 작지만 주거지 발굴이 이루어진다. 남양주 수석동水石洞-발굴 당시 양주 수석리-, 서울 역삼동驛三洞과 가락동可樂洞 등 유적의 발굴을 통해서 취락

전모를 밝히지는 못했지만 해당 시기의 주거구조를 대강이나마 파악할 수는 있게 되었다.

무엇보다도 이들 유적에서 확인된 무문토기 조합상을 통해서 토기형식 간 선후관계를 본격적으로 논의할 수 있게 된다. 요동반도에서는 쌍타자 3기에서 강상崗上, 압록강 하류에서는 신암리新岩里 상층에서 미송리美松里식 토기로의 변천과정이 확인되게 된다.

1960년대에 들어 다량의 청동기가 부장된 십이대영자 분묘가 발굴되면서 비파형동검이 세형동검에 앞선다는 주장이 제기된다. 아울러 마제석검과 동검의 관계도 재조명된다. 일인 학자들은 마제석검을 '유단병식'과 '유경식'으로 구분하고, 그중에서 검신에 혈구가 조성된 유경식은 세형동검과 닮아 그것을 모방한 것이라고 설명해왔으나 세형동검보다 마제석검이 앞선다는 주장이 제시되면서 마제석검 동검모방설은 부정된다.

이 시기에 들어서 남북한 모두 지석묘에 대한 조사가 활발해지면서, 남·북방식의 세분과 하위형식 설정이 가능하게 된다. 아울러 경기도 일대까지 북방식이 분포하고 북한에도 남방식이 분포한 사실을 확인하고, 대봉동 묘표식 지석묘는 착오였다는 주장을 하게 된다. 한편 서북한 일대에 대한 조사를 통하여 남·북방식을 변형과 전형으로 설정하고 지석이 없는 묵방리墨房里식 지석묘를 변형으로 이해한다.

중국과 공동으로 발굴한 대련 강상 및 누상樓上 분묘의 양상을 토대로 북한에서는 전형비파형동검과 미송리식 토기를 서기전 8~7세기, 변형비파형동검과 묵방리식 토기를 서기전 7~5세기, 그리고 세형동검 초기를 서기전 5~4세기로 비정하는 편년안이 제시된다. 동검과 토기에서 보이는 변화를 고조선의 변천과 대응시키면서 요동과 서북한을 자연스레 고조선 영역에 소속시키게 된다. 아울러 강상과 누상의 적석묘에서 중심묘광이 노예소유자의 것, 그리고 주변의 화장된 여러 분묘를 순장殉葬된 노예의 것으로 해석하면서 이를 고조선이 '노예 제국가'라는 주장의 고고학적 근거로 삼는다.

제3기(1970년~1990년)

이 시기에 남한에서는 지역별 편년안을 제시하면서 무문토기문화의 변천과정을 설명하게 된다. 1970년대 전반 한강유역의 무문토기를 대상으로 전/후기 구분안이 제안되고, 1970년대 중반 이후 금강유역에서 송국리식토기를 확인하면서 중기가 추가된다. 이런 과정을 거치면서 전기의 역삼동식과 가락동식, 중기의 송국리식, 후기의 수석리식 등 토기를 지표로 하는 남한 전체의 편년안이 정립된다.

무문토기와 함께 청동기에 대한 논의도 활발하게 이루어진다. 1970년대 후반에 부여 송국리 석관묘에서 비파형동검과 마제석검이 함께 부장된 사실이 확인되면서, 남한 또한 비파형동검문화권에 속함을 알 수 있게 되었다. 더구나 1980년대 중반 이후 승주 우산리牛山里, 여수 적량동積良洞 등, 전형적인 비파형동검이 지석묘에서 출토되는 사례가 늘어나면서 비로소 요동 비파형동검문화와의 관계에 관심을 갖게 된다. 그러나 한반도는 물론 중국 동북지방의 비파형동검문화의 연구에 대해서 적극적으로 나선 것은 북한의 연구자들이다.

중국 요령성의 비파형동검에 대해서 중국학자들 사이에 그 발원지에 대해 엇갈린 의견이 제시된다. 북한에서는 그 중 '요동기원설'을 수용하고, 그에 맞추어 요하에서 서북한에 이르는 지역의 '비파형동검문화'를 전·중·후기로 나누어 그 전개과정을 설명한다. 나아가 이를 이른바 '고대조선족'과 관련지어 요동과 서북한의 비파형동검문화는 고조선, 요서의 비파형동검문화인 '십이대영자문화'는 맥족貊族에 비정한다. 남한의 연구자들은 중국과 일본연구자들과 마찬가지로 요하유역의 비파형동검을 '요령식遼寧式동검' 혹은 '만주식滿洲式동검'이라 부르면서 한반도 동검의 조형祖型이라고 상정하지만 고조선과 별개인 '동호東胡'에 대응하는 것으로 주장하는 대조적인 입장을 보인다.

비파형동검에 뒤이어 세형동검과 다뉴경을 부장한 분묘가 남북한 여러 곳에서 조사된다. 그 중 남한의 대전 괴정동槐亭洞, 아산 남성리南城里, 예산 동서리東西里 등의 분묘에서 그러한 유물과 함께 점토대토기, 흑도장경호가 부장된 사실이 알려지게 되면서 이를 대상으로 청동기시대 후기 혹은 초기철기시대의 세형동검 문화가 설명된다. 이를 통해서 한반도에는 조문경, 이형동기異形銅器가 보급되는 전기와 동과, 세문경, 각종 방울이 함께 발견되는 후기로 구분된다. 그 중 전기의 조합상이 요동의 심양 정가와자鄭家窪子분묘의 부장품과 유사한 사실이 확인되면서 후자가 전자의 원형으로 설명되기도 한다.

이 시기에 들어, 남한에서도 주거유적의 발굴조사가 활발하게 이루어지기 시작한다. 다수의 주거를 포괄하는 유적이 이전보다 훨씬 장기간에 걸쳐 조사되기도 하는데, 여주 흔암리欣岩里와 부여 송국리松菊里유적 등이 대표적이다. 흔암리에서는 능선을 따라 장방형 주거지, 송국리에서는 완만한 구릉 정상부에서 원형주거지가 다수 확인된다. 북한에서도 여러 시기에 걸쳐 수십 기의 주거가 조성된 평양 남경南京유적이 발굴된다.

또한 이들 주거유적에서 탄화미가 발견됨으로써 청동기시대 생계양식 복원에 획기적인 전기를 마련하게 된다. 이전부터 토기 저부의 볍씨자국이나 반월형석도 등의 수확구를 통해서 간접적으로 쌀농사를 추정한 적은 있었다. 그런데 실제 쌀의 존재를 확인함으로써 청동기시대에 도작농경이 시작되었다는 직접적인 증거를 확보하게 된 것이다. 이전에는 일인 학자들의 주장대로, 한반도 벼농사가 중국 화남 혹은 동남아시아로부터 남쪽으로 유입되었거나 심지어는 일본을 경유하였다는 남방설이 세를 얻은 바 있다. 그러나 남한은 물론 북한에서 탄화미가 발견됨으로써 벼농사가 중국 화북 및 동북지방을 거쳐 남하하였다는 북방설이 더욱 설득력을 얻게 된다.

한강유역의 팔당댐, 보성강유역의 동복댐과 주암댐 등의 수몰지역에서 수십~수백 기가 확인되면서, 지석묘 연구의 괄목할 만한 진전이 있게 된다. 그 대표적인 사례인 보성강유역에서는 1980년 후반 20여 지점의 곡간부에서 각 20~50여 기에 이르는 지석묘군이 조사되었다. 특히 전남에서의 조사를 통해서 남한 지석묘의 새로운 형식분류안이 구체화되는데, 대다수가 지하에 매장시설을 두고 지상에는 지석 없이 상석을 둔 개석식이라는 점이 밝혀지게 된다. 더 나아가 이 형식은 북방식(혹은 탁자식)이나 남방식(혹은 기반식)에 비해 발생이 늦을 뿐만 아니라, 초기철기시대까지 지속된다는 주장이 제시된다.

한편 북한에서는 70년대 이전의 전형과 변형 대신에 오덕형五德型과 침촌형沈村型으로 명칭을 바꾸고 지석묘의 선후관계를 조정하게 된다. 침촌형은 적석묘역에 지하 혹은 반지상의 매장시설을 갖춘 다수의 지석묘가 조성된 군집묘로서 단독의 지상 탁자형인 오덕형보다 이르다는 주장이 제기되었다. 그러면서 침촌형의 시기가 서기전 2000년기로 거슬러 올라가는 것으로 설명하게 되었다.

지석묘 발굴조사의 성과에 힘입어 남한에서는 청동기시대 사회의 성격에 대한 논의가 진전된다. 미국 인류학의 신진화론新進化論이 제시하는 '수장사회首長社會, chiefdom'의 개념이 적극적으로 도입하게 된다. 이로써 남한에서도 계층사회 혹은 계급사회에 대한 논의가 활발하게 전개되지만 한편으로 이 개념이 청동유물의 부장이 확연해지는 초기철기시대 적석목관묘에는 해당되지만 지석묘사회는 그에는 미치지 못한다는 이견이 제시되기도 한다.

제4기(1990년 이후)

1990년대에 들면서, 조사 및 보고가 부진해지는 북한과는 대조적으로 남한에서는 신도시, 주택단지, 댐, 도로 등의 건설로 인해 발굴된 유적의 수는 물론 그 규모도 크게 증가한다.

이런 과정에서 새로운 유형의 유구·유물조합을 확인하게 되고 한국 청동기시대문화의 전개양상에 대한 기존의 틀이 바뀌게 된다. 우선 주목되는 것은 남한에서 청동기시대 문화의 상한을 올릴 수 있는 새로운 유형, 즉 (각목)돌대문토기를 표지로 하는 유물조합상의 확인이다. 이러한 조합상은 한강유역의 하남 미사동을 비롯하여 남강 상류의 진주 대평리(어은지구), 북한강 상류의 정선 아우라지 등 적지 않은 주거유적에서 확인되었다. 또한 서기전 12세기보다 오랜 탄소연대측정치가 나와 전기에 앞서는 조기가 설정되면서 신석기시대에서 청동기시대로 이행과정도 좀 더 점진적으로 이루어졌을 것으로 보게 된다. 이에 힘입어 조기 토기의 발생에 대해서 논의가 활발해지는데, 그 기원지로 중국 요동 혹은 연해주를 지적하는 견해가 제시된다.

다만 조기에 해당한다고 지목된 문화유형은 남한에 국한된 개념으로서 중국 동북지방과 북한의 어느 무문토기 단계에 대응되는지, 특히 서북한의 신흥동유형 혹은 팽이형토기와의 관계에 어떠한지에 대한 논의는 여전히 과제로 남아 있다.

한편, 청동기시대 중기 이후에 해당하는 문화유형도 추가된다. 낟알과 같은 문양을 구연부에 시문하는 토기와 하나의 화덕을 갖춘 방형계 주거로 구성된 조합상이 바로 그것이다. 최초의 사례는 1980년대 말 울산 검단리檢丹里유적의 발굴로 확인되었는데, 그 이름을 따서 '검단리유형'이라고 부르기도 한다. 이로써 청동기시대 중기에 호서, 호남, 영남 서부에는 송국리유형, 영남 동부에는 검단리유형이 분포하는 사실이 밝혀지게 된다. 아울러 제주도에서는 송국리식 토기가 변형된 삼양동三陽洞식 토기와 원형주거를 표지로 한 유형이 청동기시대 후기 혹은 초기철기시대부터 확산되는 사실이 알려지게 되었다.

북한에서는 1990년대 초까지 청동기시대의 절대연대가 서기전 2천년을 상회하지 않는 것으로 보았지만 1990년대 중반에 들어 대동강유역의 팽이형토기를 표지로 지목하고 그 상한을 무려 2천년이 넘게, 서기전 4천년 기까지 끌어 올리게 된다. 팽이형토기와 공반하는 미송리식 토기 또한 종전과 달리 그 기원이 대동강유역에 있어서 그 시원형은 1기인 서기전 4천년 후반, 전기형은 2기인 서기전 3천년 전반, 후기형은 3기인 서기전 3천년 후반, 그리고 이른바 '남양형 단지'로 불리는 변형을 서기전 2천년기 전반으로 편년하고 있다.

비파형동검의 형식에 대한 상대·절대연대관도 대폭 바뀌게 되는데, 무엇보다도 비파형동검의 최고형은 요동이 아니라 서북한에서 등장하는 것으로 주장하는 사실이 주목된다. 종전에 후기형으로 인정된 황해 대아리大雅里 동검이 오히려 초기형이며, 그 연대 또한 서기전 3천년 전반기이고, 그 이후 전형적인 형식도 각각 서기전 3천년 후반기, 서기전 2천년기 전반으로 추정한다. 세형동검 또한 그 연대를 무려 1천년 올리면서 서기전 2천년기 후반이 된다.

이러한 북한의 편년관은 남한은 물론 중국과도 무려 2000년가량 차이가 나는 등 논란의 여지가 있다. 그러한 연대관은 전자스핀공명법을 이용한 절대연대 측정과 단군의 실존을 전제하면서 수립되었는데, 연대측정방법의 신뢰성이 의심받는 것은 물론 신화기록상 단군의 개국연대를 직접 적용한 것도 문제로 지적되고 있다.

1990년대 이후 남한에서 대규모 취락유적이 전면적으로 발굴되면서, 여러 시기에 걸쳐 많은 수의 주거가 지속적으로 축조되는 취락에 대한 정보가 축적된다. 심지어는 아산만 주변지역, 호남 서해안지역, 북한강 상류지역, 금강 중류지역, 그리고 진주 남강유역, 울산의 동천강유역 등에서는 청동기시대 주거지가 천여 기 넘게 조사되기도 한다. 북한에서는 대동강유역의 평양 표대表垈유적을 비롯하여 몇몇 취락 유적이 집중적으로 조사되었는데 남한처럼 전면적으로 발굴한 것은 아니어서 조사된 주거지 수가 많지 않다.

발굴을 통해 자료가 축적되면서 주거양상의 지역 간 차이도 좀 더 분명해진다. 호서 서부를 중심으로 흔암리식토기를 내면서 (세)장방형 평면에 5~8개의 화덕을 갖춘 주거가 집중적으로 확인되는 반면, 호서 동부에서는 가락동식 토기를 내면서 2열의 주춧돌을 갖추고 위석식 화덕를 설치한 둔산식屯山式 주거가 집중적으로 조사된다. 정선 아우라지를 비롯해서 한강 상류와 금강 중류 150m² 전후의 대형주거지가 확인되는데, 거의 전부가 위석식 노지를 갖추고 돌대문토기를 내는 특징을 보여주고 있다.

개별 취락의 규모는 물론 특정 지역 내 중심 혹은 거점취락에 대한 논의도 활발하게 전개된다. 실제로 개별 취락에서 동시성이 확인되거나 혹은 여러 시기에 걸쳐 축조된 주거지의 숫자를 따져 대·중·소 취락으로 분류해서 설명하는 사례가 늘게 된다. 더 나아가 교통이나 농경의 조건을 살피거나, 서구의 중심지 이론을 변용하여 일정지역의 취락연결망 혹은 취락체계를 제시하고 있다. 한편 단위취락의 외부경계에 환호시설이 발견되는 사례가 확인되는데, 울산 검단리와 창원 서상동西上洞 남산유적의 사례가 대표적이다. 환호취락은 방어시설, 제사 공간, 혹은 상위층의 거주 공간 등으로 다양하게 설명된다.

앞선 시기에 탄화미가 수습되어 벼농사가 시행되었음을 알 수 있었지만 논에서 재배되었음을 직접 입증하는 논 유구는 이 시기에 비로소 조사된다. 그 최초의 증거는 논산 마전리麻田里와 울산 무거동無去洞유적 등에서 확보되었다. 또한 대규모 밭 경작유구는 남강유역의 진주 대평리 등지에서 확인되는 바, 이들 경작유구는 대체로 송국리식 주거지에 대응하는 청동기시대 중기 것으로 편년된다.

남한에서 지석묘 발굴조사가 종전과 달리 지상에 드러난 유구를 중심으로만 이루어진 것이 아니라 그 주변을 포괄하는 너른 공간을 노출하면서 진행된다. 그런 덕에 큰 규모의 묘역을 갖추거나 지하에 여러 개석을 갖춘 새로운 형식의 분묘가 쉽게 드러날 수 있게 된다. 북한강 상류의 춘천 천전리泉田里유적에서는 주구周溝로 구획된 개별 묘역, 경남 남해안의 창원 덕천리德川里유적에서는 적석積石 묘역이 확인되는데, 대형 묘역의 경우 역시 수십 m에 이른다. 다중의 개석을 갖춘 지석묘는 전남 남해안의 보성 동촌리東村里유적 등의 사례가 대표적이다. 이러한 대형묘역과 다중개석의 지석묘는 피장자의 위세가 상석만이 아니라, 묘역과 개석의 축조방식으로도 표현될 수 있음을 보여주는 것이다.

북한에서도 새로운 형식의 지석묘가 확인되었는데, 성천 용산리龍山里유적의 사례가 대표적으로, 지하의 매장시설이 한 칸이 아니라 10여 개의 칸으로 구성되었다. 북한연구자는 한

16

두 칸을 제외한 공간에는 순장 노예가 묻혔을 것으로 주장하지만 상석이 일부 묘광만을 덮고 있어서 추가장일 가능성도 배제할 수 없다.

청동기시대 사회의 성격에 대해서도 심층적인 논의가 진행된다. 1980년대 청동기시대 사회에 대해서 적용하였던 수장사회의 개념을 단순 혹은 초기적 단계와 복합 혹은 후기적 단계로 세분해서 접근하는 경향이 나타난다. 전자를 공동체지향적 수장사회, 후자를 개인권력형 수장사회로 구분하여 설명하기도 하는데, 그러한 관점에서 보자면 지석묘는 전자, 다량의 청동기를 부장하는 적석목관묘는 후자에 대응되는 셈이다.

한편 역사적 실체로서 고조선과 대응하여 설명하는 논의가 보다 활발해진다. 우선 북한의 경우 1990년대 중반 이전과 이후의 사정이 크게 달라진다. 1993년도 평양 박달산 기슭의 한 분묘의 조사과정에서 수습된 인골의 절대연대가 서기전 3천년기 중반에 해당되며 이는 곧 고조선을 세운 단군의 유골이라고 주장하게 된다. 그리하여 고조선에 대한 설명의 틀이 전면적으로 수정된다. 고조선은 줄곧 대동강유역을 중심으로 지석묘를 축조한 집단으로서 요하유역은 그 주변이 된다는 것이다.

남한에서는 고조선에 대한 설명은 두 가지 관점으로 나뉜다. 우선 지석묘와 팽이형토기집단을 고조선과 대응시키는 관점으로, 얼핏 보면 북한의 관점과 유사하지만 그 절대연대에서는 근 2천년의 차이가 있다. 고조선을 고고학적으로 설명하고자 하는 상당수의 연구자는 비파형동검 등의 청동기를 지표로 삼는다. 청동기에 반영되는 수공업 전문 장인체제와 군사 종교적 성격이 문헌기록에 등장하는 고조선과 잘 어울린다는 판단에서이다. 남한에서는 비파형동검과 함께 다뉴경을 정치체의 기준으로 삼아 설명하는 의견이 제시되기도 하는데, 이를 표지로 하는 청동기문화는 대릉하유역의 십이대영자문화로서 서쪽으로 노로아호산을 경계로 하여 하가점상층문화와 구분된다.

_한국 청동기시대 문화의 전개: 개관

조기(早期)

조기는 한국 청동기문화의 대표적 유물인 비파형동검이 제작되기 이전으로 그 상한은 서기전 15세기경, 하한은 서기전 12세기경에 해당한다. 요서의 고대산문화, 요동 북부의 마성자馬城子 2기, 요동반도에서는 쌍타자 3기, 길림 동부 및 동북한은 흥성 3기 혹은 호곡 1기, 서북한 북부의 신암리 2기와 공귀리 1기, 서북한 남부의 신흥동 1기, 남한의 미사리유형이 이에 해당된다.

청동기로는 고대산문화와 관련 있는 법고 만유가에서 발견된 북방계 청동기가 있는데, 동물머리 장식 도자를 비롯하여 여러 점의 도자와 공내과釜內戈, 도끼 등이 있다. 무순 망화望花 유적에서는 환두도자의 출토사례가 있다. 쌍타자 3기에 속하는 여순 타두砣頭 적석묘에서 낚시 활촉, 대취자 주거지에서 청동촉과 동과, 신흥동문화의 평양 금탄리 주거지에서 청동끌, 미사리유형의 진주 대평리 주거지에서 곡옥형 청동기가 발견되었는데, 대체로 소형공구나 장신구로서 정형화되지도, 널리 보급되지도 못한다.

석기로는 각종 농공구와 수렵도구가 발견되었는데, 마제석부를 비롯하여 편평만입촉, 장방형이나 반월형의 석도, 양측에 홈을 낸 석제 어망추 등이 있다. 석검으로 유경식이 중국 동북지방과 서북한에서 나타난다. 남한에서도 조기의 늦은 단계 즈음에는 석검이 제작되었을 가능성이 없지 않지만 현재까지는 제대로 확인되지 않고 있다.

쌀농사가 널리 보급되었다는 증거는 미약하지만 중국 요동 남부의 대련 대취자 3기의 주거지에서 탄화미가 수습되었다. 한반도 남부의 밀양 금천리琴川里에 이 시기에 속할 가능성이 있는 이중구연토기가 공반된 논 유구가 발굴조사를 통해서 확인되었으나 논란이 되고 있다. 돌대문토기를 반출하는 남한 취락이나 요동 마성자 3기 혹은 쌍타자 3기의 생활유적에서 그물추가 다량 출토되는 것으로 보아 어로가 비중 높은 생계양식이었을 것으로 추정된다.

요동의 쌍타자유적에서는 돌로 벽을 조성한 형식, 서북한에서는 장방형 반수혈 형식의 주거가 확인된다. 남한에서는 소형의 (장)방형 주거와 함께 장축이 15m, 면적이 150m^{2}가 넘는 대형 주거가 유행하기도 한다. 대형 주거의 경우 20명이 넘는 구성원을 수용할 수 있어 여러 가구家口 혹은 몇 세대世代가 포함되었을 가능성도 다분한데, 노지가 한두 기뿐이어서 가구 혹은 세대 간에 독립성이 보장되지 않았을 것으로 추정된다. 서북한과 남한의 경우, 이 시기 취락은 상당수가 강변의 충적대지에서 발견되고, 구릉 사면이나 고지대에서는 그 사례가 거의 확인되지 않는다. 또한 단위 취락을 구성하는 주거수가 많지 않을 뿐만 아니라, 취락의 규모가 차별화되는 현상은 보이지 않는다.

분묘로는 본계 일대의 동굴(복합)묘와 대련 일대의 적석(복합)묘가 있다. 마성자문화가 성행하는 태자하유역에서는 동굴 안에 공동묘지가 조성되었는데, 간단히 땅을 파고 1인의 시신을 안치한 다음 다수의 토기와 생활공구를 부장하고 있다. 모양을 갖춘 석관시설은 늦은 단계에야 조성되기 시작한다. 요동반도 남단에서는 다수의 인골을 매장한 단위분묘를 적석시설로 연접하여 공동묘역이 조성되었는데, 흔히 장군산將軍山식 적석묘로 불린다. 이에 속하는

18

우가촌于家村 타두 적석묘의 경우, 한 묘역에 58기의 묘광이 조성되어 있고, 각 묘광에는 10인 내외의 주검이 매장되어 있다. 부장품은 대부분이 토기이고, 무기는 확인되지 않는다. 서북한에서 침촌형 소형 지석묘나 석관묘가 조성되기 시작하였을 가능성이 있지만, 전형적인 지석묘나 대석개묘가 본격적으로 조성된 것으로 보이지는 않는다.

장군산식의 적석묘에서는 한 묘광에 다수의 주검이 안치함으로써 혈연집단의 유대를 강조한 것으로 이해된다. 혈연집단의 유대를 강조하는 것은 한 동굴에 다수의 1인 무덤이 조성된 마성자식 동굴묘도 마찬가지이다. 부장되는 유물과 분묘의 규모로 볼 때 피장자 간 차이가 확인되지 않아, 공동체 내에 구성원 혹은 가구 간 위계가 확연하다고 하기는 어렵다. 아울러 무기로 쓰이는 검과 창 등의 발견이 미약한 것으로 보아, 집단 간의 무력적 갈등도 그렇게 크지 않은 사회로 이해된다.

전기(前期)

비파형동검이 보급되기 시작하는 단계로서 상한을 서기전 12세기경으로 추정한다. 요동 서부의 위영자魏營子시기, 요동 북부의 마성자 3기, 요동 남부의 상마석上馬石 상층, 길림 동부와 동북한의 흥성 4기나 호곡 2기, 서북한 북부의 공귀리 2기, 서북한 남부의 신흥동 2기, 남한 중서부에서는 가락동·흔암리·역삼동유형 단계가 이에 해당한다. 요동과 서북한에 걸쳐 초기 미송리식 토기가 보급되기도 한다.

마제석검이 본격적으로 제작·보급되고, 비파형동검도 이른 형식이 중국 요동 등에서 등장한다. 비파형동검의 경우, 요동의 이도하자二道河子식, 요서의 화상구和尙溝식, 서북한의 선암리仙岩里식 등이 각각 연구자마다 가장 이른 형식으로 주장된다. 분명한 것은 요서에서부터 한반도에 이르기까지 비파형동검을 공유하는 문화권이 성립되었으며, 각 지역마다 조금씩 다른 형식의 동검이 유행한다는 사실이다. 대체로 목제 검병劍柄이 가장 많이 장착된 것으로 보인다.

탄화미炭化米가 여러 유적에서 발견되었는데, 대동강유역의 평양 남경, 남한강유역의 여주 흔암리, 동해안의 고성 송현동 등 유적의 사례가 바로 그것이다. 다만 당시 벼 재배형태가 수도작水稻作인지 육도작陸稻作인지는 분명치 않다. 흔암리 유적의 경우 화전에 의한 벼재배일 가능성이 높지만 주거지가 위치한 산구릉 아래쪽으로 하천지류가 흐르는 곡간부는 논을 조성하기 적당하다는 사실도 고려할 필요가 있다.

이른 단계에는 화덕 1~2기를 갖춘 장방형 평면의 주거, 늦은 단계에 다수의 화덕을 갖춘

(세)장방형 평면의 주거가 유행한다. 그중에서 2열의 초석, 위석식 화덕 1~2기를 갖춘 장방형 주거는 금강 중류와 남한강 상류의 호서지역을 중심으로 조성된다. 장단축비가 4:1 이상인 (세)장방형 평면에 화덕이 4~8기 설치된 주거는 경기 남부와 호서 서부, 북한강 상류의 영서지역을 중심으로 분포하는데, 단일가옥에 여러 핵가족이 거주하는 것으로 추정된다. 조기와 달리 세대마다 화덕과 주거공간을 구분하는 현상이 나타나는 바, 이는 같은 가옥 내이지만 세대마다 독립적인 주거공간을 확보하였음을 보여준다. 취락의 입지는 앞 시기와 달리 지역마다 구릉 정상부, 강변 충적대지, 완경사면 등 다양하다. 규모는 정확하게 추산하기 어려우나 대규모 취락과 그 주변으로 소규모 취락이 분포하면서 중핵취락과의 연결망network을 이루는 현상이 확인되기 시작한다.

분묘로는 요동과 서북한에 탁자식 지석묘와 개석묘, 석관묘가 등장한다. 요동의 개주 화가와보伏家窩堡 지석묘가 이른 사례로서, 판석모양의 지석과 상석을 갖춘 것으로 상석 길이가 2m 남짓한 소형이다. 수암 쌍방双房의 개석묘는 지하에 석관시설을 갖추고 지상에 큰 상석을 덮은 것이다. 요동에서는 무순, 청원 일대, 길림 동부의 연길 등에서는 석관묘가 조성된 사례가 확인된 바 있다. 남한에서는 소형 석관묘나 주구묘가 조성되었지만 제대로 모양을 갖춘 지석묘는 아직 조성되지 않는다. 수암 쌍방의 개석묘와 서천 오석리의 주구석관에는 비파형동검이 부장되었는 바, 이전 단계에 석기라 할지라도 무기가 전혀 부장되지 않은 것과는 차이가 있다. 이로 보아 세습적이지는 않더라도 일정한 위세가 있는 개인이 존재하는 사실이 확인된다.

중기(中期)

전형적인 비파형동검이 보급되는 단계로, 서기전 9·8세기경을 상한으로 한다. 요서에서는 십이대영자유형, 요동 북부에서는 신성자新城子유형, 요동 남부에서는 쌍방유형, 길림에서는 서단산유형, 길림 동부에서는 홍성 4기 유형, 서북한 남부에서는 신흥동 3기 유형이 대세를 이룬다. 남한에서는 중부에 늦은 흔암리유형, 서남부에 송국리유형, 동남부에서는 검단리유형이 성행한다.

요서에서 길림과 한반도에 걸쳐 전형적인 비파형동검이 널리 보급된다. 요서에서는 십이대영자식, 한반도 남부에서는 송국리식 동검이 유행한다. 청동제 검병을 장착한 사례가 요서에 보급되고, 요동으로도 확산되지만, 요동과 한반도에서는 기본적으로 목제 검병의 비파형동검이 성행한다. 비파형동검과 함께 번개무늬 장식의 동경이 요서를 중심으로 나타나기 시작한다.

곡물재배의 증거가 본격적으로 확인되는데, 벼를 재배하는 논은 물론, 잡곡을 재배한 밭이 여러 지역에서 확인된다. 특히 경남의 진주 평거동과 대평리에서는 대규모의 밭유구가 확인된다. 취락 인근의 소규모 곡간에서는 논이나 집수시설, 수로 등 수도작에 관련된 시설도 발견되는데, 단위 논의 규모는 작은 편이다. 청동기시대 중기의 논은 서남한의 논산 마전리, 동남한의 울산 무거동 등 여러 유적에서 발견되고 있다. 한편 이랑과 고랑이 확연한 청동기시대 밭이 진주 대평리유적에서 확인되었다. 인근에서는 남강변의 자연 제방을 따라 공렬토기를 내는 장방형 주거와 송국리식 혹은 휴암리식 주거가 군을 이루며 분포한다. 밭유구는 대체로 이들 생활 가옥 외곽에 조성되어 있는데 개별 경작지의 면적이 수백 m^2에 이른 것이 보통이고, 전체를 합하면 수천 m^2에 이르는 대규모 사례도 확인된다.

주거로는 평면이 방형과 원형이면서 크기가 작은 것이 압도적이어서, 소규모 가구 혹은 핵가족 중심의 거주방식이 성행하는 것으로 이해할 수 있다. 서남한의 송국리식 및 휴암리식, 동남한의 검단리식, 그리고 중부의 천전리식 주거가 그 사례이다.

송국리식 주거는 원형 평면에 두 개의 기둥구멍을 갖추고 있는 형식인데, 방형인 것은 휴암리식이라고도 한다. 검단리식 주거는 장방형 4개 기둥, 혹은 6~8개 기둥이 있고 화덕 1기가 갖추어진 주거이다. 대형의 사례가 없는 것은 아니지만, 대부분 소형이다. 천전리식 주거는 한쪽에 이색점토구역을 갖춘 것으로 역시 작은 방형이다.

한 시기에 혹은 여러 시기에 걸쳐 한 지점에 지속적으로 조성되어 1~2백 채의 주거가 이룬 대규모 취락으로서 취락 내의 주거군住居群에서도 일정한 패턴이 확인되어 공동체적 조직과 생활을 엿볼 수 있는 사례가 늘게 된다. 그 주변으로 10~20여 기의 주거로 구성된 소규모 취락이 분포하면서 중핵취락과의 연결망이 더욱 많은 지역에 발달하는 모습을 보인다. 몇몇 취락에서는 방어 혹은 경계의 역할을 하는 환호가 확인되기도 하는데, 울산 검단리를 비롯하여 진주 대평리 등이 대표적이다. 환호는 방어나 의례 혹은 사회적 구분을 목적으로 조성된 듯한데, 그 유무에 따라 취락 간 기능의 차별화가 이루어지는 것으로 이해된다.

각지에서 다양한 묘제가 성행하게 된다. 요동과 서북한에서는 탁자식 지석묘가 대형화되는데, 개주 석붕산石棚山, 은율 관산리冠山里 등지에서 판석으로 만든 지석이 높이가 2m가 넘고, 상석 길이가 8m에 이르는 것이 발견되기도 한다. 또한 지하에 매장주체부를 마련한 다음 지상에 상석을 덮는 대석개묘 혹은 개석식 지석묘가 축조된다. 본계 신성자와 봉성 동산東山유적, 개천 묵방리유적의 사례가 대표적이다. 요남遼南에서는 이전의 적석묘 전통이 계속되지만 앞선 단계와 달리 단일 적석묘역 내 개별 분묘 간 층차가 보이기도 한다. 대련 강상이 대표적인데, 중앙의 7호묘를 중심으로 주위에 20여 기의 석관 혹은 석곽묘가 배치되어 있다.

전 단계와 마찬가지로 한 분묘에 10~20명의 주검이 매장되어 있으며, 비파형동검 등의 청동기가 부장된다.

남한에서는 큰 규모의 개별 묘역을 갖춘 지석묘가 등장하는데, 묘역시설은 크게 두 가지 형식이 있다. 하나는 구溝로 장방형의 경계를 구획한 형식, 다른 하나는 적석기단으로 장방형 혹은 원형의 경계를 구획한 형식이다. 전자는 북한강 상류의 춘천 천전리 지석묘가 대표적으로, 길이가 수십 m에 이르는 대형의 주구가 확인되었다. 후자는 창원 덕천리, 마산 진동리鎭東里, 진주 초장동草長洞, 산청 매촌리梅村里 등 남강유역, 마산만과 김해만 등지에서 다수가 확인되는데, 대형 묘역의 경우 그 길이가 역시 수십 m에 이른다. 한편 지하 매장시설을 조성하는데, 토광을 깊게 파고, 바닥에 석관을 안치한 다음 그 위로 3~7겹의 개석시설을 갖춘 다중개석묘가 있다. 남부 해안에 근접한 지역에서 확인되었는데, 보성 동촌리, 김해 율하리栗下里 등 유적의 사례가 대표적이다.

이러한 여러 형식의 무덤을 통하여 요동과 한반도 전역에 걸쳐 계층화 혹은 위계화가 진전된 수장사회의 모습을 추정할 수 있다. 지석묘의 축조에는 다수의 인력이 동원되어야 하는바, 분묘의 주인공 혹은 그 친족집단의 정치적 권위와 경제적 부가 기반이 되었을 뿐만 아니라, 개별 취락 혹은 여러 취락의 구성원이 일상 혹은 유사시에 공동으로 협력하였던 이념과 사회조직이 기반이 있었을 것으로 보인다.

무기, 공구, 의기儀器, 장신구 등 다양한 청동기를 부장한 분묘를 통해 사회복합화가 한층 더 진전된 상황을 추정해 볼 수도 있다. 이러한 분묘가 처음에 대릉하 유역의 조양 십이대영자, 객좌 포수영자砲手營子 등에서 등장하고, 요동의 경우 부장되는 청동기의 기종과 수량이 축소되어 본계 양가梁家村, 여순 강상 분묘 등에서 확인된다. 인력 동원으로 권위를 강조하며 공동체를 선도하는 지도자의 무덤이라고 할 수 있는 지석묘 혹은 대석개묘와 달리 이러한 청동기부장묘는 금속무기와 의기로 군사적, 종교적 위세가 더욱 강화된 실력자의 무덤이었을 것으로 추정된다.

집단구성원을 아우르는 신앙·의례행위는 이미 조기부터 유행했을 수도 있지만 실제적 증거는 이 단계에서나 다수 확인된다. 청동기 중에 실력자의 종교적 성격을 보여주는 도구로서 동경銅鏡이 주목된다. 전통적으로 거울이 중요한 무구巫具로 자리매김하듯, 당시 동경은 제사행위와 그 주관자의 권위를 보여주는 것으로 추정된다. 제사의 공간으로서는 구릉 정상의 환호시설이나 제사용 건물로 사용되었을 고상가옥의 터가 확인되기도 한다. 전자는 창원 서상동 남산, 후자로는 사천 이금동梨琴洞의 사례가 대표적이다. 이금동 건물의 경우 길이가 15m가 넘고 총 20여 개의 기둥구멍이 쌍을 이루며 확인되었는데, 생활구역과 분묘군 사이에 위치하고 있다.

22

이밖에 입석 주위에 장방형으로 구획된 적석시설이 대구 진천동辰泉洞, 밀양 신당동新堂洞 등 유적에서 확인되는데, 이 또한 제사행위와 관련되었을 것으로 추정된다. 산청 매촌리의 경우 방형적석묘역을 갖춘 지석묘와 쌍을 이룬 원형 적석제단시설이 갖추어져 있다. 이런 제사시설에서는 종종 입석 혹은 기단석에서 동심원문 등의 암각화가 장식되기도 한다. 동물문과 기하학문이 시문된 암각화 유구 또한 제사공간으로 활용된 것으로 추정된다. 울산 반구대 암각화 제사유적은 그 상한이 신석기시대로 올라간다고 주장되지만, 상당수의 동물무늬의 표현 내용으로 볼 때 청동기시대까지 지속된 것으로 추정된다. 그밖에 영남과 그 주변에서 확인된 마제석검과 기하학문이 시문된 암각화 유적 혹은 지석묘의 상석 또한 청동기시대 중기 이후의 것으로 추정된다.

후기(後期)

서기전 6~4세기경 변형비파형동검과 초기세형동검이 유행하면서 청동단검문화의 중심이 요서에서 요동과 한반도로 옮겨오게 된다. 그 즈음에 점토대토기가 요서에서 한반도에 이르는 지역에 등장한다. 그러한 변화는 중국 요북遼北의 '양천凉泉'혹은 '정가와자', 요남의 '윤가촌尹家村 상층', 남한의 '수석리'등 유형으로 대표된다. 단 이런 새로운 문화유형이 유행하지 않는 지역에서는 이전의 무문토기 전통도 지속되기도 한다.

남한의 점토대토기문화粘土帶土器文化는 요하유역의 정가와자유형을 조형으로 하는 바, 초기 주거는 심양 공주둔公主屯 후산后山유적 등과 유사하게 벽부식壁付式 노지를 갖춘 말각방형의 소규모 형식이 다수 확인된다. 소수이지만 이전부터 지속되어 온 송국리형 주거에서도 점토대토기가 반출되는데, 송국리형 주거는 이 시기에 주로 한반도 동남 해안은 물론 제주도와 일본 규슈九州에서도 적지않게 확인된다.

점토대토기를 반출하는 이른 시기 취락은 고지高地에 입지하는 경우가 많다. 남양주 수석동이나 보령 교성리校城里 등 유적이 대표적인데, 대체로 10여 채 내외의 주거로 이루어진 소규모 취락들이다. 원주原住 집단인 송국리문화 사회에 채 융합되지 못하고 별개의 구분된 입지에 정착하였던 것으로 이해되기도 한다. 반면, 보령 관창리寬倉里유적 등 고지성 입지와는 거리가 먼 전형적인 송국리형 취락에서도 점토대토기 반출 주거가 한두 기 나타나기도 하는데, 이러한 현상은 일부가 원주 집단에 동화되었던 상황을 반영하는 것으로 보인다.

비록 고지에 입지하더라도 안성 반제리盤諸里, 고성 송현리松峴里 등 수십 기 이상의 주거로 이루어진 제법 큰 규모의 취락도 있다. 원주 집단과의 접촉이 없지는 않았겠지만 독자적인 세력을 유지했던 것으로 보인다. 규모도 상당하지만 환호와 같은 독자적 상징·의례시설을 가졌다는 점에서 그러하다. 안성 반제리, 합천 영창리盈倉里, 화성 동학산東鶴山 등 유적에서는 산 정상부를 둘러 싼 환호가 발견되는데, 주거구역과는 분리되어 있을 뿐만 아니라, 내부에 다른 기능의 시설이 없고 청동기를 매납한 사례도 있어 중기보다 의례적 성격이 더 강했을 것으로 추측된다.

심양 정가와자 6512호 목곽묘의 부장양상에서 보듯이, 요동에서의 우두머리의 모습에서도 변화를 보인다. 이 분묘에서는 청동단검과 함께 다뉴경, 마구와 함께 각종 의기 그리고 수백 점의 화살촉이 부장되어 있다. 전 단계의 십이대영자 분묘에 이어 군사·종교적 성격을 강조한 위세품의 개인 부장에 치중함으로써 앞선 단계의 지석묘나 석관묘에서 보는 공동체적group-oriented 성향보다는 개별적인individualizing 권력을 지향하면서 사회를 통합하였을 것으로 추정된다.

정가와자와 같은 다량의 청동기를 부장한 정도는 아니지만 서북한의 경우 평양 신성동新城洞 석곽묘를 통해서 그 초기적인 모습을 엿볼 수 있다. 이보다는 늦게 남한 중서부에서도 동경과 동검을 비롯한 다량의 청동기를 부장한 적석목관묘가 아산 남성리, 대전 괴정동, 예산 동서리 등지에서 보인다. 이들 분묘를 통해서 서기전 4·3세기 즈음에 수장의 권력이 강화된 사회가 이 지역에 형성되었음을 알 수 있게 한다. 동검의 형태는 비파형에서 세형으로, 동경의 무늬는 번개무늬에서 삼각거치무늬로 변화지만, 지리적 위치의 차이에도 불구하고 무기, 공구, 의기 등의 갖춤새에서는 큰 변화를 보여주지 않으므로 정가와자와 수장의 성격 또한 큰 차이가 없는 것으로 이해된다.

한편으로 청동기를 다량 부장하는 분묘의 등장에도 불구하고 전단계의 큰돌무덤의 전통은 각 지역에서 지속된다. 요동의 환인, 본계, 영길 등지에서 보이는 대석개묘, 남한 남부에서 유행하는 묘역식, 다중개석식, 위석식 등의 지석묘가 바로 그것이다.

이청규

추천문헌

國立文化財研究所, 2004,『韓國考古學專門事典: 靑銅器時代 編』, 서울: 학연문화사.

국사편찬위원회, 2013,『한국사 3: 청동기문화와 철기문화』, 서울: 탐구당.

역사연구소, 1991,『조선고고학전서 2: 고대편』, 평양: 과학백과사전종합출판사.

이건무, 2000,『한국청동기문화』, 서울: 대원사.

최몽룡 외 1992, 『한국선사고고학사: 연구현황과 전망』, 서울: 까치.
한국고고학회 편, 2007, 『계층사회와 지배자의 출현』, 서울: 사회평론.
한국청동기학회 편, 2013, 『한국 청동기시대 편년』, 서울: 서경문화사.

02

자연환경과 주민

_한국 청동기시대 자연환경　　　　　**_한국 청동기시대 주민**

　문화가 곧 사람일수는 없지만 문화의 주체가 사람이라는 점은 분명하다. 한국 청동기시대에도 주민에 대한 탐색이 그 문화를 이해하는 중요한 기초가 될 수밖에 없다. 한국 청동기시대 주민의 실체에 관한 논의는 다양한 자료에 대한 분석을 통해 다각적으로 진행될 수 있다. 특히, 한반도와 중국 동북지방이라는 지리적 공간에서 수집된 인골자료와 문헌기록은 한국 청동기시대 문화를 영위했던 주민의 생물학적 특질과 종족구성에 대한 정보를 제공하는 중요한 원천이 되어왔다.

　환경이 문화를 결정한다고 할 수는 없지만 인간의 행위양식에 지대한 영향을 미친다는 사실은 분명하다. 한반도와 중국 동북지방의 과거 자연환경을 복원해봄으로써 청동기시대의 여러 지역문화들이 어떤 환경적 여건 속에서 형성되었는지, 그리고 일상과 매장의 공간은 어떤 경관에 입지하고 있는지에 대한 이해를 도모할 수 있을 것이다.

한편, 청동기시대에는 중국 동북지방에서 고조선古朝鮮이 국가단계 사회로 발돋움하게 된다. 그러한 동력을 증진시켰던 주민과 그 기반이 되었던 환경적 배경을 이해하는 작업은 청동기시대 주민과 환경에 대한 복원을 넘어 좀 더 광범한 이론적 논의, 즉 국가의 형성에 관련된 논의에 중요한 정보를 제공할 수도 있게 된다.

한반도와 중국 동북지방에는 다양한 혈통적, 환경적 배경을 가진 주민집단들이 성장시켜온 지역문화가 모여 한국 청동기시대 문화의 특징적 모습을 만들어내게 된다. 주민과 자연환경에 대한 이해의 기반 위에서 그들이 창출했던 물질문화 요소들을 살펴본다면 한국 청동기시대 문화에 좀 더 종합적으로 접근할 수 있는 경로가 확보될 수 있겠다.

_한국 청동기시대 자연환경

중국 동북지방

요령성遼寧省, 길림성吉林省, 흑룡강성黑龍江省 및 내몽고자치구內蒙古自治區 일부를 포함하고 있는 중국 동북지방은 대흥안령산맥大興安嶺山脈, 소흥안령산맥小興安嶺山脈, 장백산맥長白山脈으로 둘러싸여 있다. 말발굽 모양을 이루는 세 산맥의 안쪽으로는 중국 최대의 평원인 동북평원東北平原이 펼쳐져 있고, 남쪽으로는 발해만渤海灣이 자리 잡고 있다. 한국의 청동기시대와 관련된 유적들은 동북지방의 남쪽에서 주로 확인되는데, 이 지역을 통상적으로 요서, 요동, 길림지방으로 구분한다(그림 2.1).

요서지방은 칠노도산七老圖山 이동 및 서랍목륜하西拉木倫河 이남의 내몽고자치구, 그리고 의무려산醫巫閭山 이서의 요령성 일대를 지칭한다. 이곳의 지형은 점이적 특색을 보이는데, 이는 서쪽으로는 몽골고원蒙古高原이, 그리고 동쪽으로는 요하평원遼河平原이 자리 잡고 있기 때문이다. 그리하여 요서지역의 북서쪽 경관은 고원과 구릉지대로 이루어져 있지만, 노로아호산努魯兒虎山을 기점으로 그 남동쪽에는 주로 낮은 구릉지대가 펼쳐져 있다. 노합하老哈河, 대릉하大凌河, 소릉하小凌河는 요서의 남동쪽 경관을 관통하며 흐르는데, 청동기시대 유적들은 하천망 주변에서 주로 확인된다.

요동지방은 의무려산 동쪽의 요령성 일대를 지칭한다. 이곳의 지형은 장백산맥과 천산산맥千山山脈 주변에 분포하는 산지성 구릉지대와 요동만遼東灣으로 흘러드는 요하遼河에 의해 형

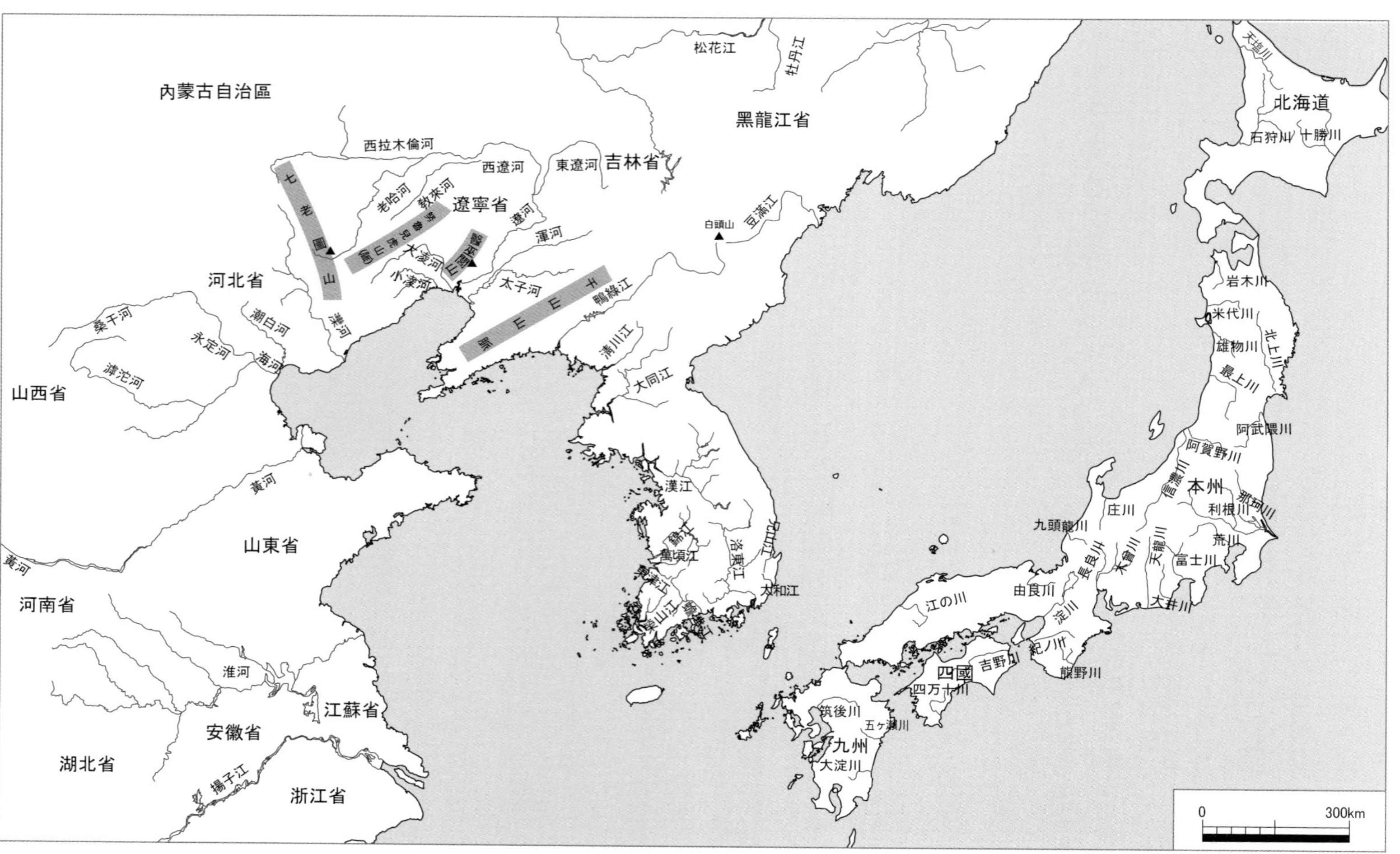

그림 2.1__동아시아의 주요 산맥(본문 언급 위주)과 강

28

성된 평원지대로 이루어져 있다. 요하 하류에 위치한 요하평원의 경우, 토양은 비옥하지만 하류 충적평야의 특성상 주기적 범람이 심하다. 따라서 청동기시대 유적들은 요하의 지류인 태자하太子河와 혼하渾河 중·상류지역의 구릉지대에서 주로 확인된다. 한편, 요하평원의 남쪽으로는 발해만와 황해黃海로 뻗어나가는 요동반도遼東半島가 있다. 이곳에서는 천산산맥이 마치 척추와도 같이 반도의 중심축을 따라 길게 자리 잡고 있어 요동반도의 지형은 대부분 낮은 구릉성 산지로 이루어져 있고, 동서양안을 따라서는 좁고 긴 연해 충적평원이 형성되어 있다. 청동기시대 유적들은 천산산맥의 동남쪽지역에서 많이 확인된다.

길림지방은 길림성 일대와 흑룡강성 서남부로 이루어져 있는데, 이곳의 지형은 매우 다양하다. 즉, 장백산맥 주변의 동남부지역은 주로 산지로 이루어져 있으나, 서북쪽으로 갈수록 해란강海蘭江, 포이합통하布爾蛤通河, 가야하嘎呀河, 혼춘하琿春河 주변으로 비옥한 분지가 발달해 있다. 길림 중부에는 제2송화강第二松花江과 목단강牡丹江 주변으로 넓은 계곡과 낮은 구릉이 펼쳐져 있고, 서북부에는 송화강松花江~눈강嫩江을 중심으로 송눈평원松嫩平原이 자리 잡고 있다. 한편, 길림지역의 서쪽 가장자리에는 소택지와 염기성 저지대가 조성되어 있는데, 소택지의 모래언덕에서도 청동기시대 유적이 확인되어 당시 주민이 아주 다양한 환경에서 생활했음을 알 수 있다.

이런 단위지역들로 이루어진 중국 동북지방은 대략 61만km², 한반도의 거의 세 배에 이르는 넓은 면적을 포괄하는 만큼 그 기후 또한 매우 다양하다. 한국의 청동기시대 문화와 관련이 있는 유적들이 집중적으로 분포하는 요동과 길림만 하여도 그러하다. 요동은 온대 대륙계 절풍 기후지역에 해당되어 겨울은 길고, 여름은 온난하다. 평균온도는 같은 위도에 있는 다른 지역에 비해 비교적 높고(1월 평균기온은 -11℃, 7~8월의 평균 최고기온은 23℃) 일조량도 풍부하다. 특히 요동의 최남단에 위치한 요동반도는 기온이 매우 높고(1월 평균 최저기온이 10℃) 해양성 기후의 특징을 가지고 있어 예로부터 과실수 농사가 많이 이루어졌다고 한다. 강수량의 경우, 서쪽은 건조하고 동쪽은 습하지만 중부평원은 비교적 알맞은 연평균 600mm정도이다. 길림은 온대대륙성 기후지역에 해당되어 사계절이 뚜렷하다. 즉, 한반도와 비슷하게 봄은 짧고 건조하고 바람이 많이 불며, 여름은 매우 덥고 비가 많이 오고, 가을은 시원하며, 겨울은 매우 길고 춥다. 1월 평균기온은 -11℃이고 7~8월의 평균기온은 23℃이며, 특히 남동쪽 바다로부터 불어오는 바람과 기단이 수증기를 보충해주기 때문에 강수량은 650mm정도이다. 이렇듯 열량자원과 수분자원이 풍부하기 때문에 요령과 길림 모두 삼림(침엽림 및 활엽혼합림)이 매우 울창하다. 한편, 동북평원은 세계 3대 흑토지역 중 하나로, 흑토는 부식질과 영양소가 매우 풍부하여 이곳의 농업 생산성은 매우 높다.

그림 2.2__중국 동북지방의 주요 경관
1: 몽골고원과 요하평원이 만나는 적봉, 2: 노합하(영성), 3: 대릉하 상류(객좌), 4: 태자하 상류(본계), 5: 천산산맥(본계), 6: 요동반도 최남단(대련), 7: 제2송화강 중류의 구릉지대(길림), 8: 송눈평원

한반도

한반도는 크게 북부, 중부, 남부로 나눌 수 있다. 북부는 압록강~두만강을 잇는 선에서 임진강~추가령구조곡을 잇는 선까지의 지역을 포함하며, 다시 동서로 구분된다. 서북한의 경

우, 청천강 이북의 평안북도와 자강도에는 강남산맥과 적유령산맥을 중심으로 험준한 산악지형이 발달해 있어서 청동기시대 유적은 주로 저평한 압록강과 청천강 주변이나 서해안의 모래언덕에서 확인된다. 청천강 이남의 평안남도와 황해남·북도에서는 동부의 내륙 산악지대가 서쪽으로 갈수록 산지성 구릉으로 바뀐다. 이 서쪽 구릉지대에는 대동강 수계를 따라 침식분지가 형성되어 있는데, 청동기시대 주민의 흔적은 이런 침식분지와 대동강, 예성강, 재령강 양안에 발달한 충적지대에서 발견된다.

동북한은 두만강에서 원산만 일대까지로 행정구역 상 함경남북도와 양강도를 포함한다. 이곳은 함경산맥과 개마고원으로 인해 내륙에는 산악지형이 특히 발달해 있다. 따라서 청동기시대 주민은 성천수, 회령천 등 두만강의 지류나 남대천 등 동해로 급격히 흘러드는 하천의 하구 주변에서 생활했던 것으로 보인다. 한편, 함흥에서 원산까지 이어지는 해안선을 따라 비교적 넓은 평야가 분포하는데, 이러한 입지에서도 청동기시대 유적이 확인된다.

중부는 대략 광주산맥 이남에서 차령산맥 이북까지의 영역을 지칭하며, 서울·경기도, 강원도, 충청도 북부지역이 여기에 해당된다. 태백산맥을 기준으로 그 서쪽으로는 북한강과 남한강 수계가 펼쳐져 있는데, 산지성 지형이 발달한 이곳에서는 하천망의 주변에서 청동기시대 유적이 확인된다. 남한강과 북한강이 만나는 지점의 서쪽으로는 구릉성 산지가 자리 잡고 있고, 서해 쪽으로 갈수록 한강 하류는 물론 안성천·삽교천·곡교천 등과 같은 하천 주변으로 넓은 충적평야가 발달해 있다. 이 지역에서는 충적평야와 충적평야 배후의 낮은 산지를 중심으로 청동기시대 주민의 흔적이 발견된다.

한편, 영동지역에서는 태백산맥의 동쪽사면이 급격한 경사를 이루는 관계로, 동해로 흘러드는 하천들은 그 길이가 짧고 강폭이 좁다. 따라서 충적지대는 발달해 있지 않으며, 이런 상황으로 인해 청동기시대 유적들은 강가의 하안단구를 따라 많이 확인된다. 동해안을 따라 분포하는 호반들 역시 이 지역 경관을 구성하는 중요한 요소가 되는데, 실제로 그 주변에서 청동기시대 주민의 흔적이 많이 발견된다.

남부는 차령산맥 이남을 포괄하는데 충청도 남부 및 전라도를 포함하는 서남부와 경상도 동남부 및 제주도로 구분하기도 한다. 서남부의 경우, 금산~진안고원과 소백산맥이 자리잡고 있는 동부 내륙에는 산악지형이 발달해 있고, 서쪽으로 갈수록 나지막한 구릉과 넓은 평야지대가 펼쳐져 있다. 이 서로 다른 경관이 제공하는 서로 다른 환경에 청동기시대 주민이 성공적으로 적응했음은 그들이 남긴 흔적의 광범위한 분포를 통해 알 수 있다. 즉, 노령산맥 이북지역에서는 산악지대를 관통하는 금강 상류의 하안계곡과 침식분지, 그리고 금강 중·하류 및 만경강·동진강유역의 평야지대와 그 배후 구릉 모두에서 청동기시대 유적이 발견된다. 또한 노령산맥이남 지역에서는 동부 산악지대를 관통하는 섬진강, 보성강 양변의 하안계곡과 곡간분지, 서부지역에 흐르는 영산강 주변의 넓은 평야와 완만한 구릉, 그리고 전라남도 동부와 서부의 경계를 따라 흐르는 탐진강 양안의 충적대지에서 청동기시대 유적이 발견된다.

동남부는 소백산맥과 태백산맥이 서쪽과 동쪽에 자리 잡고 있어 산지지형이 발달해 있다. 이 지역을 관통하는 낙동강은 저산성 산지와 구릉지를 경유하며 흐르기 때문에 범람원은 거의 발달하지 못했고 넓은 충적지도 적다. 그나마 낙동강 중·상류지역에 분포하는 침식분지나 남강 하류지역을 중심으로 충적평야가 조성되어 있다. 남강은 낙동강 서안의 또 다른 지류인 황강과 함께 경남 서부 내륙 산악지대를 통과하면서 침식분지를 형성하는데, 낙동강 수계에서는 이런 침식분지와 충적지대가 청동기시대 주민의 주된 활동무대였다. 한편, 동해안에 면한 동부지역에서는 형산강과 태화강이 흐른다. 하지만 경주분지를 제외하고는 충적지대가 발달해 있지 않고, 울산 태화강변의 경우에는 비록 충적지가 분포하고 있으나 지금보다 해수면이 높았던 청동기시대에는 농사에 적합하지 않은 습지로 이루어져 있었다. 따라서 영남 동해안지역에서는 주로 구릉지대나 해안단구를 중심으로 청동기시대 유적이 확인된다.

제주도는 화산섬으로, 다소 급격한 경사를 이루는 남북사면을 따라 방사성의 수계가 조성되어 있다. 하지만 이 하천들은 비가 많이 내린 이후에만 생기는 건천으로, 빗물이 대부분 지하로 빠져들기 때문에 생활수로 의존하기에는 부적합하다. 반면, 해안선을 따라서는 땅 위로 지하수가 솟아나는 용천들이 많이 분포하는데, 청동기시대 주민은 용천수가 집중되어 있는 해발 100m 미만의 저지대 평탄대지와 저구릉지에서 주로 생활했던 것으로 보인다.

한반도는 3면이 바다로 둘러싸여 있는 바, 주민의 생활은 예나 지금이나 상대적으로 바다와의 관련성이 높을 수밖에 없다. 그런 점을 고려하자면 청동기시대에도 해양항해가 이루어졌을 가능성이 낮다고 볼 수는 없고 해상활동에 심대한 영향을 미치는 해류에 대한 이해도 필요하다. 한반도 주변의 항해에서 가장 중요한 영향을 끼치는 해류는 쿠로시오난류에서 갈라진 황해해류와 쓰시마해류이다. 한반도 서쪽의 황해해류는 여름에는 발해만까지 북상하지만 그 세력이 강한 편이 아니라 북서 계절풍이 부는 겨울에는 위축된다. 따라서 겨울에는 서해 연안을 따라 남하하는 연안류가 이런 북서 계절풍의 영향을 받아 발달한다. 한반도 동해안을 따라서는 쓰시마해류의 북쪽 갈래인 동한해류가 북상한다. 동해해류는 난류라서 그 세력이 강한 여름에는 함경북도 연근해까지도 영향을 미친다. 한편, 함경남북도 해안을 따라서는 북한해류가 남하하는데, 세력이 강한 겨울에는 그 영향이 강원도 남부까지 미친다.

한반도는 중위도에 해당되기 때문에 그 기후는 대체로 온난하다. 하지만 북서 계절풍의 영향으로 같은 위도에 있는 다른 지역에 비해 겨울 평균기온이 특히 낮다. 또한 겨울철에는 남북의 기온차가 매우 심한데, 차령산맥을 기준으로 중부와 남부를 나누는 것도 이 산맥이 (한반도에서 가장 추운 달인 1월 평균기온이 −3°C인 등온선과 일치하는) 냉대기후와 온대기후의 경계가 되기 때문이다. 하지만 장마가 끝나고 태평양고기압이 전국을 뒤덮는 8월에는 신의주와 함흥을 잇는 선의 남쪽 지역은 비슷한 정도로 덥다. 한반도는 강수량이 비교적 풍부한 편으로, 여름 몬순기후의 영향으로 연강수량의 50% 이상이 7, 8, 9월에 집중된다. 다만 봄에 중국대륙에서 오는 고기압이 천천히 움직이거나 잇달아 통과할 때는 가물어지며, 동해를 거쳐 오는 북동풍이 태백산맥을 지나 푄현상을 일으킬 때에는 봄 가뭄이 특히 심해진다.

한반도의 식생植生은 난대림·온대림·한대림으로 나눌 수 있는데, 남해안지역과 제주도지역(난대림), 그리고 개마고원을 중심으로 한 북동부지역이나 그 외의 고산지대(한대림)를 제외하면 온대림이 주를 이룬다. 온대림 지대는 다시 온대남부·온대중부·온대북부로 세분되는데, 태안반도에서 영일만을 잇는 선 이남의 온대남부에서는 낙엽활엽수가 대나무 및 상록활엽수와 함께 분포한다. 청동기시대 후기의 바로 뒤시기에 해당되는 광주 신창동新昌洞유적에서 출토된 목제 빗이 단풍나무로 제작되었음이 최근에 밝혀졌는데, 가공하기 쉬운 이런 단풍나무는 온대남부의 대표적인 수종이다. 장산곶에서 영흥만을 잇는 선 이남의 온대중부에서도 낮은 산지에는 참나무류와 단풍나무, 밤나무 등의 낙엽활엽수가 우세하게 나타나며, 높은 산지에는 침엽수가 자란다. 실제로 평택 현화리玄華里, 인천 원당동元堂洞 등 청동기시대 유적에서 확인된 목탄의 수종을 보면 참나무속의 상수리나무류가 주를 이루며, 오리나무류와 물푸레나무류도 확인된다. 온대북부에는 침엽수와 활엽수의 혼효림混淆林이 우세하게 나타난다.

한반도의 토양은 여름 기온이 높고 강수량이 풍부한 남부와 중부의 경우, 활엽수림대를 중심으로 갈색삼림토가 분포한다. 또한 기온이 낮은 북부에는 개마고원을 중심으로 유기물이 풍부한 포드졸 토양이 분포한다. 한반도에는 조정질의 화강암이 널리 산재해 있어 이를 모재母材로 하는 일반적인 밭 토양은 석영 모래가 섞인 사립질의 토양으로 배수는 양호하지만 척박하고 산성을 띤다. 한반도 암질의 10%에 해당되는 편암·편마암이 있는 지역에는 점토질 토양이 분포한다.

화분분석결과는 청동기시대 주민이 앞서 설명한 오늘날의 환경과 유사한 환경 속에서 살았음을 보여준다. 한반도에서는 신석기시대 중·후기에 해당되는 서기전 4,000~2,500년 무렵에 참나무 화분의 양이 감소하고 냉온대 수종인 소나무 화분의 양이 증가하는 경향이 뚜렷이 확인된다. 이는 전지구적으로 일어난 기후의 한랭화와 연관이 있는데, 신석기시대에 비해 한랭해진 기후는 청동기시대 이래로 지속되어 현재까지 이어지고 있다. 다만 청동기시대에는 지금보다 해수면이 높았을 가능성도 있어, 오늘날 비옥한 농경지로 사용되고 있는 강 하류지역의 충적지가 당시에는 농사에 적합하지 않은 저습지였을 가능성도 배제할 수 없다.

_한국 청동기시대 주민

청동기시대 주민에 관한 논의

청동기시대 주민에 관한 논의는 일찍이 '한민족의 기원' 문제와 결부되어 '주민계통'에 대한 연구를 중심으로 이루어졌다. 청동기시대 주민의 계통에 관한 논의가 본격화된 것은 1960~70년대, '주민(2단계)교체설'이 제기되면서부터이다. 이 주장의 요지는 구석기시대 말기에 일어났던 기후변화로 한반도가 공백지대로 남아있던 차에, 시베리아의 바이칼호 근처에서 온 고아시아족이 한반도로 이주하여 신석기시대의 수렵-채집문화를 정착시켰으나 이들은 새로이 들어온 알타이계의 예맥濊貊족 혹은 통구스Tungus족에 의해 교체되었고, 이 새로운 주민이 청동기시대의 농경문화를 정착시켰다는 것이다. 주민(2단계)교체설은 이렇듯 한반도 선사 주민의 연속성보다는 단절성을 강조하고 있으며, 이런 입장 때문에 비판을 받기도 했다. 일각에서는 고아시아족과 통구스족이 거주 구역을 달리한 '형제'와 같은 사이였고, 따라서 두 집단 간의 만남이 문화적 및 인종적 공통분모를 바탕으로 상당히 능률적이고 평화적으로 이루어졌던 것으로 보기도 한다.

이러한 주민(2단계)교체설은 1980년대에 들어와 북한학계에 의해 정면으로 배격 당했다. 북한 연구자들은 구석기시대 말기에 그 원형이 갖추어진 '조선옛유형사람'을 한국인의 직접적인 조상으로 상정하고, 그들이 신석기시대는 물론 청동기시대 문화의 주인공이었음을 주장했다. 흔히 '민족단혈성론'으로 불리는 이런 주장의 핵심은 지난 50만년 동안 다른 혈통을 가진 외부집단의 유입 없이 한민족韓民族이 단일한 혈통을 유지해왔다는 것이다.

한반도 주민의 계통에 관한 이와 같은 논의들은 형질인류학의 연구 성과로 새로운 국면을 맞게 되었다. 즉, 원래 경성제국대학에 소장되어 있던 인골자료를 바탕으로 '극단적 단두형 두개골'이 한민족의 중요한 형질적 특징으로 규정되면서 고고학조사를 통해 획득된 인골자료에서 '한민족'의 존재를 확인하는 중요한 지표의 하나로 사용되게 된다. 그런데 이 지표는 민족단혈성론이 비판 받는 근거가 되기도 한다. 평양 만달리 동굴과 룡곡 1호 동굴에서 발견된 신인 두개골 화석이 모두 다 한민족의 특징적인 '단두형'이 아닌 '장두형'에 해당하기 때문이다.

1990년대에 들어와 신석기시대와 청동기시대 사이의 문화적 연속성을 입증하는 요소들이 고고학 자료에서 포착되면서 고아시아-통구스 주민이 완전히 교체되었다는 입장은 점차 입지를 잃게 된다. 사실, 청동기시대 주민은 여러 집단들이 이주하고 교류하고 통합되는 복잡한 과정 속에서 그 모습이 갖추어졌을 것이다. 따라서 '주민(2단계)교체설'과 '민족단혈성론'은 모두 당시의 역동적인 상황을 너무나 단순화시키고 있어, 청동기시대 주민의 실체를 이해하는데 얼마나 유용할지는 의문스럽다. 한편, '단두형'의 두개골은 한반도의 인구집단 내에서 높은 확률로 나타나는 형질적인 특질이 될 수는 있으나 그것이 한민족을 규정하는 해부학적 기준이 될 수는 없다. 청동기시대 주민의 실체를 밝히는 작업은 그들의 인종적 계통에 관한 논의보다는 그들이 실제로 어떠한 모습이었는지를 확인하는 실증적인 연구를 중심으로 진행될 필요가 있다.

청동기시대 주민의 형질적 특징

청동기시대 주민의 형질적 특징에 관한 정보는 인골자료에 대한 분석을 통해 얻어진다. 그러나 중국 동북지방과 한반도에서는 출토된 양질의 인골자료는 매우 빈약하다. 특히 한반도에는 화강암의 모재로부터 풍화된 사립질의 산성토양이 널리 분포하고 있어, 운 좋게 다른 성질의 토양에 매장되었거나 특수한 보존 환경을 보이는 경우가 아니면 양질의 인골자료를 기대하기 어렵다. 화장火葬이나 이차장二次葬 등의 장제도 인골자료의 확보를 어렵게 하는 요소이다. 중국 동북지방은 토양 양상이 한반도와 다르기 때문에 무덤을 발굴하면 인골이 대체로 확인된다. 하지만 지석묘와 적석묘을 중심으로는 화장이 성행했기 때문에 좋은 상태의 인골을 기대하기란 어렵다. 하나의 무덤 칸 내에서 여러 명을 동시에 화장했을 경우, 위에서 피운 불이 제대로 전달되지 않아 아래쪽의 시신들이 거의 온전한 상태로 남았기 때문에 분석이 가능한 인골자료가 확보되는 경우가 있기도 한데, 강상崗上유적이 그 대표적인 사례라 하겠다. 동북지방에 살았던 청동기시대 주민에 대해 그나마 양질의 형질인류학적 정보를 얻을 수 있는 것은 석관묘, 토광묘 등에서 시신을 온전하게 안치하는 장법이 채택되었기 때문이다. 반면 한반도에서는 드물게나마 청동기시대 분묘에서 인골이 발견되더라도 주로 화장 인골편이어서 연령, 성별, 신장 등을 확인할 수 있는 상태의 시료는 얻을 수 있는 경우는 매우 드물다.

그런 탓에 청동기시대 인골연구는 주민의 형질적 이력을 확인하는 것보다는 그들의 종족적 관계를 추적하는데 그 초점이 맞추어져 왔다. 특히 두개골의 형태를 기준으로 지역 혹은 문화 집단 간의 상사·상이성을 확인하는 작업이 주를 이룬다.

비록 〈그림 2.3〉에 제시된 유적들에서 인골자료가 확보되기는 하였으나 청동기시대 주민의 형질학적 특징에 대한 체계적이고 종합적인 의견을 내기는 어렵고, 그 특징에 대해 간략한 설명을 할 수는 있겠다. 중국 동북지방의 주요 인골자료를 두개골 형태를 기준으로 분석

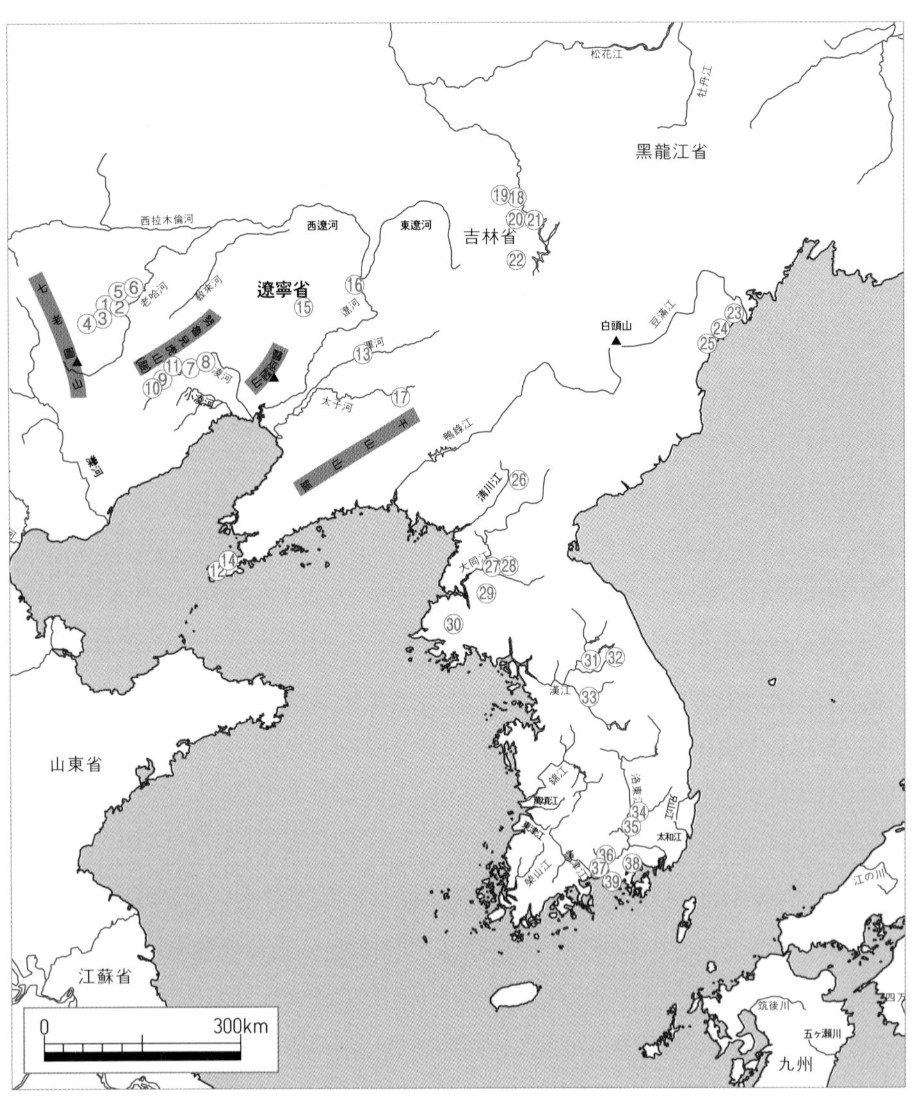

지역		유적
중국 동북지방	내몽고 자치구	① 적봉 홍산후 ② 적봉 하가점 ③ 영성 남산근 ④ 영성 소흑석구 ⑤ 오한기 가지 ⑥ 오한기 대전자
	요령성	⑦ 조양 십이대영자 ⑧ 조양 목두구 ⑨ 객좌 화상구 ⑩ 객좌 남동구 ⑪ 건평 수천 ⑫ 여대 윤가촌 ⑬ 심양 정가와자 ⑭ 대련 강상·누상 ⑮ 창무 평안보 ⑯ 강평 순산둔 ⑰ 본계 묘후산동굴
	길림성	⑱ 길림 서단산 ⑲ 길림 소달구 ⑳ 영길 소단산 ㉑ 영길 동량강 ㉒ 반석 소서산
한반도	동북지역	㉓ 웅기 서포항 ㉔ 선봉 송평동 ㉕ 나진 초도
	서북지역	㉖ 덕천 승리산동굴 ㉗ 평양 강동 ㉘ 성천 용산리 ㉙ 상원 번동리·귀일리 ㉚ 연탄 신천군
	남한지역	㉛ 춘천 중도 ㉜ 정선 아우라지 ㉝ 제천 황석리 ㉞ 대구 진천동 ㉟ 대구 평촌리 ㊱ 진주 대평리 ㊲ 사천 본촌리 ㊳ 마산 진동리 ㊴ 사천 늑도

그림 2.3__중국 동북지방 및 한반도 인골 출토 주요 유적

하면, 요서·요동·길림의 청동기시대 주민이 동아시아계 몽골인종과 북아시아계 몽골인종이 뒤섞인 모습이었음을 알 수 있다. 한편, 중국 동북지방과 한반도의 청동기시대 인골자료는 물론, 같은 시간대의 다른 지역의 인골자료를 종합적으로 비교분석한 결과를 보면 한국 청동기시대 주민의 가장 돋보이는 해부학적 특징이 '높은 머리'라는 것을 알 수 있다. 이런 특징은 현대 한국인에 의해 계승되었으나, '중간 머리'를 가진 현대 중국인과 일본인 사이에서는 보이지 않는다. 마지막으로, 진주 대평리大坪里 일대에서 확인된 인골자료를 바탕으로 '대평인'의 신장을 동시대의 다른 지역이나 더 늦은 삼국시대 주민과 비교한 결과, 청동기시대 대평인은 남성과 여성 모두 사천 늑도勒島의 주민보다는 키가 컸지만 김해 예안리禮安里의 삼국시대 주민보다는 작았음을 알 수 있다. 또 일본 북부 구주의 야요이[彌生]시대 주민과 비교하면 대평인 여성은 작았지만 남성은 더 컸음을 확인할 수 있다.

한편 일부 유적에서는 이런 일반적인 경향과는 다소 차이가 나는 인골자료 분석결과가 나타나기도 한다. 특히 제천 황석리黃石里 지석묘에서 출토된 인골은 청동기시대 주민의 구성과 관련해서 주목할 만하다(그림 2.4-3). 황석리 13호 무덤의 주인공은 신장 174cm에 골격이 강건하고 '장두형'의 두개골을 가진 중년 남성으로 밝혀졌다. 한국인의 두개골은 일반적으로 '단두형'의 특징을 보인다는 것이 통설인 만큼, 황석리 인골자료에서 확인된 이러한 해부학적 특징은 청동기시대 한반도에 서양인 계통의 주민이 거주했다는 다소 선정적인 이야기로 이어지기도 했다. 그러나 이러한 이질적 요소는 한 집단 내에서 자연스럽게 존재하는 형질적 변이의 결과로도 충분히 설명할 수 있다. 다만 최근에 춘천 중도中島와 정선 아우라지유적에

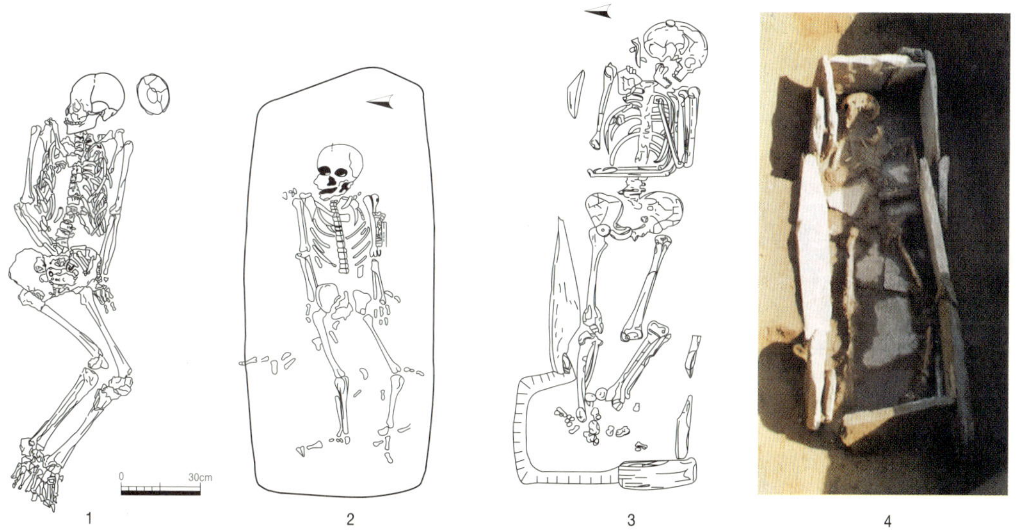

그림 2.4__한반도 출토 청동기시대 인골 몇 례
1: 초도, 2: 서포항, 3: 황석리 13호 지석묘, 4: 대평리옥방4지구 26호 석관묘

서 나온 인골자료에서 장두형의 두개골이 확인되어 한국 선사시대 주민 구성의 다양성에 대해 생각해볼 필요가 있음을 알 수 있다.

한국의 청동기시대 주민이 중원, 북방 초원, 일본 열도 등 다른 지역의 주민들과 교류했음은 유물을 통해도 확인될 수 있는 사실이다. 그런데 청동기시대 이후이긴 하지만 사천 늑도 유적의 양상을 보면 당시 '교류'의 범위가 얼마나 넓었는지를 알 수 있다. 늑도 패총의 무덤들에서 나온 인골자료를 분석한 결과, DNA 염기서열의 일부가 인도네시아 사람과 일치하는 것으로 확인되었는데, 이는 당시 늑도가 진정한 국제무역항이었으며, 이와 같은 통로를 통해 한국 청동기시대 주민이 다양한 인종의 사람들과 접한 기회가 있었음을 보여주고 있다. 결국 늑도나 황석리의 인골자료가 우리에게 말해주는 것은, 오늘날에도 그러하듯이, 우리가 생각하는 것보다 훨씬 더 다양한 인종 집단들이 모여 이 땅의 주민을 구성했을 수도 있다는 점이다. 그런데 이런 사실을 인정할 경우, 반만년의 유구한 역사를 가진 '한민족'은 여전히 유효한 실체로 남을 수 있을까? 학문적 의의가 낮은 질문이긴 하지만 학문적으로 치환하여 답하자면 "있다"가 답이 되겠다. '종족' 혹은 '민족'이라는 개념은 공통된 혈통보다는 공통된 경험과 인식에 기반하기 때문이다.

【참고하기】

'종족'과 '종족성'

종족(ethnic group)은 '특정 전통을 중심으로 자각적으로 연합된 집단'으로 볼 수 있는데, 여기에서 중요한 것은 '전통'이 공통의 영토, 종교, 인종적 특색 등에 의해 형성되기는 하지만, 그 중 어느 하나도 종족을 규정하는 필수조건이 아니라는 점이다. 특정 집단의 종족 정체성(ethnicity)을 형성하는 것은 무엇보다도 자신과 다른 집단을 구별해주는 문화의 모든, 즉 주관적, 상징적, 표상적 측면인 것이다. 다시 말해, 종족을 구성하는 핵심적인 요소는 바로 '우리'와 '남'을 구별해 주는 '그 무엇들'인 셈이다.

따라서 청동기시대 한반도 및 중국 동북지방에 다양한 인종 집단들이 모여 살았을 지라도, 이 땅을 삶의 터전으로 선택한 그들이 오랜 세월동안 하나의 공동체를 이루며 큰 틀에서 역사적 경험과 생활방식을 공유했다면, 그들의 역사를 한민족의 역사로 충분히 받아들일 수 있다.

고조선의 주민

　한민족 최초의 국가인 고조선을 이룩한 '고조선 주민'의 실체를 이해하기 위해서는 문헌기록과 고고학 자료를 함께 살펴보아야 한다. 문헌기록에는 중국 동북지방에 거주했던 집단들을 지칭하는 종족명으로 '예맥', '숙신肅愼', '동호東胡', '산융山戎', '발發' 등이 등장하는데, 이 중 '예맥'에 주목해볼 필요가 있다. 『관자管子』나 『전국책戰國策』의 기록에 따르면, 요동에 살았던 집단이 '예맥'인 것으로 나와 있다. 한편, '예'와 '맥'을 서로 구분하여 언급하기도 하는데, 이는 예맥족의 실체에 대해 중요한 점을 시사한다. 즉, 일각에서는 요서나 북방지역에서 이주한 '맥' 계통의 주민이 요동지역에 살고 있던 '예' 계통의 주민과 서로 융합하여 '예맥'이라는 종족 집단을 형성했다고 보기도 한다. 통설에 의하면 예맥은 하나의 종종 집단을 이룬 후에 동쪽으로 이동했다. 그 정확한 이주 시점은 알 수 없으나 『사기史記』의 기록을 통해 최소한 서기전 3~2세기에는 예맥이 독립된 종족 연합체를 이루었음을 알 수 있다. 또한 이들이 동쪽으로 어디까지 확산되었는지는 후대의 사료인 『신당서新唐書』「발해전渤海傳」에 등장하는 '濊貊故地爲東京([발해의] 동경성 일대가 예맥고지다)'와 같은 기록을 통해 알 수 있다.

　문헌기록을 통해 확인할 수 있는 이런 예맥족의 거주 지역을 감안하면 고조선 주민이 예맥족 계열이었음은 의심의 여지가 없다. 하지만 '고조선'이라는 정치체를 이룩하는 데 주도적인 역할을 했던 집단의 실체를 파악하는 것은 좀 더 어려운 문제로 중심지의 위치 비정과 불가분의 관계에 있다. 고조선의 중심지에 관해서는 크게 세 가지 입장이 있다. 첫 번째는 고조선의 수도 '왕검성王儉城'을 평양, 그리고 '패수浿水'를 청천강으로 규정하여 고조선의 중심지를 대동강유역으로 보는 '대동강 중심설'이다. 이 설에서는 대동강유역을 중심으로 확인되는 팽이형토기문화 집단을 고조선 주민으로 보고 있다. 두 번째는 왕검성과 패수가 모두 요동에 위치했다고 규정하여 고조선의 강역을 요령성과 서북한 일대로 보는 '요동 중심설'이다. 이런 설의 주창자들은 비파형동검, 미송리식 토기, 지석묘를 고조선의 고고학적 지표로 보고 그러한 물질문화 요소를 남긴 이들을 고조선의 주민으로 간주한다. 팽이형토기를 고조선의 고고학적 지표로 보는 입장에서는 그 중심지가 혼하~압록강인 미송리식 토기문화를 예맥족의 문화로 본다. 마지막으로, 고조선의 강역이 처음에는 요동이었으나 연燕나라 장수 진개秦開의 침략을 받고 그 중심지를 한반도로 옮겼다는 '중심지 이동설'이 있다.

　고조선의 주민의 실체를 둘러싼 논의의 진행과정에 적어도 한 가지는 분명해진다. 그것은 바로 문헌기록에서 등장하는 고대집단을 고고학 자료 속에서 확인하고자 할 때 구사되는 논리의 문제점이다. 그 논리는 다음과 같이 요약할 수 있다: 문헌기록에 등장하는 특정한 고대(종족)집단의 영역을 역시 문헌기록에서 확인 → 그 집단의 영역이라 규정된 공간적 범위 내에서 발견되는 고고학 자료 중 그 집단이 남긴 것으로 보이는 특징적 물질문화요소를 확인 → 그 특징적인 물질문화요소가 나타나는 고고학 유적 및 맥락 확인 → 이 고고학 유적 및 맥락의 시·공간적 분포양상에 입각하여 그 집단의 영역과 존속기간 확인(→ 고고학 자료를 통해 확인된 일련의 사실들을 고대종족집단 관련 문헌기록의 내용에 대한 해석의 근거로 종종 사용). 그런데 고고학자가 발굴해내는 고고학 자료 중에 그것이 특정 집단이 남긴 것이라는 명확한 표식을 가지고 있는 경우는 극히 드물다. 따라서 특정한 고고학 자료를 특정의 고대(종족)집단과 연결시키기 위해서는 여러 가지 정황에 의존할 밖에 없는데, 정황에 관한 증거가 부족하거나 고대집단과 고고학 자료 사이의 인과적 관계에 대한 논리적 설명이 부족하면, 고고학 자료로부터 문헌기록에서 등장하는 고대(종족)집단을 찾아내는 연구는 순환논리에 빠지게 된다.

고일홍

추천문헌

송호정, 2010, 「古朝鮮의 位置와 中心地 문제에 대한 고찰」, 『한국고대사연구』 58, pp. 19~60.

李鮮馥, 1991, 「신석기·청동기시대 주민교체설에 대한 비판적 검토」, 『韓國古代史論叢』 1, pp. 41~65.

시안 존스(이준정·한건수 역), 2008, 『민족주의와 고고학』, 서울: 사회평론.

편년과 지역적 이해

_한국 청동기시대 통합편년　　　**_한국 청동기시대 문화의 지역별 전개과정**
_한국 청동기시대 문화의 지역성

　고고학의 시대 구분은 단순히 기술의 진보만을 고려하는 것은 아니다. 사회의 다양한 측면, 예를 들어 정치, 경제, 사회, 기술, 이념 등 문화를 이루는 모든 요소의 변화에 종합적으로 접근해 볼 필요가 있다. 한반도에서 무문토기가 청동기보다 먼저 사용되었다는 것은 이미 널리 알려진 사실이지만 우리가 '청동기시대'라는 명칭을 보편적으로 사용하는 이유는 한반도에서는 무문토기시대의 시작과 함께 마제석기 제작기술의 발전과 보급, 농경의 본격적 개시, 방어시설이 설치된 대단위 취락의 등장, 사회복합도의 증가 등 신석기시대와 구별되는 문화현상이 나타나기 때문이다.

　한편, 한국 청동기시대 문화의 옛 터전인 중국 동북지방에서는 새로운 자료의 증가와 연구의 진전에 따라 무문토기와 청동기의 출현에서 보이던 간극이 점차 좁혀지고 있는 추세이다. 따라서 청동기시대의 편년에는 청동기의 제작과 사용이 본격적으로 이루어지지 않았던 단계의 무문토기문화를 상한으로 설정할 수 있는 것이다. 또한 그 하한은 한반도와 주변에서 또한 번의 커다란 사회적 변화가 발생하는 시점, 즉 철기의 파급이 이루어지기 직전 시점까지로 볼 수 있다. 한국 청동기시대의 세부편년은 이러한 시대의 개념과 시간적 범위 내에서 이루어지게 된다.

_한국 청동기시대 통합편년

한국 청동기시대를 분기하는 작업은 끊임없는 논쟁의 소지를 내포하고 있다. 지역 간 조사의 편차가 그 핵심적인 원인 중 하나이다. 남한에서의 청동기시대 유적과 유물 조사는 밀도나 질적 수준에서 중국이나 북한에 비해 앞서 있다. 결과적으로 조사가 부진하게 이루어진 중국 동북지방이나 북한 자료를 대상으로 한 청동기시대의 분기 설정은 매우 어려울 수밖에 없다.

널리 알려진 바와 같이 분기 설정에는 '문화유형culture type'과 '문화권culture area'이 전제되어야 한다. 하나의 문화유형을 설정하기 위해서는 한 문화체계의 특질-유구와 유물 복합체-을 종합적으로 고려해야 하는데, 지역 간 조사의 밀도가 다르고 자료에 대한 접근이 제한되면 한정된 문화요소에 대한 선별적 분석에 의존할 수밖에 없게 된다. 토기의 형태와 문양 분석에 과도하게 의존하여 문화유형을 설정하는 관행이 대표적인 사례라 할 수 있다.

이외에도 용어 차이나 절대 연대의 오차 등도 분기 설정을 어렵게 하고 있다. 그러나 더욱 근본적인 이유는 당시 여러 문화집단 간의 끊임없는 상호작용이나 누대에 걸친 다양한 시간적 정보가 덧씌인 양피지처럼 고고학 자료가 복잡한 중첩양상을 보이기 때문이다. 이러한 제한요인에도 불구하고 한국 청동기시대 문화의 시공간적 전개과정을 이해하기 위해서는 문화유형과 분기의 설정이 선행되어야 한다.

청동기시대 분기에 대해서는 의견이 분분했으나 어느 정도 의견수렴을 보이는 시기는 송국리松菊里유형이 등장·확산되는 단계이다. 전통적으로 이 단계는 청동기시대 중기로 인식되고 있다. 또한 청동기시대 후기는 수석리水石里유형이 퍼져 있던 단계로서 원형점토대토기가 유행하는데, 철기가 남한 사회에 보급되는 시점이 그 하한이 된다. 수석리유형이나 세형동검 문화는 철기가 등장하기 전까지 이미 수 세기 동안 유행한다는 점, 송국리유형과 수석리유형이 상당 기간 공존한다는 점, 한국 청동기시대 문화의 최전성기가 송국리유형 단계라는 점 등을 고려할 때, 최근 일각에서 원형점토대토기문화를 청동기시대에서 제외하고 나아가서 삼한三韓문화와 직접 연결시키려는 시도는 수긍하기 어렵다.

　중기 못지않게 전기에 대해서도 어느 정도 생각이 공유되고 있다. 잘 알려진 바와 같이 청동기시대 전기에는 이중구연(단사선문)토기와 공렬토기를 표지로 하는 가락동可樂洞과 역삼동驛三洞유형이 유행하며, 일각에서 유형類型으로서의 설정에 의문을 제기하기도 하는 흔암리欣岩里유형도 유행하게 된다.

　이러한 전-중-후기의 삼분기안에 더하여 조기早期도 설정이 가능하다. 최근 (각목)돌대문토기와 석상위석식 노지로 대표되는 유적의 발견이 이어지면서 전기보다 앞선 분기, 즉 청동기시대 조기를 새로이 설정해야 한다는 주장이 주목을 받고 있다. 그러한 토기의 기원지로 주목받는 중국 동북지방이나 압록강·청천강유역에서 돌대문토기만을 단독으로 사용하는 시기가 불분명한 점을 들어 조기 설정에 회의적인 의견도 있지만 설정의 타당성을 뒷받침할 근거도 적지는 않다. 첫째, 각목돌대문토기-일부 고졸한 형태의 이중구연토기 포함-와 석상위석식 노지가 있는 주거지가 지속적으로 발견되는 추세인데, 이들 주거지의 절대연대가 대부분 전기의 상한인 서기전 12세기를 상회하며 일부는 서기전 15세기경까지 올라간다는 점, 둘째, 중국 동북지방과 서북한에서 서기전 13세기경 이전에는 돌대문토기가 주류를 이루다가 이후에는 돌대문토기가 점차 소멸하고 이중구연토기가 중심을 이루는 시기가 존재한다는 점, 셋째, 청동기시대 조기에는 전기의 특징적인 유물인 적색마연토기나 마제석검이 전혀 발견되지 않는다는 점 등을 들 수 있다.

　한편, 남한지역 청동기시대의 상한, 곧 조기의 상한은 현재까지의 연구 성과로 볼 때 서기전 15세기를 상회하기는 어렵지만 중국 동북지방과 북한의 상황은 다르다. 남한지역 청동기시대와 유사한 문화가 요동, 압록강유역, 송화강 및 두만강유역에서 발견된다. 이들 지역의 가장 이른 시기 청동기시대 유적에서는 신석기시대 빗살무늬토기와 공존하거나 태토나 문양에서 빗살무늬토기의 요소를 지닌 무문토기가 다수 발견되고 있다. 연대측정치가 부족한 탓에 이러한 유적과 유물의 상한 연대가 다소 불분명하지만 어쨌든 하한은 대부분 남한지역 청동기시대 조기의 상한인 서기전 15세기를 상회하고 있다. 따라서 서기전 15세기를 전후한 시기는 신석기시대에서 청동기시대로 전이하는 과정으로 볼 수 있고, 실제로 일부 연구자는 이 시기를 '청동기시대 전환기'로 부르기도 한다. 다만 조사와 연구가 아직 미진하고 분기로서 전환기라는 명칭이 부적절한 측면이 있어 독립된 시기로 설정하기는 어렵다. 그럼에도 불구하고 한국 청동기시대 개시 전후의 상황을 이해하기 위해서는 신석기-청동기시대 전이과정의 문화양상을 이해할 필요가 있다. 따라서 별도의 분기로 설정하지는 않되 청동기시대 조기에 포함하여 살펴볼 필요는 있다고 하겠다.

　이상의 내용을 종합하면 중국 동북지방으로부터 한반도에 이르는 지역에서 한국 청동기시대 문화의 흐름은 4분기, 즉 조-전-중-후기의 틀에서 살펴볼 수 있게 된다.

_한국 청동기시대 문화의 지역성

동북아시아 내륙 일대는 청동기시대가 시작되면서 3대 문화권이 형성되는데, 그 하나로 한국 청동기시대 문화의 기원지로 판단되는 중국의 동북 3성東北三省-요령성遼寧省, 길림성吉林省, 흑룡강성黑龍江省-일대를 포괄하는 권역을 들 수 있다. 다른 하나는 서기전 20세기경 하夏왕조의 '이리두二里頭문화'로 대표되는 중국 중원中原 권역이다. 또 다른 하나는 초원지대 동물문양 중심의 독특한 청동기문화가 발전한 중국 서북방 오르도스Ordos지역을 포괄하는 권역이다. 각 권역의 청동기문화는 현저한 차이를 보이는데, 청동단검이 대표적인 예이다. 한반도와 중국 동북지방에서는 검신劍身과 검병劍柄을 따로 제작한 후 결합하여 사용하는, 소위 조립식의 비파형琵琶形동검이 유행하는 반면, 중국 중원의 동검은 양자를 함께 주조한 일주식一鑄式이고, 오르도스동검은 중원과 마찬가지로 일주식이지만 칼자루 끝에 대칭형의 동물문양을 장식한다는 점에서 차이가 있다.

이러한 여러 문화는 각각 상이한 특질을 유지하면서도 부단히 접촉하고 교류하게 된다. 그 결과 각각의 물질문화에는 여러 문화의 특질들이 혼재하기도 하는데, 그러한 현상은 개별 문화가 만나는 점이지대에서 더욱 확연해진다. 한반도와 중국의 청동기시대 문화 또한 서로 간에 지대한 영향을 미치고 곳곳에 문화적 점이지대가 형성된다. 예를 들어, 요서 일대에서 유행한 '하가점상층夏家店上層문화'에서는 중원과 초원지대, 한반도의 청동기시대 문화요소가 모두 나타나고 있다. 상대적으로 중국 동북지방의 자료가 부족할 뿐만 아니라, 지역문화 간 빈번한 접촉과 교류는 한국 청동기시대 문화의 공간적 범위를 설정하기 어렵게 하는 요인이다. 또한 정치적 부침浮沈에 따라 개별 사회들의 활동영역이 끊임없이 변화한다는 사실도 한국 청동기시대 문화의 공간적 범위 확정을 어렵게 하는 이유가 된다. 그럼에도 불구하고 중국 동북 3성의 청동기시대 문화 중에서 비파형동검, 다뉴(기하문)경, 미송리식 토기와 점토대토기, 지석묘, 석관묘 등 한국 청동기시대 문화요소가 집중적으로 발견되는 지역을 잠정적으로 한국 청동기시대 문화의 공간적 범위로 삼는 데에는 커다란 문제가 없다.

현재까지의 연구성과로 볼 때, 남한을 제외하고는 구체적인 문화유형과 영역을 설정하기가 어려운 상황이다. 따라서, 개별 문화의 분명한 범위를 추정하기보다는 현재까지의 연구

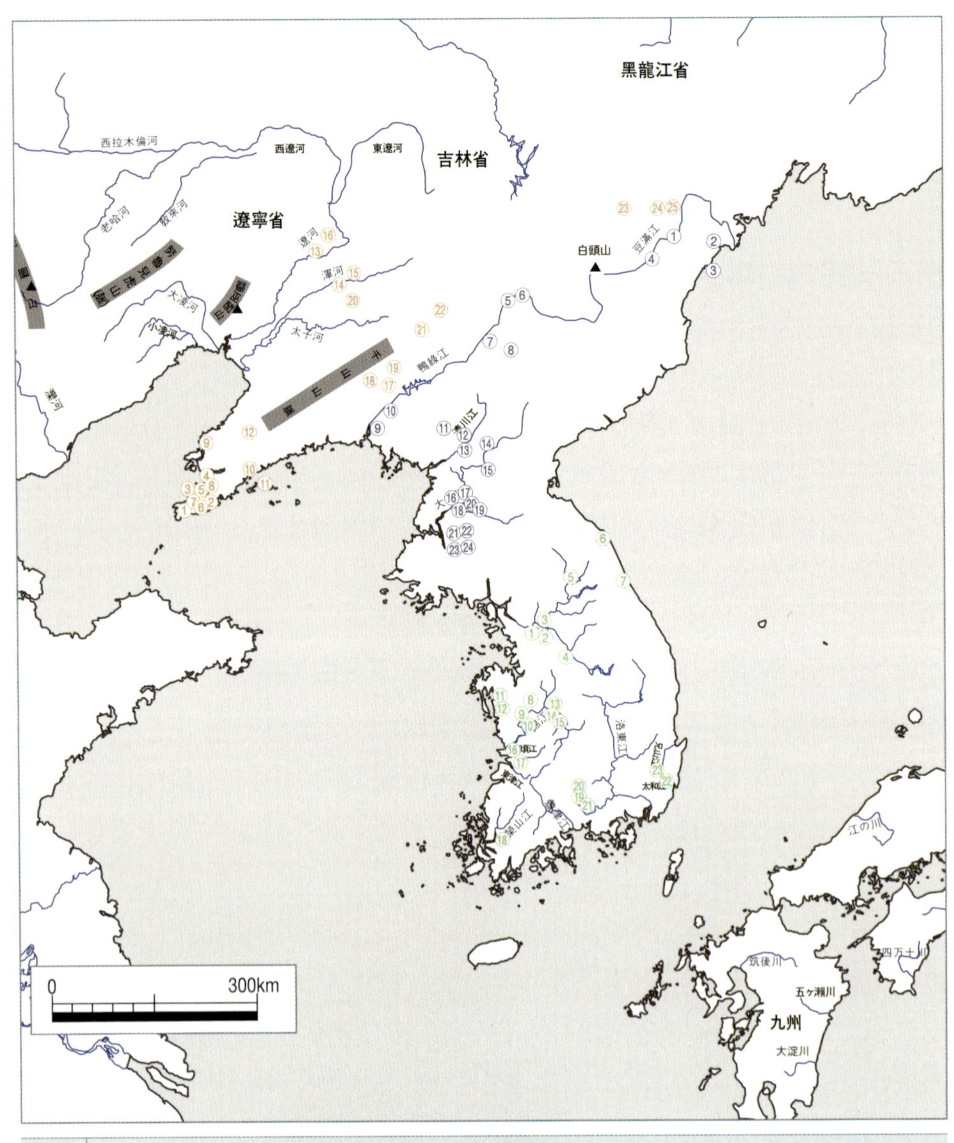

지역	유적
중국 동북 지방	① 대련 우가촌(타두) ② 대련 대취자 ③ 대련 대타자 ④ 대련 쌍타자 ⑤ 대련 강상·누상 ⑥ 대련 윤가촌 ⑦ 대련 양두와 ⑧ 대련 왕보산 ⑨ 대련 토룡자 ⑩ 대련 단타자 ⑪ 대련 상마석 ⑫ 보란점 쌍방 ⑬ 신민 공주둔 ⑭ 심양 정가와자 ⑮ 심양 신락 ⑯ 신민 고대산 ⑰ 본계 산성자 ⑱ 본계 묘후산 ⑲ 본계 장가보 ⑳ 요양 이도하자 ㉑ 무순 동승 ㉒ 환인 대리수구 ㉓ 화룡 흥성 ㉔ 용정 유정동 ㉕ 연길 소영자
북한	① 회령 오동 ② 웅기 송평동 ③ 나진 초도 ④ 무산 호곡 ⑤ 중강 토성리 ⑥ 중강 장성리 ⑦ 시중 심귀리 ⑧ 강계 공귀리 ⑨ 용천 신암리 ⑩ 의주 미송리 ⑪ 영변 세죽리 ⑫ 영변 구룡강 ⑬ 개천 묵방리 ⑭ 덕천 남양리 ⑮ 북창 대평리 ⑯ 평양 표대 ⑰ 평양 남경 ⑱ 평양 금탄리 ⑲ 평양 입석리 ⑳ 평양 쉴바위 ㉑ 황주 침촌리 ㉒ 황주 고연리 ㉓ 봉산 신흥동 ㉔ 봉산 마산리
남한	① 서울 역삼동 ② 서울 가락동 ③ 남양주 수석리 ④ 여주 흔암리 ⑤ 춘천 천전리 ⑥ 고성 송현리 ⑦ 강릉 교동 ⑧ 공주 장원리 ⑨ 부여 송국리 ⑩ 부여 나복리 ⑪ 보령 진죽리 ⑫ 보령 교성리 ⑬ 대전 용산동 ⑭ 대전 궁동 ⑮ 대전 괴정동 ⑯ 군산 도암리 ⑰ 완주 갈동 ⑱ 영암 장천리 ⑲ 진주 어은리 ⑳ 진주 대평리 ㉑ 진주 상촌리 ㉒ 울산 검단리 ㉓ 울산 교동리

그림 3.1__ 한국 청동기시대 편년상 주요 유적

성과와 산맥이나 수계 등 지리적 구분을 고려하여 한국 청동기시대 문화의 발전과정을 중국 동북지방, 동북한, 서북한, 남한 등의 지역으로 크게 나누되, 상대적으로 문화내용이 자세하게 알려진 지역에서는 소지역권으로 세분하여 살펴볼 수 있다. 서북한은 대륙으로부터 한반도로 통하는 문화적 길목으로서 중국 동북지방의 문화도 일부 포함되지만 기술의 편의상 여기서는 서북한으로 설정하고, 동일한 이유로 연해주와 연길 일대도 동북한에 포함하여 문화 전개과정을 살펴본다.

_한국 청동기시대 문화의 지역별 전개과정

중국 동북지방

요동 남부(그림 3.2)

요동반도 남부에서 청동기시대 조·전기의 양상을 보여주는 대표적인 유적으로 대련시의 쌍타자雙砣子와 대취자大嘴子유적을 들 수 있다. 쌍타자유적은 층위관계에 의거하여 Ⅰ → Ⅱ → Ⅲ기의 변천이 상정되고 있다. Ⅰ·Ⅱ기의 구체적인 연대와 성격에 대해서는 이견이 있지만 Ⅱ기까지의 문화에 신석기시대와 청동기시대의 요소가 혼재한다는 점에서는 어느 정도 의견이 일치한다. 또한 삼족기三足器나 니질흑회도泥質黑灰陶의 유행 등으로 볼 때 Ⅱ기까지의 쌍타자는 중국 신석기시대 후기의 용산龍山문화나 청동기시대 산동반도의 악석岳石문화와 깊은 관련을 보여주고 있다. 그러나 요동은 한국 청동기시대 문화의 옛 터전이고 Ⅰ·Ⅱ기의 문화요소 중 일부는 한국 청동기시대 문화의 요소를 보여 줄 뿐만 아니라, Ⅲ기에 계승되기도 한다. 예를 들어 고경관高頸罐이나 호형토기의 경부나 견부에 나타나는 현문弦文, 원형첩부문圓形貼付文, 횡대구획橫帶區劃 등의 요소는 같은 시기 압록강 하류에도 나타나고, 쌍타자 Ⅲ기까지 지속적으로 이어진다. 따라서 쌍타자 Ⅰ·Ⅱ기는 신석기시대 요소가 점차 소멸하고 청동기시대 요소가 등장하는 전환기적 양상을 보여주고 있는데, Ⅰ기는 중국 신석기시대에 해당한다. Ⅱ기의 연대는 대체로 서기전 20~17세기경으로 추정된다.

쌍타자 Ⅲ기에는 유적의 규모가 커질 뿐만 아니라, 그 수도 급증한다. 또한 중원 청동기문화의 요소가 줄어들면서 요령성 일대에서는 요동반도 남단의 지역적 특색이 뚜렷해지는데, 광구호 경부에 침선문이 주로 시문되는 대취자식과 종상첩부문縱狀貼付文을 특징으로 하는 양

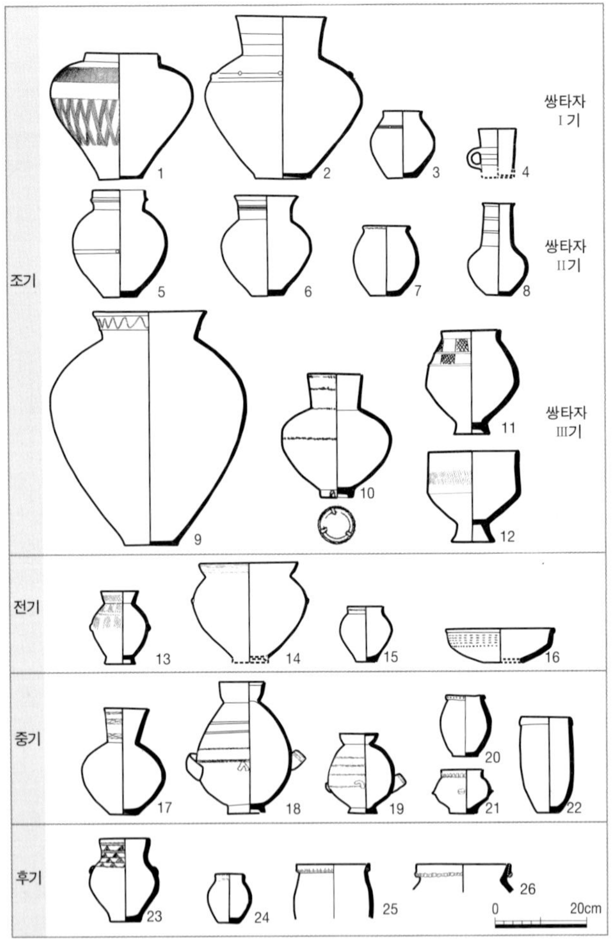

그림 3.2__요동 남부권 토기상 변천

1·4: 쌍타자 퇴적층, 2·3: 쌍타자 F14, 5: 단타자 1호,
6~8: 단타자 2호, 9: 상타자 F7, 10: 대타자 F8, 11: 대취자 F17,
12: 쌍타자 F4, 13: 쌍방 2호, 14: 윤가촌 H4, 15: 타두 M51,
16: 타두 M46, 17: 강상 M13, 18·19·22: 쌍방 6호, 20: 상마석 C구,
21: 강상 M7, 23: 누상 M3, 24: 누상 M6, 25·26: 상마석 A구 상층

두와 羊頭注식으로 나뉘기도 한다. Ⅲ기의 토기 기종으로는 관罐과 호가 대부분이지만 대부토기도 소수 발견된다. 문양으로는 현문과 횡대구획문이 주를 이루는데, 이 시기 현문은 횡침선의 수가 적고 횡대구획문은 현문이나 자돌문刺突文으로 구획된다. 적게나마 점열문과 우상문羽狀文도 확인된다. Ⅲ기의 토기 중 파수가 부착되지 않은 현문호는 미송리식美松里式 토기의 발생과 관련하여 주목된다.

Ⅲ기에는 다양한 묘제가 나타난다. 지석묘-석붕石棚과 대석개묘大石蓋墓-와 돌널분묘 계열의 석개석관묘도 발견되지만 돌을 쌓아 낮은 분구형태를 보이는 적석(복합)묘가 가장 특징적이다. 하나의 적석 내에 하나의 분묘가 갖춰진 형식-예를 들어 대련 왕보산王寶山유적-도 있지만 복수의 분묘가 포함된 형식이 주를 이룬다. 대련 타두佗頭유적에서는 58기의 분묘가 열을 지어 배치되어 있으며, 토룡자土龍子유적에서는 17기의 분묘가 하나의 적석 내에서 발견되었다. 적석(복합)묘에서는 화장火葬과 이차장도 확인되지만 하나의 분묘에서 최대 21인이 확인되는 다인합장多人合葬이 일반적이다. 이러한 점을 토대로 적석(복합)묘의 각 분묘의 피장자들이 친족관계였을 것으로 추정하기도 한다.

쌍타자 Ⅲ기의 상한은 서기전 17세기경, 하한은 서기전 13세기경으로 파악하고 있으나 대부분의 절대연대측정치는 서기전 15세기 전후의 시점에 밀집되어 있어 한국 청동기시대 조기에 해당한다고 볼 수 있다.

48

요동 남부에서 쌍타자 Ⅲ기 이후 등장하는 시기는 상마석상층上馬石上層 단계이다. 상마석상층기는 쌍타자문화에서 보이는 횡대구획문이 여전히 유행하지만 이중구연토기가 본격적으로 유행한다는 점에서 앞 단계와 차이를 보이게 된다. 상마석상층기는 서기전 13세기경부터 양천凉泉문화가 등장하는 서기전 6세기 전후까지로 편년되는데, 이는 청동기시대의 전기와 중기에 해당한다. 이와 같이 긴 시간 폭을 보이는 상마석상층기는 토기 문양에 의해 세부 편년이 이루어지기도 하는데, 예를 들어 상마석상층기의 후반부에 이르면 횡대구획문이 감소하고, 이중구연의 단면이 삼각형으로 변화하면서 아래로 처지는 변화가 발생한다.

상마석상층기의 토기로는 호와 관이 유행하는데, 요동반도에서 서북한에 이르기까지 광범위하게 분포하는 미송리식 토기가 함께 발견된다. 서기전 10세기경에 이르면 쌍방雙房유형이 등장하는데, 쌍방유적에서는 탁자식 지석묘와 석개석관묘에서 미송리식 토기와 비파형동검 등이 함께 발견되었다는 점에서 중요한 학사적 의의를 지닌다. 이 유적에서 발견된 미송리식 토기는 표면이 흑갈색이고 굽이 부착되어 있으며 손잡이가 달린 둥근 동체에 구연이 외반하는 형태를 보이고 있다. 함께 발견된 비파형동검은 이 시기부터 중국이나 초원지방과는 구별되는 청동기문화, 즉 비파형동검문화가 형성되었다는 사실을 보여준다. 미송리식 토기, 비파형동검, 지석묘 등은 고조선을 대표하는 문화요소로서 고조선의 실체와 발달과정, 영역 추정에 중요한 근거 자료가 된다.

한편, 서기전 8세기에서 4세기까지 요동 남부에서는 지석묘와 함께 적석(복합)묘가 유행하는데, 대련 강상崗上과 누상樓上유적이 대표적이다. 두 유적 모두 수십 기에 달하는 석관과 석곽형태의 분묘가 방형의 묘역 내에 포함되어 있고, 대부분의 개별 분묘 내에서는 화장된 인골이 발견되었다. 비파형동검과 함께 관, 완碗, 두豆 등 홍갈색토기들이 부장된다.

요동 남부에서는 점토대토기문화로 대표되는 청동기시대 후기 문화가 유행하게 되는데, 그 존속연대는 서기전 6세기부터 전국시대 연燕나라의 영향으로 철기시대가 시작되는 서기전 4세기경까지로 볼 수 있다. 이 시기에 접어들면 강상이나 상마석유적에서는 후기형의 비파형동검과 다뉴경이 등장하게 된다. 또한 청동기시대 후기의 분묘는 토광목관묘와 목곽묘라는 점에서 앞 단계와 현저한 차이를 보인다. 이와 같이 요동 남부권에서는 중기와 문화적 연속성을 보이면서도 동시에 새로운 문화요소가 등장하는 후기 문화가 존재하였다고 볼 수 있다. 그러나 이 일대에 전형적인 점토대토기가 유행했는지의 여부에 대해서는 의견이 갈리고 있다. 이 문제에 대해 단언하기는 어렵지만 요동의 중부와 북부권에서는 비파형동검, 선형동부扇形銅斧, 점토대토기, 흑도장경호黑陶長頸壺, 환상파수로 대표되는 청동기시대 후기의 양천문화가 유행하고 있었다는 점을 주목할 필요가 있다. 따라서 요동 남부권에서도 향후 전형적인 점토대토기 관련 유적이 조사될 가능성이 높다고 볼 수 있다.

　요동 북부에서 발견되는 청동기시대 조기의 문화로는 심양 일대의 고대산高臺山문화, 혼하 유역의 신락新樂상층문화, 태자하유역의 마성자馬城子문화를 들 수 있는데, 이 중 마성자문화는 한국 청동기시대 조기의 토기문화와 깊은 관련이 있는 것으로 이해된다. 마성자문화는 세 단계로 대별된다. I기 문화층에서는 신석기시대 주거지와 압인문계열의 토기가 발견되었는데, 이는 I기의 문화가 재지의 신석기시대 문화에 기원을 두고 있음을 보여주는 증거이다. 마성자문화의 표지 유물로서 한국 청동기시대 조기를 대표하는 돌대문토기가 I기부터 등장하는데, 이 시기에는 돌대가 끊어 지지 않고 돌아가는 형태-일주각목一周刻目-가 유행한다. I기는 신석기시대 말부터 서기전 17세기경까지 지속되는 것으로 보인다.

　마성자 II기에 들어서면 이중구연토기와 돌대문토기가 유행한다. II기의 돌대문토기는 일주각목과 함께 각목이 새겨지지 않은 돌대문이 성행하게 된다. 또한 II기의 토기에는 자돌문과 현문이 시문된다. 마성자 III기에 이르면 무각목無刻目과 함께 절상돌대문節狀突帶文이 성행하면서 돌대문토기는 다시 한 번 형태상의 변화를 보이게 된다. 마성자 II·III기는 I기와 마찬가지로 논란의 소지가 있지만 각각 서기전 17세기경부터 13세기경과 서기전 12세기경부터 10세기경까지 존속하였던 것으로 추정된다.

　마성자문화의 돌대문토기와 이중구연토기는 압록강 중상류와 하류를 거쳐 남한 청동기시대 조기 문화의 형성에 깊은 영향을 미치게 된다. 대부臺附토기나 채문彩文토기의 발생도 마성자문화와 연관이 있을 가능성이 있다. 고조선의 표지 유물로 볼 수 있는 미송리식 토기의 발생 또한 마성자문화와 밀접한 관련을 보이는데, 마성자 III기에 이르면 미송리식 토기와 흡사한 토기가 나타난다. 예를 들어 산성자山城子유적에서는 미송리식 토기의

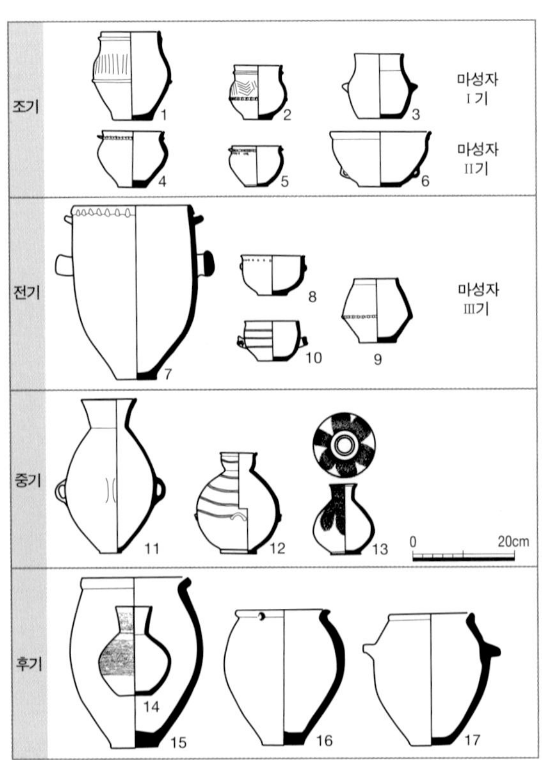

그림 3.3__요동 북부권 토기상 변천
1·2: 마성자B동 13호,　3: 마성자B동 3호,　4·5: 대리수구,
6: 묘후산B동,　7: 장가보A동 M50,　8: 장가보A동 M52,
9: 장가보A동 M47,　10: 장가보A동 M45,　11: 산성자C동 7호,
12: 산성자C동 2호,　13: 동승,　14: 정가와자 6512,
15~17: 공주둔

3대 요소라 할 수 있는 입술형의 횡상파수, 내만한 구연, 현문 중 두 가지가 결합된 호가 발견되고 있다.

마성자문화는 I기의 이른 시기부터 요동 남부권의 쌍타자문화와 마찬가지로 심양 일대의 고대산문화와 활발한 문화적 접촉을 가졌을 것으로 추정된다. 마성자문화의 분묘도 고대산 문화와 마찬가지로 석회암 동굴 내에 설치된 토광묘로, 가족묘의 성격이 강하고 대부분 단인 장의 모습으로 발견되기 때문이다. III기부터는 석관묘가 본격 유행한다.

서기전 10세기 이후 요동 북부는 석관묘를 표지로 하는 이도하자二道河子문화의 영향 아래 놓이게 된다. 예를 들어 본계와 무순 일대의 유적에서는 이도하자유형의 석관묘가 발견되고, 이러한 분묘에서는 비파형동검, 요령식동모, 선형동부와 같은 청동기를 비롯하여 미송리식 토기 등이 발견된다.

요동 북부에서는 서기전 6세기부터 청동기시대 후기로 접어들게 된다. 이 시기를 대표하는 양천문화는 철기시대가 시작되는 서기전 4세기까지 존속한다. 양천문화의 표지 유적으로는 14기의 장방형 토광목곽묘가 발견된 심양 정가와자鄭家窪子를 들 수 있다. 이 유적에서는 점토 대토기, 흑도장경호와 함께 후기형의 비파형동검, 다뉴경, 검파두식劍把頭飾 등의 청동기가 발 견되는데, 남한지역 청동기시대 후기의 것들과 밀접한 관련을 보인다. 또한 6512호 분묘에서 는 여러 개의 비파형동검과 다뉴경 등 42종 797점의 유물이 발견되어 분묘 피장자의 사회적 지위와 신분을 짐작케 한다.

동북한지역(그림 3.4)

두만강유역 일대의 동북한에서는 신석기에서 청동기시대로의 전이적 양상이 잘 나타난다. 연해주~연변 일대의 자이사노프카 후기에 해당하는 유적(호곡 I기, 오동 I · II기, 초도 I기) 에서는 신석기시대 토기와 흡사하되 돌대문이 시문된 심발형토기들이 다수 발견된다. 또한 중국 용정시 금곡金谷유적에서는 신석기시대 토기와 무문토기 옹이 공반하고 있다. 결과적으 로 이 지역권에서는 재지의 신석기시대문화가 점진적으로 발달하여 청동기시대가 시작되었 다는 점을 알 수 있으며, 이러한 전이기의 연대는 서기전 20세기 전후부터 서기전 15세기 전 후로 추정된다.

동북한 청동기시대 조기를 대표하는 유적은 회령 오동五洞, 나진 초도草島 및 서포항西浦項, 중국 화룡 흥성興城 등을 들 수 있다. 이들 유적에서는 각목이나 무각목의 돌대가 부착된 심 발형토기가 주로 발견되는데, 이러한 문화를 동북한 돌대문토기문화라 부를 수 있다. 심발형의 돌대문토기 외에 외반구연의 호형토기와 완이 발견되는데, 이러한 기종은 한반도의 청동기시대 적색마연토기가 동북한에서 기원하였다는 주장의 근거가 되기도 한다. 또한 오동과 서포항유적에서는 심발형토기의 구연부에 돌대문과 함께 반관통 공렬문-혹은 돌유문突瘤文-이 시문되기도 하지만 그 수는 얼마 되지 않는다.

청동기시대 조기의 이러한 유물은 대부분 주거지에서 발견되는데, 주거의 평면형태는 말각방형계이고 화덕은 대부분 토광식이지만 위석식도 일부 발견된다. 주거의 내부에서는 돌대문토기와 함께 삼각만입촉이 빈번하게 발견된다. 이러한 고고학적 증거를 근거로 일각에서는 남한 돌대문토기의 기원지로 동북한을 주장하기도 하지만 요동과 압록강 기원설에 비해 그 근거는 미약한 편이다. 동북한 조기의 연대는 서기전 15세기 전후부터 서기전 12세기로 판단된다.

청동기시대 전기로 접어들면 돌대문토기는 점차 소멸하고 직립구연의 심발형토기가 유행하게 된다. 이 시기의 문화상을 대표할 수 있는 유적으로는 회령 오동, 나진 초도, 무산 호곡동虎谷洞, 웅기 송평동松坪洞, 연길 유정동柳庭洞 등이 있다. 유정동유적에서는 돌대문이 잔존하기는 하지만 대부분 직립구연의 심발형토기이고, 양쪽에 파수가 부착된 발도 다수 발견된다. 송평동 패총에서는 구연부에 돌대가 부착된 심발형토기도 발견되지만, 대부분의 토기들에는 바깥쪽에서 안쪽으로 시문한 반관통 공렬문, 죽관문竹管文, 점열문, 단사선문 등 다양한 문양요소들이 나타난다. 전통적으로 이런 점들에 근거하여, 한반도의 공렬토기는 동북한에서 유래하였다고 주장된다. 그러나 일각에서는 두만강유역에서 원산만 이남과 같은 순수 공렬문이 나타나지 않는다는 점과 공렬문이 돌대문과 결합한다는 점을 들어 반론을 제기하기도 한다.

동북한 청동기시대 전기에는 분묘가 본격적으로 축조되기도 한다. 호곡동유적에서는 단인장의 석곽묘가

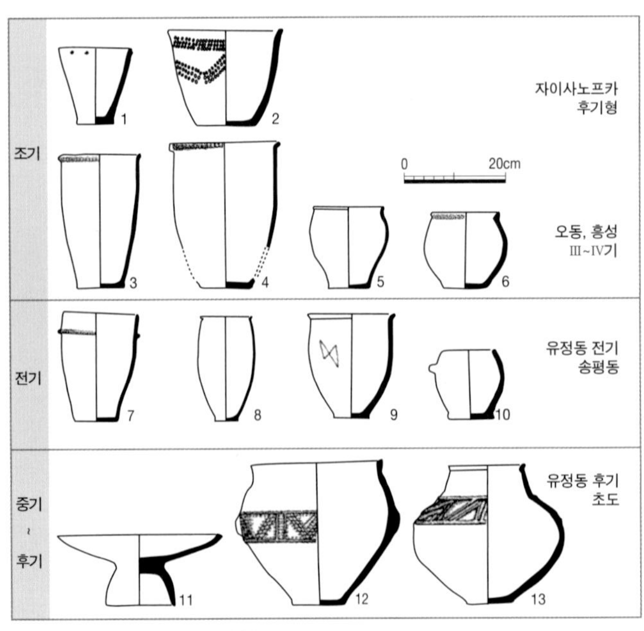

그림 3.4__동북한 토기상 변천
1·2: 호곡, 3·5·6: 홍성, 4·7: 오동, 8·10: 호곡동, 9·11~13: 초도

52

발견되었는데, 내부에서 퇴화된 심발형 돌대문토기와 파수부토기 등이 부장된다. 이외에도 연길의 소영자小營子유적에서는 단인장의 석관묘가, 신용新龍유적에서는 다인장의 석곽묘가 발굴되었다. 이러한 전기 분묘에는 토기 외에 단추와 장식품 등 소수의 청동기가 부장되기도 한다. 동북한의 이러한 석관묘나 석곽묘의 출현은 요동 북부 마성자문화의 파급과 깊은 관련이 있었을 것으로 추정된다.

동북한의 중기문화는 내륙지역-유정동, 호곡, 오동 등 유적-과 연안지역-초도유적-이 차이를 보인다. 내륙지역에서는 심발의 기형에 절상돌대가 부착된 양이부토기가 유행하며 두형토기도 본격적으로 등장한다. 연안지역에서는 동체부에 기하학적 문양이 시문된 호형 및 두형토기가 유행하며, 횡교상파수가 부착된 토기가 다수 출토된다. 이들 토기 외에도 이 시기에 이르면 부리형석기, 동북형석도-혹은 주걱형석도- 등이 출현하는데, 이러한 석기들은 남한에서도 빈번하게 발견되는 바, 주민 이주나 문화교류를 상정해 볼 수도 있다.

동북한 중기의 연대는 서기전 8세기부터 서기전 5세기에 해당되고, 이후 철기시대인 끄로우노프카 단계로 넘어가게 된다. 이 권역의 청동기시대 후기는 현재까지 다소 불분명하다고 볼 수 있다. 다만, 이 지역 청동기시대 중기 후반부의 문화가 철기시대 문화와 친연성이 매우 높다는 점은 주목할 필요가 있다. 결국 동북한 중기문화의 요소들은 후기에 이르기까지 장기간에 걸쳐 유행했을 가능성이 높아 보인다. 또한 최근 일부 유적에서 점토대토기로 추정되는 유물이 발견된다는 주장도 제기되고 있어 향후 이 지역에서도 청동기시대 중기와 후기의 분기 설정이 가능해지리라 판단된다.

서북한지역

압록강 하류(그림 3.5)

압록강 하류역은 요동반도와 한반도를 잇는 문화적 길목으로서 한국 청동기시대 문화의 전개과정을 이해하는데 중요한 지역이다. 이 권역의 이른 시기 청동기시대 문화는 용천 신암리新巖里유적을 표지로 하는데, 문화변천은 3단계로 나누어 살펴볼 수 있다. I기의 유물을 살펴보면 쌍타자 I기의 문양인 원형첩부문이 시문된 호형토기에 신석기시대의 뇌문雷文이 조합되고 있는데, 이는 신석기에서 청동기시대로의 전환기적 양상을 보여주는 증거이다. 현문과 원형첩부문이 시문된 횡대구획문토기 외에도 I기의 유적에서는 요동 북부권 토기 요소인 돌대문과 돌대문으로 구획된 횡대구획문이 함께 발견된다. 따라서 신암리 I기의 문화는 이

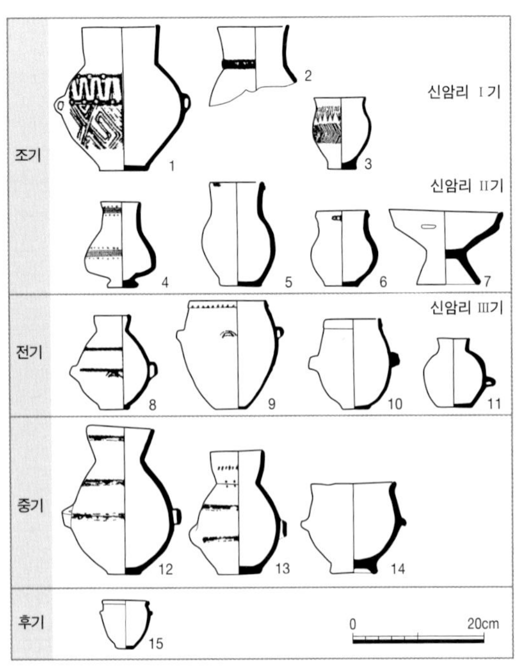

그림 3.5__압록강 하류권 토기상 변천
1 · 2: 청등읍기, 3: 신암리 1층,
4~7: 신암리 3지점 동측(II층), 8 · 9: 모래산 1호,
10 · 11: 모래산 2호, 12~14: 미송리 상층, 15: 모래산 3호

지역의 재지적인 신석기시대 문화에 요동의 다양한 요소가 선택적으로 수용되어 형성되었다고 볼 수 있다. Ⅰ기의 하한은 요동과 비슷한 서기전 17세기경으로 추정된다.

신암리 Ⅱ기는 요동 남부의 쌍타자 Ⅲ기와 병행하는 시기로 설정되는데, Ⅰ기와 마찬가지로 요동 남부의 현문과 북부의 각목돌대문 요소가 함께 발견된다. 그러나 Ⅱ기에 이르면 각목돌대문과 함께 절상 및 유상楡狀의 돌대문도 유행한다. 또한 4조 현문 상하에 횡주자돌문橫走刺突文이 시문되기도 하며, 이중구연단사선문 토기도 나타난다. Ⅱ기에는 호형토기가 대부분을 차지하게 되는데, 이는 Ⅰ기뿐만 아니라, 요동과도 대비되는 현상이다. 신암리 Ⅱ기의 연대는 토기의 양식과 출토된 청동 도자刀子를 고려할 때 서기전 16세기부터 서기전 12세기경으로, 청동기시대 조기에 해당된다.

신암리 Ⅲ기에 이르면 돌대문의 요소가 사라지면서 이중구연의 옹형과 호형토기가 본격적으로 유행한다. 이 시기의 이중구연토기는 구연부의 하단에 각목이나 자돌문이 시문되는 형태가 다수를 점하고 있다. 신암리 Ⅲ기의 또 다른 대표적인 기종은 현문과 횡교상橫橋狀파수가 달린 미송리식 토기인데, Ⅲ기 중에서도 다소 늦은 서기전 9세기 전후에 출현하는 것으로 추정된다.

압록강 하류권 청동기시대 중기의 표지 유적으로는 의주 미송리동굴 상층유적을 들 수 있다. 이 유적에서 발견된 토기는 대부분 미송리식 토기이고, 양이부兩耳付발형토기도 일부 발견된다. 또한 미송리 상층유적에서 발견된 선형동부는 요동 남부 강상유적에서 발견된 용범의 문양과 동일한 형태를 띠고 있어 두 지역 간의 문화적 교류를 추정할 수 있다.

압록강 하류권의 청동기시대 후기 문화의 양상은 현재로선 불분명하고, 실제로 문화적 공백기가 존재했을 가능성도 배제할 수 없다. 다만 신암리 Ⅲ기에 속하는 모래산 3호 주거지에서 점토대토기로 추정되는 양이부발형토기가 발견되고, 압록강 하류권이 이전부터 요동과 활발한 문화적 교류를 하였다는 점을 고려할 필요가 있다. 따라서 이 지역에서도 향후 청동

54

기시대 후기 유적이 발견될 가능성을 배제할 수 없다.

압록강 중 · 상류권(그림 3.6)

압록강 중·상류에서 시기 구분에 참조할 만한 표지 유적으로는 강계 공귀리公貴里와 시중 심귀리深貴里 등을 들 수 있다. 공귀리유적에서는 토광식과 위석식 화덕을 갖춘 장방형 주거 6동과 석관묘 3기, 심귀리유적에서는 유사한 형태의 주거 3동이 확인되었다.

공귀리와 심귀리유적은 층위와 주거구조, 출토유물에 근거하여 두 단계로 나눌 수 있다. 먼저 청동기시대 조기에 해당하는 것으로는 공귀리 I기와 심귀리 I기 문화를 들 수 있다. 여기에서는 신암리 II기에서 발견되는 돌대문토기와 마성자 III기에 유행한 이중구연토기가 발견되는데, 후자가 대부분을 차지한다.

심귀리 II기와 공귀리 II기에 접어들면 돌대문토기가 급감하면서 짧은 목의 구연부, 배부른 동체, 좁은 저부, 교상橋狀파수를 특징으로 하는 '공귀리식公貴里式 토기'가 중심이 된다. 이외에도 횡주자돌문 혹은 공렬문이 시문된 토기도 발견된다. 공귀리 II기와 비슷한 시기에 속하는 중강 토성리와 장성리유적에서는 미송리식 토기와 묵방리식墨房里式 토기가 발견되고 있다. 따라서 압록강 중상류권의 청동기시대 문화는 요동 남부권의 쌍타자문화, 북부권의 마성자문화, 두만강유역권의 공렬토기문화 등 다양한 문화들의 영향을 받아 성립되었을 것으로 추정된다. 공귀리 II기는 청동기시대 전기와 중기에 해당되는데, 대략 서기전 12세기 전후부터 서기전 5세기 전후에 존속하였던 것으로 추정된다. 압록강 하류와 마찬가지로 중·상류권의 후기 문화 또한 정확하게 알려진 바가 없다.

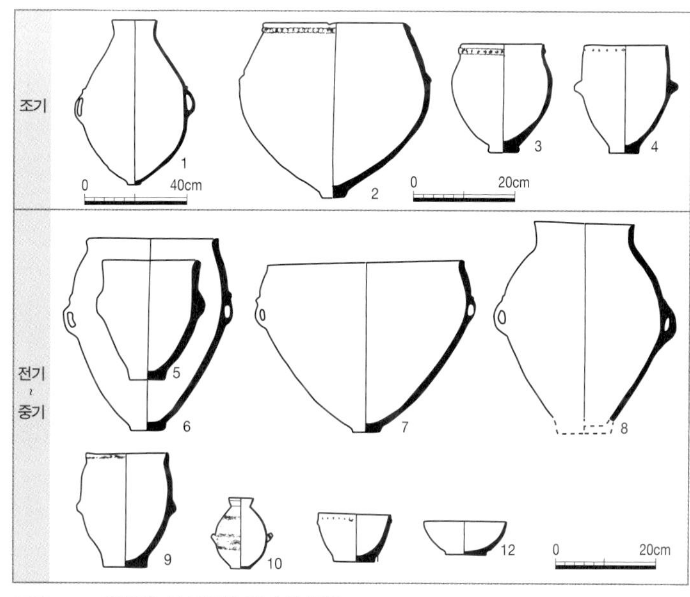

그림 3.6__ 압록강 중상류권 토기상 변천
1 · 2: 심귀리 1호, 3: 심귀리, 4: 공귀리, 5~7: 심귀리 2호,
8 · 9 · 11 · 12: 공귀리 5호, 10: 토성리 퇴적층

　청천강유역권의 청동기시대 문화는 조기부터 시작되는데, 그 문화상은 영변 세죽리細竹里와 구룡강九龍江유적을 통해 파악할 수 있다. 세죽리유적에서는 3개의 문화층이 확인되었는데, 청동기시대에 속하는 Ⅱ문화층에서는 위석식 노지가 있는 방형계 주거지 27동이 발견되었다. 19동의 방형계 주거지가 발견된 구룡강유적 역시 3개의 문화층으로 구성되어 있다.

　세죽리 Ⅱ-1기와 구룡강 Ⅰ기는 청동기시대 조기에 속하는데, 이 층에서는 각목과 절상의 돌대문토기가 이중구연토기, 종향 대상파수부토기와 공반한다. 이러한 청천강유역권 조기 문화는 토기의 종류와 문양에서 압록강 중·상류권의 심귀리 Ⅰ기 문화와 밀접한 관련성을 보이는데, 그 시기는 서기전 15세기 전후부터 서기전 12세기 전후로 추정된다.

　전기에 이르면 돌대문토기가 점차 소멸하고 심발형의 이중구연토기가 유행하게 된다. 돌대문토기가 일부 잔존한다는 점에서 구룡강 Ⅱ-1기는 세죽리 Ⅱ-2기에 비해 시기적으로 약간 일찍 시작되었던 것으로 보인다. 중기에 속하는 세죽리 Ⅱ-3기에서는 공렬거치문과 심발형 이중구연토기가 발견되고, 구룡강 Ⅱ-2기에서는 미송리식 토기도 일부 발견되었다. 청천강유역권 전기와 중기의 문화는 압록강유역권과 비슷한 양상을 보이는 점으로 볼 때 전기는 서기전 12세기부터 서기전 9세기 전후, 중기는 서기전 8세기부터 서기전 6세기 전후로 판단된다.

　청천강유역권의 후기는 묵방리식 토기가 유행했던 시기로 규정할 수 있는데, 이 유형은 개천 묵방리 지석묘에서 출토된 토기에서 유래한 것이다. 개석식 지석묘 40여기가 발견된 묵방리유적에서는 반월형석도와 함께 흑갈색의 마연토기磨研土器가 발견되었다. 묵방리식 토

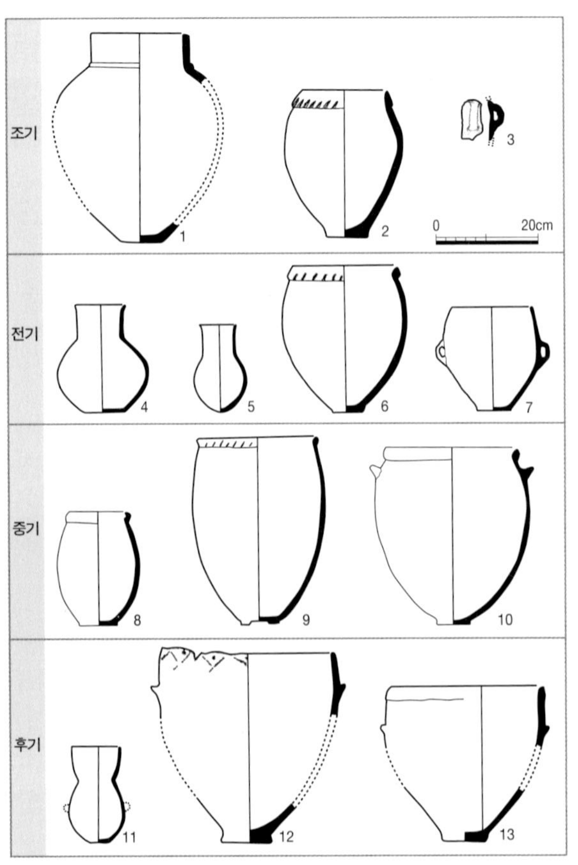

그림 3.7__청천강유역권 토기상 변천
1·2: 세죽리 27호,　3: 세죽리 15호,　4·6·7: 구룡강 9호,
5: 구룡강 2호,　8~10: 구룡강 20호,　11: 묵방리,　12·13: 세죽리 Ⅱ층

기는 구연부가 좀 더 길어지면서 더 넓게 벌어지고 동체부의 문양이 일부 다르다는 점을 제외하면 미송리식 토기와 흡사한 형태를 보인다. 이러한 형태상 특징에 근거하여 묵방리식 토기를 미송리식 토기의 변형으로 인식하기도 하며, 그 존속연대는 서기전 5세기에서 서기전 3세기를 전후한 시기로 보고 있다. 세죽리 Ⅱ-3기층의 주거에서도 묵방리식 토기가 일부 발견되는 것으로 보아 이 단계의 주거는 중기와 후기에 걸쳐 축조되었을 것으로 판단된다. 묵방리식 토기는 구룡강유적의 Ⅲ기에서도 다수 발견되었다. 청천강유역의 후기 문화는 서기전 3세기 전후에 '세죽리-연화보細竹里-蓮花保유형'으로 대표되는 철기문화로 이어지게 된다.

대동강유역권(그림 3.8)

대동강유역권에서도 비록 절대 연대는 불분명하지만 신석기-청동기시대의 전이적 양상이 나타난다. 예를 들어 평양 금탄리金灘里 Ⅱ문화층과 남경南京 Ⅱ문화층에서는 횡주어골문과 단사선문의 옹형토기와 돌대문이 시문된 호형토기가 함께 발견되고 있다. 청동기시대 조기 또한 상한 연대가 불분명하지만 이 지역을 대표하는 팽이형-혹은 각형角形-토기가 이때부터 등장한다. 팽이형토기는 저부가 좁고 단사선이 시문된 이중구연을 갖춘 옹과 호를 특징으로 하는데, 이 시기에는 단순한 단사선 대신 사선형의 거치문이 단위를 이룬다. 또한 조기에는 신석기시대 빗살무늬토기의 전통이 강하게 남아 있는 홑구연의 옹도 유행한다.

전기에 이르면 팽이형토기는 형태와 문양에서 미세한 변화를 보이게 되는데, 호의 구연부가 부드러운 곡선형을 띠는 것을 그 예로 들 수 있다. 또한 전기의 후반부에 이르면 팽이형토기와 함께 미송리식 토기문화의 영향으로 평양 남경과 표대標臺, 북창 대평리大坪里 등의 유적에서 미송리식과 묵방리식 토기가 공반하는 현상을 볼 수 있다.

대동강유역권의 전기 주거는 대부분 방형계로서 수혈식의 화덕이 설치되는데, 후반부에 이르면 위석식의 화덕도 나타나게 된다. 또한 전기 후반부에 이르면 분묘가 본격적으로 등장하는데, 석관묘와 함께 황주 침촌리沈村里 일대에서는 '침촌형 지석묘'가 축조되기 시작한다. 침촌형 지석묘는 하나의 묘역 내에 다수의 매장시설이 갖춰진 구조를 보이는데, 혈연관계에 있는 피장자들이 안치된 것으로 이해된다. 이러한 형태의 분묘는 요동의 적석(복합)묘, 남한의 묘역식 지석묘와 구조상 서로 연결된다. 전기의 연대는 서기전 13세기 전후부터 서기전 9세기 전후 사이로 볼 수 있다.

대동강유역권의 중기 문화는 평양 입석리立石里와 쉴바위유적에서 살펴볼 수 있는데, 이러한 유적에서 발견되는 팽이형토기는 구연부에 문양이 없는 것이 다수를 차지한다. 또한 호형의 팽이형토기는 홑구연이 많아지고 구연부 아래에 한 줄의 침선을 돌리는 등 형태상 변화가

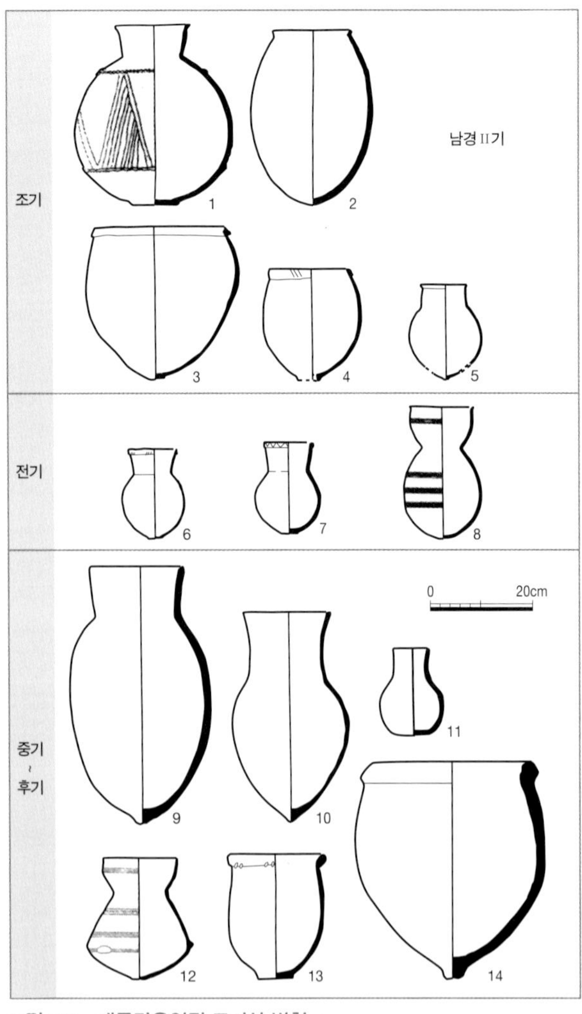

그림 3.8__대동강유역권 토기상 변천
1 · 2: 남경 31호, 3: 남경 6호, 4: 신흥동, 5: 남경 36호,
6: 남경 10호, 7 · 8: 고연리 3호, 9: 마산리, 10 · 11: 입석리,
12 · 13: 남경 3호, 14: 표대

나타난다. 미송리식 토기의 후기형으로 간주되는 소위 '남양형南陽型' 단지도 중기 후반부에 등장하는데, 예를 들어 덕천 남양리유적의 팽이형토기는 미송리식 토기문화의 영향으로 동체부에 뉴상紐狀파수가 부착된다.

분묘의 양상에서도 변화를 보이게 되는데, 전기 후반부터 등장한 침촌형 지석묘는 중기에 이르면 그 형식과 수가 다양해지며, 동시에 탁자식의 소위 '오덕형五德型' 지석묘와 '묵방형' 지석묘도 유행하게 되며, 미송리식 토기의 전파와 함께 다양한 청동기가 나타난다. 표대유적에서는 묵방리식 토기와 함께 비파형동모가 발견되었고, 이외에도 금탄리 3문화층에서 동착, 남양리유적에서 비파형동모, 동탁銅鐸의 용범이 출토되었다. 대동강유역권 중기의 상한은 서기전 8세기경, 하한은 서기전 5세기로 볼 수 있다.

현재로선 다소 불분명하지만 대동강유역권에서 청동기시대 후기 문화가 실재했을 가능성은 다분하다. 예를 들어 평양 신성동의 석관묘에서는 심양 정가와자유형과 유사한 흑도장경호, 비파형동검, 다뉴경 등이 발견되었고, 남경유적에서 출토된 덧띠토기는 점토대토기 초기형일 가능성도 있다. 대체로 요령 남부의 점토대토기문화가 해로를 따라 한반도의 서남부로 파급되었을 것으로 보이지만 일부가 대동강유역을 경유한 육로를 따라 한강 유역으로 전파되었을 가능성도 배제할 수는 없다. 대동강유역권의 이러한 후기 문화는 서기전 2세기경 평양 정백동貞柏洞과 태성리台城里유적을 표지로 하는 철기시대 문화로 이어진다.

남한지역(그림 3.9)

남한의 청동기시대 토기 중에서 가장 이른 것은 각목돌대문토기이다. 최근에는 돌대문토기와 구별이 모호하고 짧은 이중구연을 지닌 토기를 전기의 가락동식 이중구연토기와 구별하여 조기의 토기양식으로 보기도 한다. 남한에서 각목돌대문토기가 최초로 발견된 하남 미사리유적을 따라 청동기시대 조기의 고고학적 문화를 '미사리漢沙里유형'이라 부르기도 한다. 미사리유형의 주거는 평면형태가 방형이고, 석상식이나 위석식 화덕을 갖추고 있다. 주거 내부에서는 심발형의 돌대문토기와 함께 천발, 호 등의 토기류와 장방형석도, 편인석부, 삼각만입촉 등의 석기류가 출토된다. 이 유형에 속하는 유적은 한강과 남강유역 등 내륙의 강안에서 집중적으로 발견되지만 동남해안이나 영산강유역 등에서는 거의 발견되지 않고 있다. 미사리유형은 요동의 돌대문토기와 잡곡농경문화가 서북한을 거쳐 남부로 파급되면서 서기전 15세기경에 형성되어 서기전 12세기경까지 존속하였던 것으로 추정된다.

전기에 들어서면 유적의 수나 밀도가 급증하면서 청동기시대 문화의 양상이 더욱 명확해진다. 방사성탄소연대를 고려할 때 그 상한은 서기전 12세기경까지 소급이 가능하다. 조기에 이어 심발형토기가 주로 제작되지만 대부토기, 적색마연대부토기 등이 발견된다는 점에서 조기와 대비된다. 석기조합상은 이단경식석촉, 삼각만입촉, 이단병식석검을 표지로 한다. 전기의 주거는 방형계통의 평면형태를 띠는데 장방형이나 세장방형이 주류를 이룬다.

전기 문화는 (세)장방형 주거의 화덕형태와 심발형토기의 문양 종류에 따라 역삼동, 가락동, 흔암리 등 세 문화유형으로 대별할 수 있다. 먼저 역삼동유형은 공렬과 구순각목문口脣刻目文의 문양요소가 단독, 혹은 결합하여 시문된 토기와 내부에 토광식의 화덕이 설치된 (세)장방형 주거를 표지로 한다. 다음으로 가락동유형은 이중구연단사선이 시문된 토기와 위석식 화덕이 설치된 (세)장방형 주거를 표지로 한다. 가락동유형은 대전, 청주를 중심으로 한 금강 중·하류에 집중적으로 분포하지만 역삼동유형은 이 지역을 제외한 한반도 남한 전역에 분포한다는 점에서 차이를 보인다.

흔암리유형은 주거 내부에 토광식 화덕이 주로 설치되고, 앞서 살핀 두 유형의 토기 문양요소가 혼합된 토기들이 발견되는 장방형 주거를 표지로 하는데, 역삼동유형과 중복되어 분포하는 모습을 보인다. 이러한 전기 세 유형의 선후관계와 형성과정은 줄곧 논쟁의 대상이 되어왔다. 가장 먼저 제시된 견해로는 역삼동유형이 동북한의 공렬토기문화, 가락동유형이 대동강유역의 팽이형토기문화의 영향으로 성립되었다는 것이다. 또한 흔암리유형은 두 유형이 각기 남하하여 중부에서 일정 기간 공존하다가 결합하여 발생했다고 주장되었다. 이에 대해 흔암리유형은 청동기시대 전기부터 가락동유형과 역삼동유형이 맞닿은 지역에서 문화적

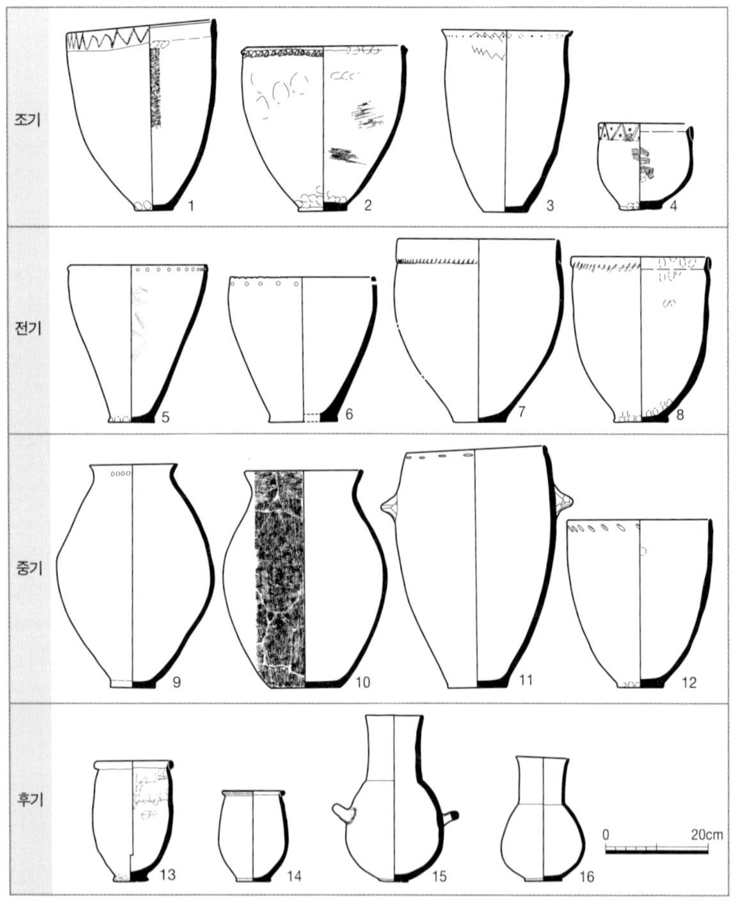

그림 3.9__남한지역 토기상 변천
1·3: 교동, 2: 상촌리, 4: 어은 l, 5: 대평리, 6: 역삼동, 7: 가락동, 8: 용산동,
9: 송국리, 10: 장천리 1, 11: 검단리, 12: 교동리 456, 13: 갈동, 14: 송현리 C,
15: 백령도, 16: 괴정동

접촉으로 형성된 것이므로 독립된 문화유형으로 설정하기가 어렵다는 반론이 제기된다. 또한 역삼동형문화의 표지 요소인 공렬문이 원산만 이북의 두만강유역에서는 발견되지 않으며, 오히려 압록강의 돌류문과 관련될 수 있다는 견해가 제시되기도 하며, 심발형토기의 기형이나 기종구성으로 볼 때 가락동식 토기 역시 대동강유역보다는 압록강~청천강유역의 이중구연단사선문토기와 밀접한 관련이 있음이 지적되기도 한다. 최근에는 가락동유형과 미사리유형의 공반이나 유연한 형식학적 순서를 고려하여 가락동유형 → 흔암리유형 → 역삼동유형으로의 변천과정을 제시하면서 전기토기의 변천을 문양해체의 과정으로 이해하기도 한다.

　전기의 늦은 시기로 오면서 남한에서는 주구석관묘, 석관묘, 토광묘, 묘역식 지석묘 등 분묘가 본격적으로 등장한다. 이러한 각종 분묘에는 이단병식석검, 삼각만입촉, 채문토기, 적색마연대부토기 등이 부장되고, 그 수는 많지 않지만 비파형동검과 횡대구획문이 시문된 토기들이 부장되기도 한다. 동검을 모방한 이단병식석검, 비파형동검, 횡대구획문토기 등의 문화요소는 압록강~청천강유역의 미송리문화와 궤를 같이하는 것이라고 할 수 있다.

　고대 사회에서 분묘의 축조가 조상의 숭배와 영역의 표현, 농경의 시작과 밀접한 관련을 보인다는 점은 널리 알려진 사실이다. 남한지역에서도 전기 후반부에 이르면 밭농사나 화전

60

과 같은 잡곡농경 뿐만 아니라, 일부 지역에서는 논농사-수도작水稻作-가 시작된다. 최근 울산이나 진주 남강 일대에서 발견 예가 증가하고 있는 계단식 수전은 이러한 사실을 뒷받침한다.

남한지역 청동기시대 중기는 송국리유형의 등장과 확산으로 특징지어질 수 있다. 이 고고학적 문화는 송국리식 주거-중앙부에 타원형의 구덩이를 가지고 있는 평면 원형의 주거-와 내부에서 발견되는 송국리식 토기-외반구연의 옹형토기-, 플라스크형 적색마연토기, 일단병식석검, 삼각형석도, 유구석부有溝石斧 등으로 구성된다. 또한 '송국리형 묘제'라 불리는 석관묘, 석개토광묘, 옹관묘 등이 활발하게 축조된다. 고고학적 문화로서의 송국리문화는 화성-평택-청주-상주-대구-울산을 잇는 선을 경계로 충청도, 전라도, 경상도 서부에 집중적으로 분포한다.

송국리유형이라는 물질문화의 확산은 수도작의 정착, 인구의 증가와 사회구조의 변화, 집단 간 갈등의 고조와 사회적 차별화의 심화 등 사회 여러 측면에서의 획기적 변화와 궤를 같이 하는 것으로 이해되고 있다. 논농사가 본격적으로 시작되면서 잉여생산물이 창출되고 잉여생산물은 비파형동검을 위시한 위세품의 물적 기반이 되며, 이는 다시 권력의 재생산이라는 선순환구조로 이어졌던 것이다.

이와 같은 획기적 변화를 야기한 송국리문화의 형성과정에 대해서는 다양한 의견이 제시되고 있는데, 외래기원설과 자체발생설로 대별할 수 있다. 외래기원설의 핵심은 송국리문화가 ① 외부에서 도입되었으며, ② 금강 중하류에 처음으로 정착하였고, ③ 기존 집단(주로 역삼동유형과 지석묘 집단)과의 문화접촉을 통해 (말각)방형에 중앙 토광을 갖춘 휴암리식 주거를 표지로 하는 소위 '선송국리先松菊里유형'이 발생한다는 것으로 정리할 수 있다. 반면 자체발생설을 주장하는 연구자들은 역삼동유형으로부터 송국리유형으로의 재지적, 점진적 변천과정을 상정하면서, 역삼동유형 → 선송국리유형 → 송국리유형의 발달 순서를 제시한다.

한편, 한강 하류역, 강원도 및 영남 동남해안에서는 송국리유형과 성격을 달리하는 문화양상이 관찰된다. 이 지역들의 청동기시대 중기 문화는 송국리식 주거 등 송국리유형의 주요 요소들이 발견되지 않는다는 공통점에 주목하여 '비송국리문화권'이라 부르기도 하지만 그 내부의 지역적 편차도 적지 않다. 예를 들어 북한강유역 중심의 강원 영서에서는 일체형석촉이나 열주식 기둥, 작업공, 이색 점토다짐구역의 존재 등을 특징으로 하는 지역양식이 등장하는데, '천전리泉田里유형'이라 부르기도 한다. 한편, 울산-경주-포항 일대의 지역양식을 '검단리檢丹里유형'이라 부르기도 하는데, 검단리식 토기-구연부에 낟알문이 열을 지어 새겨진 심발형토기-, 동북형석도와 원통형 어망추, 울산식 주거, 소형 석관묘, 화장 또는 세골장 등을 특징으로 한다. 그러나 비송국리문화권의 중기 문화는 주거의 구조가 소형화된다는 점 외에 여전히 전기의 공렬문이나 구순각목문이 잔재하고, 묘제의 종류와 밀도도 전기와 별다른 차이가 없다. 따라서 비송국리문화권의 지방문화는 역삼동유형의 후기형이라는 의미에서 '역삼동후기유형', 혹은 '역삼동-천전리유형', '역삼동-검단리유형' 등으로 부를 수도 있을 것이다.

결국, 청동기시대 전기에서 중기로의 전이과정이란 송국리문화 파급의 차이에도 불구하고 새로운 거주방식의 전반적인 등장, 즉 대형 주거의 공동거주형에서 소형 주거의 독립거주형으로의 변화라고 볼 수 있다.

남한지역 청동기시대 중기의 상한을 서기전 8세기경으로 비정하기에는 무리가 없어 보이는 반면, 하한을 정하기에는 다소 논란의 소지가 있다. 이는 송국리문화와 후기의 점토대토기문화가 상당기간 공존할 뿐만 아니라, 점토대토기문화의 시작이 지역별로 차이를 보이기 때문이다. 이러한 문제에도 불구하고 요동 점토대토기의 편년과 방사성탄소연대를 고려하여 중기의 하한과 후기의 상한은 서기전 5세기경으로 보는 것이 합리적일 듯하다.

청동기시대 후기에 이르면 남한에서는 점토대토기문화 혹은 수석리유형이 유행하게 된다. 점토대토기문화는 점토대토기 구연부형태의 변화에 착안하여 원형 및 삼각형점토대토기문화로 대별하는데, 서기전 2세기경 삼각형점토대토기문화 단계에 이르러서는 (주조)철기가 사용되는 철기시대로 접어들게 된다.

수석리유형의 유적은 남한 전역에 분포하지만 한강유역에서는 주거유적이, 호서와 호남에서는 청동기가 부장된 분묘유적이 집중적으로 발견되는 등 지역적인 편중현상이 보이기도 한다. 주거는 평면형태가 (말각)방형이나 원형 계통으로, 점토대토기와 함께 흑도장경호, 유구석부 등이 발견된다. 적석이나 토광목관묘에서는 심발형의 점토대토기나 흑도장경호 등 토기류와 함께 세형동검, 다뉴의 조·세문경, 이형동기, 동령 등이 발견된다.

점토대토기문화는 요동의 점토대토기문화가 해로를 통해 금강 하류역으로 파급되었거나 육로를 통해 한강유역권으로 전파되었을 것으로 추정한다. 송국리유형의 여러 요소가 후기에도 여전히 유행하면서 일부 지역에서는 점토대토기문화와 접촉하는 양상을 보이기도 한다. 가령 부여 나복리羅福里, 군산 도암리桃岩里, 보령 진죽리眞竹里, 대전 궁동弓洞, 공주 장원리長院里 등의 송국리식 주거에서는 후기의 표지 유물인 점토대토기가 공반되기도 한다.

〈표 3.1〉은 한국 청동기시대의 다양한 문화가 분기별로 형성·발전하는 과정을 종합적으로 보여주고 있다. 세계 다른 지역의 선사·고대사회와 마찬가지로 한국의 청동기시대 문화는 산맥과 수계에 따라 독특한 문화권을 형성하였으며, 각 문화권의 사회는 끊임없는 상호작용과 교류를 통해 발전과 변화를 거듭하게 된다. 북에서 남으로의 문화요소 전파나 주민이주는 그러한 상호작용과 교류의 중요한 계기가 되었을 것이다. '중국 동북지방 → 서북한 → 남한'이나 '연해주 → 동북한 → 남한'은 한국 청동기시대 문화의 전개과정에 있어 중요한 경로

표 3.1__청동기시대 분기 설정과 지역적 특징

분기	요동 남부권	요동 북부권	동북한지역	압록강 하류권	압록강 중·상류권	청천강 유역권	대동강 유역권	남한지역
	중국 동북지방		동북한지역	서북한지역				남한지역
서기전 20C 조기	쌍타자Ⅰ, Ⅱ기 용산문화+현문 +횡대구획문	마성자Ⅰ기 신석기토기 +일주각목돌대문 +이중구연	자이사노프카 후기형 신석기토기 +각목돌대문	신암리Ⅰ기 신석기 뇌문 +횡대구획문 +현문+원형첩부문 +각목돌대문			남경Ⅱ기 신석기토기 +횡주어골문 +돌대문	
조기	쌍타자Ⅲ기 우가촌 적석(복합)묘 현문+횡대구획문 +점열문+우상문	마성자Ⅱ기 동굴복합묘 무각목돌대문 +이중구연 +현문+점열문	오동, 흥성Ⅲ~Ⅴ기 (무)각목돌대문+홍도 +반관통 공열문	신암리Ⅱ기 호 중심 이중구연 단사선+현문 +각목돌대문+절상 돌대문+청동도자	공귀리Ⅰ기, 심귀리Ⅰ기 이중구연 중심 돌대문 소수	세죽리Ⅱ1기, 구룡강Ⅰ기 각목돌대문 +절상돌대문 이중구연 +종향 대상파수부	팽이형Ⅰ기 무덤 등장(후반) 홑구연 옹 +이중구연 +거치문형태 사선문	미사리형 석상위석식 노지 각목돌대문 +이중구연 초기형
서기전 13C 전기	상마석 상층 횡대구획문 +이중구연 본격 유행	마성자Ⅲ기 석관묘 무각목돌대문+절상 돌대문+이중구연 미송리형토기	유정동, 송평동 석관(곽)묘 돌대문 소수+직립구연 심발+반관통 공열문 +동모	신암리Ⅲ기 이중구연 옹과 호 중심 미송리형토기(후반)	심귀리Ⅱ기 → 공귀리Ⅱ기 공귀리형토기 중심 횡주자돌문	구룡강Ⅱ1기 → 세죽리Ⅱ2기 이중구연 심발 중심 돌대문 소수	팽이형Ⅱ1기 침촌리, 오덕형 무덤 유행 팽이형토기 +미송리형토기(후반)	가락동, 역삼동 흔암리형 무덤 등장(후반) 심발 중심+호+두 +대부토기 공열문+이중구연 단사선문토기
서기전 10C 중기	쌍방 → 강상 → 누상 지석묘+적석(복합)묘 비파형동검 +미송리형토기	이도하자형 석관묘 동굴(복합)묘 무각목돌대문 +이중구연 +횡대구획문	유정동 후기, 초도 내륙:심발+두+양이부 연해:호+두+횡교상파수 매부리형 석기 +동북형 석도	미송리 동굴 상층 미송리형토기 +양이부 발 +선형동부	토성리 미송리형토기 묵방리형토기	구룡강Ⅱ2기, 세죽리Ⅱ3기 이중구연 심발 +공열거치문 미송리식토기	팽이형Ⅱ2기 무문양 팽이형토기 증가 묵방리식+남양리식 토기 +비파형동모+청동용범	송국리형, 역삼동 후기형 무덤 본격 유행 송국리식 토기 +유구석부 +공열문+낙알문토기
서기전 6C 후기	강상, 누상 후기 점토대토기(?) +흑도장경호(?) +후기형 요령식동검 +다뉴동경	정가와자 목곽묘 점토대토기 +후기형 비파형동검 +다뉴동경+검파두식	점토대토기?	신암리 모래산 3호? 양이부 점토대토기?	?	세죽리Ⅱ3기 묵방리형지석묘 묵방리형토기	신성동, 남경 흑도장경호 +다뉴동경	점토대토기, 송국리 후기형 적석목관묘, 지석묘 원형점토대토기 +세형동검+동령
서기전 4C 초기 철기 시대								

가 되어왔다. 이러한 경로를 통해 돌대문토기, 이중구연(단사선문)토기, 공렬토기 등과 관련
된 이른 시기 문화는 대체로 북에서 남으로 어느 정도 시차를 두고 남하하게 된다. 전기 후반
부의 비파형동검문화나 후기의 점토대토기문화 또한 북부와 남부간에 어느 정도 시차를 두
고 파급된다.

다만 팽이형토기문화나 송국리문화와 같이 내재적 발전과정을 통해 형성되었을 것으로 추
정되는 문화유형이 있다는 점도 고려해야 한다. 문화요소의 파급과 확산과정에서 주민이주
나 전파의 역할이 중요하기는 하지만 남부 각지의 주민들은 이러한 문화요소를 선택적으로
수용하거나 모방함으로써 자신들의 문화로 재창조하였다는 사실 또한 유념해야 한다. 또한
모든 지역 문화가 반드시 북에서 남으로 전파되었다고만 볼 수도 없다. 예를 들어 압록강유
역의 공귀리식 토기는 태자하 일대의 동굴(복합)묘에서도 발견되며, 대동강유역을 중심지로
하는 팽이형토기문화는 북쪽의 청천강유역 문화에도 영향을 미치게 된다. 금강 중하류의 송
국리문화 또한 한강유역과 강원 영동까지 파급되기도 한다.

이와 같이 시공간상으로 다양한 모습을 보이는 한국 청동기시대 문화는, 다소 시차가 있는
경우도 있지만 제주도는 물론 일본 선사문화의 형성에도 지대한 영향을 미치게 된다. 호남
남해안을 거쳐 제주도로 유입된 송국리문화는 삼양동三陽洞유적과 같은 해양거점취락을 건
설하게 되고, 남해안을 거쳐 일본 규슈[九州] 일대로 파급되어 야요이[彌生]문화의 형성과 발
전에도 지대한 영향을 미치게 된다. 제주도와 일본 열도로의 송국리문화 파급은 단순한 문화
요소의 영향이나 전파라기보다는 주민의 직접 이주에 의해 이루어졌을 가능성이 매우 높다.

김승옥

추천문헌

강인욱, 2009, 「러시아 연해주 청동기문화 조사연구의 성과와 과제」, 『동북아 청동기문화 조
　　　사연구의 성과와 과제』, pp. 327~389, 서울: 학연문화사.

김승옥, 2006, 「송국리문화의 지역권설정과 확산과정」, 『湖南考古學報』 24, pp. 33~64.

김장석, 2006, 「충청지역의 선송국리 물질문화와 송국리 유형」, 『韓國上古史學報』 51, pp.
　　　43~77.

裵眞晟, 2007, 『無文土器文化의 成立과 階層社會』, 서울: 서경문화사.

吳江原, 2013, 「청동기~철기시대 요령·서북한 지역 물질문화의 전개와 고조선」, 『東洋學』
　　　53, pp. 173~222.

中村大介, 2008, 「青銅器時代와 初期鐵器時代의 編年과 年代」, 『한국고고학보』 68, pp. 38~87.

천선행, 2014, 「한반도 무문토기문화 형성기의 중국동북지역과의 관계」, 『湖南考古學報』 48, pp. 5~33.

한국청동기학회 편, 2013, 『한국 청동기시대 편년』, 서울: 서경문화사.

04

주거와 취락

_중국 동북지방과 북한지역의
주거와 취락

_남한지역의 주거와 취락

'주거住居'란 사람이 거주할 목적으로 축조한 건축구조물로서 생전의 여러 활동은 이 공간에서 이루어진다. 고고학적 유구로서 '주거지住居址'는 그 터나 흔적을 의미한다. 주거지는 거주자의 삶의 흔적을 담고 있기 때문에 고고학자료로서 의미가 크다. 청동기시대 주거지 자료는 당시의 가내생활 자체뿐만 아니라, 시간성과 지역성, 문화계통, 사회조직, 관념 등을 반영하는 많은 정보를 포함하고 있다.

그러한 정보의 많은 부분은 주거의 기본적인 구성요소(그림 4.1), 즉 평면형태, 화덕, 주공 혹은 초석礎石, 벽구壁溝, 저장공貯藏孔, 배수구排水溝, 바닥다짐, 작업공作業孔 등에 대한 관찰과 분석을 통해 얻어진다.

벽구와 배수구는 충적지 등 평지에 위치한 주거에는 설치되지 않기 때문에 입지와 관련되는 시설일 뿐 지역성이나 시간성을 반영한다고 보기는 어렵다. 반면, 노지의 형태 및 수, 주공

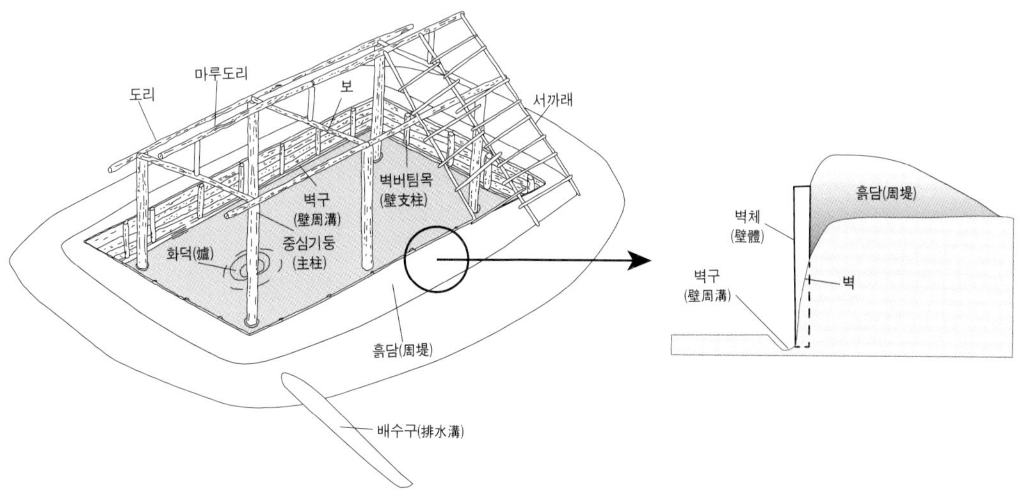

그림 4.1__주거 구성요소

의 위치, 저장공의 유무 등은 시간성과 지역성을 반영하기도 한다. 개별 요소의 형태나 그 조합에 주목하면서, 특정 주거(지)를 대표적인 유적명을 따라 '○○○식' 주거(지)로 부르는 것도 그들이 반영하는 시간성과 지역성을 효과적으로 부각하기 위한 시도의 일환이다.

평면형태는 가장 기본적이고 핵심적인 속성으로 언급된다. 청동기시대에는 일반적으로 평면이 방형계인 주거가 널리 이용되지만 중기에 송국리문화가 확산된 지역이나 후기에 남한지역에서는 방형계와 함께 원형계의 주거도 유행하게 된다. 방형계 주거, 특히 전기의 주거는 장·단축의 비에 따라 몇 가지로 구분할 수도 있지만 남한 전역을 아우를 일관적인 기준은 없다. 다만, 노지의 개수나 주공의 배치, 증축의 흔적 등을 통해 추론하면, 장단비가 높은 (세)장방형 주거는 (장)방형의 단위주거가 병렬적으로 연결된 결합주거의 형태로 이해할 수 있다. 이러한 주거양상의 특징은 당시의 가구家口 구성과 밀접한 연관이 있는 듯하다.

화덕(혹은 노지)는 형태에 따라 몇 가지로 분류할 수 있다. 주거지의 평면형태와 함께 노지의 형태나 수도 청동기시대 주거의 지역성과 시간성을 파악하는데 매우 중요한 속성이다.

_중국 동북지방과 북한지역의 주거와 취락

체계적이고 조밀하게 고고학조사가 진행된 남한지역에 비해 중국 동북지방이나 북한지역은 주거지 및 취락양상을 상세하게 알려줄 정보는 충분하지 않다. 더구나 발굴된 모든 유적 정보가 보고된 것도 아니고, 분묘자료에 치중해온 탓에 주거유적에 대한 정보는 더욱 한소하다. 대체로 대표적인 몇 유적의 양상을 통해 넓은 지역을 포괄하는 설명만이 가능한 정도이다.

선사시대 화덕 분류

노지는 폐기된 화덕의 자리이다. 화덕은 취사, 난방, 조명 등의 기능을 동시에 가진 것으로 거주자의 가내생활에서 매우 중요한 시설이다. 신석기시대와는 달리 청동기시대 주거에는 화덕이 정중앙에 설치되지 않는다. 주거의 평면이 원형이나 정방형인 구심구조를 탈피했기 때문이 아니라, 주거 내 공간 활용의 효율을 높이려는 의도라고 추정된다. 화덕을 중심으로 취사와 수면이 이루어지며 화덕으로부터 먼 쪽에서 도구제작 등의 활동이 이루어진 결과일 것이다.

청동기시대 주거지에서 발견되는 노지는 돌을 이용한 위석식과 주거의 바닥에 바로 불을 피운 토광식으로 대별된다. 위석식은 노지 주변에 돌을 두른 형태인데, 바닥에 돌을 깐 석상위석식과 바닥에 별다른 시설이 없는 단순위석식으로 구분된다. 토광식은 바닥을 굴착하여 사용하거나 굴착하지 않고 바로 바닥에 불을 피운 평지식으로 구분된다.

위석식(圍石式)		토광식(土壙式)	
석상(石床)위석식	단순위석식		

중국 동북지방

중국 동북지방 전반의 미진한 조사나 보고에도 불구하고 요동반도 남서쪽 끝 대련시에는 청동기시대 유적이 상대적으로 많이 알려져 있다. 쌍타자雙砣子유적이 대표적인 예라고 할 수 있다. 이 유적의 문화상은 세 시기(I~III기)로 구분되는데, I기와 II기는 신석기시대와 청동기시대의 전이기, III기는 청동기시대 조기에 해당된다고 할 수 있다. III기에는 모두 14기의 주거지가 조사되었다. 평면은 주로 방형 혹은 장방형인데, 간혹 출입구 쪽이 돌출되어 '철凸'자형을 띠기도 한다. 벽면을 따라 돌을 쌓았다는 점이 한반도의 주거지와 가장 큰 차이점이다. 노지 가장자리에는 돌 3매를 돌려놓았는데 위석식이지만 한반도의 그것과는 약간 다르다. 대련 일대에는 이 외에도 우가촌丁家村, 강상崗上, 고려성산高麗城山유적 등에서 주거지가 조사되었는데, 화덕은 대부분 돌을 사용해 시설하였고 쌍타자유적과 같이 벽면에 돌을 쌓은 예는 없다. 고려성산유적 주거지는 한쪽에 입구가 돌출되어 있다.

길림성 통화의 랍랍둔拉拉屯유적의 주거지는 파괴되어 전모를 알 수 없지만 출입구가 돌출되어 있는 점이 특징이다. 연길 유정동柳庭洞유적의 주거지는 평면이 방형에 가깝고 3매의 납작한 돌로 시설한 위석식 노지가 남

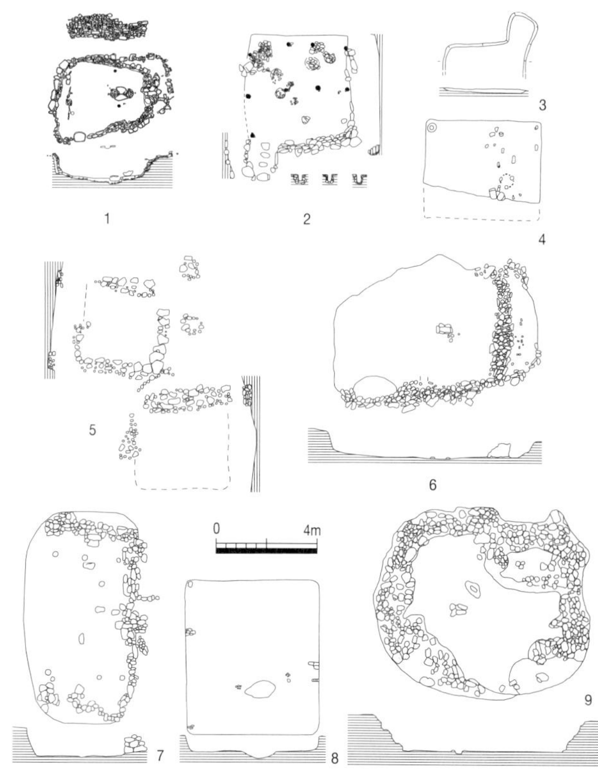

그림 4.2__중국 동북지방의 주거지
1 · 2: 쌍타자 3기층, 3: 랍랍둔, 4: 룡천, 5: 성성초, 6: 후석산,
7: 포자연전산, 8: 전가타자, 9: 장사산

아있다. 길림시 주변의 성성초星星哨, 장사산長蛇山, 후석산侯石山, 포자연전산泡子沿前山유적의 주거지는 쌍타자유적과 마찬가지로 벽면에 돌을 쌓은 것이 특징이다. 농안 전가타자田家砣子유적의 주거는 평면이 장방형이며 토광식 화덕이 설치되어 있다. 남한지역과 마찬가지로 토광식이 위석식에 비해 시간적으로 후행할 가능성이 있다.

중국 동북지방의 주거는 평면형태와 화덕의 형태에 관한 한 한반도와 큰 차이가 없다. 그러나 일부 주거에 나타나는 바대로, 벽면을 따라 돌을 쌓은 것이나 주공이 정연하게 확인되지 않는 것은 한반도와 다른 점이다.

북한지역

북한지역은 중국 동북지방에 비해서는 주거유적의 조사가 좀 더 활발히 진행되었다고 할 수 있다. 두만강, 압록강, 대동강 등 큰 하천의 유역에 따라 토기 및 주거상이 다를 뿐만 아니

그림 **4.3**__북한지역의 주거지
1·2: 서포항, 3~5: 호곡, 6·7: 오동, 8·9: 공귀리, 10: 태성리, 11: 금탄리, 12·14·15: 석탄리, 13: 심귀리,
16: 대평리

라, 변천양상도 지역별로 파악하는 전통이 강하다. 따라서 지역 간 편년적 병행관계에 대한 이해를 바탕으로 할 때, 지역적 주거상의 특징은 물론 그 변화상에 대한 체계적인 접근이 가능하다.

표 4.1__북한 지역별 편년과 병행관계

전체편년		조　　기		전　　기		중　　기	
두만강유역		서포항 Ⅳ → 호곡 Ⅰ →		서포항 Ⅴ 오동 Ⅰ →	서포항 Ⅵ·Ⅶ 오동 Ⅱ 호곡 Ⅱ →	오동 Ⅲ 호곡 Ⅲ →	호곡 Ⅳ
압록강유역	상류	토성리 장성리 →		공귀리 Ⅰ 심귀리 Ⅰ →	공귀리 Ⅱ 심귀리 Ⅱ		
	하류	신암리 Ⅰ →		신암리 Ⅱ →	신암리 Ⅲ 미송리 Ⅱ1 →	미송리 Ⅱ2	
대동강유역		금탄리 Ⅱ 남경 Ⅱ →		남경 Ⅲ 표대 Ⅰ →	남경 Ⅳ 표대 Ⅱ →	표대 Ⅲ 금탄리 Ⅲ	

두만강유역

　두만강 하류에 위치한 선봉 굴포리 서포항西浦項유적의 청동기시대 이른 시기인 Ⅳ기 주거지는 평면이 방형 혹은 장방형이며, 바닥은 조개껍질을 섞거나 진흙을 깔고 다졌다. 노지는 위석식인데, 평면은 원형이 많다. 이른 시기에는 단순위석식이 다수를 차지하나 시기가 늦어질수록 석상위석식과 함께 부가시설 없이 바닥을 야트막하게 파기만한 토광식도 확인된다.

　두만강 중류의 무산 호곡동虎谷洞유적은 이른 시기인 Ⅰ기에는 평면이 방형인 주거지가 일반적이다. 노지는 평면 원형 및 타원형의 위석식이 주를 이루지만 간혹 토광식도 확인된다. 조금 시기가 늦은 회령 오동五洞 Ⅰ기와 호곡 Ⅱ기에는 평면이 장방형인데, 위석식보다 토광식 노지가 많이 사용된다. 다음 단계인 오동 Ⅲ기·호곡동 Ⅲ기의 주거지는 평면이 방형과 장방형이며 노지는 토광식과 바닥에서 바로 불을 피운 평지식이 확인된다. 주목할 만한 특징은 장축을 따라 4열의 주공이나 초석이 확인된다는 점이다. 오동 5호 주거지의 경우 가운데 2열에 초석이 있으며 양 벽 쪽에는 주공이 있다. 호곡동 31호 주거지의 경우 4열이 초석인데 초석이 놓이지 않는 곳만 주공이 굴착되어 있다. 호곡동 Ⅳ기의 8호 주거지는 평면이 장방형이며 장벽을 따라 초석이 2열 놓여 있다. 앞 시기보다는 발달된 형태로 생각된다.

　두만강유역은 북한의 다른 지역과 비교해 볼 때, 위석식 노지의 평면이 원형 혹은 타원형만 확인되는 점이 특징적이다. 늦은 시기로 갈수록 위석식 노지가 토광식 노지로 변화하는 것이 시기적인 특징이라고 할 수 있는데 이러한 변화는 한반도 전역과 동일하다.

중강 토성리土城里유적 2호 주거지는 평면이 장방형이고 노지는 타원형의 단순위석식이며 주공은 확인되지 않았다. 시중 심귀리深貴里유적에서는 2동의 주거지가 조사되었다. 평면이 장방형이며 노지는 1호가 단순위석식, 2호가 석상위석식이다. 2동 모두 초석이 2열로 놓여 있다. 강계 공귀리公貴里유적에서는 6기의 주거지가 조사되었는데 시간적으로 3기는 이르고, 나머지 3기는 늦은 것으로 보고되었다. 하층, 상층이라고 표현되었지만 사실 같은 문화층에서 조사되었으며 중복관계와 출토유물을 통해 선후를 구분하고 있다. 하층 3기의 주거지는 평면이 장방형이며 노지는 단순위석식과 토광식이 모두 확인된다. 특징은 주거지의 어깨선 외곽으로 돌출된 저장공간이 설치되었다는 것이다. 공귀리유적 상층의 주거지는 평면이 방형이며 노지는 석상위석식이다. 주공은 벽면에 접해서 설치된 것이 특징이다.

같은 시기의 영변 세죽리細竹里유적에서는 7동의 주거지가 조사되었는데 평면이 방형인 것이 다수를 차지한다. 노지는 단순위석식이다. 탄화된 서까래로 볼 때, 기둥은 벽 쪽에 있었던 것으로 추정된다.

대동강 및 재령강유역은 북한에서 고고학 조사가 가장 활발하게 진행된 곳이다. 제법 많은 유적이 조사되어 주거지의 변화상도 비교적 뚜렷하게 파악할 수 있다.

대동강유역에서는 평양 금탄리金灘里유적 2문화층 주거지가 가장 이르다고 할 수 있다. 이곳에서는 모두 4동의 주거지가 조사되었다. 평면은 방형이며 노지는 단순위석식과 토광식이 모두 확인된다. 노지 주변에 토기를 엎어 10cm 가량 바닥에 묻고 저부를 절단한 저장시설이 있는데, 이 지역 신석기시대 전통의 연장선에서 이해될 수 있다.

금탄리유적 3문화층에서도 4동의 주거지가 조사되었다. 평면은 장방형이며 노지는 토광식이다. 금탄리 3문화층과 같거나 늦은 시기로 알려진 봉산 신흥동新興洞유적, 황주 심촌리沈村里유적의 주거지는 모두 (세)장방형이며 노지는 대부분 토광식이다. 강서 태성리台城里유적 주거지의 노지는 평면이 표주박형이며 가장자리에 돌을 돌린 단순 위석식이며 그 옆에 작은 구멍이 있다.

송림 석탄리石灘里유적에서는 100여 동의 주거지가 알려져 있는데 정식으로 보고된 것은 30여동뿐이다. 평면은 대부분 장방형이다. 주거의 바닥은 편평한 것과 일부가 움푹 패인 것으로 나누어진다. 35호 주거지는 장축 중앙선상에 3개의 주공이 일정한 간격으로 설치되었으며 31호 주거지는 장축방향으로 주공이 5기씩 3열로 배치되어 있다. 중앙의 중심주공이 종도리를 받치는 구조로 앞 시기의 주거와는 구조적으로 차이가 있다.

북창 대평리大坪里유적 주거는 평면이 장방형이며 단순위석식 화덕을 갖추고 기둥을 받치는 초석이 3열로 놓여있다. 대동강유역에서는 북한의 다른 지역에 비해 화덕이 위석식에서 토광식으로 급속히 변화하는 것으로 생각되는데 단순위석식 화덕과 초석의 조합은 비교적 이른 시기로 비정될 수 있다. 따라서 원래 보고된 바와는 달리 이 유적 주거지의 시기는 보다 앞당겨질 가능성이 없지 않다.

북한의 주거는 주열이 벽에서 떨어진 2열, 장축 중앙선을 따라 설치된 1열을 포함한 3열, 벽을 따라 설치된 벽주를 포함한 5열, 벽주 2열과 벽에서 떨어진 2열을 합해 4열 등 다양하다. 주열과 도리를 통해 추정하면 대부분 삼량식과 오량식으로 복원된다. 조기와 전기에 걸쳐 이러한 북한의 주거가 남하하여 남한의 기후에 적응하여 2열 기둥의 세장방형 주거로 정착되었을 것으로 추정하기도 한다.

_남한지역의 주거와 취락

남한지역 청동기시대의 각 세분기는 토기뿐만 아니라, 주거유형으로도 특징지어질 수 있는데, 흔히 대표적인 유적명을 빌어 '○○○식' 주거(지)로 불리기도 한다.

조기의 주거와 취락

청동기시대 조기는 하남 미사리渼沙里유적을 따라 명명된 '미사리식渼沙里式' 주거로 특징지어진다. 이 유적에서 발견된 주거지는 평면이 방형인데 중·후기의 방형 주거지에 비해서는 규모가 크다. 중앙이나 한쪽 단벽 쪽에 치우쳐서 위석식 노지가 남아있다. 주공은 확인되지 않는다.

미사리유적 외에도, 서울·경기지역의 가평 연하리連下里, 인천 동양동東陽洞, 화성 정문리旌門里, 강원도의 정선 아우라지, 홍천 철정리哲亭里, 외삼포리外三浦里, 하화계리下花溪里, 호서의 연기 대평리大坪里, 호남의 순창 원촌院村, 담양 태목리台木里, 영남의 진주 대평리大坪里 및 평거동平居洞, 사천 본촌리本村里 등은 대표적인 청동기시대 조기의 주거유적이다. 그런데, 이 유적들

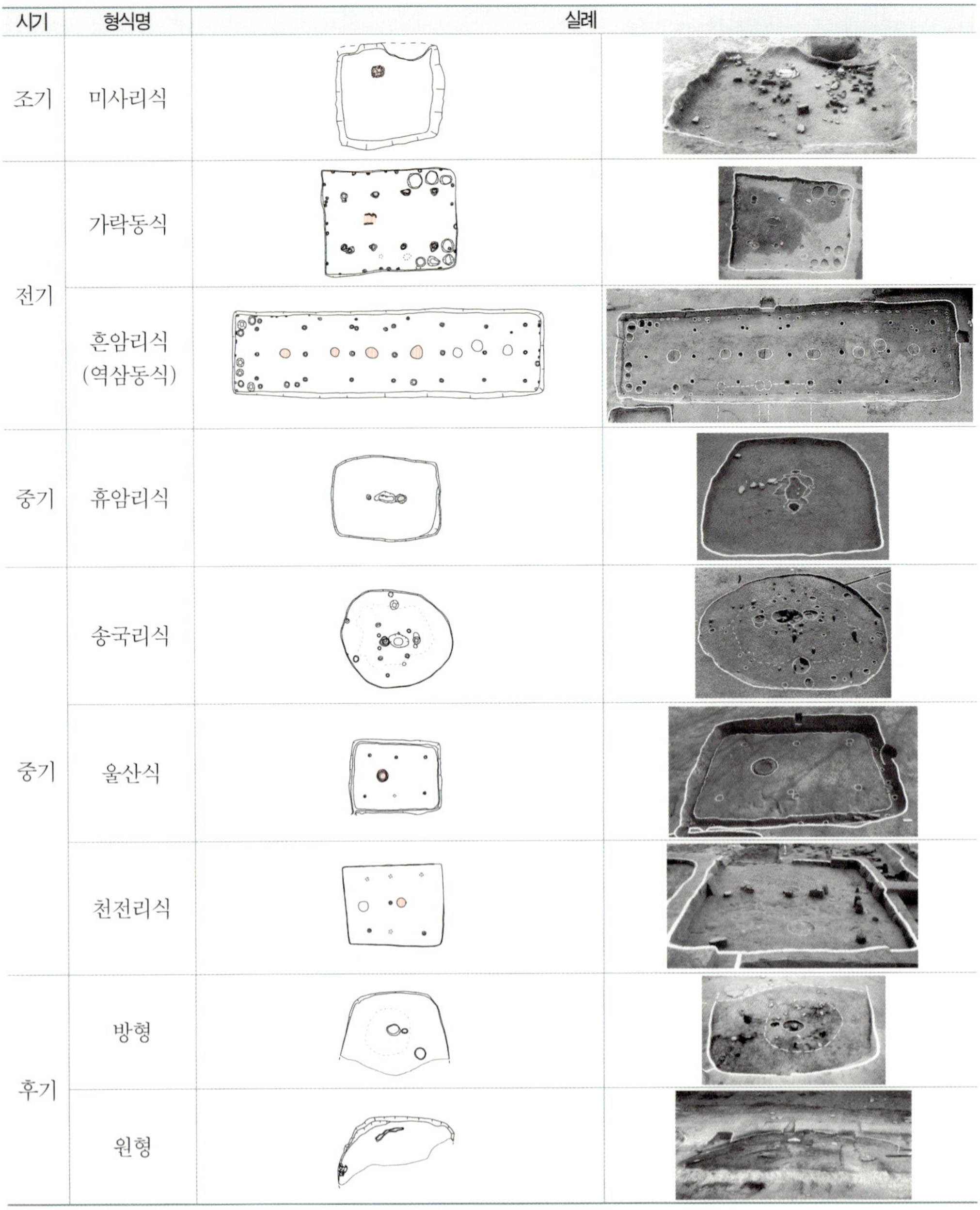

시기	형식명	실례	
조기	미사리식		
전기	가락동식		
	흔암리식 (역삼동식)		
중기	휴암리식		
중기	송국리식		
	울산식		
	천전리식		
후기	방형		
	원형		

그림 4.4_ 남한 청동기시대 주거의 각 형식 모식도(실측도[1/400])

에서 전형적인 '미사리식 주거지'만이 발견되는 것은 아니다. 사실 몇 가지 형태의 돌대문토기가 출토된 주거지를 조기에 포함시키다보니, 조사예가 더해지면서 좀 더 다양한 주거양상이 알려지게 된 것이다.

청동기시대 조기가 약 200여 년에 걸쳐 있다 보니, 시간의 흐름에 따른 변화도 나타나게

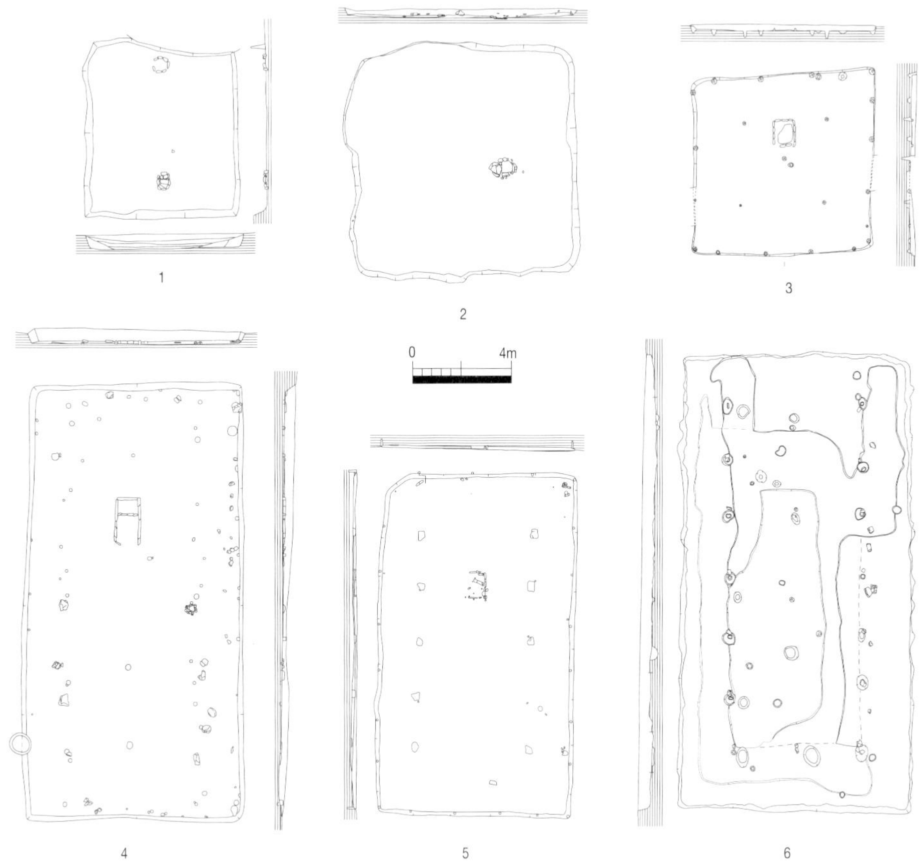

그림 4.5__청동기시대 조기의 남한지역 주거지
1 · 2: 미사리, 3: 구영리, 4: 아우라지, 5: 대평리, 6: 평거동

된다. 대부분의 지역에서 가장 이른 단계 주거지는 평면이 방형이며 면적이 40~50m²정도로 규모가 큰 편인데 미사리유적 KC-015호 주거지(고려대)는 84.6m²에 이른다. 이런 주거지에는 초석이 놓여있지 않거나 주공이 없는 예가 많다. 다소 늦은 시기의 주거지는 점차 장단비가 커지는 방향으로 바뀌며, 노지도 (석상)위석식에서 토광식으로 변해가게 되지만 반드시 일률적이지는 않으며 지역에 따라 다소의 차이는 있다.

평면이 장방형인 경우 규모는 방형에 비해 더욱 커지는 예가 많은데 진주 평거동유적의 경우, 대부분의 면적이 100m² 내외인 것에 비해 3-1지구 7호 주거지는 면적이 165.9m²에 이른다. 기둥을 받치는 초석은 2열로 놓여있는 것과 그렇지 않은 것으로 나뉜다. 초석의 배열방식은 어느 정도 지역성을 띠기도 한다. 강원 영서지역에서는 초석이 2열로 놓인 예가 많으며, 장축의 중앙선상에 초석이 놓이거나 주공이 설치된 예는 거의 없다.

진주 평거동유적의 주거지에는 석상위석식 노지가 남아있고 장축을 따라 2열의 초석이 놓여 있다. 일부에는 초석 옆에 주공이 굴착되어 있거나 주공 내에 초석이 놓여 있는 경우도 있다. 장벽을 따라서는 주공이 설치된 예도 있으며, 장축 중앙선을 따라 주공이 굴착되어 있거나 초석이 놓여 있는 경우도 있다. 평거동 및 대평리유적의 일부 주거에서는 양쪽 장벽 혹은 사방을 돌아가면서 설치된 단시설이 확인되기도 한다. 단의 높이는 5~10cm정도이다. 노지 주변도 단이 져 높게 되어 있는데 실제는 흙을 쌓아 단을 높인 것이 아니라 단이 아닌 부분을 굴착하여 조성한 것이다.

이중구연토기가 출토되는 조기 주거지는 매우 드물지만 울산 구영리九英里유적에서 조사된 예가 있다. 주거지의 평면형태는 방형이며 내부에 위석식 노지가 설치되어 있어 미사리유적의 주거지와 동일하지만 충적지가 아닌 구릉에 입지하는 것이 다르다. 4개의 주주공과 벽을 따라 보조주공이 확인되지만 벽구는 없다.

돌대문토기가 출토되는 조기의 주거지는 종종 10여 동 이상이 모여 한 마을을 이룬다. 아우라지유적의 경우 조사되지 못한 지역까지 포함한다면 수십 동의 주거지가 있었을 것으로 추정된다. 그러나 충적지가 범람과 퇴적이 반복되는 과정에서 주거지 폐기-축조가 빈번했을 가능성이 많아 같은 시기 취락의 규모가 그렇게 크지는 않았을 것으로 보인다. 청동기시대 조기에서 전기의 이른 시기까지 취락은 10여 기 미만의 주거로 이루어진 소규모가 일반적이었을 것이다.

전기의 주거와 취락

전기의 주거지는 평면이 (세)장방형인 것이 압도적으로 많다. 전기 주거지는 위석식 노지에 초석이 놓인 주거지와 토광식 노지에 주공이 설치된 주거지로 대별된다. 각각 '가락동식可樂洞式'과 '흔암리식欣岩里式' 주거(지)라고 한다.

가락동식 주거는 (세)장방형의 평면, 위석식 화덕, (주공을 대신한) 초석 등을 주요 속성으로 한다. 위석식 화덕의 평면은 대부분 장방형 혹은 방형이다. 비록 주거형식 혹은 문화유형의 명칭은 서울 가락동유적에서 유래했지만 실제 집중분포권이 금강유역인 점을 강조하여 '둔산식屯山式'으로 부르기도 한다.

유형은 다르지만 주거형은 역삼동식과 흔암리식 간 거의 차이가 없는 바, 양자를 구분하지 않고 흔암리식으로 통칭한다. 흔암리식 주거도 평면은 (세)장방형이다. 내부에 두 개 이상의 토광식 화덕을 갖추는 경우가 많다. 화덕과 주공, 토기 꽂는 자리 외에 별다른 내부 시설은 없는 경우가 대부분이다. 가락동유형의 핵심지역을 제외한 남한 전역에 분포한다.

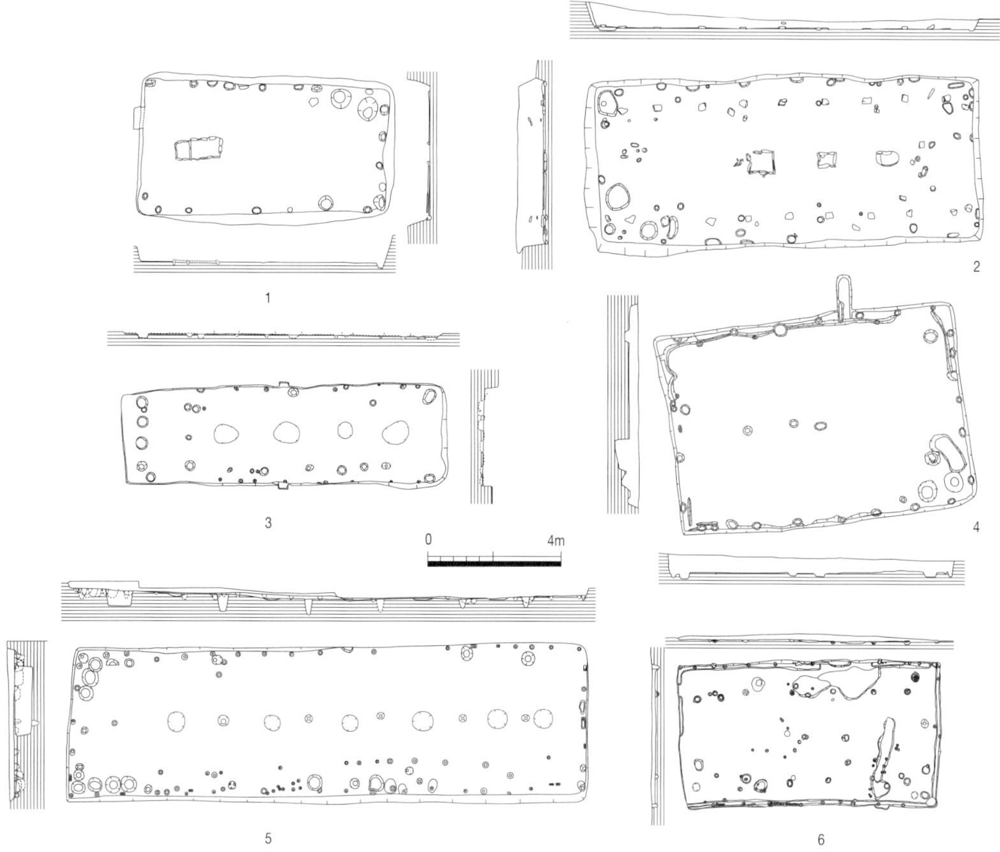

그림 **4.6**__청동기시대 전기의 남한지역 주거지
1: 둔산, 2: 하당리, 3: 백석동, 4: 조양동, 5: 용암리, 6: 천곡동

이렇게 한 주거지 내에 두 개 이상의 화덕이 설치되는 것이나 평면형태, 크기 등으로 볼 때, (세)장방형 주거지는 몇 개의 단위주거가 병렬적으로 연결된 '결합주거'였을 것으로 보인다. 사실 일부 주거지는 증축되었다는 견해도 있다.

가락동식 주거와 흔암리식 주거의 기둥 위치는 그것을 주공에 세우든 초석 위에 세우든 벽에서 떨어져 2열로 설치되는 것이 많다. 하지만 일부에는 중앙에 주주공이 설치되기도 하는데, 이런 주거지는 특히 강원 영서에서 많이 확인된다. 화천 용암리龍岩里 62·77호 등 주거지에는 벽을 따라 소형주공이, 장축선상을 따라 주주공이 1열로 설치되는데, 북한의 석탄리 35호 주거지와 유사하다(그림 4.7).

철원 와수리瓦水里 4호 주거지, 춘천 천전리泉田里 59호 주거지도 벽에서 떨어져 2열로 주공이 있고 장축중앙을 따라 주주공이 설치되어 있지만 이들 사이에도 중앙주공과 2열의 주공의 위치에 따라 약간의 차이가 있다(그림 4.8). 와수리 4호 주거지는 2열의 주공과 중앙의 주

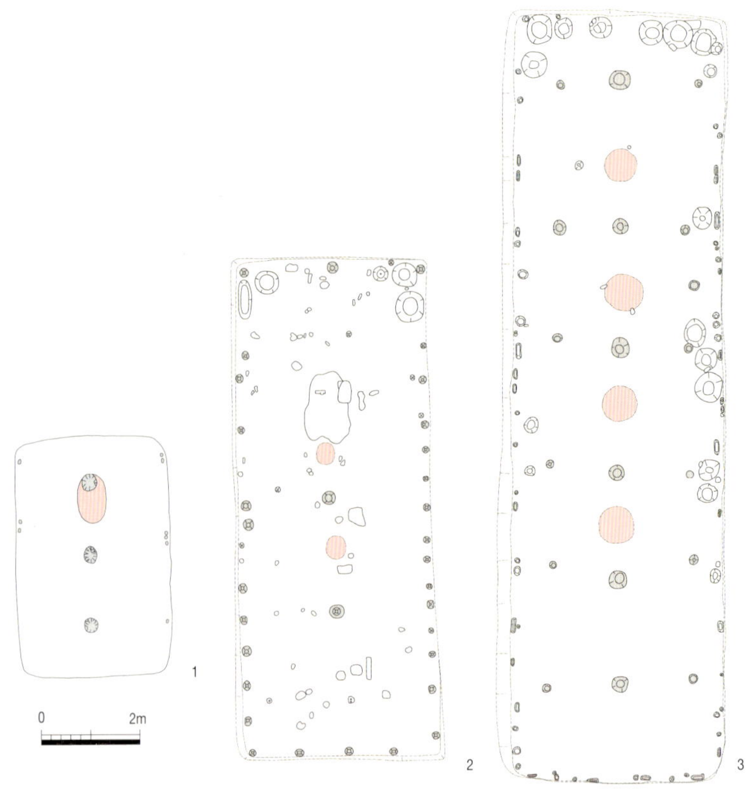

그림 4.7 __주거지 중앙에 주주공이 설치된 주거지
1: 석탄리 35호, 2: 용암리 62호, 3: 용암리 77호

공이 서로 대응되지 않는데 반해, 천전리 59호 주거지는 중앙주공과 양쪽 2열의 주공이 일치한다. 즉 3열의 주공이 장축과 단축 방향으로 나란한 형태를 띤다. 이러한 차이는 도리와 보의 결구방법이 다소 다름을 반영하는 것으로 추정된다.

강릉 교동校洞, 방내리坊內里, 속초 조양동朝陽洞유적의 일부 주거지는 강원 영동 전기 주거지의 모습을 잘 보여준다. 이들 주거에는 토광식 화덕이 설치되어 있지만 흔암리식 주거라고 할 수 없는 이형적인 것들이다. 평면은 (세)장방형인데 노지와 주공이 정연하지 않다. 명확하게 노지로 확인된 경우는 모두 토광식으로, 주공은 벽을 따라 불규칙하게 설치된 것이 대부분이고 벽구가 굴착된 경우가 많다. 조양동 4호 주거지와 방내리 1호 주거지에서는 장축중앙선상에 주공 2기가 확인되었다. 장축 중심선상의 주공일 가능성이 있다.

청동기시대 조기와 마찬가지로 전기의 취락도 대부분 규모가 크지 않다. 대체로 2~3동의 (세)장방형 주거가 모여 하나의 마을이 구성된다. 10여동이 조사된 유적에서도 종종 2~3동이 군집을 이루는 경우가 있다. 다만 이러한 경향은 전기의 늦은 시기가 되면 일변한다. 천안

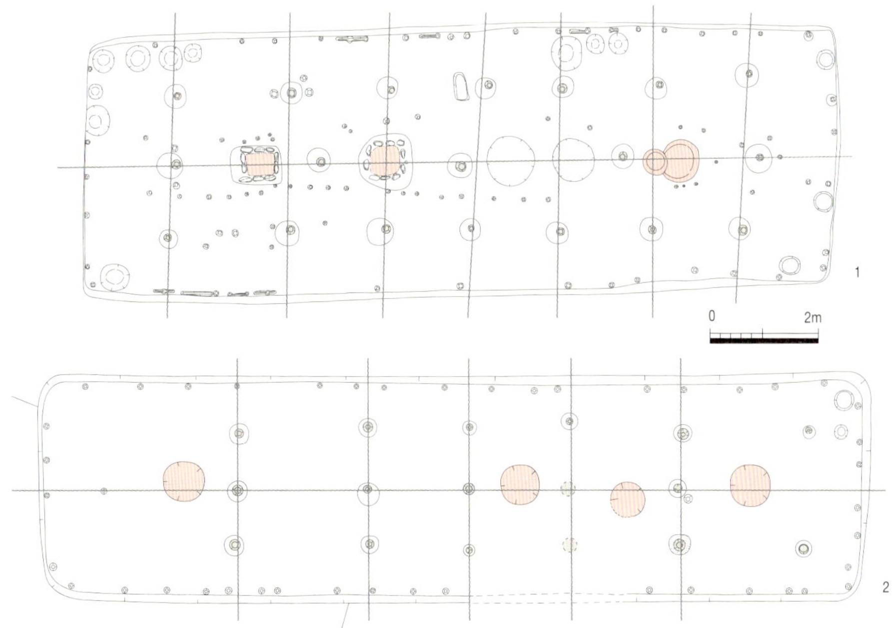

그림 4.8__중앙주공과 내측 2열 주공의 다양한 배치
1: 와수리 4호, 2: 천전리 59호

백석동白石洞유적과 같이 200여동에 이르는 대규모 취락이 등장하여 거의 중기의 양상과 유사할 정도이다.

전기의 늦은 시기에는 굴립주건물掘立柱建物이 출현하기도 한다. 경산 옥곡동玉谷洞유적에서는 청동기시대 주거지 91동, 수혈 26기와 함께 굴립주건물 3동이 조사되었다. 이들은 모두 1칸(2×2열 주공)의 소형인데 사람이 생활하기에는 면적이 좁고 주거군 내에 위치하는 점으로 보아 고상창고高床倉庫로 이용되었을 것으로 생각된다. 2칸 이상의 굴립주건물은 중기에 출현한다고 할 수 있다.

중기의 주거와 취락

가락동을 제외한 역삼동 및 흔암리유형의 물질문화가 남한 전역에 혼재하여 분포하는 전기의 양상과는 달리, 중기가 되면 남한 전역은 송국리문화가 확산되는 지역(송국리문화분포권)과 그렇지 않은 지역(송국리문화비분포권)으로 제법 확연하게 구분된다. 송국리문화분포권에서는 원형의 평면을 갖는 주거가 우세한 반면, 서울을 포함한 경기 북부, 강원 영서, 영남 동부 등 송국리문화가 확산되지 않는 지역에서는 여전히 방형계 주거의 전통이 지속되는데,

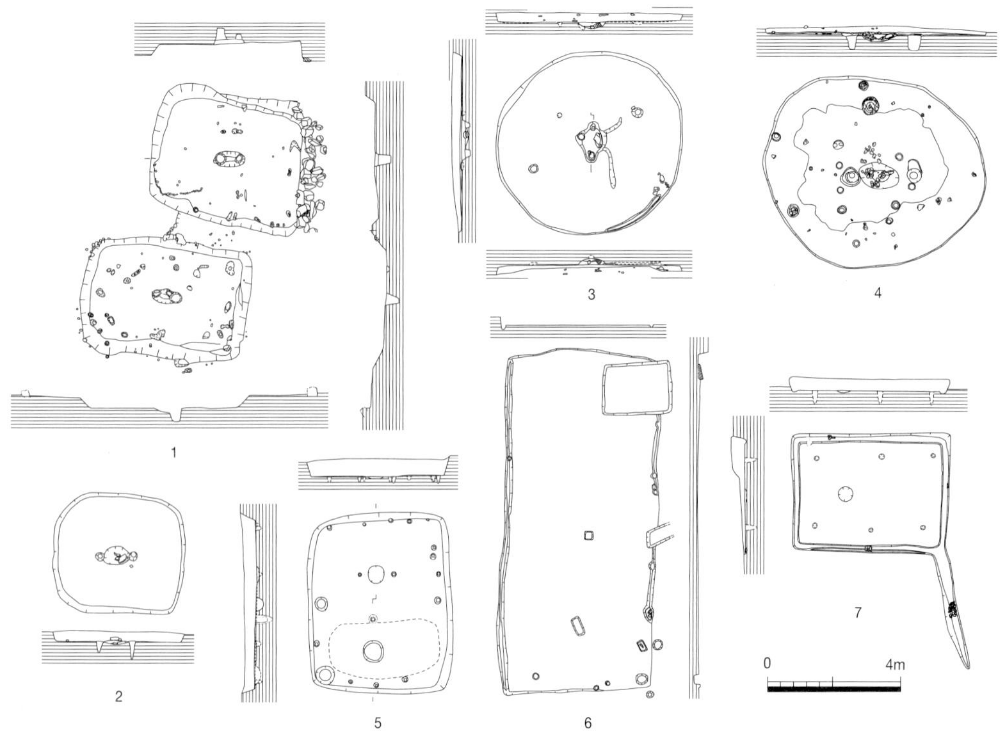

그림 4.9__청동기시대 중기의 남한지역 주거지
1: 휴암리, 2: 대평리, 3: 관창리, 4: 이금동, 5: 용암리, 6: 포월리, 7: 매곡동 신기

그러한 주거는 '역삼동후기형'으로 불리기도 한다.

송국리문화분포권

송국리문화권에서 발견되는 주거지를 특징짓는 가장 현저한 요소는 주거 내에 노지가 사라지고 타원형 토광과 그 내부 양쪽에 주공이 설치되었다는 점이다. 평면이 원형인 것과 방형인 것이 있는데 각각을 '송국리식松菊里式'과 '휴암리식休岩里式' 주거(지)라고 한다. 이 두 가지 주거유형의 관계는 Ⅲ장에서 살펴 본 바와 같이 송국리문화의 형성과정에 관한 견해차를 유발하는 핵심이 된다. 사실 그러한 견해차는 양자가 공통으로 갖는 요소, 즉 중앙의 타원형 토광 때문이다. 이 요소는 이전에 보이지 않는 이질적인 것으로 그 발생 원인이나 기능 또한 관심거리가 되어왔다. 그 내부에서 석분과 석기 박편이 검출되는 경우가 많고 지석이 수혈에 걸쳐져 경사지게 놓여있는 예도 적지 않기 때문에 작업공으로 이용되었을 가능성에 무게를 두고 있다.

전형적인 것은 이 작업공과 내부 주공으로 이루어져 있지만 일부는 주변에 보조주공이 배치되기도 한다. 그러한 다양한 이형을 고유의 명칭으로 부르기도 한다. 작업공과 주공은 〈그림 4.10〉과 같이 다양하다. 〈그림 4.10〉의 1과 2가 대부분이고 3은 대구지역에서 많이 확인

80

되었지만, 최근에는 전국적으로 확인되고 있다. 〈그림 4.10〉의 6 과 같이 작업공과 연결되는 구 가 설치되기도 한다.

송국리문화비분포권

앞서 살펴 본 바와 같이, 송국리 문화가 확산되지 않는 지역은 방형계 주거의 전통이 이어진 다. 그러나 주거의 규모는 대폭 축소되어 일부지역을 제외하면 평면이 세장방형인 주거지는 거

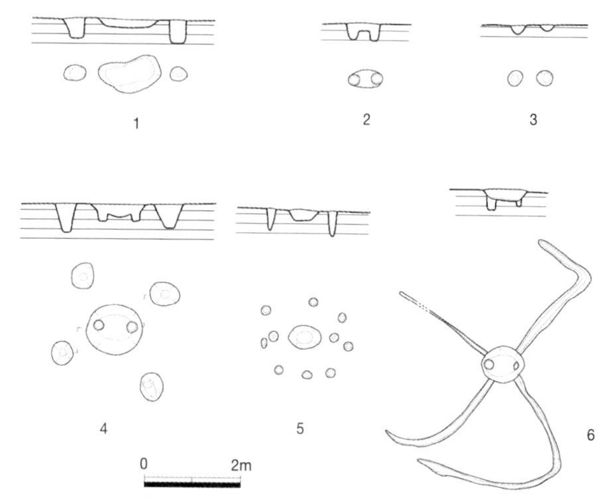

그림 4.10__송국리식 주거 내 중앙토광과 주공의 다양한 형태
1: 대야리 1호, 2: 휴암리 8호, 3: 동천동 38호, 4: 장등 1호,
5: 이금동 27호, 6: 관창리B구역 KC-056호

의 자취를 감추고 장방형이나 방형이 많아지게 된다.

서울 및 경기 북부의 경우, 대부분이 화덕을 1개 갖추거나 혹은 없는 장방형이나 방형의 주 거이지만 간혹 복수의 화덕을 갖춘 (세)장방형 주거가 확인되기도 하는데, 주공의 배치는 정 연하지 않는 것이 많다.

강원 영서의 이 시기 주거는 평면이 장방형, 방형이며, 원형 혹은 타원형의 토광식 화덕을 하나 갖추고 있다. 화덕의 맞은편에는 작업용 수혈이 설치되는데, 주변은 석립이 소량 혼입 된 황적갈색의 정선된 점토를 사용하여 2~4cm의 두께로 (다짐)포장하는 것이 특징이다. 또 주거의 장축 상에 중심주공이, 벽 주위로 소형주공이 설치되어 있다. 중심주공이 1개이면 주 거지 내부 주공은 2×3주식, 중심주공이 2개이면 2×4주식인 것이 일반적이다. 이런 주거지 는 강한 지역성을 갖는 바, '천전리식泉田里式' 주거(지)로 부르기도 한다(도면 4.9-5 참조).

강원 영동의 주거는 평면이 (세)장방형으로 영동지역 전기의 주거전통을 계승하는 듯하지 만 규모는 축소된다. 화덕과 주공은 명확하지 않다. 벽구가 있기는 하지만 네 벽을 정연하게 돌아가는 경우는 거의 없다. 단벽 쪽에 토기 꽂는 구덩이가 있는 예가 있는데 이것은 전기의 요소라고 할 수 있다. 영서에서 보이는 점토다짐구역은 없다.

포항, 경주, 울산 등 동남해안지역의 주거는 평면이 장방형 혹은 방형이며 1개의 화덕을 갖 추고 있다. 구릉에 입지할 경우, 벽구와 주거지 한쪽 모서리에서 외부로 돌출된 배수구를 갖 춘 주거지가 유행한다. 이러한 주거를 '울산식蔚山式' 혹은 유적명을 따서 '천상리식川上里式'으 로 부르기도 한다. 화덕은 4주식의 경우 장축 중앙선상에서 한 쪽 단벽에 약간 치우쳐 설치 되며, 6주식의 경우 주공 4개가 이루는 방형의 공간 정중앙에 설치된다. 8주식의 경우도 역

시 1개의 화덕이 설치되는데, 주거의 정중앙에 위치하지는 않는다. 화덕은 토광식이 일반적인데, 대체로 평지식 화덕을 갖춘 소규모 4주식 주거도 많은 편이다. 강변 충적지에 조성된 주거에는 벽구와 배수구가 설치되지 않는다.

동남해안지역에는 외곽에 주구를 돌린 주거가 많이 발견된다. 이러한 형태의 주거는 종종 '연암동식蓮岩洞式'으로도 불린다. 구의 성격이 분명하게 규정하기는 어렵다. 다만 포항 호동虎洞유적이나 경주 천군동千軍洞 피막유적과 같이 주거지 내에서 인골이 출토되는 점을 고려하면, 폐기 후 주거를 분묘로 전용하는 과정에서 구획을 위해 그러했을 가능성이 있기도 하다. 한편, 이 지역에는 주거지 내부에 무작위적으로 할석이 쌓여 있는 예가 종종 확인되는데 이 또한 분묘로 전용될 때 행해진 화장과 연관될 가능성이 없지 않다(그림 4.11).

청동기시대 중기 취락의 또 다른 특징이라면 굴립주건물이 많이 축조된다는 점이다. 전기는 출현기로 1×1칸의 소형 굴립주건물이 축조되었다면, 후기에는 규모가 커짐은 물론 구조도 다양해진다. 굴립주건물의 성격 역시 창고, 망루, 주거, 공공집회소 등으로 다양해지는 듯하다. 사천 이금동梨琴洞유적에서는 주거, 지석묘군 등과 함께 25동의 굴립주건물이 조사되었

그림 4.11_주거의 분묘 전용 추정 예
1: 천군동피막 5호 및 인골 출토 모습, 2: 인보리번답들 5호, 3: 대평리옥방4지구 51호, 4: 연암동2·3호

다. 그중 2기는 길이가 26m, 29m에 이른다. 이 두 굴립주건물은 주거공간과 무덤공간의 사
이에서 장축방향이 무덤공간과 나란하게 설치되어 있다. 공공성을 지닌 특수기능의 시설, 즉
의례와 관련된 공공집회소로 이용되었을 가능성을 점쳐볼 수 있겠다. 그러한 대형 굴립주건
물은 비파형동검, 대규모 무덤군, 대형주거군 등과 함께 거점취락의 한 모습이 될 것이다.

　송국리문화가 분포하지 않는 지역의 주거는 전기의 전통을 계승해 작업공이 있는 송국리
문화분포권의 것과는 완전히 다른 모습을 보이지만 취락구조 변화의 방향은 유사한 듯하다.
하나의 마을을 이루는 주거의 숫자가 증가하는 점이나 3~4동의 주거로 이루어진 주거군住居
群이 등장하는 점 등이 분포권 간 공유되는 대표적인 특징이다. 개별 주거의 면적이 대폭 줄
어드는 점도 빼놓을 수 없다. 이는 양 분포권에서 가구의 변화, 더 나아가서는 핵가족화와 같
은 가족관계 변화를 반영하는 것으로 이해될 수 있다. 한편 개별 주거의 면적이 축소되면서
복수의 화덕이 설치되는 경우가 없어진다는 점도 전기와는 큰 차이라고 하겠다.

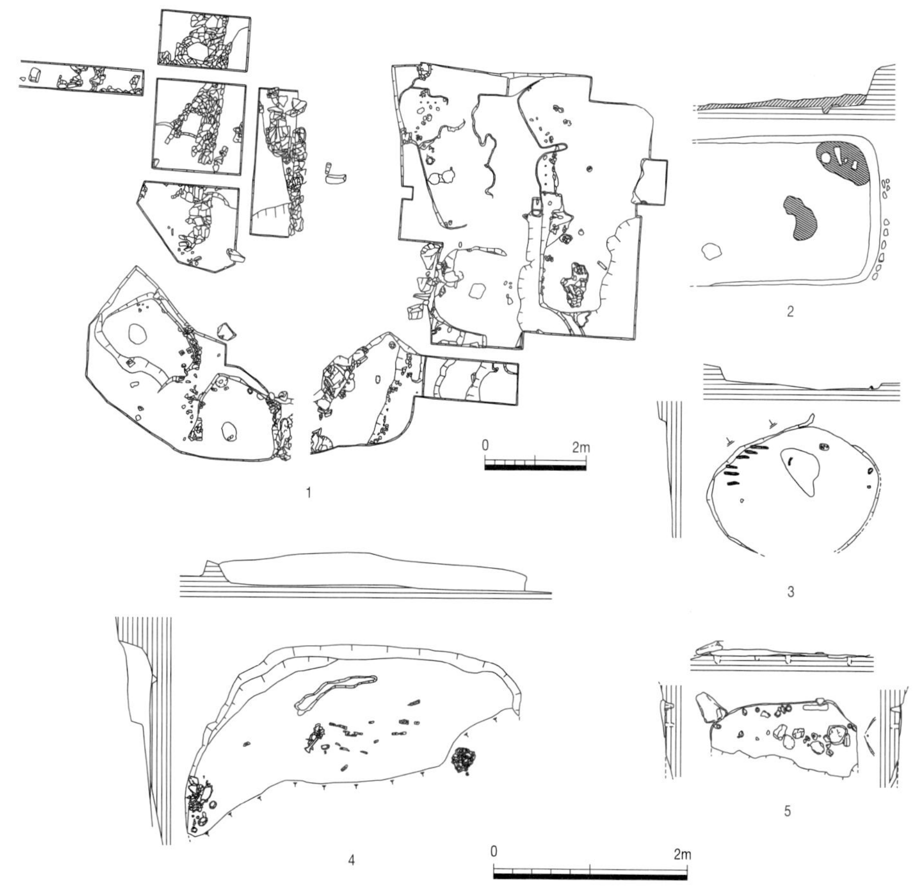

그림 4.12__청동기시대 후기의 남한지역 주거지
1: 교성리, 2: 수석리, 3: 송림리, 4: 대청, 5: 홍동

후기의 주거와 취락

청동기시대 후기의 표지적인 유물은 단면이 원형인 점토띠를 붙인 토기이다. 송국리식 주거에서 원형점토대토기가 출토되기도 하지만 후기의 주거는 대체로는 중앙토광이 없는 것이 주를 이루게 된다. 후기 주거는 규모가 작아지면서 평면형태의 정형성이 앞 시기에 비해 떨어진다는 특징이 있다. 평면은 방형, 원형, 타원형 등 다양해진다. 주공이 확인되지 않는 경우가 많고 확인되더라도 정연하지 않은 예가 많다. 화덕은 전기처럼 주거 바닥 한 곳에 설치하는 토광식이 좀 더 많지만 한쪽 벽에 붙여 설치하는 '벽부식壁付式'도 있다.

후기 취락은 산 정상부와 같이 고소高所에 입지하는 경우가 많다는 특징을 가지고 있다. 보령 교성리유적, 남양주 수석동 등 소규모 취락도 그러하지만 안성 반제리盤諸里, 강릉 방동리方洞里, 김해 대청大靑, 합천 영창리盈倉里 등 규모가 상대적으로 큰 유적도 고소에 입지한다. 이러한 '고지성 취락'의 등장을 다른 집단이나 맹수로부터의 방어, 조망권의 확보 등과 관련짓기도 한다.

이수홍

추천문헌

공민규, 2014, 『청동기시대 전기 호서지역 취락 연구Ⅱ』, 서울: 서경문화사.

김권구, 2005, 『청동기시대 영남지역의 농경사회』. 서울: 학연문화사.

쇼다 신야, 2009, 『청동기시대의 생산활동과 사회』, 서울: 학연문화사.

李秀鴻, 2015, 『靑銅器時代 檢丹里類型의 硏究』, 부산: 含春苑.

이형원, 2009, 『청동기시대 취락구조와 사회조직』, 서울: 서경문화사.

李弘鍾, 1996, 『청동기사회의 토기와 주거』, 서울: 서경문화사.

허의행, 2014, 『청동기시대 전기 호서지역 취락 연구Ⅰ』, 서울: 서경문화사.

05

묘제의 특징과 변천

_한국 청동기시대의 주요 묘제   _한국 청동기시대 묘제의 변천

    분묘의 형태와 부장품은 피장자의 사회적 신분에서부터 장송의례, 내세관 등에 이르기까지 사회의 다양한 측면을 반영한다. 또한 분묘를 축조하는 방식은 사회적 규제와 관습에 따라 보수성과 전통성을 강하게 띠기도 한다. 예를 들어 문화체계를 공유하는 집단은 형태적으로 흡사한 분묘와 부장품을 남기게 된다. 한국의 청동기시대 분묘자료는 고대 사회의 이러한 문화양상을 이해하는데 더욱 중요한데, 왜냐하면 한국 역사상 분묘가 본격적으로 축조되는 시대는 바로 청동기시대이기 때문이다. 한국 청동기시대에는 수많은 지역문화와 집단이 존재했었고, 그들 간에는 끊임없는 접촉과 교류가 이루어졌기 때문에 분묘의 종류와 분포는 다소 복잡한 양상을 띠기도 한다. 그럼에도 불구하고 외견과 내부구조, 출토유물로 볼 때 청동기시대 묘제는 오랜 기간에 넓은 지역에 걸쳐 유행했거나 그와는 달리, 특정 시간대나 공간에서 유행했던 것으로 대별해 볼 수도 있다. 전자로는 지석묘, 석관묘, 석곽묘, 토광묘, 옹관

묘, 적석목관묘를 들 수 있고, 후자의 예로는 동굴복합묘, 적석복합묘, 주구석관묘, 석개토광묘 등이 있다. 이들 각각은 분묘라는 동일한 성격으로 인해 유사하게, 한편으로는 포괄하는 시공의 범위가 다른 탓에 조금은 상이하게 한국 청동기시대의 사회와 문화를 이해하는데 중요한 정보를 제공한다.

_한국 청동기시대의 주요 묘제

지석묘

청동기시대를 대표하는 묘제인 지석묘支石墓, 고인돌는 당시의 경관을 지배하는 중요한 요소로, 눈에 잘 띄는 덕에 어느 고고학적 유물보다도 오랜 관심의 역사를 가지고 있다. 청동기시대하면 지석묘가 떠오르듯 당시를 대표하는 묘제임은 분명하다. 또한 한국의 지석묘는 세계적으로 가장 밀집한 분포를 보이면서 유네스코 세계문화유산으로 등재되기도 하였다.

지석묘는 거대한 크기의 상석上石이 지상에 드러나 있고, 그 밑에 지석支石, 고임돌과 매장주체부가 있다. 주로 상석이 개석蓋石, 뚜껑돌의 역할을 하지만 종종 양자가 구분되어야 하는 경우도 있다. 주위에 묘역시설이 형성되어 있는 경우가 적지 않다. 지석묘는 대부분 시신을 매장하는 분묘로 사용되지만 공동체의 출자와 정체성을 상징하는 묘표석이나 집단적 의례행위가 이루어지는 제단, 또는 특정 집단의 영역표식으로 기능했을 경우도 있는 듯하다.

지석묘dolmen는 유럽으로부터 인도, 동남아시아, 중국 절강성, 일본 규슈에 이르기까지 전 세계 여러 지역에서 발견되는 '거석기념물巨石記念物, megalithic monument'인데, 한국 청동기시대의 터전인 중국 동북지방과 한반도에 가장 많은 수가 분포한다. 현재까지 보고된 것만 4만여 기에 이르는데, 그동안의 유실을 감안하면 그보다 훨씬 많은 수의 지석묘가 축조되었으리라 추정된다. 한반도 내에서도 지석묘는 평안남도와 황해도, 전라도 등 서해안에 밀집 분포되어 있다. 특히, 2만 여기 이상이 알려진 전라남도는 한반도나 아시아뿐만이 아니라, 전 세계에서 가장 높은 밀도를 자랑하는 지역이다.

지석묘는 외견과 구조에 따라 '탁자식卓子式', '기반식基盤式', '개석식蓋石式'으로 분류되어왔는데, 최근에는 '묘역식墓域式'이라고 불리는 형식을 추가하기도 한다(그림 5.1). 전형적인 탁자식 지석묘는 3~4매의 잘 다듬어진 판돌로 짜서 맞춘 매장주체부를 지상에 축조하고, 그 위

그림 5.1__청동기시대 지석묘의 다양한 형태
1: 탁자식(석봉산), 2: 기반식(죽림리), 3: 개석식(진라리), 4: 개석식의 하부구조(상동), 5: 위석식(용담동)

에 거대한 판돌 모양의 뚜껑돌을 덮는 형태이다. 이 형식은 한강 이북에서 주로 발견된다는 점에 착안하여 '북방식北方式'이라고 부르기도 했지만 나주, 무안, 화순 등 영산강유역에서도 적지 않게 발견되고 있어 그 명칭의 사용빈도가 현저히 줄어들었다. 북한에서는 이러한 형식이 발견된 대표적인 유적의 이름을 붙여 '오덕형五德型'이라고 부르고 있으며, 중국에서는 상자 모양의 거대한 묘실에 착안하여 '석붕石棚'이라고도 한다. 적지 않은 수의 탁자식 지석묘가 주변을 조망하기에 유리한 구릉의 정상부나 산중턱에 단독으로 축조되기도 한다.

　기반식 지석묘는 판석이나 할석으로 지하에 장방형의 매장주체부를 만들고, 그 위에 수 매에 이르는 지석을 놓고 다시 그 위에 상석을 얹는 형태이다. 지석으로 사용된 덩이돌이 높지 않아 바둑판의 형상을 띤다. 주로 한강 이남이나 남부지역에 분포한다고 하여 '남방식南方式'으로 부르기도 하였지만, 북한에서도 적지 않게 발견된다는 점에서 현재 그 명칭이 많이 사용되지는 않는다.

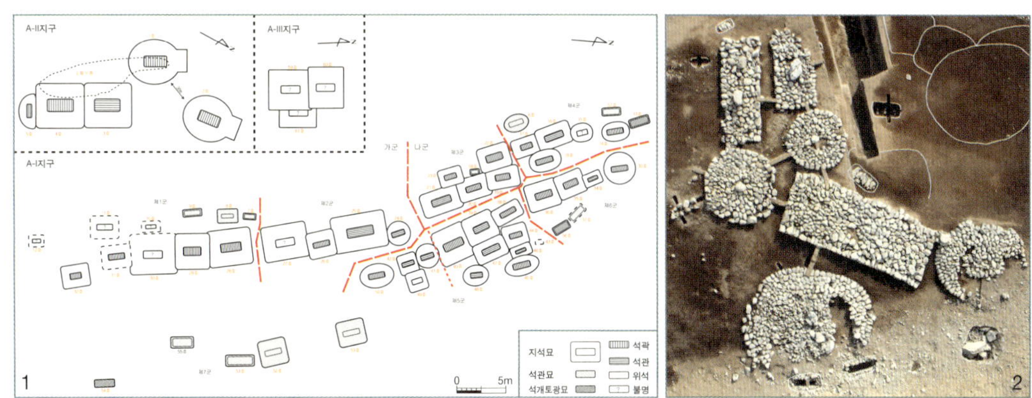

그림 5.2__남한지역 묘역식 지석묘
1: 여의곡 모식도, 2: 매촌리

　　중국 동북지방과 한반도의 전 지역에서 발견되는 개석식 지석묘는 판석이나 할석으로 장방형의 묘실을 지하에 만들고, 그 위에 바로 상석을 얹는 형식인데, 지석이 없다는 점에서 '무지석식無支石式'이라 불리기도 한다. 북한에서는 이 형식을 '묵방형墨房型'으로 부르고 있으며, 중국에서는 묘실을 큰 돌로 덮는다는 의미에서 '대석개묘大石蓋墓'로 분류하기도 한다. 개석식 지석묘는 묘실의 위치에 따라 지하식과 지상식으로 대별할 수 있고, 묘실의 형태에 따라 석곽형, 석관형, 석곽+석관의 혼합형, 토광형, 위석형으로 나누어지기도 한다. 연구자에 따라서는 위석형을 따로 분리하여 '위석식圍石式 지석묘' 혹은 제주도에서 특징적으로 나타난다는 점에 착안하여 '제주도식濟州島式 지석묘'로 부르기도 한다. 제주도의 위석식 지석묘는 6~12매 정도의 자연석을 원형으로 돌려 세우고, 그 위에 상석 혹은 개석을 올린 구조로서 묘실의 한쪽 면이 개방되기도 한다.

　　'묘역식墓域式 지석묘'는 매장주체부 주위를 방형이나 원형으로 구획한 뒤 적석積石이나 부석敷石의 방식으로 정연한 묘역시설을 축조한 형태인데, '적석부가積石附加 지석묘' 혹은 '구획묘區劃墓'로 불리기도 한다. 이러한 지석묘는 북한강, 금강 상류, 남강과 낙동강 일대에서 집중적으로 발견되고, 섬진강과 영산강유역의 일부 지역에서도 발견된다(그림 5.2). 또한 황해도의 황주 침촌리沈村里 긴동·천진동·극성동, 연탄 오덕리五德里 평촌, 사리원 광성동廣成洞 성문 등지에서 발견되는 '침촌형 지석묘'도 묘역식과 유사한 형태라고 할 수 있다.

　　매장주체부의 형태나 위치라는 측면에서 묘역식 지석묘는 개석식 지석묘와 유사한 바, 단순히 개석식 지석묘에 적석이 부가된 것으로 볼 수도 있겠지만 지하 깊숙이 묘실이 설치된다는 점에서 개석식과 차이가 있다. 한편, 청동기시대 늦은 시기에 남해안 일대에서 유행하는 묘역식 지석묘는 주변 조망에 유리한 구릉에 단독으로 분포하는데, 이 또한 일반적인 개석식 지석묘에서는 잘 보이지 않는 특징이다.

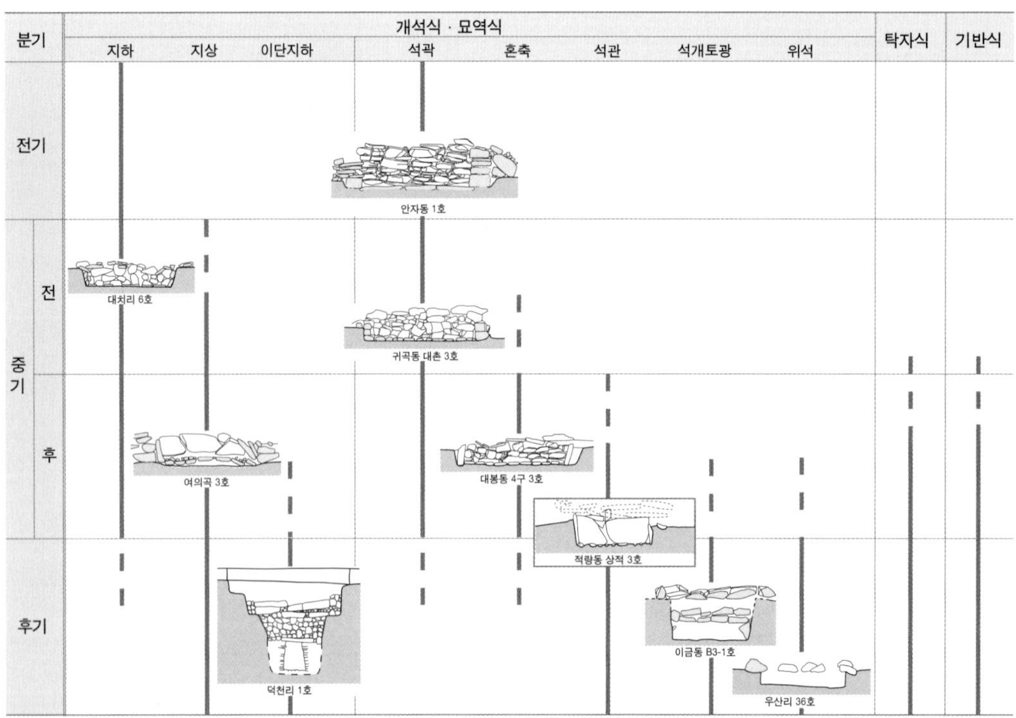

분기		개석식 · 묘역식								탁자식	기반식
	지하	지상	이단지하	석곽	혼축	석관	석개토광	위석			
전기				안자동 1호							
중기	전	대치리 6호									
	후	여의곡 3호			귀곡동 대촌 3호						
					대봉동 4구 3호						
					적량동 상적 3호						
후기			덕천리 1호				이금동 B3-1호				
							우산리 36호				

그림 5.3__한반도 남부지역 지석묘의 변천

한반도 지석묘의 다양한 형식 가운데 어느 것이 먼저 출현하였는지는 그다지 명확하지 않다. 전통적으로 탁자식→기반식→개석식으로 변화하는 것으로 보아왔고, 아직도 일각에서는 이러한 편년의 틀을 고수하고 있다. 그런데 입지와 형태, 출토유물에 근거할 때, 한반도 남부에서는 개석식/묘역식→기반식→탁자식의 순으로 등장했을 가능성이 활발하게 제기되기도 한다(그림 5.3).

부장이 빈약한 탓에 지석묘의 상한 연대를 정확하게 제시하기 어렵지만 비파형동검과 같은 청동기 부장으로 볼 때, 서기전 10세기를 전후한 청동기시대 전기부터 축조되었을 것으로 보는데 무리가 없을 듯하다. 지석묘의 하한은 지역에 따라 편차를 보이지만 전남 동부와 경남 남해안 일대에서는 후기까지도 지속되었던 것으로 보인다.

지석묘의 시신 처치방법으로는 신전장伸展葬, 측와굴신장側臥屈身葬, 화장火葬, 세골장洗骨葬 등이 확인되는데, 신전장이 가장 보편적으로 행해졌던 것으로 추정된다. 부장품으로는 석검, 석촉, 적색마연토기, 채문토기, 관옥 등이 빈번하게 확인되며, 석도, 유구석부, 석착, 지석, 연석, 방추차 등이 매장주체부 주위에서 발견되기도 한다. 드물게 비파형동검이 출토되기도 하며, 탁자식과 기반식 지석묘 중 청동기시대 후기에 속하는 것에서는 한국식 동검이 출토되기도 한다. 성천 백원리百源里 지석묘에서는 한국식 동검과 조각칼, 양평 상자포리上紫浦里에서는 한

90

국식 동검과 장식옥, 영암 장천리長川里에서는 한국식 동검과 석제 검파두식이 발견되었다.

지석묘 상석의 크기는 대부분 한 변이 2~4m이지만 황해도 은율 관산리冠山里의 탁자식 지석묘처럼 한 변이 8m가 넘거나 무게가 수십 톤에 이르는 것도 있다. 거대한 상석은 주변 산에 있는 바위를 그대로 옮겨온 경우도 있으나 대부분 암벽에서 떼어낸 암괴를 다듬어 사용하였다. 지석묘 상석의 채취지점은 용강 석천산石泉山, 고창 성틀봉, 화순 효산리孝山里 등지에서 확인된 바 있다.

거대한 암괴를 채석·운반하여 지석 위에 올려놓기 위해서는 단일 취락을 넘어서는 범위의 주민들을 동원할 수 있는 사회적 결속력과 통제력이 전제되어야 하며, 참여한 인원에게 노동의 대가를 지불할 수 있는 경제력도 갖추어져야 한다. 따라서 지석묘 축조의 후원자나 피장자는 사회적으로 유력하거나 부유했을 것으로 추정할 수 있다. 그런데 지석묘의 수가 절대적으로 많은 점, 대부분 한 지역에 수십 기씩 군집 분포하는 점, 상당수의 지석묘가 소형이라는 점 등으로 미루어 모든 지석묘를 유력자나 수장首長, chief에 결부시키거나 이러한 사회를 곧바로 복합사회複合社會, complex society로 판정하기는 어렵다. 사실, 사회적 계층이 발생하지 않은 수렵채집사회에서도 집단의례를 통해 거석기념물을 축조하는 행위가 적지 않게 관찰된다. 다만 수십 톤 혹은 백여 톤에 달하는 상석을 가진 지석묘가 있다는 점, 대체로 늦은 시기 남해안 일대의 지석묘 중에는 축조방식이나 입지, 규모면에서 유력자나 수장을 상정하기에 충분한 것들도 적지 않다는 점 또한 지석묘를 축조했던 사회를 이해하는데 있어 감안해야 할 사항이다.

석관묘

지석묘와 함께 한국 청동기시대를 대표하는 묘제인 석관묘石棺墓, 돌널무덤는 시베리아, 중국 동북지방과 산동반도, 한반도, 일본열도 등 넓은 지역에서 유행한다. 일반적으로 석관묘는 지하에 묘광을 판 뒤, 판석이나 할석으로 장방형의 묘실을 만들고 그 위에 1매 이상의 개석蓋石, 뚜껑돌을 덮는 무덤양식을 의미한다. 석관묘는 석재의 형태와 축조방법에 따라 두 종류로 세분할 수 있다. 이르고 전형적인 것은 네 벽과 바닥, 그리고 개석이 각각 1~2매의 잘 다듬어진 판석으로 이루어져 상자 모양이 되는 석상식石箱式 형태이다. 다른 형식은 할석 여러 매로 네 벽을 만들고, 그 위에 뚜껑돌을 덮은 형태인데, 석상식에 비해 늦은 것으로 평가되고 있다.

석관묘는 묘광의 형태에 따라 일단과 이단으로 나뉘기도 한다(그림 5.4). 관의 조립방식에 따라서는 'ㅍ', 'II', 'ㅁ'자형 등으로 구분하기도 하는데, 대부분 'ㅍ'자형을 띤다. 바닥은 생

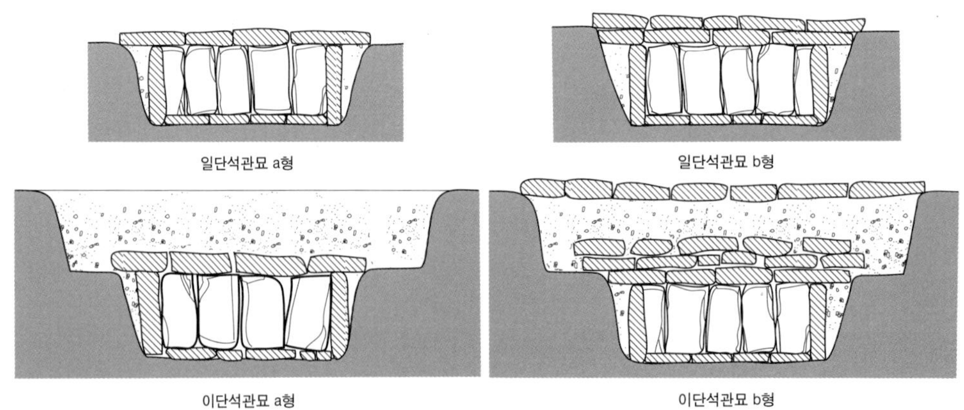

그림 5.4__남한지역 청동기시대 석관묘(모식도)

토면을 그대로 사용한 경우와 바닥에 돌을 깐 경우가 대부분이지만 금강유역에서는 (송국리식) 토기를 바닥 전면에 까는 경우도 있다. 종종 바닥에 요갱凹坑을 갖춘 석관묘도 발견되는데, 이러한 내부시설도 대부분 금강유역에서 발견된다.

석관묘는 구조나 출토유물은 물론이고 같은 묘역에서 함께 발견되는 분묘도 지역이나 시기에 따라 차이를 보인다. 중국의 동북지방은 중원中原과는 달리 석관묘를 축조하는 전통이 강하다. 요서의 하가점상층夏家店上層문화부터 길림 일대의 서단산西團山문화에 이르기까지 석관묘는 광범위한 지역에 걸쳐 발견된다. 이 지역에서 석관묘는 한 묘역에서 다른 묘제와 섞여 발견되지 않지만 마성자馬城子문화의 동굴(복합)묘와 요동반도 남단의 적석(복합)묘에서처럼 토광묘와 공존하기도 한다. 또한 요령 일대의 석관묘는 한반도처럼 단독으로 축조된 경우가 거의 없고 대부분 군집을 이루어 발견되며, 앙와장仰臥葬과 더불어 화장이나 이차장이 유행한다는 점에서도 차이를 보인다. 중국 동북지방의 석관묘에서 보편적으로 발견되는 유물로는 비파형동검, 미송리식 토기, 파수부장경호 등이 있다.

두만강 지류에 위치한 연길 소영자小營子유적에서는 100여 기에 이르는 석관묘가 발견되었다. 이 유적에서는 서단산문화의 석관묘와 다른 구조를 보이는 것도 발견되는데, 2~3기의 석관이 장·단벽이나 개석을 공유하는 독특한 형태는 그 한 예라 할 수 있다. 단인장이 주를 이루지만 하나의 석관 안에 2~4인의 시신을 안치하는 다인장의 장습을 보인다는 점 또한 여타 지역과는 다르다. 장법으로는 앙와장이 주를 이루지만 굴신장屈身葬이나 화장도 간혹 보인다. 부장품으로는 각종 석기와 장식품, 유정동柳庭洞유형의 토기가 발견되는 것으로 보아 이들 석관묘들은 대부분 청동기시대 전기에 축조되었던 것으로 판단된다.

북한에서는 석관묘가 전기부터 출현하는데, 현재까지 발견된 바에 따르면 다른 지역과 달리 네 벽 모두 각 1매의 판석으로 이루어진 석상식石箱式이 많을 뿐만 아니라, 단일 판석으로

92

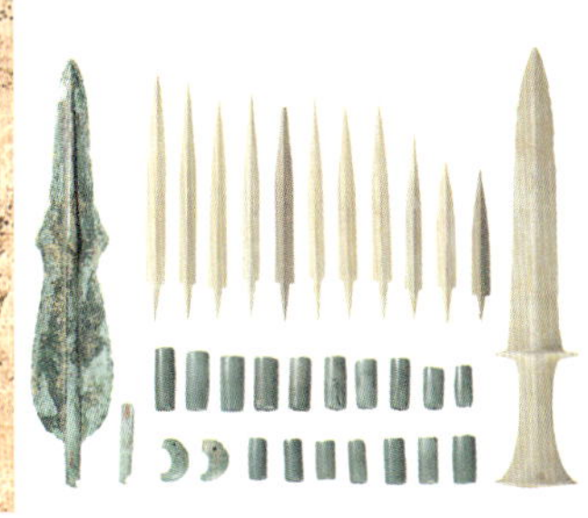

그림 5.5__ 남한지역 청동기시대 석관묘
1: 송국리 1호, 2: 대평리옥방 8지구 15호

된 바닥의 위나 아래에 자갈돌을 한 겹 깐다는 점에서도 차이를 보인다. 압록강유역 강계 풍룡리豊龍里 석관묘에서는 동포와 흑도장경호가 발견되었다. 또한 강계 공귀리公貴里에서는 여러 매의 판석으로 축조된 규모가 큰 중심 석관 옆에 작은 석관을 잇댄 형식이 발견되었는데, 이는 부모와 자식이 합장된 경우를 반영한 것으로 추정되기도 하지만 분명치 않다. 황해도 배천 대아리大雅里 석관묘 또한 각 벽이 1매의 판석으로 짜인 형태로, 후기형의 비파형동검과 청동화살촉, 대롱옥, 돌화살촉 등이 발견되었다.

남한에서는 전기의 다소 늦은 시기부터 석관묘가 축조되지만 그 수가 많지는 않고, 강원도와 서부 경남 일대에서 주로 발견된다(그림 5.5). 이 석관묘들에서는 이단병식석검과 삼각만입촉, 대부소호가 발견된다. 중기에 들어서 금강의 중하류 일대가 석관묘의 새로운 밀집지대로 떠오른다. 이 지역 석관묘는 낮은 구릉의 정상부나 사면부에 한두 기만이 고립적으로 조성되기도 하지만 최근에는 서천 오석리烏石里, 보령 관산리冠山里, 공주 분강리汾江里와 산의리山儀里, 부여 송국리松菊里, 논산 마전리麻田里 등 몇 십 기가 무리를 이룬 유적도 발견되고 있다. 이러한 석관묘 군집에서는 분묘 간에 중복이 없으면서 서너 기가 소군집을 이루기도 한다. 또한 금강 중·하류에서는 석관묘, 석개토광묘, 옹관묘가 한 묘지에 공존하는 예가 적지 않다. 이러한 조합이 송국리문화와 밀접한 관련을 보인다는 점에 착안하여 이들을 '송국리형 묘제'로 부르기도 한다. 부장품은 주로 무문토기, 석검, 석촉, 적색마연토기, 옥 등이다. 이례적으로 송국리 1호 석관묘에서는 비파형동검이 출토되어 피장자의 신분에 대한 많은 논의를 촉발하기도 하였다.

석곽묘

석곽묘는 지하에 토광을 파고 덩이돌이나 강돌로 네 벽을 쌓아 만드는 무덤이다. 종종 석곽묘를 구조와 형태가 유사한 석관묘의 하위 범주로 간주하거나 상석이 유실된 지석묘의 매장주체부와 식별이 어렵다는 점을 들어 청동기시대의 독립된 무덤 형식으로 인정하지 않기도 한다. 그러나 중국 동북지방에서는 분포와 구조, 출토유물에 있어서 지석묘나 석관묘와는 분명하게 구별되는 석곽묘가 광범위하게 발견되며, 한반도의 남한에서도 전기 후반부터 지석묘의 하부 구조로 볼 수 없는 석곽묘가 속속 확인되고 있다. 따라서 석곽묘를 청동기시대의 독립 묘제로 설정할 필요는 충분하다.

중국의 요서 일대에서는 청동기시대 조기부터 석곽묘가 활발하게 발견되고 있다. 하가점상층문화 단계에 속하는 영성 남산근南山根과 소흑석구小黑石溝유적의 석곽묘에서는 이른 시기의 청동기가 다량 발견되었다(그림 5.6). 이들 유적의 석곽묘에서는 석곽 안에서 목관의 흔적이 종종 확인되기도 한다. 대·소릉하 일대의 십이대영자十二臺營子문화에서도 석곽묘가 알려져 있는데, 조양 십이대영자유적에서는 내부에 목관을 안치한 흔적이 있는 석곽묘가 발견되었고, 그 내부에서 비파형동검, 비파형동모, 동과, 동촉, 선형동부, 다뉴경 등이 출토되기도 하였다. 객좌 남동구南洞溝유적에서도 유사한 형태의 석곽묘가 발견되었는데, 내부에서 중국식 청동기와 함께 비파형동검이 부장되어 있다.

요동 일대에서도 요서의 영향을 받은 석곽묘가 청동기시대 조기부터 축조되지만 요서에서

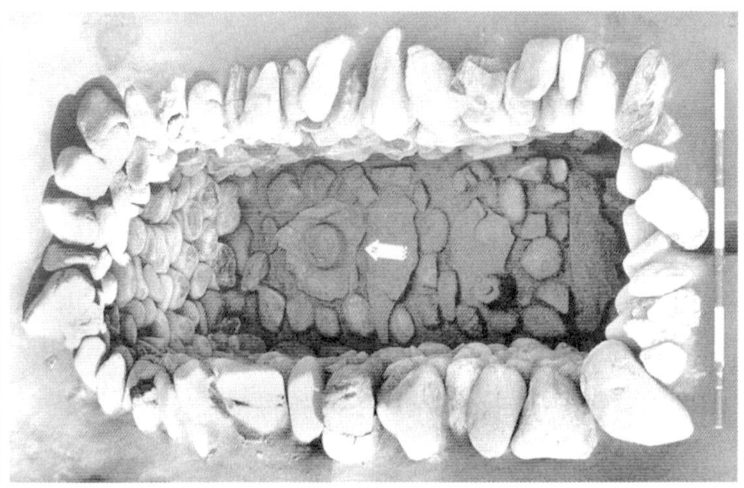

그림 5.6__청동기시대 석곽묘
1: 남산근, 2: 외삼포리

처럼 대단위 군집을 이루지는 않는다. 요동반도에서는 적석(복합)묘의 매장주체부로 빈번하게 이용된다. 한편, 그 수는 많지 않지만 요북의 동굴(복합)묘에서도 석곽형의 매장주체부가 발견되기도 한다. 압록강유역을 중심으로 한 서북한에서는 현재까지 석곽묘의 존재가 불분명하다. 다만 중국 동북지방과 남한의 양상과 관련지어 볼 때 청동기시대 이른 시기부터 유행했을 가능성을 배제하기는 어렵다.

남한에서 석곽묘는 전기 후반부터 나타나지만 그 수가 많지도 않으며, 정선 아우라지, 홍천 외삼포리外三浦里, 철정리哲亭里 등 강원도의 일부 유적에서만 확인되고 있다(그림 5.6). 이들 석곽묘에서는 삼각만입촉과 이단경식석촉 등 청동기시대 전기의 유물이 출토된다. 외삼포리와 철정리의 석곽묘는 동시대의 주구석관묘, 석관묘, 토광묘처럼 단독으로 입지한다. 중기에 이르면 석곽묘는 거의 대부분의 지역에서 유행하게 된다. 전남과 낙동강 이서의 영남에서는 중기 후반부터 석곽묘와 함께 송국리형 묘제가 성행하게 되는데, 이는 지석묘의 쇠퇴와 맞물려 분묘 축조에 사회적 노동력의 투자가 줄어들었음을 시사하는 증거이다.

토광묘

일반적으로 지하에 수직으로 장방형의 토광을 파고 나무 관을 안치한 뒤 그 위에 흙을 덮는 분묘를 '목관묘木棺墓'라 하는데, 목관은 잘 썩는 탓에 실제로 발견되는 경우가 극히 드물어 토광에 직접 시신을 안치하는 경우와 구분하기 어렵다. 이러한 애매함을 피하기 위해 관의 흔적이 명확하지 않고 토광과 유물만 발견되는 분묘를 '토광묘土壙墓'로 통칭하고 있다(그림 5.7).

토광묘는 중국 동북지방에서 청동기시대 조기부터 전기에 걸쳐 다양한 양상을 띤다. 요북

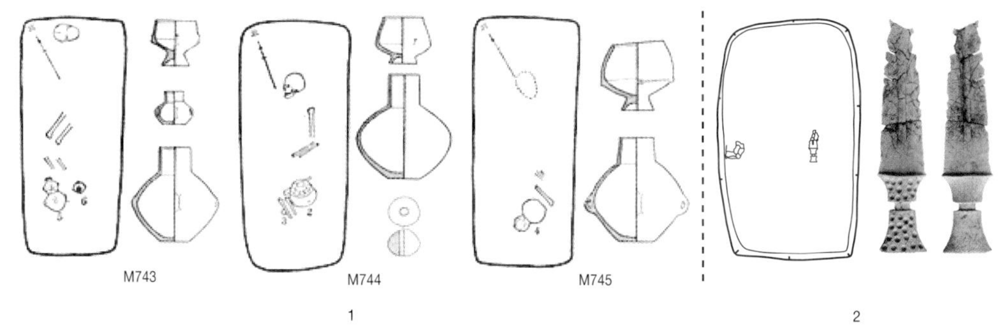

그림 5.7__청동기시대 토광묘
1: 요고대산, 2: 굴화리

의 고대산高臺山문화권에서는 이른 시기 토광묘유적이 다수 발견된다. 대표적으로 창무 평안보平安堡유적에서는 170여 기의 단인장 토광묘가 발견되었는데, 일부에서는 목관의 흔적도 확인된다. 측와굴신장으로 시신을 안치하고 있으며 호와 발이 주로 부장되었던 것으로 보인다. 인근의 태자하유역 마성자문화권 동굴(복합)묘에서는 토광묘가 석관묘와 공존한다.

요동반도에서는 대련 단타자單陀子유적처럼 토광묘가 단독으로 발견되기도 하지만 극소수이고, 적석(복합)묘의 매장주체부로서 활용된 예가 많다. 또한 요동과 인접하는 서요하 일대 하가점하층문화와 송눈평원 일대의 백금보白金寶문화에서도 청동기시대 이른 시기부터 토광묘가 유행한 것으로 보인다. 하가점하층문화와 소랍합小拉哈문화는 청동기시대 조기에 해당하는데, 이들 문화의 전이나 상호접촉을 통해 요동 일대로 토광묘 축조 습속이 시작되었을 가능성이 높다. 따라서 토광묘는 청동기시대 이른 시기에 중국 동북지방의 광범위한 지역에 걸쳐 유행하였던 묘제로 상정할 수 있다.

북한에서는 아직까지 청동기시대 이른 시기의 토광묘유적이 알려져 있지 않다. 남한에서도 최근 들어서야 청동기시대 전기에 속하는 토광묘의 발견 사례가 증가하고 있다. 화성 동화리桐化里, 양양 송전리松田里, 울산 굴화리屈火里, 구미 월곡리月谷里, 김천 신촌리新村里, 진주 이곡리耳谷里 등 유적에서 청동기시대 전기의 토광묘가 발견되고 있다(그림 5.7). 이들 토광묘에서는 묘광의 장벽에 일부 판석이나 할석이 설치되는 경우가 있기도 한데, 이러한 석재는 목관과 묘광 사이에 놓은 일종의 보강석일 가능성이 있다. 또한 묘광 내부에서 다량의 목탄이 발견된 동화리유적의 양상은 목관 안치의 가능성을 시사한다.

이렇듯 남한에서는 토광묘가 전기부터 발견되는데, 동시기 다른 묘제와 유사하게 특정 지역에 편중되지 않고 전국적인 분포를 보이고 있다(그림 5.8). 전기

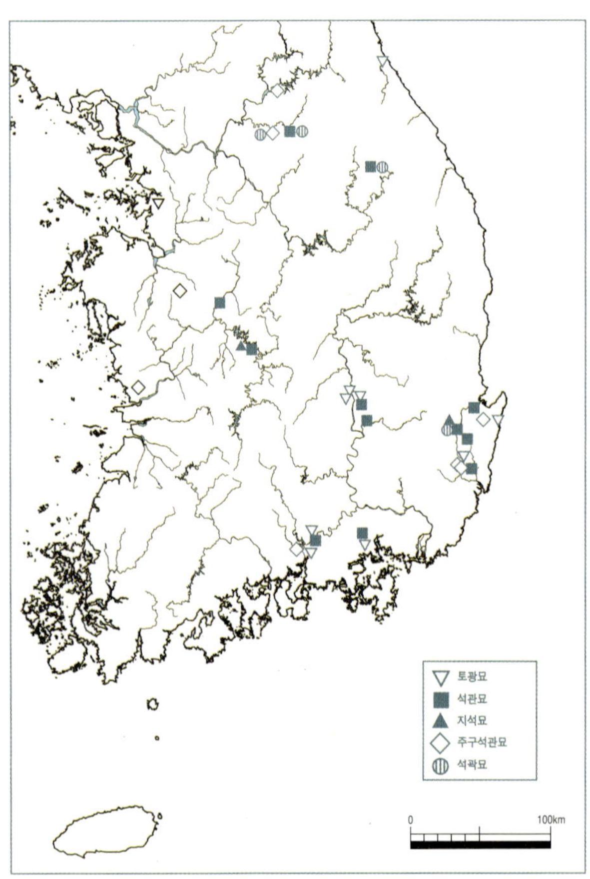

그림 5.8__남한지역 청동기시대 전기 묘제의 분포

96

의 토광묘는 대부분 구릉 사면이나 정상부에 거의 대부분 단독으로 발견되거나 두 기가 나란히 축조되기도 한다. 부장품으로는 이단병식석검, 이단경식석촉, 삼각만입촉, 적색마연토기, 채문토기 등 청동기시대 전기의 전형적인 석기 및 토기류가 발견된다. 화천 용암리龍岩里유적처럼 예외적인 경우도 있지만 대부분 남한에서는 중기부터 토광묘의 전통이 거의 나타나지 않는다.

옹관묘

옹관묘甕棺墓는 옹甕, 독에 주검이나 뼈를 안치하는 무덤이다. 현재까지 발견된 청동기시대 옹관묘에 사용된 독의 크기나 형태로 볼 때 유아 전용이거나 세골장洗骨葬으로 육탈한 성인의 유골을 안치한 것으로 보인다. 이 묘제는 주로 금강 중·하류에서 유행하는데, 요동반도의 일부 지역을 제외하고는 중국 동북지방이나 북한에서 거의 발견되지 않고 있다. 요동반도에서는 대련 상마석上馬石유적에서 미성년자로 추정되는 시신을 안치하고 입구를 위로 향하게 하고 돌로 막은 형태와 아래로 향하도록 한 형태의 옹관묘가 각각 6기, 11기 조사되었다. 부장품으로는 호와 심발, 석촉, 골각기, 패각구슬 등이 발견되었다. 상마석의 옹관묘는 쌍타자雙陀子 Ⅱ기에 유행했던 묘제로서 청동기시대 조기에 속한다.

남한의 청동기시대 옹관(그림 5.9)은 주로 일상용기와 같은 형태의 송국리식 토기가 사용되지만 익산 석천리石泉里처럼 구연이 직립하고 구순이 각목된 경우도 있다. 청동기시대 옹관묘는 옹의 구연부를 할석이나 판석으로 막는 것으로 알려져 왔지만 최근에는 토기편이나 발형토기로 덮는 형태도 발견된다. 후자의 예로써는 논산 마전리麻田里, 익산 화산리華山里, 무형리茂形里 지표수습 옹관을 들 수 있다. 옹관의 바닥에는 구멍이 뚫려 있는 경우가 많은데, 배수나 방습, 혹은 의례행위와 관련된 것으로 설명되기도 한다. 송국리문화의 옹관묘는 독의 안치방법에 따라 수직으로 세우는 직치直置와 70° 정도 비스듬히 눕히는 사치斜置로 나눌 수 있다. 토기로 구연부를 막는 옹관은 모두 사치방식을 취하지만 납작한 돌로 막는 옹관은 직치와 사치가 비슷한 비율을 띤다. 청동기시대 최말기에 이르러서는 사천 늑도勒島유적의 예와 같이 횡치橫置 옹관이 등장하기도 한다.

옹관묘는 부여 송국리, 공주 남산리南山里·산의리山儀里·송학리松鶴里·안영리安永里, 익산 석천리·무형리, 논산 마전리, 군산 아동리阿東里 등 주로 금강유역 일대에서 가장 유행하지만 영암 장천리長川里, 곡성 연화리蓮花里, 거창 대야리大也里 등지에서도 확인되고 있다. 특히 금강유역에서 옹관묘는 석관묘, 석개토광묘 등과 한 묘역에서 발견된다. 옹관묘의 부장품은 거의 발견되지 않지만 간헐적으로 대롱옥이 발견되기도 한다.

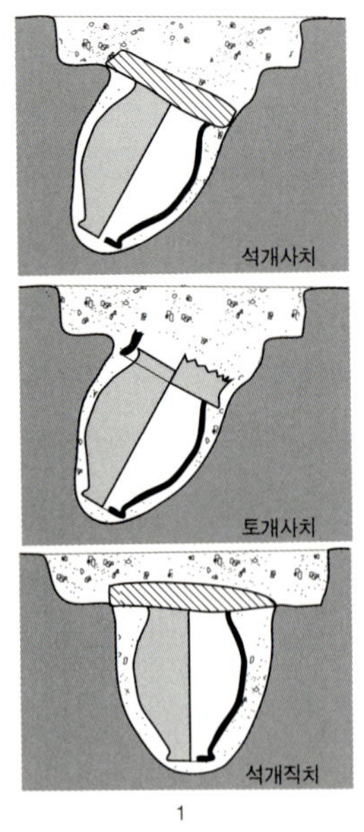

그림 **5.9**__남한지역 청동기시대 옹관묘
1: 모식도, 2: 석천리 1·2호 옹관묘

적석목관묘

서기전 6세기를 전후한 시점에 이르면 요령 일대에서는 점토대토기, 흑도장경호와 함께 변형 비파형동검 혹은 초기형 한국식 동검 등 청동기가 풍부하게 부장되는 목관묘와 목곽묘가 등장한다. 이러한 새로운 묘제와 유물조합은 중국 요령 일대에서 한반도, 일본 규슈에 이르기까지 광범위한 지역에 나타난다. 그런데 목관이나 목곽이 분명하게 발견되지 않는 경우, 단순히 토광묘로 보고되기도 한다. 일부 분묘에 대해서는 지하 깊숙이 안치되는 목관을 보호하기 위해 축조된 석곽에 주목하여 석곽묘라는 명칭을 부여하기도 한다. 관의 위쪽이나 주위에 돌을 쌓거나 돌리기도 한 점에 착안하여 '적석積石' 또는 '위석圍石'목관묘로 부르기도 한다.

청동기시대 조기의 토광묘 또한 장방형의 토광 내에 목관이 사용되었을 가능성이 있다는 점에서 청동기시대 후기의 이러한 분묘들과 구조적 유사성을 보인다. 그러나 유물조합이 본질적으로 다른 점, 양자 간 문화적 연속성이 확인되지 않는다는 점, 그리고 적석이나 위석 등 세부요소에서 차이가 난다는 점에서 청동기시대 조기의 토광묘와 후기의 것을 구별할 필요가 있다. 후기 분묘는 부장유물의 조합에 있어 중국 요령에서 한반도에 이르기까지 매우 흡사하다. 이러한 특징적 양상은 지역에 따라 미세한 구조적 차이에도 불구하고 청동기시대 후

98

기 분묘를 '적석목관묘積石木棺墓'로 통칭할 수 있게 한다.

청동기시대 후기 적석목관묘의 출현 및 확산과 관련하여 주목되는 유적은 심양 정가와자鄭家窪子이다(그림 5.10). 이 유적에서는 토광묘 및 토광목곽묘가 발견되었는데, 내부에서 변형 비파형동검, 'T'자형 검병, 검파두식, 선형동부, 다뉴기하문경 등 청동기와 점토대토기 및 흑도장경호가 발견되었다. 정가와자 6512호묘는 규모가 5m×3m에 이르고, 42종 797점의 부장품이 출토된 점으로 미루어 생전 피장자는 사회정치적 유력자 혹은 이 지역 수장이었을 것으로 추정하기도 한다. 요양 이도하자二道河子 적석목관묘에서도 한국식 동검이 출토된다. '정가와자유형'이라고 불리는 이러한 묘제는 이전 시기의 지석묘나 석관묘와 상이할 뿐만 아니라, 그 등장을 전후하여 요서와 요동의 문화적 유사성이 고조되며, 이 유형의 적석목관묘가 한반도로 급속하게 확산된다는 점에서 중요한 의미를 지닌다.

요동반도 일대에서도 적석목관묘가 다수 발견된다. 대련 상마석과 윤가촌尹家村, 대둔大屯 등 유적에서 목관묘 혹은 토광묘가 발견되는데, 변형 비파형동검이나 한국식 동검 초기형 등의 부장이 확인된다. 상마석유적에서는 10기의 토광묘가 발견되었는데, 2·3호 토광묘에서 변형 비파형동검이 출토되었다. 윤가촌 12호묘는 묘광 내부에 괴석들이 쌓여 있어 구조적으

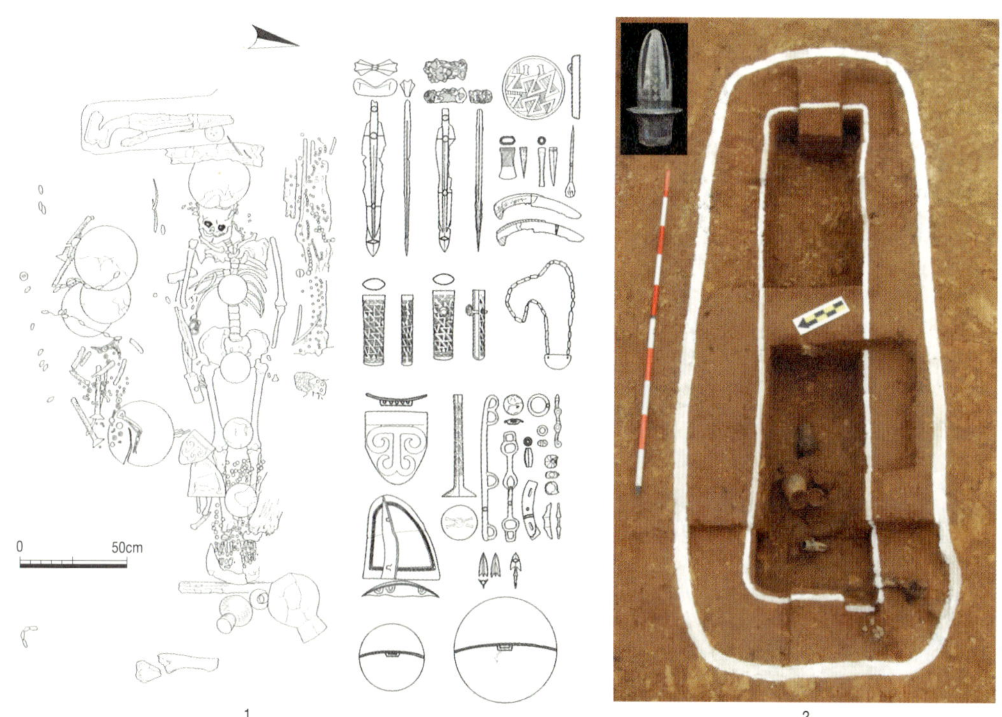

그림 5.10__청동기시대 적석목곽묘
1: 정가와자, 2: 신풍

로 남한에서 발견되는 적석목관묘와 흡사한 형태를 보여주고 있으며, 내부에서 초기형의 세형동검이 발견되었다.

요동에서 발견되는 적석목관묘는 요서의 청동기문화와 밀접한 관련이 있다. 요동 일대의 적석목관묘는 요서 하가점상층문화 후반부에 유행한 목곽묘나 대릉하유역 목곽묘와 구조 및 출토유물에서 상통한다. 이러한 점으로 볼 때 요동 일대의 적석목관묘는 요서 청동기문화집단의 이주나 문화교류를 통해 형성되었다고 볼 수 있다.

북한의 대표적인 적석목관묘로는 신계 정봉리丁峰里유적을 들 수 있다. 이 유적에서 발견된 분묘는 깊게 판 장방형의 토광에 목관을 안치하고 그 위에 돌을 쌓은 적석목관묘이고, 내부에서 초기형 한국식 동검이 발견되었다. 평양 신송리新松里유적에서도 정가와자유형의 청동기와 토기가 발견된 바 있다. 현재까지는 북한에서 발견된 적석목관묘의 수가 얼마 되지 않지만 요동과의 문화·지리적 근접성으로 볼 때 앞으로 많은 수가 발견될 가능성이 높다.

남한의 적석목관묘는 김천 문당동文唐洞유적처럼 극소수의 예를 제외하고는 당진만과 삽교천, 금강과 만경강, 영산강 등 서남한, 특히 서남해안 일대에서 집중적으로 발견되고 있다. 대표적인 유적으로는 대전 괴정동槐亭洞, 부여 연화리蓮花里, 아산 남성리南城里, 예산 동서리東西里, 완주 갈동葛洞과 신풍新豊(그림 5.10), 장수 남양리南陽里, 함평 초포리草浦里, 화순 대곡리大谷里(그림 8.8) 등의 유적을 들 수 있다. 적석목관묘 중 몇 예를 살펴보면 괴정동의 적석목관묘에서는 지하에 판 움의 네 벽에서 괴석들이 발견되었으며, 바닥에서 나무조각이 출토되어 목관의 사용 가능성을 시사하고 있다. 부장품으로는 한국식 동검, 거친무늬거울, 대쪽모양청동기가 출토되었다. 초포리 적석목관묘 또한 괴정동의 것과 유사한 구조를 보이면서 적석의 흔적이 확인되었다. 내부에서 한국식 동검, 동과, 동모, 동사, 간두령, 세문경, 그리고 중국 동주식東周式 동검 등이 발견되었다.

이와 같이 한반도 서남해안 일대의 적석목관묘는 깊게 판 토광에서 목관이 발견되고, 목관 주위나 위에 돌을 쌓았으며, 점토대토기와 다수의 청동유물이 부장된다는 공통점을 보인다. 이러한 적석목관묘는 구릉의 정상부나 사면에 단독으로 분포하지만 완주 갈동과 신풍유적에서처럼 수십 여기가 군집을 이루기도 한다. 단독의 적석목관묘는 군집묘에 비해 부장품의 양과 질이 우수하다는 점에서 사회적으로 신분이 가장 높은 자의 분묘였을 가능성이 높다.

남한에서 적석목관묘가 집중적으로 발견되는 지역은 서남해안 일대인데, 연안교류에 유리한 지리적 위치가 정가와자유형과 같은 중국 동북지방 문화의 전파를 용이하게 한 것으로 보인다. 이러한 문화 전파 및 수용은 집합적 노동력을 강조하던 '집단 성향의group-oriented 지석묘사회'에서 장거리교역을 통해 청동기와 같은 위신재를 획득하는 '개인 성향의individualizing 수장사회'로 변화하는데 중요한 작용을 했을 것으로 추정된다.

동굴(복합)묘

　요북의 산악지대를 가로지르는 태자하 양안의 단애와 산기슭에는 많은 석회암 동굴이 분포한다. 이 일대 40여개에 이르는 동굴에서 청동기시대 조기부터 전기에 이르는 시기의 분묘가 발견되었다. 분묘 형태로는 토광묘와 석관묘가 주를 이루지만 간혹 석곽형의 분묘도 있다. 동굴이라는 장소가 묘역으로 활용되는 점에 주목하여 흔히 '동굴묘洞窟墓'로 불리기도 하지만 한 묘역 내에 다양한 묘제가 공존한다는 점에서 '동굴복합묘'로 칭할 수 있을 것이다.

　마성자문화의 핵심 요소라 할 수 있는 동굴(복합)묘는 일종의 군집묘로서 장가보張家堡 A동(그림 5.11)처럼 50여기의 분묘가 한 동굴 안에서 발견되는 경우도 있지만 대부분 20기 내외가 군집을 이루어 확인된다. 동굴(복합)묘의 부장품으로는 호, 심발, 완, 발 등 토기류 외에 동환銅環과 같은 청동제 장식품도 간혹 출토된다. 동굴(복합)묘에서 발견되는 토기는 압록강유역 공귀리식 토기나 인근의 고대산문화나 서단산문화의 토기와도 유사한 속성을 공유하고 있어 동북아시아문화 간의 역동적인 상호접촉을 보여 준다.

　동굴(복합)묘의 각 분묘에는 대부분 1인이 안치되지만 2인 합장도 일부 존재한다. 2인 합장묘는 모두 성인 여성과 아동이 안치된 것일 뿐, 성인남녀 합장묘는 없다. 장법으로는 앙천仰天장과 함께 이차장이나 화장이 다수 확인되는데, 화장묘 중에는 풍부한 부장품이 함께 발견되는 것으로 보아 피장자의 지위가 상대적으로 높았음을 알 수 있다. 또한 하나의 동굴 내에 위치한 각각의 분묘는 일렬 혹은 병렬로 정연하게 배치되어 있으며, 동굴이라는 공동

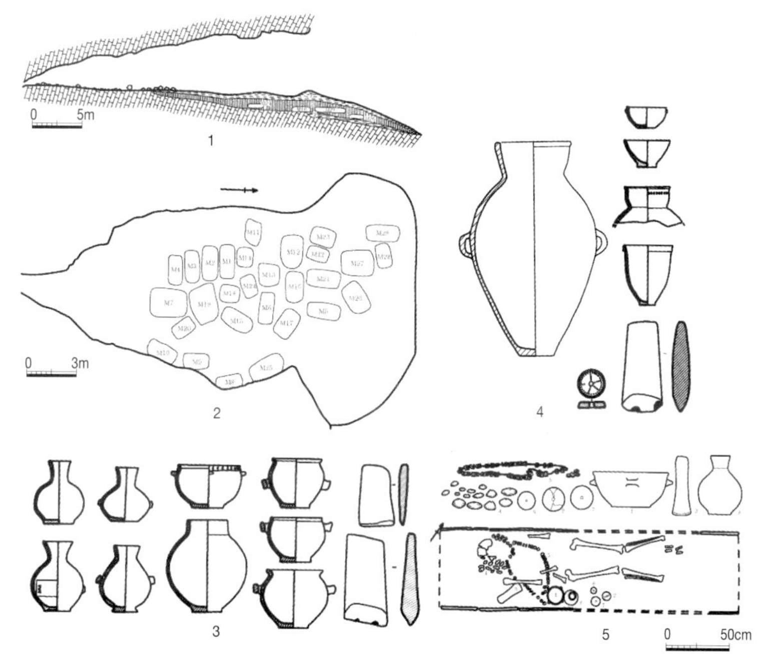

그림 5.11__마성자문화의 동굴(복합)묘
1: 마성자A동 층위 2: 마성자A동 유구배치도, 3: 장가보A동 M2, 4: 장가보A동 M31,
5: 장가보A동 M39

묘지에 안치된 피장자들은 혈연적으로 밀접한 관계가 있었을 것으로 추정되기도 한다.

적석(복합)묘

요동반도 일대에서는 산기슭이나 정상에 입지한 하나의 적석구역 내에 보통 수십 기에 이르는 석관묘, 토광묘, 석곽묘를 안치하는 묘제가 발달한다. 이러한 묘제는 종종 적석총積石塚으로 불리기도 하지만 고구려의 적석총과 구별할 필요가 있어 적석묘積石墓로 불리는 것이 일반적이다. 다만 동굴(복합)묘와 마찬가지로 한 묘역 내에 다양한 묘제가 공존한다는 점에서 '적석복합묘積石複合墓'로 부르는 것도 타당해 보인다.

요동반도 일대에서 가장 이른 시기에 축조된 적석(복합)묘의 예로 대련 장군산將軍山과 우가촌于家村 타두砣頭유적(그림 5.12)을 들 수 있다. 장군산유적에서는 산의 정상부와 능선을

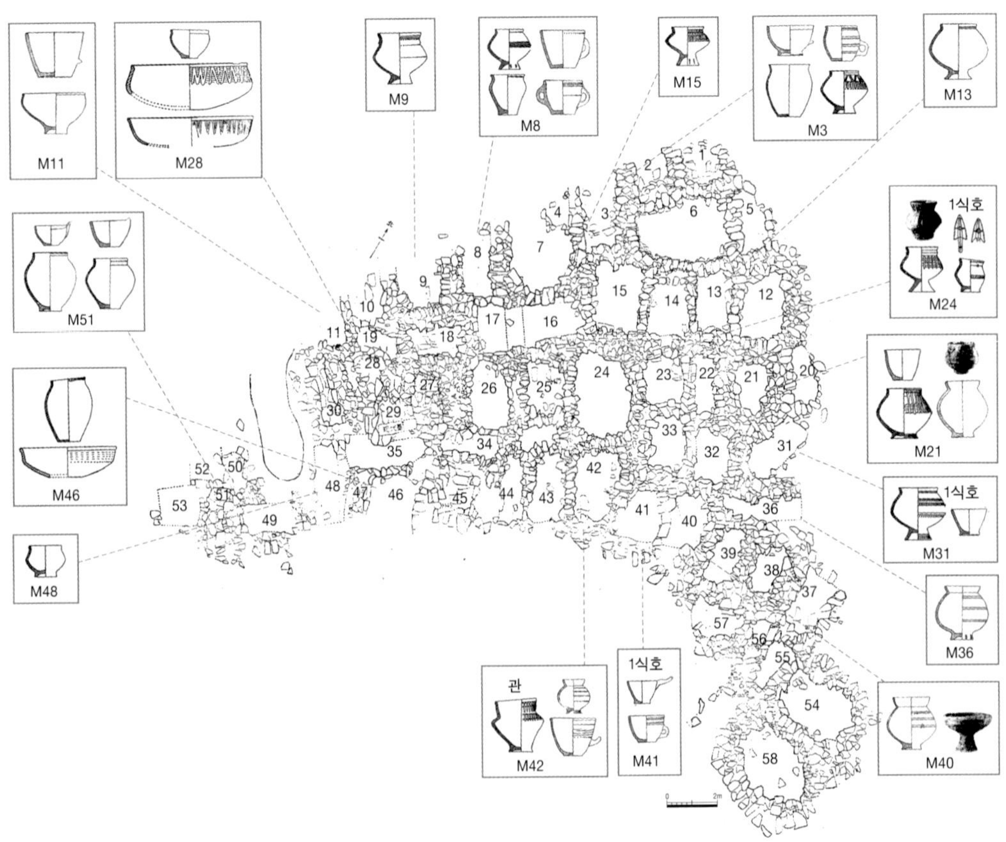

그림 5.12__우가촌 타두 적석(복합)묘

따라 40여기의 적석(복합)묘가 발견되었는데, 1964년 조사에서는 하나의 묘역 내에서 남·중·북의 3열로 배치된 9기의 토광묘가 발견되었다. 타두 적석(복합)묘에서는 방형과 원형의 석곽형 묘혈墓穴 58기가 발견되었는데, 모든 묘혈은 동-서 방향의 병렬 배치를 보인다. 이 적석(복합)묘에서는 다인합장이 유행하였는데, 하나의 묘혈에 10명 내외의 시신이 합장되며 가장 많은 경우 21인이 합장되기도 하였다. 분묘의 부장품으로 대부분 일상용의 토기와 석기들이 출토하는 점으로 보아 피장자간의 지위가 차별화된 계층사회는 아니었던 것으로 추정된다. 따라서 다인장은 신분이 다른 사람의 순장殉葬이라기보다는 혈연관계를 반영한 것으로 보는 것이 타당할 것으로 보인다. 또한 단일 묘혈 내 피장자 간 혈연관계는 다른 묘혈 내의 그것보다 더 긴밀하고, 같은 열에 배치된 묘혈 간 관계가 다른 열에 배치된 묘혈 간 관계보다 긴밀했을 것으로 추정할 수 있다.

청동기시대 전기에 이어 중기에도 적석(복합)묘의 전통은 이어지게 된다. 대표적으로 꼽을 수 있는 대련 강상崗上유적(그림 5.13)의 경우, 적석묘역 내에 석관묘와 토광묘를 합쳐 총 23기의 분묘가 방사상으로 배치되어 있다. 각 분묘에서는 2~22명에 이르는 시신이 안치되었으며 장법은 대부분 화장이다. 토기와 함께 비파형동검, 화살촉, 동과와 같은 청동기가 부장되어 있다. 북한학계는 방사상의 중앙에 있는 것이 주인 묘이고 나머지를 순장殉葬된 노예로

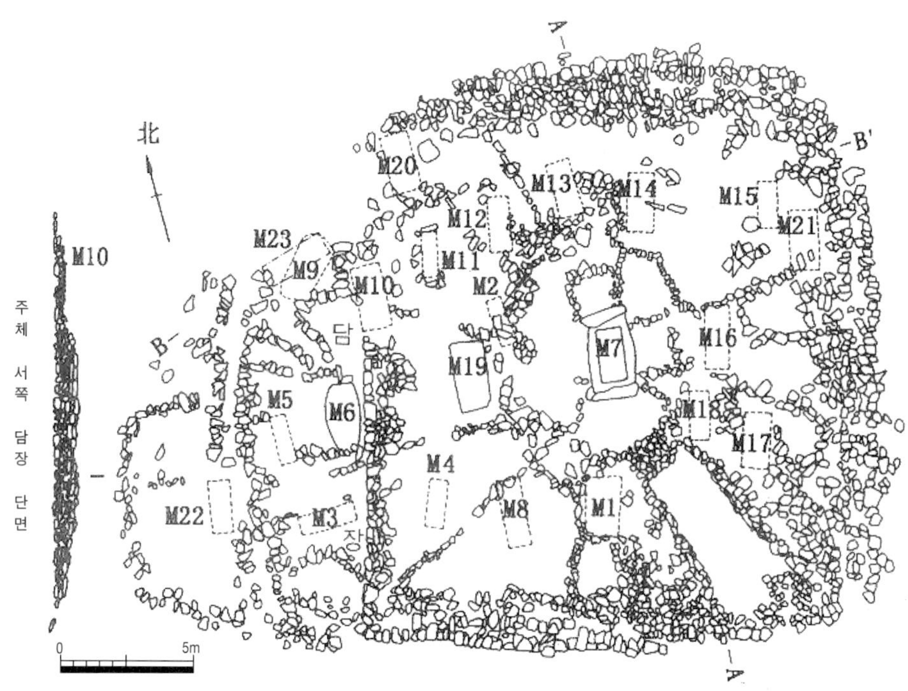

그림 5.13__강상 적석(복합)묘

보기도 하였다. 그러나 23기의 분묘가 동시에 조성되지 않은 점, 강제 순장의 증거가 미약한 점, 중앙과 주변 분묘의 차이가 뚜렷하지 않은 점으로 볼 때 그러한 주장이 설득력을 갖기는 어려울 수도 있다. 그럼에도 불구하고 강상유적은 긴밀한 혈연관계에 있는 자들에 의해 축조된 일종의 공동묘지이고, 방사상의 구조로 볼 때 사회적 위계화가 어느 정도 이루어졌던 사회의 분묘였던 것으로 추정된다.

적석(복합)묘의 전통은 청동기시대 후기에도 이어지는데, 대련 누상樓上유적이 대표적이다. 적석묘역 내에 석관묘, 석곽묘, 토광묘 등 다양한 매장주체부가 공존하고 있는데, 개별 분묘에 최대 15명의 시신이 안치된 다인장이다. 앙와장도 있지만 대부분 화장이다. 부장품으로는 변형비파형동검과 함께 동부, 동착 등의 청동기가 확인된다.

주구석관묘

최근 남한에서는 평면형태가 (세)장방형, 방형, 원형을 띠는 주구周溝가 부속된 석관묘가 적지 않게 발견되고 있다(그림 5.14). 춘천 천전리泉田里, 홍천 철정리, 천안 운전리云田里, 보령

그림 5.14_춘천 천전리 주구석관묘와 출토유물

관창리寬倉里, 서천 오석리烏石里, 포항 호동虎洞, 울산 중산동中山洞 약수, 남강유역의 진주 대평리大坪里 옥방玉房 8지구, 어은漁隱 1지구, 사천 이금동梨琴洞 등이 현재까지 알려진 대표적인 유적이다. 석관은 지상 혹은 지면에 반쯤 걸쳐 설치되는데, 그 짜임에는 판석이 주로 사용되지만 서천 오석리유적처럼 할석이 이용되기도 한다. 또한 옥방 8지구의 예처럼 두 기의 묘실이 설치된 경우를 제외하고는 모두 단독묘이다. 이러한 묘제는 주구묘周溝墓라 불리기도 하지만 역사시대 주구묘와 구분하고 매장주체부의 성격을 명확히 하기 위해 주구석관묘周溝石棺墓라 부르는 것이 좀 더 적절해 보인다.

주구석관묘는 구릉과 충적대지에 입지하는데, 구릉에서 발견된 것들은 단독으로 축조되는 경우가 대부분이다. 이에 비해 천전리와 철정리처럼 군집으로 발견되는 유적도 있는데, 부장품으로 볼 때 전기 후반에 등장하는 분묘는 단독으로 축조되다가 중기에 이르면 대형화·군집화하는 것으로 이해된다. 부장품으로 이단병식석검·삼각만입촉·이단경식석촉의 석기류와 적색마연대부소호 등이 발견되며, 오석리유적에서는 비파형동검이 발견되기도 하였다. 출토유물로 볼 때 주구석관묘는 청동기시대 전기 후반에서 중기에 유행했던 것으로 판단된다.

석개토광묘

석개토광묘石蓋土壙墓는 지하에 장방형의 묘광을 파고, 그 위에 판석으로 상부를 덮는 구조의 분묘 양식이다(그림 5.15). 이 묘제는 대부분 네 벽이 순수한 움의 형태를 보이지만 한두 벽에는 판석이 놓인 예도 발견된다. 논산 마전리, 서천 오석리, 진안 여의곡如意谷, 전주 여의동如意洞 등 유적의 일부 석개토광묘에서는 벽석이 확인되고 있다. 바닥시설로는 석관묘와 마찬가지로 생토를 그대로 사용한 경우, 할석이나 천석으로 바닥을 깐 경우, (송국리식)토기로 전면이나 일부를 까는 경우로 나뉠 수 있다. 이러한 구조와 출토유물의 양상으로 보아 석개토광묘와 석관묘는 깊은 문화적 관련이 있었을 것으로 추정된다. 석개토광묘의 내부에는 함안 오곡리梧谷里, 완주 반교리盤橋里, 진안 여의곡에서 확인되는 바와 같이 묘실에 나무널을 사용하였을 가능성도 있다.

석개토광묘는 묘광의 축조방법에 따라 일단의 묘광 위에 뚜껑돌을 덮는 형식과 상하이단으로 축조된 형식으로 나누어진다(그림 5.15). 묘광이 이단인 석개토광묘의 맨 위에 판석을 깔거나 봉분 등 무덤임을 표시하는 시설이 존재했을 가능성이 있다. 실제로 여의곡유적의 이단석개토광묘 상부에서는 적석시설이 발견되기도 하였다. 발견되는 유물은 대부분 무문토기편, 돌화살촉, 돌검 등이다.

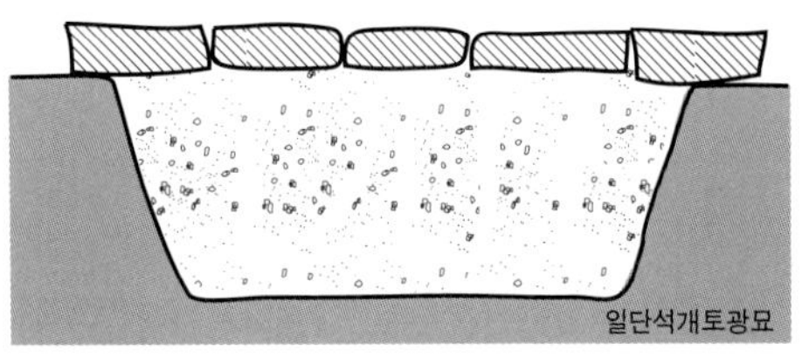

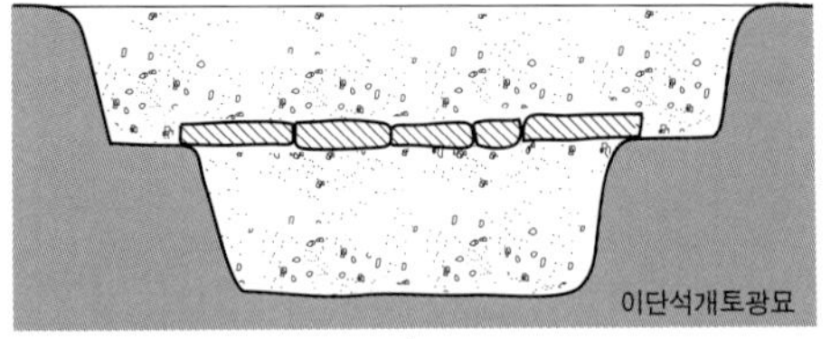

그림 5.15__ 남한지역 석개토광묘
1: 모식도, 2: 마전리 KM-001호

석개토광묘는 여러 면에서 송국리문화와 밀접한 관련을 보인다. 일단 송국리유형의 밀집지역인 금강 중·하류역에 가장 집중적으로 분포할 뿐만 아니라, 주로 다른 송국리형 묘제인 석관묘 및 옹관묘와 함께 발견된다. 이에 비해 중부 서해안 일대, 금강 상류, 전남 일대, 남강유역에서는 분포의 밀도가 낮고 지석묘와 혼재하기도 한다.

_한국 청동기시대 묘제의 변천

한국 청동기시대 묘제들은 분포상 변이를 보이기도 하고 시간의 흐름에 따라 변화하기도 한다. 요령 일대와 두만강유역에서는 청동기시대 조기에 해당하는 토광(목관·곽)묘, 석관묘, 석곽묘, 옹관묘, 적석(복합)묘, 동굴(복합)묘 등의 묘제가 빈번하게 확인된다. 반면 한반도의 대부분 지역에서는 아직까지 조기의 분묘가 발견되지 않고 있다. 다만 압록강유역을 비롯한 서북한에서는 조기 묘제가 발견될 가능성이 다분하다. 이 지역은 요동과 지리적으로 가까울 뿐만 아니라, 실제로 취락이나 유물상으로 보건대 문화적으로도 접촉이 잦았던 곳이기 때문이다.

전기에 이르면 묘제의 종류도 다양해지고 분묘 축조를 통한 매장의 관행도 한반도 전역으로 확대된다. 중국 동북지방에서는 조기의 묘제가 전기에도 지속되는데, 특히 적석(복합)묘와 동굴(복합)묘가 중심이 된다. 지석묘 또한 이 단계부터 축조되었을 것으로 추정된다. 조사가 미진한 탓에 북한에서는 전기의 묘제가 많이 알려지지는 않았지만 두만강이나 대동강유역에서는 석관묘 계열의 분묘나 지석묘가 이 단계에 등장했을 것으로 판단된다. 전기의 늦은

106

시기에 이르면 지석묘 외에도 토광묘, 석관묘, 석곽묘, 주구석관묘 등 다양한 묘제가 남한 각지에 등장한다.

중기에 들어서면 '송국리형 묘제'로 불리는 석관묘, 석개토광묘, 옹관묘 등이 금강유역을 위시한 한반도 중·남서부 일대에 광범위하게 유행한다. 이러한 송국리형 묘제를 제외하면 중기의 분묘는 분포양상에서 전기와 커다란 차이를 보이지는 않는다. 다만 분묘의 수가 폭발적으로 증가하는데, 매장을 매개로 하는 장송행위가 더욱 활발해지는 양상을 반영하는 것으로 보인다. 또한 분묘 간의 사회적 차이가 심화되는 양상을 보이게 된다.

후기에 이르면 한반도의 청동기문화는 급변하게 된다. 물론 지역에 따라 지석묘 전통이 잔존하고, 전남 동부와 경남의 남해안 일대에서는 이 시기에도 지석묘의 축조가 여전히 성행하였던 것으로 알려지고 있다. 또한 요동반도 일대에서는 누상유적처럼 적석(복합)묘의 전통이 지속된다. 그러나 후기에는 적석목관묘가 새로이 채택되어 한반도의 대부분 지역에서 유행하게 된다. 요서와 밀접한 관계 속에서 형성된 요동의 적석목관묘 축조 전통은 육로와 해로를 통해 한반도의 북부와 남한으로 파급되게 된다.

다른 문화적 측면에서도 마찬가지이지만 한국 청동기시대 분묘문화 또한 묘제의 형태와 분포, 부장유물을 통해서 보건대, 성립 초기부터 주변과의 밀접한 문화적 교류를 통해 형성되고 발전하게 된다. 요동의 조기 분묘는 요서 일대의 토광묘나 석곽묘 전통, 길림 서단산문화의 석관묘 전통과 연결된다. 그러나 현재까지 조사된 분묘양상만으로 본다면 조기의 문화교류는 중국 동북지방과 한반도의 북부 일대에 한정된다. 다만 취락자료 등 여타 측면에서 얻어지는 정보는 그러한 교류의 범위가 한반도 남쪽으로 좀 더 확대될 수 있음을 시사하고 있다.

청동기시대 전기에 이르면 중국의 중원이나 북방의 초원문화와는 구분되는 독특한 문화적 정체성과 동질성이 요동에서 한반도에 이르는 지역에서 나타난다. 청동기시대 전기와 중기의 '비파형동검문화권'은 바로 그런 맥락에서 이해될 수 있다(그림 8.4). 이러한 비파형동검문화권내에서도 지역적 다양성은 활발하게 나타난다. 토광을 파고 바로 시신을 안치했거나 목관·관을 이용하는 묘제의 경우, 중국 동북지방에서는 세 종류 모두가 나타나지만 한반도에서는 아직까지 토광목곽묘의 예가 알려지지 않고 있다. 또한 남한에서는 중국과 북한에서 알려진 바가 없는 주구석관묘가 축조된다. 이러한 묘제의 다양성은 출토유물과 장례풍습에서도 차이를 보이는데, 중국 동북지방과 두만강일대에서는 다인장이 유행하지만 한반도에서는 거의 대부분 단인장을 채용하고 있다.

한국의 청동기시대 묘제는 후기에 이르면 문화적 동질성이 더욱 부각된다. 이른바 '한국식 동검문화권'의 형성이 그것이다. 이 시기에 이르면 한반도에서는 적석목관묘가 정착되고, 부장품도 화려하고 다양해지며 청동의기류가 새롭게 등장하게 된다.

김승옥

추천문헌

金權中, 2008, 「靑銅器時代 周溝墓의 發生과 變遷」, 『한국청동기학보』 3, pp. 100~127.

金承玉, 2001, 「錦江流域 松菊里型 墓制의 硏究: 석관묘·석개토광묘·옹관묘를 중심으로」, 『한국고고학보』 45, pp. 45~74.

김승옥, 2007, 「분묘자료를 통해 본 청동기시대 사회조직과 변천」, 『계층사회와 지배자의 출현』, 한국고고학회 편, pp. 61~140, 서울: 사회평론.

李榮文, 2003, 『韓國 支石墓 社會 硏究』, 서울: 學硏文化社.

裵眞晟, 2012, 「청천강 이남지역 분묘의 출현에 대하여」, 『嶺南考古學』 60, pp. 5~29.

석광준, 1979, 「우리나라 서북지방 고인돌에 관한 연구」, 『고고민속논문집』 7, pp. 109~182, 평양: 사회과학출판사.

安在晧, 2009, 「南韓 靑銅器時代 硏究의 成果와 課題」, 『동북아 청동기문화 조사연구의 성과와 과제』, pp. 9~105, 서울: 학연문화사.

이청규 외, 2010, 『요하문명의 확산과 중국 동북지역의 청동기문화』, 서울: 동북아역사재단.

궈다순·장싱더(김정열 역), 2008, 『동북문화와 유연문명(상·하)』, 서울: 동북아역사재단.

06

생계경제: 농경, 채집, 수렵, 어로

_한국 청동기시대 취락의 입지와 생계경제
_한국 청동기시대 생계경제 관련 유구

_한국 청동기시대 농경도구
_한국 청동기시대 동·식물자료

서기전 15세기를 전후하여 한반도는 벼농사를 중심으로 한 농경사회로 전환된다. 전환을 추동한 사회적 요인과 환경적 요인에 대해 탐색해 보는 것은 한국 청동기시대의 사회경제적 변화를 이해하는 중요한 경로가 될 것이다. 청동기시대 조·전기를 대표하는 돌대각목문토기, 이중구연단사선문토기, 공렬토기 등은 대체로 요동이나 압록강·두만강유역 등 지역으로부터의 인구이동이나 문화전파의 산물임이 인정되고 있다. 이런 토기를 사용하던 사람들과 함께 새로운 작물과 농경기술이 한반도로 유입되었을 수 있다. 한편, 청동기시대가 시작될 무렵은 동북아시아 일대가 이전에 비해 다소 한랭, 건조해지면서 인구이동과 새로운 생계경제방식의 확산의 환경적 배경이 마련되기도 한다. 이러한 여러 요인들이 추동하여 조성된 농경에 기반을 둔 새로운 생계경제체제는 마을의 입지와 규모, 저장시설, 생활도구, 의례 등 사회 전반에 큰 변화를 초래하게 된다. 특히 향상된 농업생산력은 청동기시대 사회계층분화의 초석이 되기도 한다.

_한국 청동기시대 취락 입지와 생계경제

청동기시대 취락의 입지는 고도를 기준으로 산지성, 구릉성, 평지성 등으로 나눌 수도 있다. 유적의 입지는 생계활동과 밀접한 관련이 있을 것으로 짐작된다. 산지에 위치한 마을은 외부로부터의 침략에 대한 방어와 함께 수렵과 채집활동이 수월하다는 장점이 있다. 아울러 화전을 중심으로 한 생계활동이 영위되었을 가능성이 꾸준히 제기되어왔다. 구릉지형에 위치한 마을은 농경지가 가까우면서도 충적지의 홍수 피해 등으로부터 직접적인 영향을 받지 않는다는 이점이 있다. 평지는 침수 위험이 크기는 하지만 물이 풍부하고 농작물에 대한 보호가 용이하다는 이점이 있다. 유적의 입지에 따라 수확되는 작물과 생산 활동에 차이가 있었을 것으로 보는 학자들이 많지만 이에 대한 실증적인 연구는 아직 미흡하다.

산지성 취락은 여주 흔암리欣岩里, 천안 백석동白石洞, 울산 검단리檢丹里 등의 유적이 대표적이다. 흔암리에서는 1970년대 발굴을 통해 청동기시대 전기 주거지가 확인된 바 있다. 작물 유체 분석을 통해 청동기시대 전기부터 벼농사를 지었음을 알 수 있었던 유적이다. 아울러 이 유적이 비교적 높은 해발고도에 위치한 점을 근거로 청동기시대 전기에 화전火田이 행해 졌을 것이라는 가설이 제기된 바 있다. 그러나 그런 추정에는 논란의 소지가 있다. 예를 들어, 흔암리유적 주변은 현재 비옥한 논이 넓게 분포하고 있는데, 당시에도 충적사질토로 이루어진 평야가 형성되어 있었으므로 화전의 가능성은 논란의 여지가 있다. 발굴 당시에는 탄화미炭化米를 비롯하여 보리, 수수 같은 다른 작물유체도 보고되었으나 현재에는 이 가운데 탄화미만이 신뢰성 있는 자료로 인정된다.

백석동(고재미골)유적은 산지성 취락에서도 다양한 작물을 재배되었음을 알리는 대표적인 사례이다. 이 유적에는 청동기시대 전기의 (세)장방형 주거지와 소수나마 중기의 송국리식 주거지를 포함하여 다수의 주거지가 존재하는데, 주거지 내부 토양 분석을 통해 벼, 보리, 밀, 조, 기장, 콩, 팥 등의 작물유체가 확인되었다. 이 유적에서는 작물 뿐 아니라 머루, 산딸기, 두릅나무, 황벽나무, 명아주 등 식용야생식물의 종자도 함께 발견되었다. 이를 통해 농경과 야생식물의 채집이 동시에 행해졌음을 알 수 있다.

구릉성 취락은 부여 송국리松菊里, 논산 마전리麻田里, 울산 무거동無去洞 옥현玉峴 등 유적이 대표적이다. 배수가 잘되는 구릉 정상부나 사면에 주거지역이 위치하고 구릉과 접하는 계곡이나 평지에는 논과 밭을 만들어 생활하였다. 구릉성 입지의 대표적인 예인 송국리유적은 1970년대에 비파형동검이 발견된 석곽묘에 대한 조사가 시작된 후에 현재에 이르기까지 발굴조사가 계속되고 있다. 설상의 구릉 정상부에 넓게 위치한 '54지구'가 당시 취락의 중심이었을 것으로 추정되는데 여기에서 송국리식은 물론 방형계 주거지가 다수 확인된다. 주거지에서 채취된 토양을 부유선별법으로 분석한 결과, 벼, 조, 기장 등의 작물유체가 확인되었다.

하천 주변의 저지에 입지하는 평지성 취락은 진주 대평리大坪里 어은漁隱, 옥방玉房, 하남 미사리渼沙里유적 등이 해당한다. 이런 지형은 강의 범람에 따라 침수 위험이 크다는 문제가 있다. 하지만 반대로 강의 범람으로 형성된 비옥한 토지를 가까운 거리에서 이용할 수 있고 작물에 대한 보호가 용이하다는 장점이 있다. 범람원은 자연제방과 배후습지로 구성되는데, 자연제방은 배수가 용이하기 때문에 주거구역이나 밭이 조성되기에 좋은 반면, 늪과 비슷한 성질을 가진 배후습지는 논에 유리하다. 이런 식으로 지점을 이용한 예는 진주 남강 일대의 유적들에서 관찰된다.

진주 대평리유적에서는 신석기시대에서 삼국시대에 이르는 시기의 유구가 발견되는데, 특히 청동기시대에는 대규모의 취락이 형성되었음을 알 수 있다. 260여 동에 달하는 방형 및 원형계 주거와 아울러 청동기시대의 밭이 발견되어 당시 경작의 직접적인 증거가 확보된 셈이다. 청동기시대 주거지, 수혈, 야외노지, 밭 등의 유구에서 채취한 토양시료를 부유선별법으로 분석한 결과, 벼, 밀, 조, 기장, 콩, 팥, 들깨 등의 탄화작물을 확인할 수 있었다. 또 이에 선행하는 신석기시대 유구에서는 조와 기장이 확인되기도 하였다. 이를 통해 조와 기장 재배는 신석기시대에 시작되고 청동기시대에 이르러서는 벼와 더불어 다양한 작물을 재배하는 생계전략이 채택되었던 것으로 추론할 수 있다. 또한 산딸기나 머루 등 야생과실류도 발견되어 야생식물의 채집도 계속되었음을 알 수 있다.

세 입지유형 사이에 시기적인 차이는 확인되지 않고 청동기시대 고도별 입지의 선호가 어떤 시기에도 나타날 수 있는 바, 시기별 입지선호의 경향을 찾아 우세한 생계경제방식을 추정하기는 어려울 듯하다. 취락의 규모나 수로 볼 때, 청동기시대에는 신석기시대에 비해 큰 폭의 인구증가가 있었을 것으로 판단된다. 한편, 청동기시대 전-중기 전이기를 거치면서 주거규모의 현격한 변화도 관찰되는데, 가구규모나 가족관계의 변화를 반영한 것으로 보인다. 이러한 일련의 인구구성의 변화는 농경 형태의 변화와도 일정한 관계가 있을 추정된다.

【참고하기】

물체질과 부유선별법

　토양에서 유기물을 분리하는 대표적인 두 가지 방법이다. 물체질은 눈금 크기가 일정한 표준체와 물을 이용하여 토양을 구분하는 것으로 비중에 의한 분류법은 아니다. 반면 부유선별법은 영어의 'flotation'을 번역한 것으로 비중에 의한 분리이다. 물의 비중은 상온에서 1이며, 토양을 물에 침전시키면 물보다 무거운 것은 가라앉고 가벼운 것은 뜬다. 이 원리를 이용하여 토양에 함유되어 있는 탄화물을 분리하는 것이다. 부유선별법에는 압력을 추가로 공급할 것인가, 거품을 이용할 것인가, 물을 재사용할 것인가의 여부에 따라 다양한 방법이 존재한다.

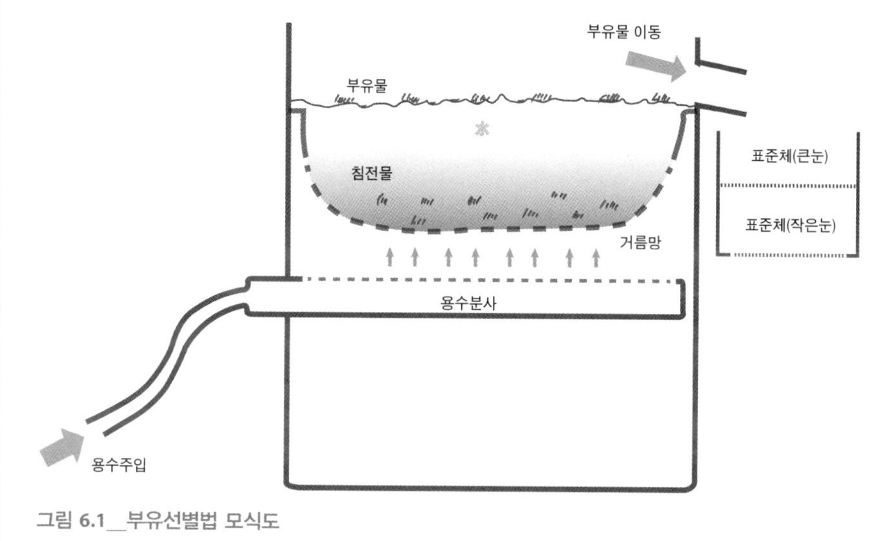

그림 6.1__부유선별법 모식도

_한국 청동기시대 생계경제 관련 유구

논과 밭

　청동기시대 생계경제에 대한 고고학적 논의는 유적의 입지나 석기의 용도 추정에 의거한 경우가 많았지만 1990년대 후반에 들어 청동기시대에 조영된 논, 밭이 일부 발견되고 경작유구와 주거지 내에서 탄화작물이 수습되면서 일대 전환기를 맞게 된다. 현재까지 청동기시대의 논, 밭 유구는 논산, 보령, 부여 등의 호서와 대구, 밀양, 울산, 진주 등 영남에서 많이 발견되었다. 거주와 직접 관련되지는 않지만 부속된 생산유구라는 점에서 논, 밭의 연구는 선사시대 마을의 전체적인 모습을 복원하고 생산 활동을 이해하는데 중요한 역할을 한다.

청동기시대 논의 입지는 곡저형谷底型과 배후습지형背後濕地型으로 대별할 수 있다. 곡저형은 구릉 사이에 위치한 계곡의 말단부에 논을 조영하는 경우이다. 논산 마전리, 보령 관창리寬倉里, 부여 송학리松鶴里, 울산 무거동無去洞 옥현玉峴, 울산 발리鉢里 등 유적이 여기에 해당한다. 계곡 상부에서 유기물이 유입되어 토양이 비옥하고 용수 공급과 배수가 용이하다는 점이 곡저형 논의 장점이다. 배후습지형은 범람원의 배후습지에 논을 조영하는 것으로, 평지형이나 하천형 등으로도 불린다. 배후습지형 논은 무엇보다 수원 확보가 용이하다는 것이 장점이다. 밀양 금천리琴川里, 진주 평거동平居洞 등 유적의 경우가 여기에 해당한다. 곡저형과 배후습지형 논은 청동기시대에 모두 출현하며 양자 사이에 시기적, 지역적인 차이는 보이지 않는다.

아열대 습지성 식물인 벼를 재배하기 위해서는 물을 가두기 위한 논둑의 조성이 필수적이다. 논둑의 형태에 따라 청동기시대 논은 소구획식과 계단식의 두 가지로 나눌 수 있다. 소구획식 논은 물을 가두는 단위를 상대적으로 작게 구획한 것을 의미하며, 계단식 논은 지형 경사에 따라 계단 모양의 단을 이루는 형태를 의미한다. 계단식 논은 주로 구릉 사면 말단부의 계곡에 입지한다. 이런 입지상의 이유는 물의 이용이 쉽고 하천 범람의 피해가 적은 곳을 찾았기 때문일 것으로 추정된다. 소구획식 논은 울산 무거동 옥현유적이, 계단식 논은 울산 야음동也音洞, 논산 마전리 등이 대표적이다. 한편 논의 평면형태에 따라서 방형과 부정형의 두 가지로 나누기도 한다. 방형은 논둑이 네 각을 이루면서 만들어진 것을 의미하고 부정형은 그 외의 형태를 띠는 것을 의미한다.

청동기시대 논의 구획은 다양한 형태를 가진다. 하지만 대체로 현재에 비하면 소구획이라는 특징이 있다. 무거동 옥현유적의 논은 경사를 따라 단을 이루면서 구획되었으며 평면형태는 방형, 장방형, 부정형 등을 띠고 있다. 개별 단위구획의 면적은 3~10m²정도로 매우 작다. 논산 마전리의 논 유구는 구릉사면 말단부에서 확인되는데, 넓지 않은 면적이 15개 가량의 소규모 논으로 구획되어 있다. 청동기시대의 논이 이렇게 작게 구획되는 이유는 물을 쉽게 대고 가뭄 피해에 대비하기 위함과 더불어 큰 구획의 논을 조성할만한 농기구와 토목기술이 발달하지 못했기 때문일 것으로 추정된다.

청동기시대 밭은 대체로 강변의 자연제방에 조성되었다. 주로 사질점토층 상에 만들어지며 30~50cm정도의 폭을 가진 고랑과 이랑이 교차 배열되는 특징적인 구조를 보인다. 청동기시대 밭은 남강유역의 대평리 옥방, 어은지구와 금강유역의 진안 여의곡如意谷 등에서 발견

그림 6.2__ 청동기시대 논(평거동)

그림 6.3__ 청동기시대 밭(평거동)

된 바 있다. 청동기시대 밭은 강이 범람하여 폐기되면 그 윗면을 다시 밭으로 조영하여 경작하는 누층경작의 형태를 보인다. 대평리 옥방지구에서는 청동기시대부터 조선시대까지 반복적으로 사용된 밭 유구가 확인된 바 있다.

밭 유구 발굴에서는 탄화작물이나 식물규산체 분석을 통하여 재배작물을 밝히려는 시도가 계속되고 있다. 평거동유적의 밭에서는 밀, 팥 등이 탄화작물이 확인되었다. 여의곡유적에서는 규산체 분석을 통해 조, 피, 율무, 기장 등의 밭작물이 보고되었지만, 탄화작물유체의 증거는 없다. 청동기시대 밭은 고랑과 이랑으로 이루어져 일반적으로 현재의 밭과 매우 흡사한 모양을 하고 있지만, 구획이 있는 것과 없는 것이 있다. 예를 들어 진주 대평리의 밭은 구획이 있는 형태가 아니다. 이런 경우는 마을 사람들이 공동으로 밭을 경작하고 수확물도 공동으로 분배하는 방식으로 이용되었을 것으로 추정된다. 청동기시대에는 마을 주변에 논과 밭을 조영하는 등 마을 주변 경관에 큰 변화가 있었다. 아울러 농경확대에 따른 식생변화가 시작된 시점이기도 하다.

수리시설

청동기시대에는 논농사가 중요한 역할을 담당하게 되면서 물을 다스리기 위한 수리시설이 조영된다. 수리시설에는 집수지集水池, 수로, 보 등이 해당된다. 집수지는 논산 마전리유적에서 발견된 바 있다. 논에 물을 대기 위한 수로는 밀양 금천리, 논산 마전리 등 유적에서 확인된다. 수로를 가로막는 물막이 시설인 보는 밀양 금천리와 보령 관창리에서 확인되었다.

논산 마전리에서는 농경활동을 위한 수리시설과 함께 목조 우물이 발견된 바 있다. 따라서 청동기시대에는 천수답에만 의존하지 않고 농업용수나 식용수의 공급을 위한 우물의 조영도 있었음을 알 수 있다. 이 유적에서 발견된 것은 두 기의 우물인데, 아래에 판돌을 깐 후 나무를 깎아 'ㅍ'자와 'ㅁ'자 형태로 우물을 조성한 것이다. 우물 안에서는 적색마연토기와 새모양 목제품 등이 발견되어 제사와도 관련되었을 것으로 추정된다.

저장시설

청동기시대에는 농경의 비중이 늘어남에 따라 수확물을 저장하기 위한 시설이 필요하게 된다. 저장시설은 옥내에 있는 경우와 옥외에 있는 경우로 나눌 수 있다. 후자의 경우는 다시

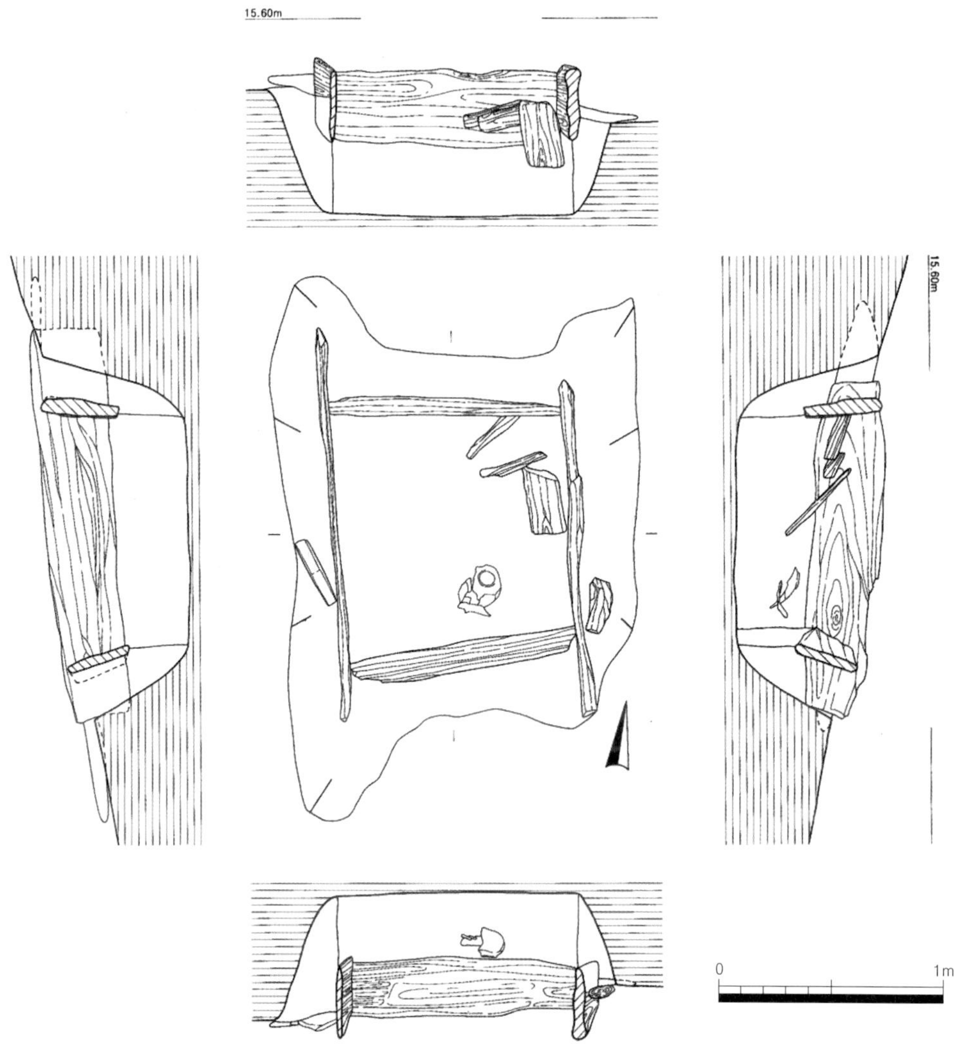

그림 6.4__청동기시대 우물(마전리 KW-001)

저장수혈과 같은 지하식과 고상가옥高床家屋과 같은 지상식으로 나눌 수 있다. 저장시설이 옥내 지하식인 경우는 많지는 않지만 고고학 자료로서 확인되기도 한다. 반면, 지상식의 경우는 고고학적으로 확인된 사례가 없지만 지상식 저장 방식이 이른 시기 문헌기록이나 민속자료에 종종 등장하고 있는 점을 감안하면, 청동기시대에도 역시 존재하였을 것으로 추측해 볼 수는 있다.

옥내 저장은 주로 큰 용량의 토기를 이용한 것으로 보이는데, 현저한 사례가 여주 흔암리, 대전 둔산屯山, 대전 용산동龍山洞, 천안 백석동 등의 유적에서 확인된다. 여주 흔암리 12호 주거지에서는 토기에 담긴 탄화미가 발견된 바 있는데, 커다란 구덩이를 파고 여기에 항아리를

117

안치하여 곡물을 저장한 것으로 보인다. 대전 용산동, 천안 백석동, 천안 청당동淸堂洞에서도 비슷한 사례가 보고된 바 있다. 백석동에서는 한 수혈주거지 내에 수 개의 구덩이가 발견된 사례가 있는데, 완형의 항아리가 세워진 상태로 발견되거나 저부만이 발견되는 것으로 보아 저장을 위한 시설이 존재했을 것으로 판단된다.

　지하에 작물을 저장하였을 것으로 보는 주된 근거는 수혈의 형태와 식물유체의 존재이다. 이에 해당하는 대표적인 유적은 천안 대흥리大興里이다. 옥외 저장수혈 바닥에서 벼과식물의 규산체가 많이 발견됨으로써 벼가 저장되었다는 근거로 종종 언급된다. 충주 조동리早洞里유 적에서도 저장용으로 보이는 수혈에서 많은 곡물류가 수습된 바 있다. 저장용으로 해석되는 수혈의 대표적인 단면형태는 복주머니 또는 플라스크형이다. 이는 내부에 곡물을 저장하고 입구를 단단히 봉할 수 있는 구조이다. 앞의 두 유적 외에도 공주 안영리安永里와 장선리長善里,

【참고하기】

식물규산체

　식물규산체(Phytolith 또는 Plant Opal)는 식물이 성장하면서 세포에 축적한 규산질 성분이다. 식물체 조직에 규산 성분이 쌓이면 물리적 강도가 높아져서 식물을 지탱하여 주고 광합성에도 유리하게 작용한다. 규산체는 잎의 형태가 좁고 긴 벼과식물에서 특히 많이 생성된다. 규산체 형태가 식물에 따라 다르기 때문에 종을 판별하는 근거가 된다. 식물이 썩어 없어진 후에도 규산체는 토양에 축적되기 때문에 토양분석을 통해 검출하여 어떤 식물이 존재했었는지를 밝히는 근거가 된다. 하지만 같은 식물에서도 다양한 형태 의 규산체가 만들어지고 형태적 정형성이 뚜렷하지 않은 경우가 있어 동정同定의 신뢰성 에 문제를 제기하는 학자도 많다.

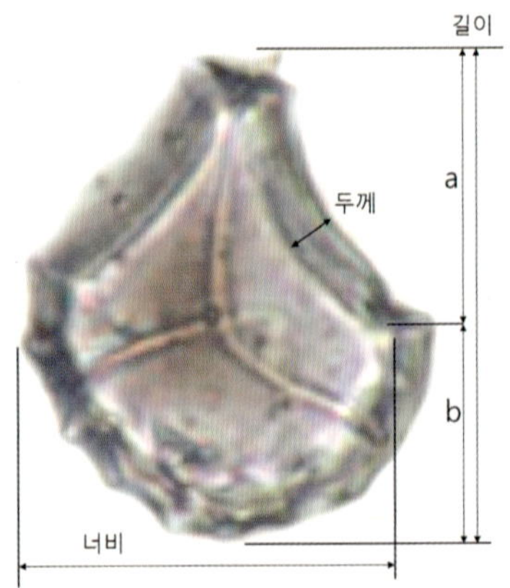

그림 6.5__벼 기동세포(機動細胞)의 규산체와 판별의 근거가 되는 세부 기분

118

논산 마전리 등에서도 비슷한 형태의 수혈이 보고된 바 있다. 하지만 청동기시대 유적에서는 다양한 형태의 수혈이 많이 발견되며 이를 모두 저장용으로 보기는 힘들다.

고상식 가옥은 기둥을 세우고 바닥면을 지면보다 높게 만든 형태의 저장시설을 의미한다. 지면에서 떨어져 있어 습기를 차단하고 동물의 피해를 방지할 수 있다는 장점이 있지만 고고학적으로 확실한 흔적은 확인되지 않고 있다. 산청 묵곡리默谷里유적에서는 굴립주건물의 주공이 여러 동분 확인된 바 있는데 이런 형태의 건축물은 창고로 이용되었을 것으로 해석되기도 한다.

함정

신석기시대와 비교할 때 청동기시대 수렵에서 보이는 중요한 변화 중 하나는 함정을 이용하기도 한다는 점이다. 함정은 평면이 장타원형이거나 타원형이고 단면은 V자 혹은 Y자의 형태를 띤다. 장타원형에 해당하는 것은 울산 옥동玉洞유적, 타원형인 것은 춘천 천전리泉田里유적의 사례가 대표적이다. 내부에는 아무런 시설을 설치하지 않은 것도 있지만 진주 평거동에서 발견된 것처럼 바닥 중앙에 두 개 내외의 뾰족한 막대를 꽂아 놓아 짐승이 빠졌을 때 상처를 입게 만들어 놓은 함정도 있다. 청동기시대의 함정은 취락에서 멀리 떨어진 곳에 설치하여 전적으로 수렵을 위해 만든 것도 있고 경작지 주변에 설치하여 작물을 보호하기 위해 설치한 것도 있는 듯하다.

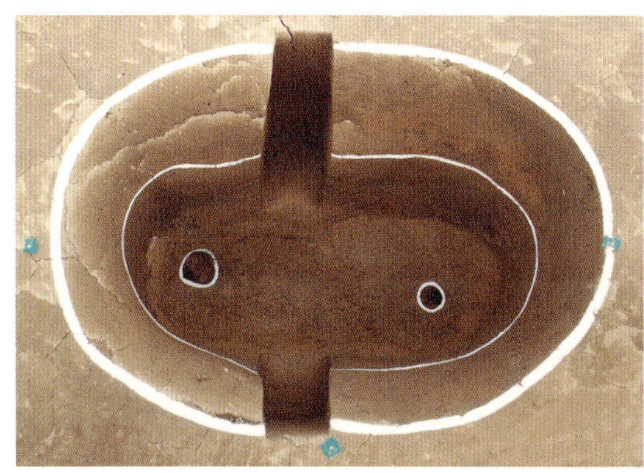

그림 6.6__청동기시대 함정(평거동) 및 추정복원도

119

석기

청동기시대 전 시기에 걸쳐 일상생활에서는 토기, 석기, 목기가 일반적으로 사용되었으며 청동기는 일부 지배계층만이 특별한 용도로 사용했던 것으로 보인다. 청동기시대의 농경도구는 주로 타제 및 마제석기이다. 목기도 많이 사용되었을 것이지만 보존상의 문제점 때문에 잔존하는 사례는 많지 않다. 다만 저습지유적에서 일부 목기가 발견되어 당시 도구의 전반적인 양상을 어느 정도 가늠할 수 있다.

청동기시대의 석기는 연구자들의 다양한 분류안이 제시되고 있는데, 기능에 따라 나누어 보면, 땅을 파기 위한 굴지구掘地具, 나무를 베기 위한 벌채구伐採具, 벌채된 목재를 가공하기 위한 목공구木工具, 사냥을 위한 수렵구狩獵具, 작물을 수확하기 위한 수확구收穫具, 수확된 작물

그림 6.7__청동기시대 농경도구(석기)
1: 타제석부, 2: 합인석부, 3: 편인석부, 4: 석촉, 5: 석창, 6: 반월형석도, 7: 석겸, 8: 고석, 9: 요석, 10: 마석, 11: 연석

을 가공하기 위한 식량처리구食糧處理具 등으로 나눌 수 있다. 이 가운데 굴지구, 수렵구, 수확구, 식량처리구 등은 생계활동과 밀접한 관련이 있다.

굴지구로는 타제석부打製石斧가 대표적이다. 석부는 제작방법과 날의 형태에 따라 타제석부, 합인석부, 편인석부 등으로 구분되고 기능이 세분된다. 일반적으로 타제석부는 굴지구, 합인석부는 벌채구, 편인석부는 목재가공구로 이해된다. 굴지구로 분류되는 타제석부는 다양한 용도로 사용되었을 수도 있지만 밭농사와 관련된 도구일 가능성이 있다. 합인석부와 편인석부는 생계활동과 직접적인 관련이 없더라도 농경이나 수렵을 위한 목기를 제작하는데 사용했을 가능성이 있다.

수렵구는 석촉石鏃과 석창石槍이 대표적이다. 석촉은 화살대와 결합하는 방법에 따라 유경식과 무경식으로 구분하며, 촉의 형태에 따라 단면육각형, 삼각형, 능형, 유엽형柳葉形 등으로 나누기도 한다. 석창은 끝이 뾰족하여 대형 포유류, 특히 곰과 멧돼지 같은 큰 동물을 사냥할 때 사용되었을 것으로 생각된다. 석창과 석촉은 수렵도구로써의 기능뿐만 아니라 무기로써의 기능도 가졌을 수 있다.

수확구로는 돌칼인 석도石刀와 돌낫인 석겸石鎌이 있다. 반월형석도는 한 쪽에 칼날이 있고 반대쪽 등 가까이에 끈을 맬 수 있도록 한두 개의 구멍이 뚫려 있다. 이런 종류의 석도는 벼와 같은 곡물류의 익은 이삭을 벨 때 쓴 수확구로 생각된다. 석겸은 새부리모양으로 둥글게 휜 모양의 석기이며 안쪽에 날을 세워 낫과 비슷하게 사용한 도구이다. 곡식의 줄기를 자르는데 사용되었을 것으로 생각된다. 석도는 이삭 하나하나를 따기 때문에 동일한 논의 벼가 동시에 익을 필요가 없다. 반면 석겸은 이삭을 뭉텅이로 베어내기 때문에 같은 논의 벼가 동시에 익을 때 유용하다.

식량처리구에는 고석敲石, 요석凹石, 연석碾石, 마석磨石 등이 포함된다. 고석은 곡물이나 열매를 찧거나 가는 용도로 사용되었으며, 요석은 가운데가 오목하여 고석의 이용을 용이하게 하는 도구이다. 고석과 요석은 견과류의 껍질을 벗기거나 가루로 만드는 파쇄구로 사용되었을 수도 있다. 연석과 마석은 제분구이며 한 세트를 이루어 주로 곡물의 껍질을 벗기거나 가는 용도로 사용되었을 것으로 추정된다. 연석과 마석은 신석기시대부터 등장한다.

목기

청동기시대 농경관련 도구로 현재 발견된 것들은 석제품이 대부분을 차지하는데, 이는 보존성에 기인하는 현상이다. 실제 생활에서는 목제품도 많이 사용되었을 것으로 볼 수 있으며

그림 6.8__청동기시대 절구공이(저전리)

그 발견 사례도 증가하는 추세에 있다. 땅을 파거나 고르는데 사용된 도구인 목제 괭이는 광주 동림동東林洞, 김천 송죽리松竹里, 대구 매천동梅川洞, 대구 서변동西邊洞, 아산 갈매리葛梅里, 울산 교동리校洞里 등에서 출토된 바 있다. 전체 형태는 장방형에 가까우며 자루를 끼우는 구멍은 중앙에서 한쪽으로 약간 치우쳐 있다. 논산 마전리에서 출토된 유물은 장방형 돌출부에 구멍을 뚫기 전인 미완성품으로 볼 수 있다.

안동 저전리苧田里에서는 식량가공구로 볼 수 있는 목제 절구공이(그림 6.8)가 출토된 바 있다. 목제 괭이와 더불어 청동기시대 농경과 관련된 목기인 점이 주목된다. 한편 일본 야요이[彌生]시대 유적에서도 동일한 형태의 절구공이가 출토된 바 있어 양 지역 농경문화의 관련성을 암시하고 있다.

기타

농구에 해당하지는 않지만 대전에서 출토된 것으로 전해진 농경문청동기도 청동기시대 농경에 관한 중요한 정보를 제공한다. 농경문청동기는 앞면에는 솟대의 모습을, 뒷면에 따비를 이용해서 밭을 가는 모습을 새긴 것이다(그림 6.9). 따비는 쟁기를 쓸 수 없는 장소에서 땅을

그림 6.9__농경문청동기와 따비
1: 농경문청동기, 2: 일본 하부[土生]유적 출토 철기시대 (외날따비), 3: 근대 (쌍날따비)

122

일구는데 사용하는 원시적인 형태의 농기구다. 소와 같은 역용동물役用動物이 있으면 쟁기를 이용해서 밭을 갈 수 있었지만 그렇지 않은 상황에서는 따비를 이용할 수밖에 없었을 것이다. 농경문청동기의 연대는 정확하게 알려지지 않았지만 청동기시대에도 여기에 묘사된 것처럼 따비 같은 도구를 이용해서 밭을 갈았을 것으로 추정할 수는 있다. 따비에는 날이 한 개인 외날따비와 두 개인 쌍날따비가 있는데, 제주도를 비롯한 일부 도서나 해안지역에서는 최근까지도 사용되었다.

_한국 청동기시대 동 · 식물자료

작물유체

청동기시대는 농경과 야생동식물의 이용을 병행한 사회로 특징지을 수 있다. 한반도에서 원시적 형태의 농경은 신석기시대부터 시작된다. 이때의 농경은 잡곡을 중심으로 한 밭농사였다. 신석기시대 유적에서 발견된 작물은 주로 조와 기장이다. 청동기시대가 되면서 벼농사가 등장하고 밭작물과 더불어 쌀이 중요한 경제적 기반이 된다. 작물분석 결과를 보면 청동기시대에 재배된 작물은 기장, 밀, 보리, 쌀, 조, 콩, 팥 등이다. 청동기시대에는 신석기시대부터 행해졌던 수렵, 채집, 어로활동이 계속되기도 하지만 농경의 성행으로 야생자원의 이용은 상대적으로 줄어들게 된다.

현재까지 50개소가 넘는 청동기시대유적에서 탄화된 작물유체가 출토되었다. 지역별로 살펴보면 영남에서 보고된 사례가 많은데, 이는 특정 지역의 농경 발달 정도를 반영하기보다는 분석의 빈도와 직접적인 관련이 있다. 청동기시대에 출토된 작물의 구성은 쌀, 맥류(보리, 밀), 두류(콩, 팥), 잡곡(조, 기장) 등을 기본 틀로 하고 있다. 대규모 취락유적인 부여 송국리, 천안 백석동(고재미골), 진주 대평리(옥방, 어은), 평거동 등에서 모두 '미곡+맥류+두류+잡곡'의 작물조성이 확인되었다. 청동기시대 유적의 작물 출토 보고는 최근 들어 발굴 현장에서 부유선별법이나 물체질의 사례가 많아지면서 증가하는 추세에 있다(그림 6.10 참조).

청동기시대의 대표적인 작물인 벼는 중국 양자강 하류에서 기원한 작물이다. 중국에서 벼농사가 언제 시작되었는지에 대해서는 활발한 논의가 진행 중이다. 절강성 상산上山유적의 사례를 들어 만 년 전부터 벼농사가 시작된 것으로 주장하기도 하고 이보다는 늦은 서기전

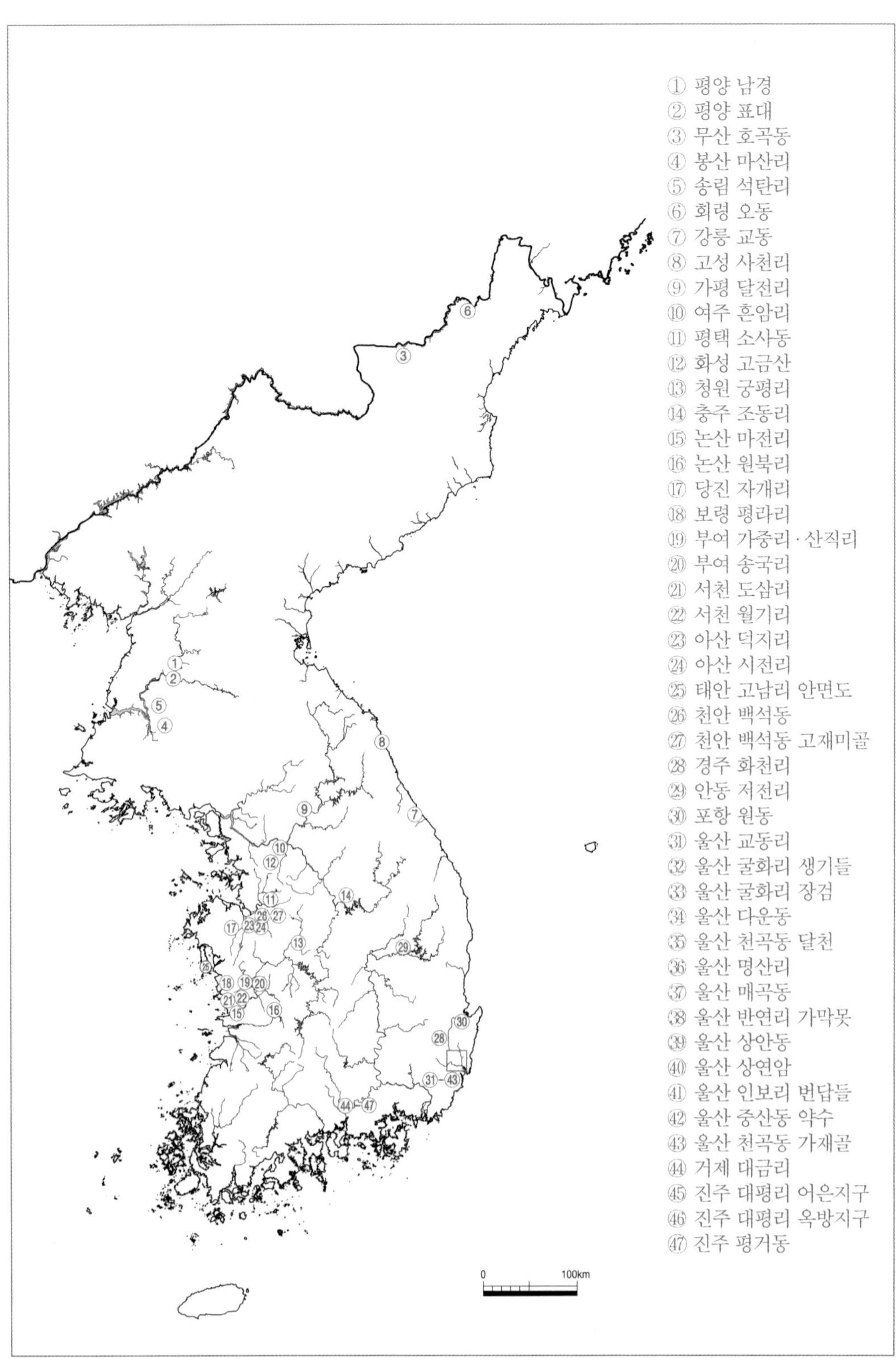

그림 6.10__청동기시대 탄화작물 출토 유적

4000년을 제시하기도 한다. 어떻든 한반도 청동기시대가 시작되기 훨씬 전부터 중국 남부에서 벼가 재배되었다는 점은 분명하다. 양자강유역의 도작稻作문화가 산동반도까지 북상하여 한반도 서해안으로 전해졌을 가능성과 요동반도를 거쳐 한반도 북부에 전해졌을 가능성 등 전파경로에 관한 다양한 가설이 제시된 바 있다. 하지만 북한지역에 대한 연구가 이루어지지 않아 현재로서는 가설의 타당성을 검토하는 것이 쉽지 않다. 벼는 낟알모양과 재배지역에 따라 인디카*Oryza sativa subsp. indica*와 자포니카*Oryza sativa subsp. japonica*의 두 가지 아종亞種으로 분류되는데, 한반도에 전래된 종은 단립형의 자포니카로 추정된다.

보리와 밀은 모두 근동지역에서 기원한 작물로 중국대륙을 거쳐 한반도에 유입되었다. 벼와 달리 보리와 밀은 한랭한 환경에 잘 적응하기 때문에 기본적인 전파경로는 북방일 가능성이 높다. 보리와 밀은 충주 조동리유적에서 다량 확인된 바 있다.

콩과 팥 역시 청동기시대부터 본격적으로 재배되기 시작한다. 청동기시대 전기부터 한반도 전역에서 걸쳐 확인되는데, 후기에 들어서면 전반적인 비중이 높아진다. 벼나 맥류와 달리, 콩과 팥은 한반도에서 재배되기 시작했을 가능성이 있는 작물들이다. 한반도를 포함하는 동북아시아에는 돌콩이라 불리는 야생콩이 자생하고 유전적 다양성도 크다. 또 한반도에는 팥의 야생종인 새팥이 존재한다. 따라서 두류豆類재배가 한반도에서 독자적으로 시작되었을 가능성을 탐색하는 연구가 진행되고 있다. 한편 청동기시대 후기에 이르면 두류의 출현 빈도가 증가하는 양상을 보인다. 두류는 단백질 공급원임과 동시에 지력 보완의 기능을 한다. 따라서 두류의 증가는 집약화된 농경활동과도 밀접한 관련이 있을 것으로 추정된다.

조와 기장은 신석기시대부터 등장하기 때문에 한반도에서의 재배 역사가 비교적 긴 편이다. 이 두 작물은 청동기시대에도 계속 재배된다. 하지만 조와 기장을 제외한 일부 잡곡류의 재배는 일각에 알려진 바와는 달리 그 증거가 빈약하다. 여주 흔암리나 평양 남경南京에서는 수수가 보고된 사례가 있는데 최근 이 자료의 신뢰성에 대한 의문이 제기되었다. 수수는 아프리카에서 기원한 작물로 동아시아 일대에서는 빨라도 청동기시대 이후에 출현하는 것으로 알려져 있다. 아울러 귀리, 피, 녹두 등의 재배 가능성도 실증적 자료의 부재로 볼 때 회의적이다.

청동기시대에는 곡물 이외에도 다양한 작물이 재배되었을 수 있다. 그 대표적인 것은 복숭아인데, 충주 조동리, 태안 고남리古南里, 논산 원북리院北里 등 유적에서 복숭아의 씨앗이 발견된 바 있다. 복숭아는 중앙아시아나 중국 서북지역이 기원지로 거론되고 있고 한반도는 야생 복숭아 자생지가 아니기 때문에 유적에서 발견되는 것은 외부로부터 전파된 것으로 볼 수 있다. 이밖에 청동기시대에는 박, 오이, 참외, 배추, 갓, 들깨, 대마 등이 재배되었을 가능성은 있지만 실증적인 자료가 많지는 않다.

동물유체와 패각

　청동기시대에는 농경 뿐 아니라 수렵, 채집, 어로 활동도 중요하였을 것이다. 특히 동물성 단백질을 보충하기 위해서는 수렵과 어로 활동이 중시되었을 것으로 추정된다. 하지만 개를 빼면 가축의 흔적은 매우 빈약하다. 따라서 동물성 단백질의 섭취는 석촉, 석창, 함정 등을 이용한 수렵을 통하거나 토제 어망추 등을 이용한 어로를 통해 이루어졌을 것으로 보인다.

　태안 고남리유적은 청동기시대 어로와 관련한 정보를 전해주는 중요한 유적 가운데 하나이다. 이 유적은 신석기시대층과 청동기시대층이 겹쳐 있지만 청동기시대층이 중심이 된다. 패각류와 함께 어류, 조류, 포유류 등 다양한 동물유체가 발견되어 청동기시대의 환경과 생계경제를 복원하는 단서가 된다. 고남리의 패각류는 굴이 대부분을 차지하지만 출현하는 패각류 전체는 20여 종인 넘는 것으로 알려져 있다. 확인되는 어패류의 크기가 신석기시대에서 청동기시대로 오면서 점차 작아져 인구 증가에 따른 자원부족 현상을 대변하는 것으로 해석되기도 한다. 포유류로는 개, 멧돼지, 사슴, 오소리 등이, 조류로는 오리과 철새가 보고되고 있다.

그림 6.11__하남 미사리 청동기시대 토기 벼 압흔

기타: 토기압흔과 암각화

　직접적인 자료는 아니지만 생계경제에 관한 정보는 압흔이나 암각화 등 부수적인 자료에서 드러나기도 한다. 압흔은 토기와 같이 가소성이 있던 물질의 표면에 작물이나 식물의 흔적이 남아 있는 것을 말한다. 이런 자료들은 보존상태의 제약에서 자유롭고 이미 오래 전에 발굴된 유적을 대상으로도 연구가 가능하다는 장점이 있다. 또 토기편과 동시기이기 때문에 편년이나 오염의 문제로부터도 자유롭다. 청동기시대 토기편의 압흔에 대한 관찰과 보고는 비교적 이른 시기부터 시작되었는데, 현재 알려진 것은 대부분 벼의 압흔인 것으로 파악된다. 하남 미사리, 천안 백석동, 서산 휴암리休岩里, 부여 송국리 등의 유적에서 보고된 사례가 대표적이다(그림 6.11).

청동기시대의 생계경제는 암각화에서 드러나기도 한다. 대표적인 유적은 울산 태화강 암벽에 새겨진 반구대 암각화이다. 날카로운 도구로 바위를 쪼아내는 기법으로 고래, 사슴, 멧돼지, 호랑이 등의 포유류를 표현하였다. 수렵 및 포경, 기타 어로행위 등의 일면을 엿볼 수 있다(그림 9.5).

김민구

추천문헌

국립중앙박물관, 2010,『청동기시대 마을의 풍경』, 서울: 그라픽네트.

안승모·이준정 편, 2009,『선사 농경 연구의 새로운 동향』, 서울: 사회평론.

중앙문화재연구원 편, 2011,『한국 선사시대 사회와 문화의 이해』, 서울: 서경문화사.

한국고고학회 편, 2013,『농업의 고고학』, 서울: 사회평론.

한국고고환경연구소, 2010,『한국고대의 수전농업과 수리시설』, 서울: 서경문화사.

키스 윌킨스·크리스 스티븐스(안승모·안덕임 역), 2007,『환경고고학』, 서울: 학연문화사.

07

도구와 수공생산

'도구道具'는 개인 및 사회의 필요 즉, '인간 신체 능력을 보조'하기 위한 수단으로 (제작되고) 사용되는 물건이다. 따라서 고고학 자료로 남은 과거 도구의 용도 또는 기능을 명확히 알 수 있다면 당시 사람들의 일상생활은 물론 사회·문화의 많은 부분을 복원할 수 있을 것이다. 한편 복원된 특정 시기의 도구상道具相을 다른 시기의 것과 비교하면서 생활과 문화의 변천 양상도 이해하게 된다. 통시적으로 도구의 조성이 달라진다는 것은 사회적 요구가 변화했음을 의미하는 것이며, 이러한 변화가 어떠한 성격이었는지를 도구의 변화라는 측면에서 해석할 수 있는 것이다. 예를 들어, 청동기시대에 농경과 관련된 도구가 새롭게 등장하거나 또는 많은 양이 출토된다면, 앞선 시대에 비해 상대적으로 농경이 보다 큰 비중으로 수행되었다고 추정할 수 있다.

청동기시대 유적에서는 토기, 석기, 목기, 골각기, 옥기, 청동기 등 당시 사람들이 제작·사용하였던 여러 재질의 도구가 발견된다. 형식분류, 민족지 유추, 각종 실험을 통해 이러한 도구가 실제 어떻게 사용되었는지를 밝힘으로써 청동기시대인의 생활과 문화를 복원할 수 있다.

_한국 청동기시대 토기

일반적으로 청동기시대 토기는 '무문토기無文土器'로 불린다. 신석기시대 빗살무늬토기에 비해 거친 태토를 사용하여 800℃ 이하의 낮은 온도에서 소성한 적갈색 계통의 토기로 표면에 새겨지는 문양이 전혀 없다는 의미이다. 그러나 실제로 청동기시대 이른 시기 토기의 구연부에는 각목刻目, 공렬孔列, 단사선短斜線 등의 무늬가 시문되거나 돌대突帶가 부가된 것이 일반적이다.

무문토기의 제작은 '성형 → 정면 → 소성'의 과정을 거치게 된다. 형태를 만드는 성형成形의 단계에서는 일반적으로 점토 띠를 쌓아올려 기형器形을 만들게 되는데, 점토 띠를 고리모양으로 한단씩 쌓아올리는 적륜법積輪法, 점토 띠를 끊어지지 않게 나선형으로 쌓아올리는 권상법卷上法이 있다. 점토 띠를 접합하는 방법에 따라 내경접합內傾接合과 외경접합外傾接合으로 구분되는데, 청동기시대 무문토기는 일반적으로 외경접합의 적륜법으로 성형되지만 지역과 시기에 따라 조금씩 차이를 보이기도 한다. 한편, 예가 드물기는 하지만 소형토기를 만드는 경우, 점토를 그대로 손으로 눌러 형태를 만드는 수날법手捏法이 성형법으로 활용되기도 한다. 무문토기 저부에 나뭇잎 흔적 등이 확인되는 경우가 적지 않은데, 이것은 토기를 성형할 때 점토가 작업 받침대와 잘 분리되도록 넓은 나뭇잎을 깔고 작업을 했기 때문이다.

이렇게 형태가 완성된 토기는 표면을 고르게 하는 정면의 과정을 거치게 된다. 무문토기의 정면에는 일반적으로 물손질기법이 사용된다. 이외에도 예새(목판)나 손누름을 통해 정면을 하는 경우도 적게나마 발견되며, 청동기시대 중기에 들어서부터는 일부 토기에서 타날打捺기법이 확인되기도 한다.

청동기시대에는 신석기시대에 비해 토기 기종이 다양해진다(그림 7.1). 신석기시대에는 심발深鉢형토기가 주를 이루지만, 청동기시대에 들어서면 심발에 더하여 천발淺鉢형, 옹甕형, 호壺형, 두豆형 등의 다양한 기형이 나타나게 되는데 이러한 현상은 용기容器로서 토기의 기능이 세분되었음을 의미한다.

가장 대표적인 기종인 발鉢형토기는 동체부가 직선으로 구연부까지 이어지며 동최대경이

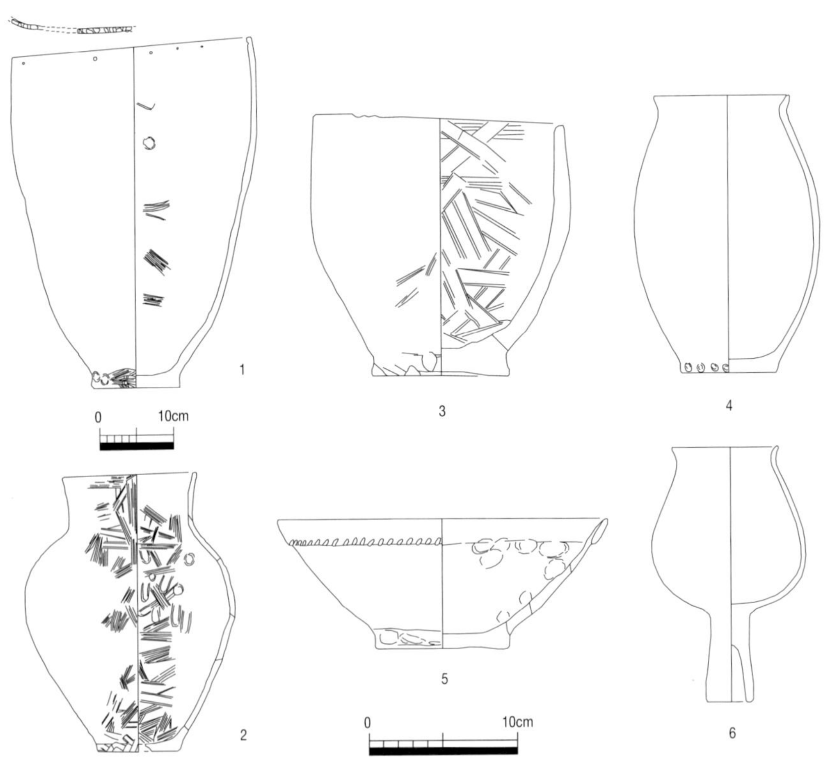

그림 7.1__ 청동기시대 토기 기종 구성
1~3: 천전리, 4: 송국리, 5: 용산동, 6: 조동리

구연부에 있는 형태로, 토기의 높이에 따라 심발과 천발로 구분된다. 신석기시대 이래로 가장 일반적인 기종인 심발형토기는 음식을 조리하는 등 불 위에 올려놓고 사용되었을 것으로 추정된다. 호와 옹은 그 개념에 있어 조금 차이를 보이고 있으나 일반적으로 청동기시대 전기에 등장하는 어깨에서부터 좁아지며 목이 있는 토기는 호형토기, 구연부가 내만하며 동최대경이 동체부 중간에 있는 것을 옹형토기로 부르기도 한다. 그러나 우리 학계에서 호와 옹의 개념은 아직까지 완전히 정착된 것이 아니기 때문에 동일한 토기를 서로 다른 명칭으로 부르기도 하고 있어 주의를 요한다. 이 두 기종의 경우, 그 형태적인 특징에 따라 저장용기로 사용되었을 것으로 추정되지만 청동기시대 중기의 송국리문화단계에는 심발형토기는 그 수가 적어 호 또는 옹형토기 역시 음식을 조리하는 데에 사용되었을 가능성이 있다. 그 외에 굽을 가지고 있는 두형토기 등의 기종 역시 출토된다.

그런데 실제 많은 경우 청동기시대 무문토기는 기종에 따라서만 구분되지는 않는다. 일반적으로 청동기시대 토기로 언급되는 돌대각목문토기突帶刻目文土器, 역삼동식驛三洞式 토기, 가락동식可樂洞式 토기, 흔암리식欣岩里式 토기, 송국리식松菊里式 토기, 원형점토대토기圓形粘土帶土器 등은 기종과 문양이 혼합되어 있는 개념으로 앞에서 설명한 형태에 따른 기종 개념과는 구분

130

되어 이해되어야 한다. ○○○식 토기로 불리는 경우, 특정 문양이 시문되어 있는 특정 형태의 토기만을 지칭하는 경우도 있으며, 혹은 그러한 문화 유형에 포함되어 있는 토기의 조합상을 지칭하기도 한다.

돌대각목문토기는 청동기시대 가장 이른 시기의 토기로 인식되고 있는데, 심발형토기의 구연부 약간 아래쪽에 점토 띠, 즉 돌대를 붙이고 눈금을 새긴 것이다. 현재까지 주로 북한강유역과 영남에서 집중적으로 출토되는 것으로 알려져 있는데, 각목의 위치와 형태 등에서 시간적 차이가 보이기도 한다.

역삼동·가락동·흔암리식 토기는 청동기시대 전기를 대표하는 토기이다. 넓은 의미에서 역삼동식 토기는 공렬(문)과 구순각목이 있는 심발형토기와 호형토기의 조합을 지칭하며, 좁게는 공렬문 시문되는-구순각목이 부가되기도 하는- 심발형토기만을 의미하기도 한다. 역삼동식 토기는 팽이형토기가 주로 분포하는 평안남도와 황해도를 제외한 한반도의 거의 전 지역에서 출토되고 있으며 그 기원에 대해서는 여러 가능성이 제기되고 있으나 일반적으로 동북한에서 남한으로 전파된 것으로 이해된다.

가락동식 토기는 이중구연二重口緣에 단사선문이 시문되어 있는 심발형토기를 의미한다. 구연부의 처리는 대동강유역의 각형토기 또는 팽이형토기와 유사하지만 저부가 좁은 각형토기와 전체적 외관이 다소 다르다. 가락동식 토기의 기원에 대해서는 형태적 유사성을 근거로 대동강유역의 팽이형토기를 그 조형祖形으로 보는 견해가 일반적이었으나 최근 토기 및 주거지의 형태, 석기 조성 등을 근거로 압록강·청천강유역을 그 기원지로 지목하고 있기도 하다.

흔암리식 토기는 역삼동식 및 가락동식 토기의 문양이 모두 시문되는 심발형토기를 의미한다. 흔암리식 토기도 역삼동식 토기처럼 가락동식 토기가 집중적으로 확인되는 충청 내륙을 제외한 남한의 대부분 지역에서 확인된다. 문양요소로 판단컨대, 역삼동 및 가락동식 전통의 결합으로 이루어진 제3의 유형으로 이해될 수도 있다. 이러한 점에 착안하여 흔암리식 토기의 발생을 가장 늦은 것으로 이해하기도 하였으나 오히려 문양이 부가된 뒤 해체되는 과정으로 이해하여 '가락동식 → 흔암리식 → 역삼동식' 순의 발달가능성도 충분하다(그림 7.2).

송국리식 토기는 청동기시대 중기를 대표하는 토기로, 최대경이 중위 또는 상위에 있는 배부른 동체부, 축약된 저부, 짧게 외반하는 구연부를 특징으로 한다. 송국리식 토기는 일상생활에서 사용되었던 실용기이지만 옹관甕棺으로 이용되기도 한다. 심발형이 가장 일반적인 형태였던 전기에 비해 중기에는 외반구연의 송국리식 토기가 유행하는 것으로 보아 우세 기종의 급격한 형태변화가 있었던 것으로 판단할 수 있다. 한반도 내에서의 변화, 반대로 외부에서의 전파 등 그 원인에 대한 의견이 분분하다.

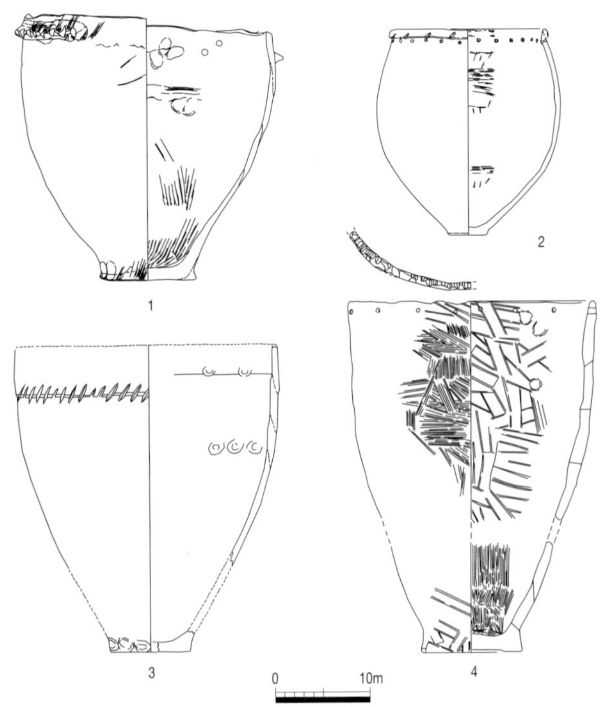

그림 7.2__청동기시대 조·전기의 토기
1: 돌대문토기(외삼포리), 2: 흔암리식 토기(삼거리),
3: 이중구연단사선문토기(수당리), 4: 공렬문토기(천전리)

청동기시대 후기를 대표하는 원형점토대토기는 심발형토기의 구연부에 단면 원형의 점토띠가 부착된 형태를 하고 있다. 점토띠를 부착한다는 점에서는 돌대각목문토기와 유사하지만 원형점토대토기가 그 이전의 무문토기에서 발전되었다고 보기는 어려우며, 요령遼寧 일대에서 전파된 것으로 이해되고 있다(그림 7.3).

청동기시대의 토기로는 이와 같은 일반적인 무문토기 외에도 토기 표면을 매끄러운 도구로 문지른 후에 소성한 마연토기도 있다(그림 7.4). 적색마연토기赤色磨研土器와 흑색마연토기黑色磨研土器, 채문토기彩文土器, 가지무늬토기 등이 그에 해당하는데, 보통의 무문토기에 비해 기벽이 얇고 정선된 태토를 사용하는 점이 특징이다. 적색마연토기는 토기 표면에 산화철을 바

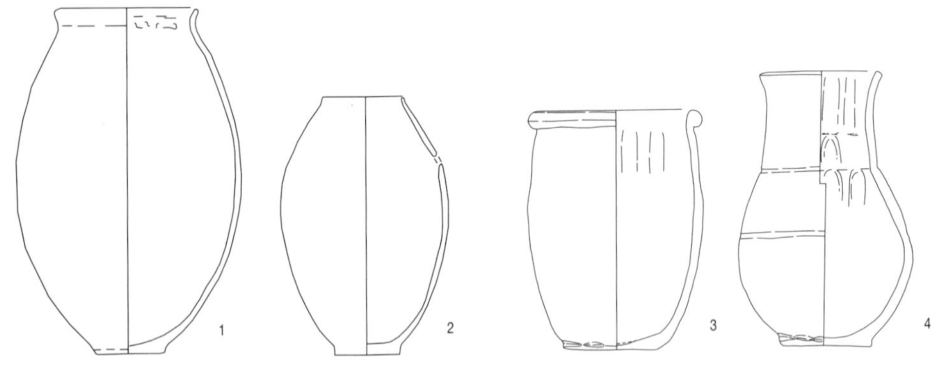

그림 7.3__청동기시대 중·후기의 토기
1·2: 송국리식 토기(송국리), 3: 점토대토기(발안리), 4: 흑도장경호(발안리)

132

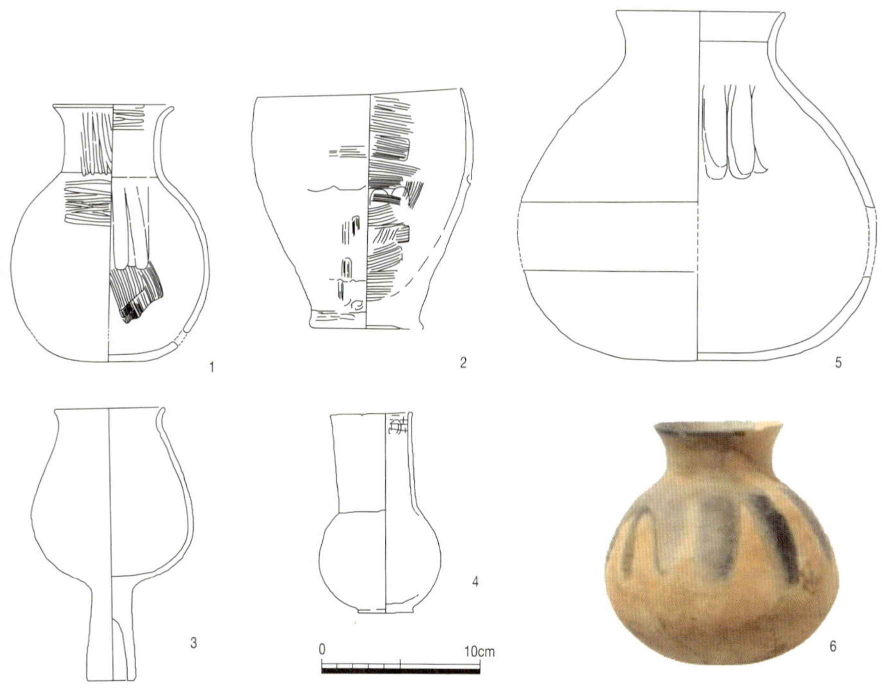

그림 7.4__청동기시대 각종 마연토기
1: 미사리, 2: 문막리, 3: 조동리, 4: 수당리, 5: 반교리, 6: 평거동

르고 마연하여 소성한 것으로 홍도紅陶, 단도마연토기丹塗磨研土器 등의 명칭으로도 불린다. 한
반도 동북계통의 문화요소로 알려져 있으며 발, 호, 대부토기 등 다양한 형태가 출토된다. 일
부는 주거지에서도 출토되지만 부장품인 경우가 많은 바, 장송이나 의례의 용도로 사용되었
을 것으로 추정된다. 표면에 흑연 등의 광물질을 바르고 마연하여 소성한 흑색마연토기는 원
형점토대토기와 함께 출토되며 청동기시대에서 초기철기시대까지 사용되었다. 여러 형태가 있
으나 목이 길고 동체부가 구에 가까운 것이 많은데, 흑도장경호黑陶長頸壺로 불리기도 한다. 채
문토기는 동체부 상단에 가지모양의 흑반黑斑이 새겨져 있는 호로, '가지무늬 토기'로도 불린다.
　북한의 무문토기는 앞서 설명한 남한지역의 무문토기와 계통적으로 연결되는 것도 있고,
특정 지역에만 분포하는 것도 있다. 북한의 대표적인 무문토기로는 각형角形, 팽이형 토기, 공렬
토기, 공귀리식公貴里式 토기와 미송리식美松里式 토기 등을 들 수 있다(그림 7.5). 각형토기는
저부가 매우 좁고 구연부로 갈수로 넓어져 전체적인 형태가 쇠뿔 또는 팽이와 유사한 것으로
주로 평안도와 황해도를 중심으로 발견된다. 동북한에서 출토되는 공렬토기는 역삼동식 토
기와 연결되는 것으로 이해된다. 공귀리식 토기는 압록강 중류를 중심으로 분포하며 일반적
인 무문토기의 형태에 종상從相의 손잡이가 달려있는 것이 특징적이다. 미송리식 토기는 표

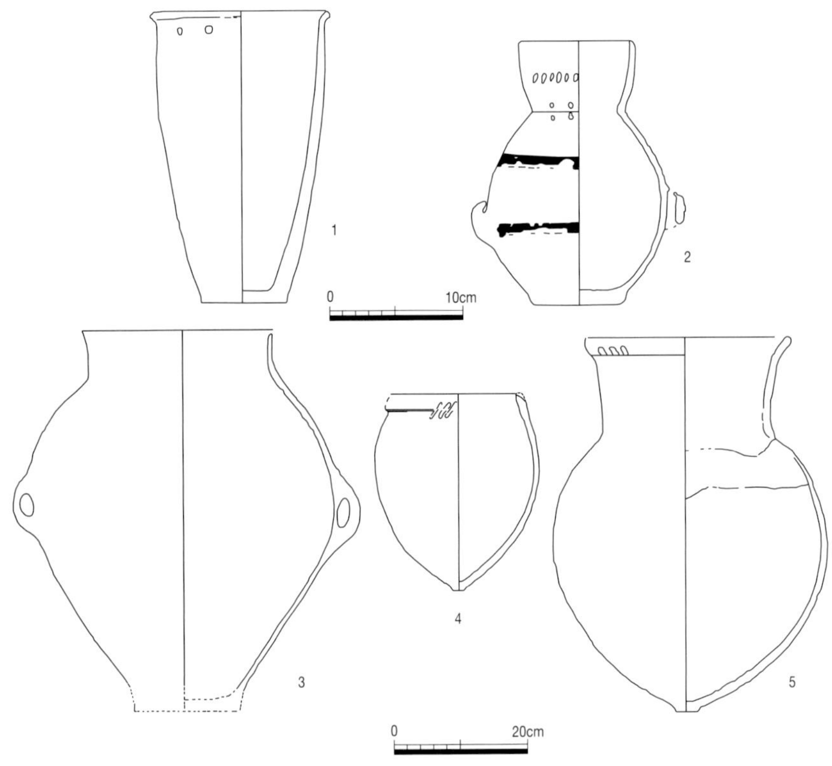

그림 7.5__북한의 주요무문토기
1: 공귀리식 토기(오동), 2: 미송리식 토기(미송리), 3: 공귀리식 토기(공귀리), 4·5: 팽이형토기(남경)

주박의 위아래를 잘라낸 형태에 손잡이가 부착되어 있는데, 북한에서는 비파형동검과 함께 고조선의 표지 유물로 보고 있다.

_한국 청동기시대 석기

청동기시대는 청동을 소재로 하는 새로운 도구가 만들어지고 사용되었다는 의미를 담고 있지만 적어도 한국 청동기시대에 실제로 가장 널리 사용되는 이기利器는 바로 석기이다. 기본적으로 신석기시대부터 이어져온 마제의 기법이 주로 사용되나, 그 종류가 다양해지는 것이 주된 특징이다(그림 7.7·8). 석기는 서기전 3세기 이후 철기가 등장하면서 지석 등의 일부 기종을 제외하고는 소멸된다. 그러나 아직까지 석기에서 철기로의 전환과정에 대해서는

그림 7.6__토기 소성 실험

　도구를 이해하는 기본은 도구의 기능을 추정하는 일이다. 도구의 기능추정에는 다양한 방법이 사용되는데, 대표적인 것이 민족지를 참고하거나 실험고고학적인 접근을 하는 것이다. 실험고고학은 과거의 유물 또는 유구와 동일한 것을 실험적으로 제작·사용하면서 당시의 제작기술 및 사용법을 확인하는 연구 방법이다. 이러한 실험고고학을 통해서 당시 도구의 제작에 관련되었던 인간행위와 기술, 기능, 용도 등을 추정하고 폐기 후의 과정에 대해서도 알 수 있게 된다. 최근 우리나라 청동기시대 고고학에서는 토기소성, 석기제작 등에 관련된 실험이 활발하게 진행되고 있다(그림 7.6).

명확하게 알려져 있지 않다.

　현재까지 알려진 대표적인 청동기시대 석기로는 석촉石鏃, 마제석검磨製石劍, 석창石槍, 반월형석도半月形石刀, 합인석부蛤刃石斧, 편인석부片刃石斧, 지석砥石, 마석磨石, 연석碾石 등이 있다. 그 외형은 물론, 추정된 기능에 따라 명칭이 정해지고 있음을 알 수 있다. 종종 그 용도에 따라 농경구農耕具, 수렵·무구狩獵·武具, 벌채·목공구伐採·木工具, 식료가공구食料加工具, 의례구儀禮具 등으로 구분하기도 한다. 그러나 분석방법이 발달하고 새로운 기능이 밝혀짐에 따라 현재에는

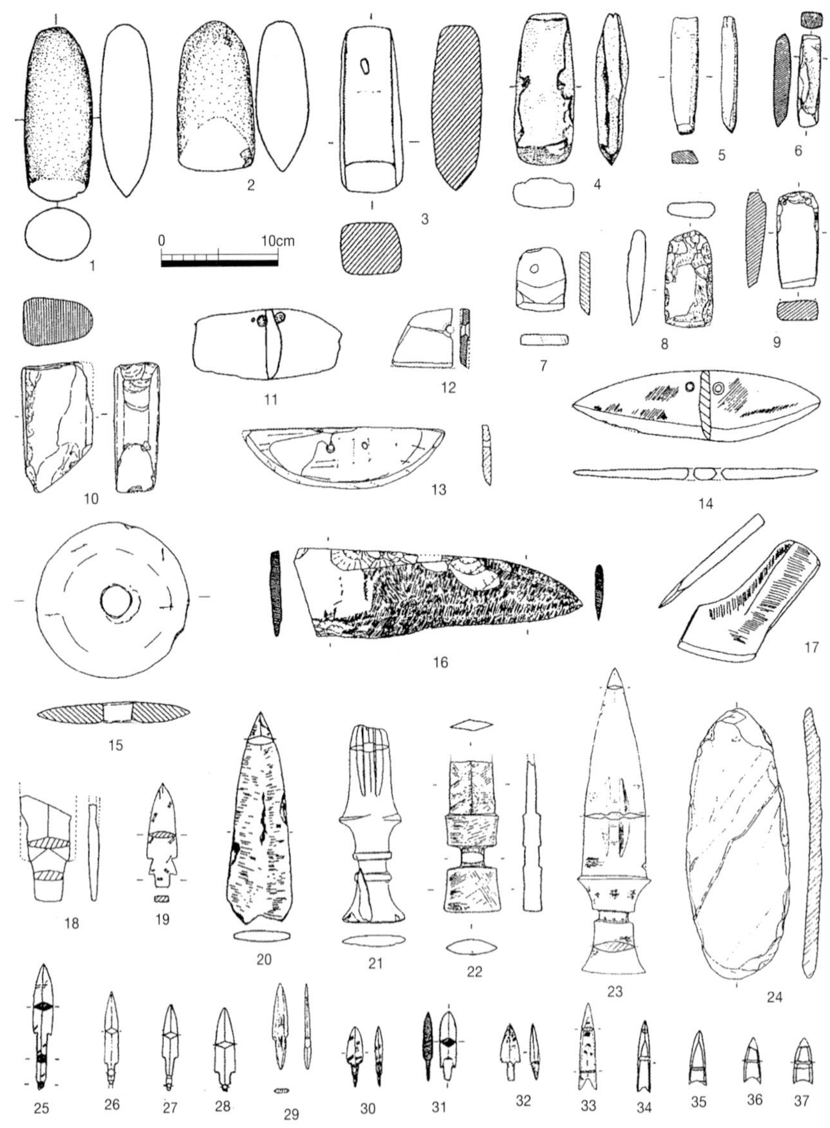

그림 7.7__청동기시대 전기의 석기
1·6·31: 상모리, 2·11: 역삼동, 3·15·19: 백석동, 4·20·26~28·34~37: 흔암리, 5: 고죽동,
7·17·29: 방내리, 8·22: 초곡리, 9·16·32: 저포, 10·12: 산포, 13·24·30: 관산리,
14·18: 조양동, 21: 옥석리, 23: 신대동, 25: 군덕리, 33: 비래동

명칭과 기능이 일치하지 않는 경우가 적지 않은데, 반월형석도, 타제석부 등이 그러한 예라고 할 수 있다.

농경구에는 반월형석도와 석겸石鎌, 돌낫이 해당된다. 반월형석도는 도작농경기술과 함께 전파된 수확구로 청동기시대의 대표적인 농경 관련 석기이다. 반월형석도로 총칭하기는 하지

136

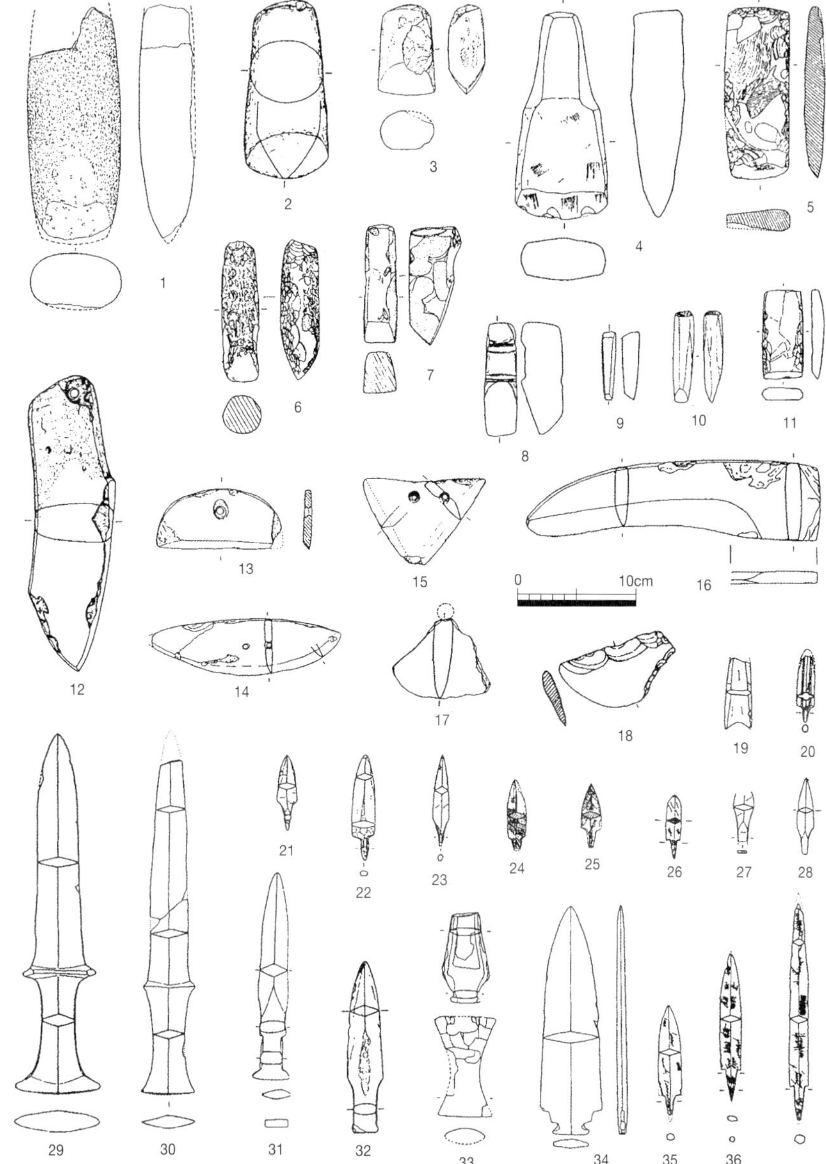

그림 7.8__청동기시대 중기의 석기
1: 석장동, 2·8·9·14·16·17·28·31~33: 송국리, 3·5~7·10·18·20·24·25: 검단리,
4·30·27~29: 오곡, 11·13·19·21~23·27: 휴암리, 12: 장천리, 15: 고남리, 26: 오석리,
29: 반교리, 34: 우산리

만 실제로는 반월형, 주형舟形, 어형魚形, 삼각형 등 다양한 형태가 포함되어 있다. 청동기시대
전기에는 주형과 어형 등이 널리 사용되며 삼각형석도는 청동기시대 중기에 들어서 새로이
등장하는 형태이다. 석도는 벼 등을 베는 것이 아니라 낟알이 붙어 있는 부분을 끊어내는 방
식으로 사용되었던 것으로 추정된다. 돌낫은 반월형석도와 더불어 대표적인 수확구이지만

출토량이 많지는 않다.

수렵·무구로는 석촉, 석검, 석창 등을 들 수 있다. 석촉은 청동기시대의 가장 대표적인 석기로서 가장 많은 양이 출토되는 것 중 하나이다. 화살대에 결합되는 경부莖部의 유무에 따라 유경식과 무경식으로 구분되며, 유경식은 경부의 형태에 따라 일단경식一段莖式, 이단경식二段莖式으로 나누어진다. 중기에 들어와서는 신부와 경부의 경계가 모호해지는 일체형一體形 석촉이 등장하기도 한다. 일반적으로 경부의 형태는 화살촉 신부 단면과 강한 상관관계를 가지고 있어, 유경식의 석촉 신부는 단면 능형菱形, 무경식 석촉의 신부는 단면 편평형의 형태를 가지고 있다. 석촉의 형태는 시간에 따라 점차 변하며 청동기시대 전기에는 무경식과 이단경식이 주를 이루다가 점차 일단경식, 일체형석촉의 형태로 변하게 된다. 마제석검의 경우 실용기에서 점차 의례용의 성격으로 변하게 되는데, 손잡이 부분의 형태에 따라 일단병식一段柄式, 이단병식二段柄式, 유경식有莖式 등으로 구분된다.

벌채 및 목공구로는 몇 종류의 석부가 있다. 석부는 인부의 제작 방식에 따라 양쪽면을 모두 갈아 날 부분을 만든 합인석부와 한쪽에서만 날을 갈아 만든 편인석부로 구분되는데, 합인석부는 나무를 자르는 벌채용 도구, 편인석부는 잘린 나무를 가공하는 가공구로 사용되었을 것으로 이해되고 있다. 편인석부는 형태에 따라 주상편인석부柱狀片刃石斧, 편평편인석부, 소형주상편인석부 등이 있으며 주상편인석부에는 유단석부有段石斧, 유구석부有溝石斧 등의 세부 형식이 있다. 이러한 석부류는 신석기시대부터 지속적으로 제작·사용되어왔는데, 청동기시대에 들어서 좀 더 정연한 형태도 나타난다. 특히 청동기시대 중기에 들어서게 되면 합인석부, 주상편인석부, 편평편인석부 등의 벌채·목공구가 조합을 이루게 되면서 목기의 제작·사용이 보다 더 보편화된 것으로 추정해 볼 수 있다. 청동기시대 전기에만 확인되는 타제석부는 도끼의 명칭을 가지고 있기는 하지만 벌목 등에 사용되는 것이 아니라, 굴광掘壙이나 농경지 개간 등 땅을 파는데 사용되었던 도구이다.

식료가공구로는 연석(갈판), 마석(갈돌) 등이 대표적인데, 수확된 곡물의 껍질을 벗기거나 가루로 만드는데 사용되었다.

이외에도 다양한 석기가 청동기시대의 유적에서 출토되는데, 이러한 석기 중 상당수는 다용도구의 성격을 가지고 있다. 예를 들면 고석敲石의 경우 석기를 제작할 때 돌의 표면을 다듬는데도 사용되었으며 동시에 호두 등 견과류의 껍질을 깨뜨리는데도 사용되었을 것이다.

석기는 재질의 특성상 다른 유물들에 비해 상대적으로 보다 잘 남아 있으며, 또한 당시의 생활 방식을 직접적으로 반영하고 있다는 점 때문에 과거 생업경제 복원에 있어 일차적인 분석 대상으로 인식되고 있다. 그렇기 때문에 흔히 유적에서 출토되는 석기를 용도별로 분류한 후, 개별 카테고리의 변화를 확인하여 생업경제를 추정하기도 한다. 예를 들면, 수렵·무기구의 비율이 낮아지고 대신 농경구의 비율이 높아진다면 그 집단의 생업경제에서 농경이 점하는 비율이 이전에 비해 높아졌다고 추측할 수 있다.

이전의 신석기시대에 비해 석기의 종류가 다양화되는데 이것은 기존에 없던 종류의 석기가 부가되거나 기존에 사용되던 것이 기능적으로 분화되기 때문이다. 도작농경의 정착에 따라 등장하는 반월형석도나 위신재로서 등장하는 마제석검 등은 청동기시대 석기조합에 새로이 부가되는 대표적인 예이다. 한편, 기능이 분화되면서 등장하는 석기로는 주상편인석부, 편평편인석부 등의 목재가공구를 들 수 있다.

위에서 살펴본 바와 같이 청동기시대의 석기는 신석기시대의 석기와는 형태나 용도 등에서 상당한 차이가 있지만, 기본적인 제작 방법이 급격히 변한 것은 아니다.

석기의 제작 기법은 타격, 마연, 찰절擦切, 천공穿孔 등이 있는데, 이러한 기법은 신석기시대부터 등장하며, 기종별로 조금씩 차이는 있겠지만 일반적으로 적당한 크기의 석재획득 → 타격 → 고타敲打 → 마연 및 세부 마연의 과정을 거치게 된다.

일반적으로 석재는 거주구역에서 쉽게 접근할 수 있는 하천으로부터 획득하였을 것으로 생각된다. 그렇다고 석재를 무작위로 선택한 것은 아니며, 석기의 형태 또는 용도에 따라 적합한 것을 선택하였다. 예를 들어 합인석부 등 지속적으로 충격을 받는 석기의 경우 안산암 등 단단한 재질의 석재가 주로 사용되었으며, 석기를 마연 가공하는 지석砥石으로는 입자가 큰 사암 등이 주로 선택되었다. 그러나 모든 유적의 주변에서 이러한 석재를 쉽게 구할 수 있었던 것은 아닌 바, 특정 석재는 외부에서 유입되었을 가능성도 있다.

_한국 청동기시대 목기 및 기타 도구

재료의 획득이 용이하고 가공이 쉬운 목기가 선사시대의 도구조합의 많은 부분을 차지하고 있었을 가능성은 매우 높다. 실제로 2000년대부터는 각지의 청동기시대 유적에서 목기가 확인된다. 그럼에도 불구하고 현재까지 확인된 목기의 수는 편까지 포함해도 60여 점에 불과하다. 부식이 쉬운 목재 자체의 특성 물론 유기물 보존성이 심하게 떨어지는 우리 토양의 특성 때문이기도 하다. 그런 탓에 청동기시대 목제도구 조합에 대한 이해는 우리 출토품에만 의존하기보다는 보존상태가 상대적으로 좋고 출토예가 많은 일본의 성과를 적극 참고하게 된다.

남한에서 현재까지 확인된 목기로는 괭이, 고무래 등의 경작과 관련된 도구와 화살대, 도끼

자루, 절구 공이, 도구의 손잡이 등이 있다(그림 7.9). 목기의 수종 분석을 통해 일반적으로 목제 농공구는 참나무류와 상수리나무류 등을 소재로 하고 있다는 것을 알 수 있다.

신석기시대의 유물 중에도 화살촉, 석제 토굴구 등이 다수 출토된다는 점에서 화살대 또는 땅을 파는 도구의 손잡이 부분 등을 나무로 만들어서 사용하였다는 것은 충분히 추정할 수 있다. 신석기시대와 비교해 청동기시대 목기의 특징은 도작 농경과 관련된 도구가 나무로 만들어져 사용되기 시작하였다는 점이다. 또한 청동기시대 석기의 특징인 합인석부, 주상편인석부, 편

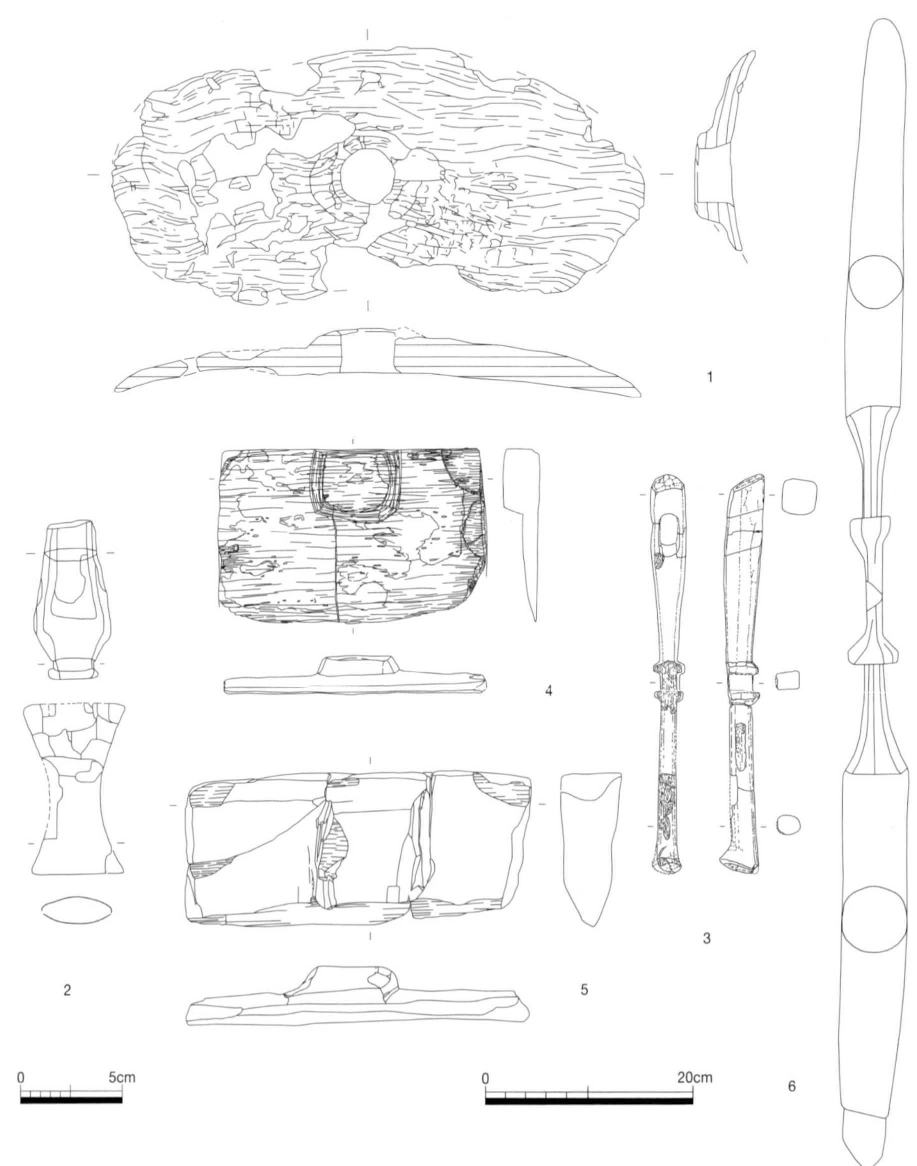

그림 7.9__청동기시대 목기
1: 저전리, 2: 송국리, 3: 마전리, 4~6: 문막리

140

평편인석부 등 나무를 자르고 가공하는 도구의 기능이 세분되어 다양한 종류로, 많은 수가 출토된다는 점은 당시 사회에 있어 목기의 제작과 사용이 그만큼 보편적이었음을 반영하는 것이다.

실용구實用具는 아니지만 청동기시대에 확인되는 주요 유물 중의 하나로 옥을 들 수 있다. 청동기시대에 일반적으로 확인되는 옥은 곡옥曲玉, 관옥管玉, 환옥丸玉의 세 종류이며 재질은 천하석제, 벽옥제가 일반적인데, 분묘는 물론 주거지에서도 출토된다. 천하석제 옥류의 제작지는 남강유역의 진주 대평리大坪里유적 등에서 확인된다. 한편, 청동기시대에 들어서 패각기, 골각기가 거의 자취를 감추고 있는데, 신석기시대와 비교하면서 주목해보아야 할 특징이라 하겠다.

【참고하기】

일본 야요이시대 목기

목기는 토기나 석기보다 그 사용 범위가 훨씬 넓어 과거 생활의 거의 모든 부분에 사용되었음에도 불구하고 다른 재질의 도구와 달리 썩어버리기 때문에 저습지 등에만 잔존하게 된다. 따라서 저습지가 거의 확인되지 않는 한국의 청동기시대에는 매우 소량의 목기만이 출토되는데 비해 일본에서는 다수의 목기가 발견된다. 야요이[彌生]시대 목기로는 다양한 기종이 확인(그림 7.10)되는데 식기로 사용되었을 용기 등은 조몬[繩文]시대의 전통을 잇는 것이 대부분인 반면, 대표적 목제 농구인 가래鍬와 호미鋤 등은 도작농경의 기술과 함께 한반도로부터 전파된 것이다.

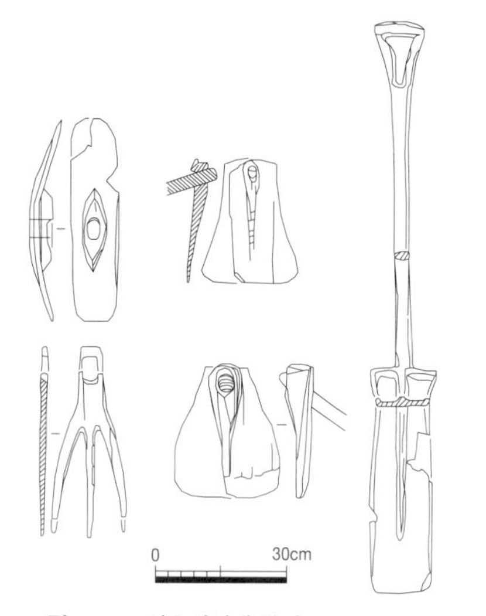

그림 7.10__ 야요이시대 목기

_한국 청동기시대 도구의 변화

사회가 변하면서 당시 사용되던 도구도 변화하게 된다. 도구의 변화라는 문제는 ① 특정 기종의 등장과 소멸, ② 형태의 변화, ③ 재질의 변화 등으로 구분하여 생각해 볼 수 있다.

　대체로 특정 종류의 도구가 새롭게 등장하거나 소멸하는 원인은 그 기능이 필요하게 되거나 필요 없어지기 때문이다. 청동기시대 전기에 들어와 신석기시대에는 거의 없던 호형토기의 현저한 증가, 반월형석도의 등장 등을 그 예로 들 수 있다. 음식의 조리 등에 사용되었던 심발형토기와는 다른 외형적인 특징 때문에 호형토기는 저장용으로 인식되고 있는데, 청동기시대에 농경이 본격화됨에 따라 곡물의 저장 기능이 절실하게 되고 그에 따라 저장에 적합한 형태의 토기가 등장한 것으로 해석될 수 있다. 반월형석도 역시 신석기시대에는 존재하지 않았던 도구로 (도작)농경의 기술과 함께 전파되어 새로이 등장한다. 즉 호형토기와 반월형석도의 두 유물은 토제와 석제라는 재질은 물론 기능에서도 현격한 차이가 있지만 모두 (도작)농경의 본격화라는 사회변화와 긴밀하게 연관되어 있다.

　도구형태의 변화는 특정 기종 내의 일부 형태적 속성이 바뀌는 것을 의미한다. 예를 들어, 송국리식 토기에서 구연부의 외반 정도와 동최대경의 위치가 변화하는 것이라든지, 무경식과 이단경식 석촉에서 일단경식 석촉으로의 변화 등이 그것이다. 이러한 형태의 변화는 앞서 살펴본 특정 기종의 등장 및 소멸과는 다소 다른 측면에서 접근해야 한다. 형태의 변화는 기능의 개선이라는 측면에서도 그 원인을 생각해 볼 수 있으며 또는 기능과는 전혀 무관한 양식적인 측면에서의 변화를 추정해 볼 수도 있다. 그러나 실제 이러한 변화가 기능성과 관련이 있는 것인지 혹은 양식의 측면에만 관련된 것인지를 명확하게 구분하기는 어렵다.

　도구재질의 변화는 전혀 다른 재질로의 변화와 동일 재질 내에서 다른 종류로의 변화로 대별해 볼 수 있다. 전혀 다른 재질로의 변화의 대표적인 사례로 석기의 자리를 목기가 대체해 가는 변화를 들 수 있다. 청동기시대 중기에 들어서게 되면 땅을 파는데 사용되었던 도구인 타제석부는 사라지고, 이후 굴지구掘地具에 해당되는 석기는 더 이상 확인되지 않는다. 그렇다고 해서 굴지행위의 사회적 필요가 없어진 것은 아니다. 오히려 수혈주거 축조와 도작농경의 확산에 따른 개간으로 인해 일상생활에서 굴토의 필요는 더 증대되었을 것이다. 이 과정에서 타제석부는 수전 개간에 적합한 목제 굴지구로 대체되었을 것인데 편인석부류의 목공구가 증가하는 것은 그러한 양상을 반영한 것으로 보인다. 즉 석기 조성의 측면에서 본다면 타제석부라는 특정 기종이 소멸하지만 사용의 측면에서 보자면 땅을 파서 경작하거나 주거를 만든다는 생활방식이 변한 것은 아니다. 목기의 활용이 증대되는 과정에서 굴지구와 같은 생산도구뿐만 아니라 용기 특히 배식기의 제작에 있어서도 목재의 활용이 증대되었을 가능성은 충분하다. 수전경작이 증대되는 일본 야요이彌生시대의 유적에서 다량의 목제 식기가 출토된다는 점을 본다면, 한국 청동기시대에도 목제 식기류가 보편적으로 사용되었을 가능성은 충분하다.

　동일 재질이지만 다른 종류로의 변화 역시 도구 재질 변화의 측면에서 이해할 수 있다. 석기 제작과정에서 석재의 선택이 달라지는 것이 그 대표적인 예가 될 수 있다. 이 문제는 두

가지 측면에서 접근해 볼 수 있다. 그 하나는 석기의 종류에 따른 석재의 선택에, 다른 하나는 석재의 유통구조에 초점을 맞추는 것이다.

석기의 종류에 따른 석재의 선호도에 대한 분석은 석기연구의 출발점이라 할 수 있다. 특정 석기는 특정 석재로만 제작되는가가 그 핵심적인 질문이 되는데, 다양한 석기들이 그 대상이 될 수 있다. 그 중 가장 먼저 떠오를 수 있는 하나가 타제와 마제석기 석재의 차이다. 타제석기의 경우 그 제작 기법과 사용되는 기능상 타격 시 예리한 날이 생기는 유리질의 석재가 선호된다. 한편 마제석기는 그 형태와 기능에 따라 추구하는 속성이 보다 더 다양해진다. 판상의 형태인 반월형석도 제작에는 잘 쪼개지는 석재, 즉 점판암이나 편암 등이 주로 이용되며, 석기의 마연에 사용되는 지석으로는 사암 또는 화강암 등의 거친 입자를 가진 석재가 선호된다. 이와 같은 석재 선택성은 석재 동정同定만으로도 충분히 밝힐 수 있으며, 박리면의 특징, 경도, 입자의 크기 등 석재의 물리적인 특성을 이해한다면 석기 제작방법을 복원하는 데 실마리를 찾을 수 있다.

그런데 모든 유적의 주변에 석기에 적합한 석재가 분포하고 있는 것은 아니다. 특정 석재는 한정된 지역에서만 채취할 수 있으며, 그러한 경우 선사시대의 주민들은 멀리 떨어져 있는 지역으로부터 필요한 석재를 입수하게 된다. 그 과정을 밝히는 것이 석재 연구의 두 번째 목적이다. 유적의 주변에서 채취할 수 없는 석재로 제작된 석기가 출토될 경우, 어떠한 방식이든 유통이 전제될 수밖에 없는데, 출토되는 석기의 수량, 원석의 유무, 주변 지역의 석재 환경 등에 따라 다양한 방식을 상정해 볼 수 있다.

석재의 선택은 단순히 특정 석기를 제작하는데 있어 편리하다거나 석재의 물리적 특성이 적합하다고만 해서 결정되는 것은 아니며, 사회인식이라는 요인에 의해 석재가 선택되는 경우도 적지 않다. 따라서 석재의 변화 역시 다양한 측면에서 그 원인을 고려해 볼 수 있다. 이렇듯 청동기시대의 도구 변화는 다양한 요인에 의하며 다양한 양상으로 확인된다. 정도의 차이는 있을지언정 도구의 변화는 사회의 변화를 반영하는 것이며, 역으로 도구의 변화를 통해 사회의 변화를 추론할 수 있다. 그러한 시도가 온전하게 효과를 내기 위해서는 개별 유물의 변화가 아닌 도구 조성 전체의 변화과정을 다각적인 측면에서 검토해야 한다.

_한국 청동기시대 수공생산의 변화

도구 연구에서는 기능추정 외에도 생산기술이나 체제 복원의 문제가 중요하게 다루어진다. 도구제작에 어떠한 기술이 사용되었으며, 어떠한 생산체제에서 이루어졌는지-구체적인 예를 들자면, 자급자족체제인지 아니면 특정 집단이 생산을 전담하면서 유통시켰는지, 그렇다면 유통의 지리적 범위는 어디까지인지-가 중요한 연구주제가 될 수 있다.

그러한 문제들로의 접근은 실험고고학적인 방법을 통해 도구의 제작기술 과정을 확인·복원하는 작업으로부터 출발한다. 제작과정을 복원하려는 시도는 제작이 이루어졌던 장소, 공방工房을 확인하는 작업으로 이어지게 되며, 공방의 존재는 도구 제작만을 담당하였던 전업집단의 존재를 상정하는 근거가 된다. 즉 분업체계를 파악할 수 있는 것이며, 더 나아가 유통이나 교역망 등의 사회체계에도 접근할 수 있다.

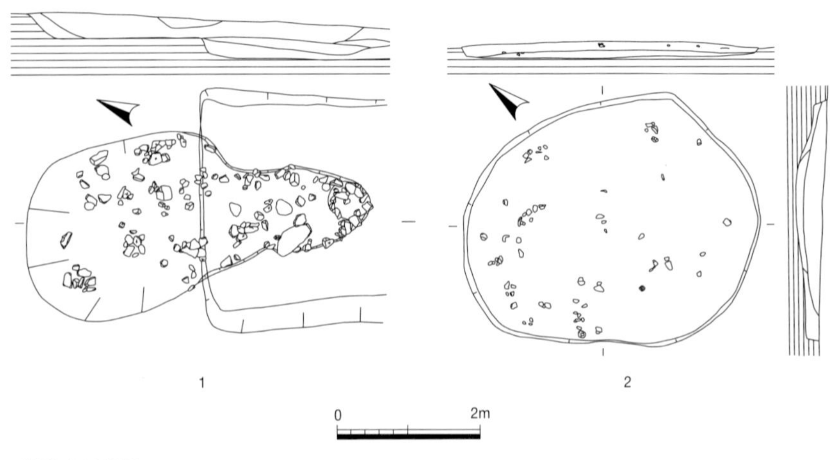

그림 7.11__토기 소성 유구
1: 백석동 토기소성유구, 2: 관창리 KY-805

과거의 수공생산을 해석하는 기초는 제작이 이루어졌다고 판단할 수 있는 고고학적 근거를 명확하게 규정하는 것이다. 일반적으로 도구의 재료, 제작에 사용되는 도구, 제작중간물로서의 미완성도구, 부스러기 등이 확인되는 곳을 도구제작지로 추정할 수 있다.

토기의 경우, 토기의 태토인 점토덩어리, 소성 중 파괴된 토기편, 불 맞은 흔적, 목탄 등이 집중적으로 확인된다면 해당 유구에서 토기제작의 한 과정, 즉 소성이 이루어졌다고 판단할 수 있다. 청동기시대에도 내부에서 토기편, 점토덩어리, 목탄 등이 출토된 유구가 토기소성유구로 보고된다(그림 7.11). 청동기시대의 토기 소성은 대체로 지붕구조가 없는 야외시설에서 이루어진 것으로 추정된다. 현재까지 알려진 토기소성유구는 대개 지름 2~3m, 깊이 20*cm* 내외의 원형 또는 방형의 수혈로, 내부에서는 토기편과 함께 점토덩어리, 목탄 등이 확인된다. 이러한 유구는 청동기시대 전기에 해당하는 사례가 매우 적지만 중기의 것은 상대적으로 많은 수가 알려져 있다.

석기의 경우, 석기제작도구인 지석, 석기제작과정 중 생기는 박편, 미완성석기, 석재 등이 주거지 또는 수혈에서 다량으로 출토된다면 이를 석기제작이 이루어졌던 장소로 판단할 수 있다(그림 7.12). 그러나 석기는 사용 중 무뎌진 날을 다시 세운다든지 혹은 사용 중 부러진 유물을 가공하여 다른 용도로 사용하는 등의 재가공이 일반적으로 이루어지기 때문에 단순히 지석이 출토된다는 것을 근거로 석기 제작이 이루어졌다고 판단하기는 어렵다. 따라서 일상적인 보수나 재가공이 수행되었던 주거로부터 전업공방을 구분해야 한다. 가장 간단한 것은 석기 제작과 관련된 유물이 다수 출토되었더라도 노지爐址가 있으면 (석기제작)주거, 없으면 전업공방으로 간주하는 것이다. 공방으로 추정될 수 있는 유구로는 북한강유역에서 확인되는 소형 수혈유구竪穴遺構, 탄상유구炭床遺構 등을 들 수 있다.

만일 이러한 제작소 또는 공방 내에서 원재료나 미제품 등이 다수로 발견됨에도 불구하고 완성품으로서의 도구의 수가 매우 적은 경우, 또는 마을 규모 등에 비해 너무 많은 수의 완제품이 발견되는 경우 마을의 자체적 소비를 위해 제작한 것이 아닌 외부로의 유통 및 교역을 상정할 수도 있다. 이러한 상황은 특정 도구의 생산과 관련된 분업체계가 존재하였음을 보여

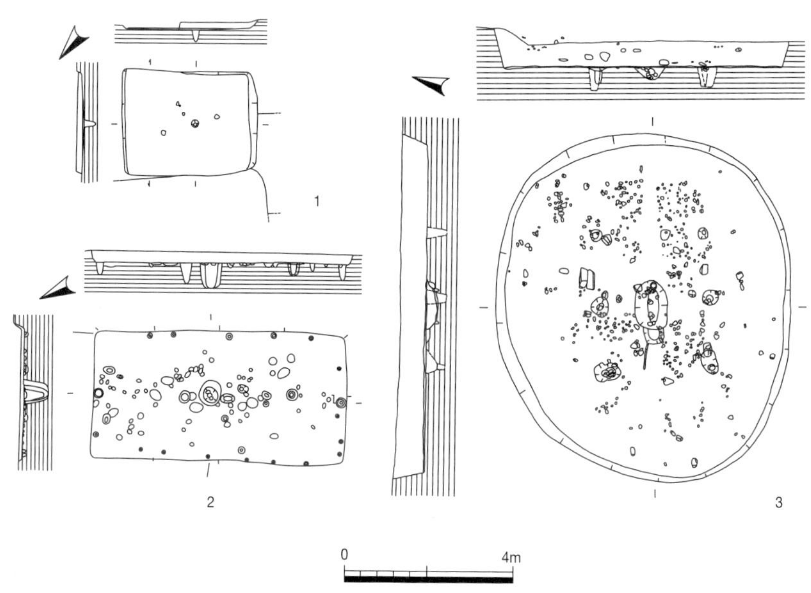

도면 7.12__석기 제작장
1: 용암리 98호 주거지, 2: 용암리 138호 주거지, 3: 관창리 KC-040호 주거지

주는 것이다.

또한 이 중 제작지 또는 원산지를 확인할 수 있는 도구 또는 소재가 넓은 지역에 걸쳐 분포하고 있는 양상을 통해서 교역의 가능성도 제기할 수 있다. 청동기시대에 특정 석재의 유통이 확인된 사례로는 혼펠스제의 유절병식석검有節柄式石劍, 옥 등을 들 수 있다. 일반적으로 석검과 같은 특수한 석기가 초취락적 수준에서 유통되었을 가능성이 있지만 일상적인 도구가 그런 방식으로 유통이 되지는 않았을 것이다.

취락 주변에서 채집하기 어려운 석재를 외부에서 반입하기 위한 석재조달망은 존재하였을 것이지만 청동기시대 전기까지 수공생산은 마을 단위의 자체소비를 충족하는 정도였을 것으로 추정된다. 한편, 청동기시대 중기의 석기생산 전문취락의 존재에 대해서는 이견이 분분하다. 청동기시대 중기에 들어 사회복합화가 가속되면서 당진 자개리自開里, 진주 대평리 등 유통과 교역을 목적으로 하는 석기생산 전문취락이 등장하였다고 보기도 하지만 전기와 중기의 취락 내 석기 생산 주거지의 수가 크게 변하지 않는다는 점을 근거로 석기생산 전문취락의 존재를 유보하자는 주장도 있다. 오히려 화천 용암리龍岩里유적의 합인석부, 정선 아우라지 유적의 석도 등 일부 취락에서 특정 기종의 석기가 집중적으로 제작되는 양상이 청동기시대 전기부터 확인된다는 점은 특징적이다.

이기성

추천문헌

김권구, 2008, 「한반도 청동기시대의 목기에 대한 고찰」, 『한국고고학보』 67, pp. 40~71.

裵眞晟, 2003, 「無文土器의 成立과 系統 」, 『嶺南考古學』 32, pp. 5~34.

孫晙鎬, 2006, 『青銅器時代 磨製石器 研究』, 서울: 서경문화사.

이기성, 2011, 「'도구론'으로서의 선사시대 석기 연구」, 『한국 선사시대 사회와 문화의 이해』, 중앙문화재연구원 편, pp. 85~110, 서울: 서경문화사.

李清圭, 1988, 「南韓地方 無文土器 文化 展開와 孔列土器 文化의 位置」, 『韓國上古史學報』 1, pp. 37~92.

趙大衍·金鎭·鄭炫, 2010, 「신석기시대 및 청동기시대의 토기 소성유구 변화 양상에 관한 일 고찰: 실험고고학적 접근을 중심으로」, 『湖西考古學』 23, pp. 82~109.

黄昌漢, 2004, 「無文土器時代 磨製石鏃의 製作技法 研究」, 『湖南考古學報』 20, pp. 33~56.

08

청동기의 제작과 사용

_동북아시아 청동기 제작전통　　**_한반도의 청동기문화**
_중국 동북지방의 청동기문화

　한국 청동기시대는 청동기가 처음 등장한 때부터를 의미하지는 않지만 그 제작과 사용은 문화적으로 매우 큰 의미를 지닌다. 중국 동북지방부터 한반도에 이르는 지역에서 청동기가 처음 사용되는 것은 서기전 2000년기 전반이다. 서기전 1000년기에 이르러 비파형동검문화가 등장하면서 이 지역만의 특징이 분명해진다. 비파형동검문화의 지역별 차이는 분묘양상에서 어느 정도 분명해진다. 요서에서는 토광묘와 목관(곽)묘가, 요동반도에서는 적석묘가, 길림성 중남부부터 요동 북부에 이르는 지역과 한반도에서는 지석묘와 석관묘가 중심이 된다. 서기전 1000년기 후반에 이르면 비파형동검의 검신이 좁아지게 되는데 중국 동북지방에서는 변형비파형동검문화로, 한반도에서는 세형동검문화로 변화한다. 세형동검문화는 동북쪽으로는 두만강을 넘어 연해주까지, 남쪽으로는 일본열도까지 파급된다(그림 8.1).

　서기전 6~5세기경부터 중국 중원지역에서 철기의 사용이 본격화되고 서기전 5~3세기 이

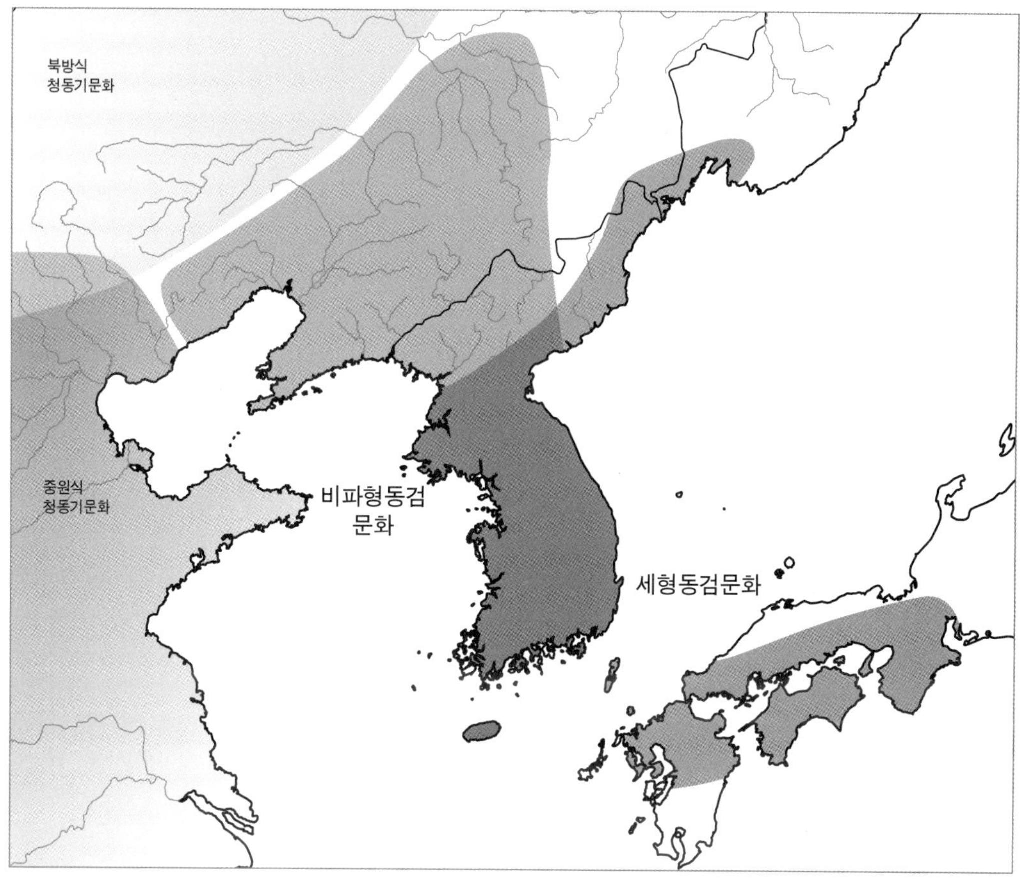

그림 8.1__동아시아 청동기문화의 전통

후 중국 동북지방과 한반도의 청동기문화에 영향이 미치게 된다. 철기가 등장한 이후에도 청동기는 서력전후경까지 계속 사용되는 바, 한국 청동기문화의 고지故地인 중국 동북지방과 한반도에서 청동은 서기전 2000년기 전반부터 서력전후에 이르는 거의 2000년의 기간 동안 도구제작에 있어 중요한 역할을 하게 된다.

_동북아시아 청동기 제작전통

인류가 순동을 사용한 가장 오래된 흔적은 서기전 8000~6000년경의 터키 및 이란 유적들에서 확인된다. 중국에서도 서기전 4000년경 앙소문화仰韶文化 유적에서 황동편이 발견되었

149

으며, 서기전 2000년경의 용산문화龍山文化에 이르러 청동기문화가 등장한다. 중국 동북지방에서는 서기전 2000년기 전반에 시작된 하가점하층문화夏家店下層文化에서 청동장식품들이 나타나고 있다.

청동은 구리(Cu)와 주석(Sn) 또는 납(Pb)이나 아연(Zn)의 합금으로, 성분 조성비에 따라 금속학적 성질이 달라진다. 순동은 1085℃에서 끓기 시작하지만 주석을 20% 섞으면 890℃에서 끓기 시작하고 응고될 때까지의 시간이 길어져서 유동성이 좋아진다. 또한 적색을 띠는 순동에 주석을 첨가하면 황색으로 바뀌기 시작해서 주석이 30%에 이르면 은색에 가까워진다. 물리적 성질도 달라져서 주석을 첨가하면 인장강도는 16%정도까지는 증가하다가 그 이후에는 줄어들지만 경도는 계속 증가한다. 『주례周禮』「고공기考工記」의 기록으로 보아 당시 사람들도 청동의 그러한 성질에 대해 충분히 알고 있었던 것으로 보인다.

동아시아에서 청동기를 주조하는데 사용된 용범鎔范-거푸집-은 흙으로 만든 토범土范과 돌로 만든 석범石范으로 구분할 수 있다. 중국 중원에서는 언사 이리두二里頭나 안양 은허殷墟유적에서 보는 것처럼 상商나라 때는 물론 서주西周와 동주東周시대에 이르러서도 토범으로 청동기를 주조하였다. 중원의 북쪽에 위치한 연燕나라도 예외가 아니었다. 초기 도성인 북경 유리하琉璃河유적이나 후기 도성인 이현 연하도燕下都유적에서 다양한 종류의 토범이 출토된다. 토범의 전통은 좀 더 북쪽에 위치한 옥황묘문화玉皇廟文化와 하가점상층문화夏家店上層文化에서도 확인된다. 하지만 하가점상층문화에서는 석범이 더 많이 나타나고 있어서 하북성 북부와 요서에서는 토범과 석범이 함께 사용된 것을 알 수 있다.

서기전 1000년기 들어서 중국 동북지방과 한반도에서 발달한 비파형동검문화에서는 석범이 주로 사용된다(그림 8.2). 현재까지는 동검銅劍이나 동모銅矛 같은 무기류, 동부銅斧, 동착銅鑿 같은 공구류, 다뉴조문경多紐粗文鏡 등의 용범만 발견되었기 때문에 모든 청동기들을 석범으로 주조하였는지는 분명하지 않지만 우세한 것만은 분명하다. 석범 위주의 청동기 주조 기술은 한반도의 세형동검문화에서도 계속된다. 세형동검문화에서 석범은 적지 않게 발견되는데, 전傳 영암출토 용범일괄유물이나 완주 반교리盤橋里 갈동유적 1호 토광묘에서 출토된 세형동검과 동과銅戈의 용범이 대표적이다. 석범으로는 세형동검·동모·동과와 같은 무기류, 동부·동착·동사와 같은

그림 8.2__敖漢旗 山灣子 비파형 동검 용범

150

공구류와 다뉴경 등을 주조하였다(그림 8.3). 하지만 그렇지 않은 경우도 있다. 세형동검문화의 성립기에 유행하는 검파형·방패형·나팔형의 이형동기異形銅器는 토범으로 주조하였을 가능성이 크며, 전傳 논산 정문경은 과학적인 정밀조사를 통해 토범의 일종인 사형砂型을 사용한 것으로 밝혀졌다.

그림 8.3__전(傳) 영암출토 거푸집의 여러 종류

따라서 한반도의 세형동검문화에서는 석범과 토범을 사용해서 청동기를 주조한 것을 알 수 있다. 토범 주조기술이 중원문화의 영향을 받은 것인지 아니면 요서의 하가점상층문화나 십이대영자문화의 청동기 주조기술이 도입되면서 일어난 자연스러운 현상인지는 알 수 없으나 한반도 비파형동검문화에서 보이지 않던 중요한 기술적 진전임은 틀림없다. 그러므로 한국 청동기문화의 고지에서 청동기 주조기술은 석범 위주의 전통을 갖고 있었으며, 점차 토범도 사용하는 것으로 여겨진다. 이러한 측면에서 한국 청동기시대의 주조기술은 북방초원지대와도 관련을 맺고 있었을 것으로 생각된다.

청동기 제작은 용범을 만드는 공정과 청동의 원료를 채광 → 선광 → 제련하는 공정으로 구분할 수 있다. 일단 용범과 원료가 확보되면 주조공정에 들어간다. 주조된 청동기는 잔손질과 연마를 거쳐 최종산물이 된다. 용범의 재질은 흙과 돌로 구분되지만 한국 청동기문화의 고지에서는 아직까지 토범이 출토된 예가 없어 자세한 내용은 알 수 없다. 완주 갈산리葛山里 덕동유적의 동착 용범이 각섬석암으로 밝혀진 것을 제외하면 석범은 대부분 활석제로 알려져 있다. 석범의 제작 과정은 우선 적당한 석재를 찾아 규격에 맞게 자르고 다듬은 다음 주형鑄型을 새겼을 것이다. 두 쪽의 용범이 한 쌍을 이루는 쌍합범은 양쪽 주형이 정합되어야 하므로 정확한 설계기술이 필요하다. 특히 정문경精文鏡은 직선과 곡선을 사용해서 도안하기 때문에 제도작업에는 자는 물론이고 다치多齒의 컴퍼스나 곡척曲尺을 활용하였을 것이다.

주조기술의 수준은 청동기가 물리적으로 얼마나 정밀성을 갖고 있으며, 화학적으로 얼마나 일관된 성분조성비를 갖고 있는지에 따라 평가할 수 있다. 물리적 특성을 가장 잘 보여주는 것은 세형동검과 정문경이다. 세형동검은 쌍합범으로 주조하는데, 두 짝에 새겨진 주형이 거의 정확하게 일치하고 있어 당시 설계와 제도 기술이 상당한 수준에 이르렀음을 알 수 있다. 또한 세형동검의 검엽劍葉이 일정한 두께로 제작된 것에서도 당시의 기술적 수준을 엿볼 수 있다. 전 논산 정문경이나 화순 대곡리大谷里 정문경의 배면에는 1cm 폭에 27줄이나 들어가는 세선을 새기고 있어 지금도 흉내 내기 어려울 정도이다. 세형동검과 정문경의 성분조성비는 화학적 특성 또한 잘 보여준다. 세형동검은 대부분 구리 70~80%, 주석 14~20%, 납 4~15%정도여서 인장강도와 경도가 가장 좋은 성분조성비를 보이고 있지만 정문경은 구리 61~65%, 주석 28~32%, 납 5~6%여서 세형동검보다 주석의 비율이 훨씬 높다. 주석의 함량이 많아지면 청동이 잘 깨짐에도 불구하고 주석을 많이 넣은 것은 색상을 은색으로 만들어서 반사성능을 좋게 하기 위해서였을 것이다.

_중국 동북지방의 청동기문화

서기전 2000년기의 청동기문화

중국 동북지방에서 가장 먼저 발달한 청동기문화는 서기전 2000~1500년경의 하가점하층문화夏家店下層文化이다. 이 문화는 영금하英金河유역에서 석성보군石城堡群유적이 확인되고, 대능하大凌河유역의 북표 풍하豐下 및 강가둔康家屯, 건평 수천水泉, 오한 대전자大甸子 등의 유적이 발굴되면서 그 면모가 뚜렷해졌다. 금현지금의凌海市 수수영자水手營子의 동병과銅柄戈를 제외하면, 하가점하층문화에서 나타난 청동기는 귀걸이나 반지와 같은 소형 장식품뿐이다. 그런데 력鬲, 언甗, 정鼎과 같은 삼족토기가 발달하고 채도가 중심을 이루고 있기 때문에 우리나라의 청동기문화와 어느 정도 관련되는지는 불분명하다.

고대산문화高臺山文化는 하가점하층문화의 동쪽 경계에 해당하는 의무려산醫巫閭山과 요하遼河 사이에 분포하고 있다. 방사성탄소연대가 3700~3335년 전으로 측정되어 하가점하층문화의 후기와 평행한다. 청동귀걸이와 동도자 등이 출토되고 있어서 하가점하층문화와 교류하였음을 보여준다.

서기전 2000년기 말에 이르면 요서의 청동기문화에 큰 변화가 나타난다. 대능하大凌河와 소능하小凌河유역에서는 서기전 13~10세기경에 위영자문화魏營子文化가 등장한다. 화상구和尙溝유적에서 동호銅壺와 동유銅卣 등이 출토되어, 위영자문화와 상·주교체기의 청동기 매납埋納유적이 서로 밀접하게 관련된 것을 보여준다. 상·주교체기의 청동기 매납유적은 객좌 일대를 중심으로 조양과 의현까지 발견되고 있다. 이 청동기들은 상나라 때까지 올라가는 것도 있지만 대부분 서주 전기의 것이다. 청동기 중에는 언후匽侯, 기후箕侯, 고죽孤竹, 백구伯矩, 성주成周 등의 명문이 새겨진 것들도 있어서 이 지역이 고죽국孤竹國이나 기후箕侯 또는 연후燕侯와 관계를 맺고 있었음을 알 수 있다.

요동에서는 태자하太子河 상류의 마성자문화馬城子文化와 요동반도의 쌍타자문화雙砣子文化가 대표적이다. 각 유적에서 측정된 방사성탄소연대가 4075±100년 전에서 3135±95년 전 사이에 분포하는 바, 마성자문화는 서기전 2000년기 내내 지속된 것으로 나타난다. 마성자문화는 석부石斧, 석착石鑿, 돌자귀石錛와 같은 석기들이 발달하였는데, 장가보張家堡 A동굴에서는 청동고리, 청동귀걸이, 청동장식품이 출토되었다. 모두 구리와 주석의 합금이어서 청동기 주조기술이 출현했음을 알 수 있다. 쌍타자문화는 하층·중층·상층문화로 구분된다. 쌍타자하층문화에 속하는 대취자大嘴子유적의 하층에서는 동과로 추정되는 청동기편이 출토되었으며,

상층에서는 동촉이 확인되었다. 쌍타자상층문화에서는 편평석부나 반월형석도, 석검, 석과石
戈, 석모石矛, 석월石鉞 등과 같은 석기들이 발달하지만 동촉, 청동단추, 청동고리, 낚시바늘 등
의 청동기도 출현한다. 방사성탄소연대로 보아, 쌍타자하층문화는 서기전 2000년 전후에, 쌍
타자상층문화는 서기전 2000년기 후엽에 해당한다. 따라서 요동반도에서는 서기전 2000년
기 초부터 청동기를 사용하기 시작했으며, 서기전 2000년기 후엽에는 좀 더 보편화되는 것
으로 생각해 볼 수 있다.

서기전 1000년기 전·중엽의 청동기문화

서기전 1000년기에 들면서 등장하는 비파형동검문화는 중국 동북지방부터 한반도에 이르
기까지 동서 약 700km, 남북 약 1000km에 이르는 넓은 지역에 분포하게 된다(그림 8.4).

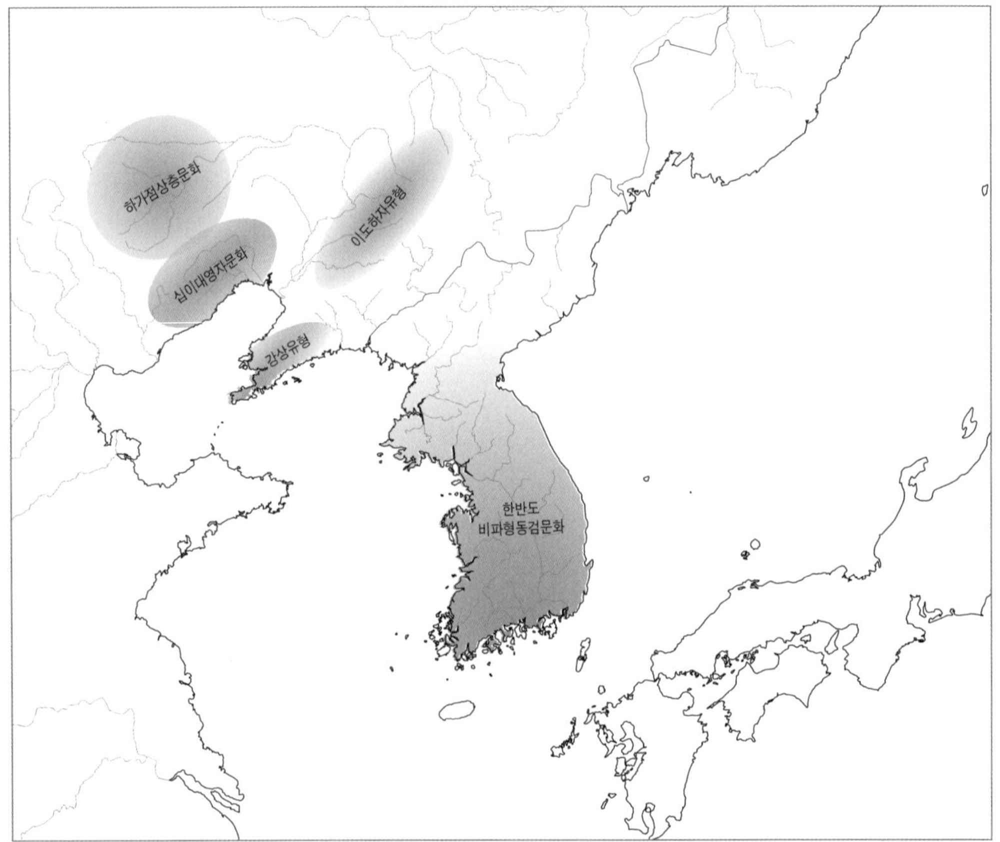

그림 8.4__서기전 1000년기 전엽의 비파형동검문화

154

문화권의 주된 범위는 그러하지만 비파형동검은 산발적이나마 이 지역 밖에서도 발견된다. 전국시대 연燕나라와 제齊나라가 있었던 하북성과 산동성 일대, 조양에서 북쪽으로 900km 정도 떨어진 내몽고 호륜패이시呼倫貝爾市, 심양에서 북쪽으로 500km 정도 떨어진 흑룡강성 쌍성시雙城市에서도 비파형동검이 출토된 바 있다. 이러한 사례들로 보아 요령과 한반도를 중심으로 한 비파형동검문화가 중원이나 북방초원지대의 문화와도 긴밀한 관계를 맺었음을 알수 있다.

중국 동북지방의 비파형동검문화는 서기전 1000년기의 전·중엽에 발달한 전형비파형동검문화와 후엽에 발달한 변형비파형동검문화로 구분할 수 있다. 요서에서 전형비파형동검문화는 하가점상층문화夏家店上層文化와 십이대영자문화十二臺營子文化로, 요동에서는 강상유형崗上類型과 이도하자유형二道河子類型으로 나눠진다.

하가점상층문화는 서랍목륜하西拉木倫河와 노합하老哈河유역을 중심으로 분포하며, 연대는 서기전 12세기부터 서기전 5세기경으로 편년하고 있다. 주된 묘제는 토광묘와 석곽묘이다. 직인비수식直刃匕首式단검, 환수도環首刀, 수수도獸首刀를 비롯한 북방계 청동기가 중심을 이루는 용두산유형龍頭山類型과 북방계 청동기를 중심으로 하면서 중원계와 십이대영자문화계 청동기도 출토되는 남산근유형南山根類型으로 구분할 수 있다.

용두산유형은 서랍목륜하유역을 중심으로 분포하고 있다. 이를 대표하는 용두산유적은 비교적 오래 동안 지속된 마을유적이다. 1호 석곽묘에는 목관이 안치되어 있었으며, 공병식 동검銎柄式銅劍·동부·동도자·동착·동추銅錐·동촉·청동장식품·청동단추 등 200점에 가까운 유물들이 출토되었다.

남산근유형은 노합하 상류를 중심으로 분포하고 있다. 이를 대표하는 영성 남산근 101호 석곽묘 역시 내부에 목관이 안치되었다. 출토유물은 청동기와 금제품, 석기, 골기 등 모두 500여 점에 달한다. 북방계 청동기와 함께 서주 말~춘추 초의 중원계 청동예기靑銅禮器와 무기류, 십이대영자문화계의 비파형동검이 출토되었다. 102호묘에서 출토된 새김무늬뼈판에는 2마리의 말이 끄는 수레가 그려져 있어서 하가점상층문화에서 수레가 사용되었음을 알 수 있다. 영성 소흑석구小黑石溝 8501호 석곽묘 역시 내부에 목관을 안치하였으며, 400여 점의 유물이 출토되었다. 유물은 대부분 청동기이며, 약간의 석기와 골기, 금제품 등이 있다. 특히 검신과 병부를 한꺼번에 주조한 특이한 형태의 비파형동검이 출토되어 주목을 받고 있다.

십이대영자문화는 대능하와 소능하유역을 중심으로 분포한다. 십이대영자문화는 토광묘나 석곽묘가 유행한 점에서는 하가점상층문화와 비슷하지만 공병식 동검을 비롯한 북방계 청동기가 거의 확인되지 않는 대신 비파형동검과 다뉴조문경을 중심으로 하고 있는 점에서 뚜렷하게 구분된다. 요동에 위치한 심양 정가와자鄭家窪子유적 6512호 목곽묘 역시 유구나 유

그림 8.5__ 십이대영자문화의 청동기

물로 보아 십이대영자문화에 속한다. 그뿐 아니라 내몽고 호륜패이시나 흑룡강성 쌍성시에서 출토된 비파형동검 역시 정가와자 6512호묘 출토품과 유사한 형식이어서 십이대영자문화가 이 시기에 이르러 요동으로 확산됨과 동시에 북방과도 활발하게 교류하였음을 알 수 있다.

십이대영자문화를 대표하는 유적은 조양 십이대영자와 심양 정가와자이다. 평지성 구릉에 입지한 십이대영자유적에서는 3기의 분묘가 조사되었다. 1호 석곽묘에서는 부부로 추정되는 인골 2구가 머리를 서쪽으로 향한 채 확인되었다. 비파형동검과 검파두식, 동촉, 동부, 동도자, 동착, 동추, 다뉴동경, 거마구, 장식품 등의 청동기와 약간의 석기, 토기가 출토되었다. 2호묘와 3호묘에서도 비파형동검과 다뉴조문경 등이 수습되었다. 정가와자 6512호묘는 토광목곽묘로 내부에 목관을 갖추고 있다. 목관 안에서는 머리를 서쪽으로 향하고 있는 인골 1구가 확인되었으며, 모두 42종 797점의 유물이 출토되었다. 유물은 대부분 청동기이다. 따라서 십이대영자문화에서는 금이나 은으로 만든 유물은 확인되지 않지만 청동기는 아주 다양한 종류가 출토되었다. 청동기로는 비파형동검·동촉 등의 무기류, 동부·동착·동도·동추 등의 공구류, 뇌문의 다뉴조문경, 청동단추 등의 장식품, 재갈·당로當壚·정식頂飾·절약節約·꼬삐걸개를 비롯한 거마구 등이 있다(그림 8.5).

요동의 비파형동검문화는 요동반도의 강상유형과 내륙산지의 이도하자유형으로 구분할 수 있다. 강상유형은 요동반도 남단을 중심으로 하면서 해안을 따라 압록강 하구까지 분포하고 있다. 주된 묘제는 적석묘이지만 지석묘도 확인된다. 적석묘는 여러 기의 분묘들이 함께

156

조영되어 있으며 화장묘가 대부분이다. 강상崗上 적석묘에서는 23기의 분묘가 조사되었는데, 분묘당 피장자는 2~18인이어서 모두 144인이 확인되었다. 누상樓上 적석묘에서도 10기의 분묘가 발굴되었는데 모두 화장묘이며, 분묘당 피장자는 2~15인이다. 인골이나 부장품이 불에 탄 것으로 보아 분묘 안에서 화장을 한 것으로 생각된다. 따라서 강상유형은 화장을 한 다장의 적석묘가 특징이다. 청동기는 비파형동검·동모·동촉 등의 무기류, 동부·동착 등의 공구류가 중심을 이루고 있지만 각종 청동장식품과 거마구도 출토된다. 십이대영자문화와는 비교할 수 없지만 비교적 다양한 청동기들이 출토된다.

이도하자유형은 요동 북부부터 길림성 중남부에 걸쳐 있는 요동산지에 분포하고 있다. 주된 묘제는 지석묘와 석관묘이다. 본계 양가梁家유적처럼 다뉴조문경이 출토되기도 하지만 대부분 비파형동검·비파형동모·동촉 등의 무기류와 동부·동착 등의 공구류만 출토된다. 따라서 십이대영자문화는 물론, 강상유형과 비교했을 때도 청동기의 종류와 수량이 훨씬 적다.

서기전 1000년기 후엽의 청동기문화

중국 동북지방의 비파형동검문화는 서기전 1000년기 후엽에 이르면 커다란 변화를 맞이한다. 비파형동검은 검신이 좁아지면서 직인화되고 등대의 융기부도 사라진다. 이 시기의 가장 큰 특징은 요서에서 비파형동검문화가 급격하게 쇠퇴하며, 조양 원대자袁臺子유적으로 대표되는 전국시대 연燕문화가 이를 대신한다는 점이다. 하지만 변두리인 요령성 건창·객좌 일대와 내몽고 오한 일대에는 여전히 비파형동검문화의 요소들이 남아있으며, 요동에서는 변형비파형동검문화로 이어지고 있다. 또한 전국시대 연나라의 중심부인 연하도燕下都 부근과 제나라가 위치한 산동반도 일대에서도 비파형동검이 출토되고 있다(그림 8.6).

서기전 1000년기 후엽에 이르면 하가점상층문화가 융성했던 서랍목륜하와 노합하유역의 청동기문화는 소강상태로 접어든다. 노합하유역에서는 전국시대의 연문화가 등장하고 있지만 서랍목륜하유역은 정구자井溝子유적에서 보는 것처럼 재지계 청동기문화가 남아 있다. 정구자유적에서는 토광묘가 조사되는데, 2인 합장이나 다인장이 절반 이상을 차지한다. 분묘에서는 동물희생이 보편적으로 확인되는데, 말이 가장 많고 소, 면양, 나귀, 노새, 개 순이어서 방목에 적합한 동물들이 중심을 이루고 있다. 출토유물은 청동기, 토기, 골각기, 옥기 등인데, 청동기는 대부분 장식품이고 무기류와 공구류는 많지 않다. 장식품으로는 청동단추와 청동귀걸이가 가장 많으며, 무기류로는 비수식匕首式동검과 동촉 등이 있다. 공구류로는 동도자와 동추, 동침銅針 등이 있다.

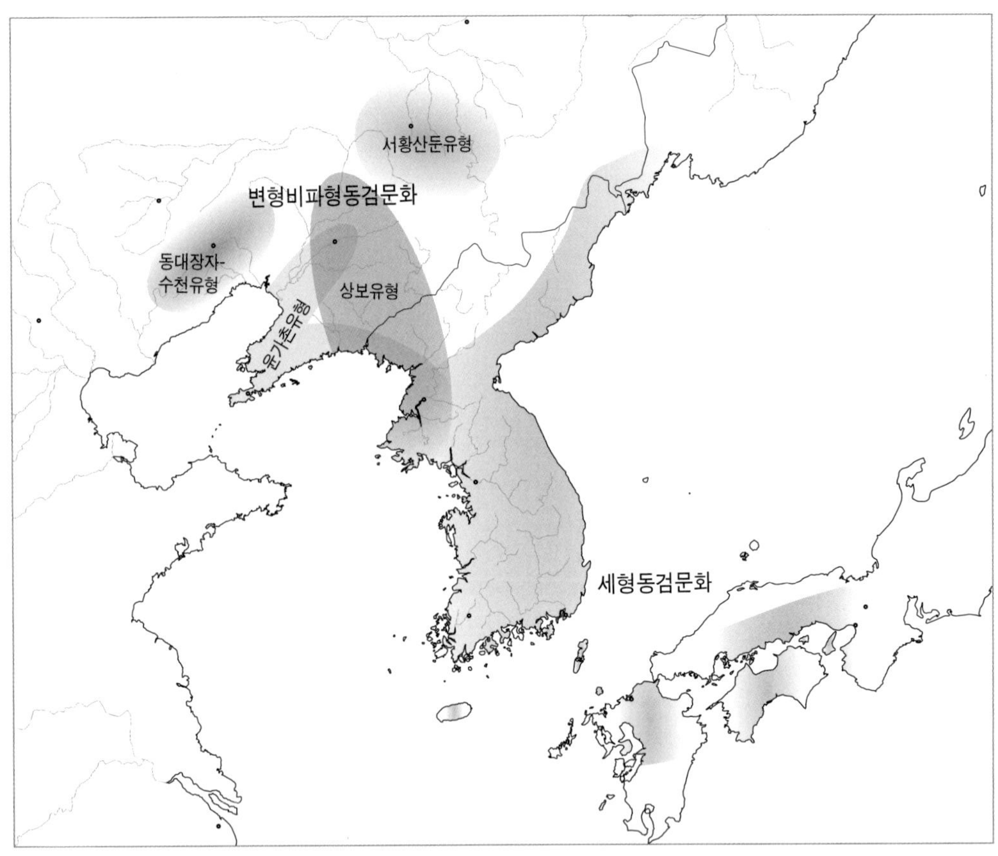

그림 8.6__ 서기전 1000년기 후엽의 동북아시아 청동기문화

십이대영자문화가 자리하고 있었던 대능하와 소능하유역에서도 커다란 변화를 확인할 수 있다. 십이대영자문화의 중심부에 해당하는 조양에서는 비파형동검문화 유적들이 급감하는 대신 연나라와 관련된 유적들이 확인되기 시작한다. 재지적인 청동기문화는 대능하 상류나 노호산하老虎山河 상류와 같은 주변부에서 주로 조사되고 있다.

동대장자유형東大杖子類型은 대능하 상류의 객좌, 능원, 건창을 중심으로 분포한다. 이 지역은 십이대영자문화의 시기에도 유적들이 집중분포한 곳이며, 북방초원문화나 중원문화와 관련된 유물들도 함께 출토되었다. 이러한 양상은 서기전 1000년기 후엽에도 이어진다. 동대장자유적에서는 다수의 목관(곽)묘가 발굴되었는데, 대부분 이단토광[生土二層臺]을 파고 축조하였으며, 토광 일단부에는 강자갈을 0.6~0.8m 두께로 깐 적석층[封石層]이 형성되어 있다. 출토유물로는 청동기가 가장 많으며, 토기와 구슬도 있지만 철기는 거의 확인되지 않는다. 청동기로는 비파형동검이 대표적인데 검병과 검파두식이 함께 출토된 경우가 많다. 비파형동검은 세신화되었지만 돌기부와 융기부가 미약하게 남아있는 것부터 돌기부가 거의 사라

158

져 직인화된 것까지 다양하다. 또한 중원식 동검이나 중원식 동과도 다수 확인된다. 동대장 자유형의 요령식 동과는 한국식 동과의 발생에 중요한 단서가 된다. 다양한 동촉도 확인되는 데 대부분 연나라에서 유행하는 형식이다. 공구류는 많지 않지만 동부와 동월銅鉞, 동착, 동도 자가 확인된다. 용기류로는 동정銅鼎, 동세銅洗, 동두銅豆 등의 청동예기靑銅禮器가 있다. 또한 당 로當鑪, 재갈, 절약, 고삐걸개, 차축두[車軎] 등과 같은 거마구도 있으며, 동령銅鈴, 동대구銅帶鉤, 그리고 개구리, 호랑이, 사슴 모양의 청동장식품이 있다.

수천유형水泉類型은 대능하의 지류인 노호산하의 상류에 분포한다. 주된 묘제는 장방형 토 광묘로 소, 돼지, 개, 말을 순장한다. 부장품은 토기가 중심을 이루되, 소수의 청동기와 석기, 골기, 철기도 있다. 청동무기류로는 비파형동검과 중원식 동과 등이 확인된다.

윤가촌유형尹家村類型은 요동반도 남단을 중심으로 분포한다. 검신이 좁아지고 돌기부가 미 약하게 형성된 윤가촌식 변형비파형동검이 특징이며, 중원계 유물들이 빈번하게 출토되고 있다. 윤가촌식 변형비파형동검은 요양이나 심양은 물론 하북성 탁현涿縣, 고비점高碑店, 망도 望都에서도 출토되었고 산동성에서도 확인된다. 윤가촌유형의 묘제는 이 지역에서 이전 시기 에 유행하던 적석묘와는 다르다. 강상·누상·와룡천臥龍泉유적 등의 적석묘는 석관을 사용한 다장의 화장묘인 반면, 윤가촌 12호묘는 토광석곽묘로 단인 신전장이다. 석곽 안에는 목관이 있었을 가능성이 크며, 위에는 적석을 하였기 때문에 동대장자유형의 봉석묘封石墓와도 유사 하다. 출토유물 가운데 청동기로는 동검·동모·동과 등의 무기류, 동부·동착 등의 공구류와 소수의 장식품이 있다. 동검은 윤가촌식 변형비파형동검이 대표적이며, 중원식의 동검·동 과·동모와 공반되기도 한다. 그러나 다뉴경과 같은 의기류나 거마구는 확인되지 않는다. 이 와 함께 약간의 철부[鐵斧]와 두豆, 파수부호와 같은 토기들이 있다.

상보유형上堡類型은 요령성의 본계, 단동, 무순, 철령과 길림성 중남부에 걸쳐 분포한다. 이 지역은 천산산맥에 의해 형성된 산악지역이다. 상보유형의 유물조합은 본계 상보촌上堡村유 적과 창도 적가촌翟家村유적이 잘 보여준다. 상보촌 M1호에서는 대청산식大靑山式 변형비파형 동검, 점토대토기 저부편과 함께 철착, 승문호가 공반되었다. 적가촌유적에서는 대청산식 변 형비파형동검과 함께 중원식 동검과 유공삼익동촉有孔三翼銅鏃, 철부 등이 출토되었다. 그래서 상보유형에서는 재지계인 변형비파형동검, 점토대토기와 중원계인 중원식 동검, 철부, 승문 호가 함께 출토된다. 주된 묘제는 석관묘이지만 토광묘와 적석묘도 확인된다. 석관묘와 토광 묘는 단인 신전장 중심이며 측와굴장이나 2인 합장도 일부 확인된다.

청동무기류로는 동검, 동모, 동과, 동촉 등이 있다. 동검은 변형비파형동검과 중원식 동검 으로 구분된다. 변형비파형동검은 청동제 'T'자형 검병이나 검파두식, 또는 검초금구 등이 공 반되기도 한다. 또한 촉각식觸角式 동검이나 동병철검銅柄鐵劍이 출토된다. 동모로는 엽맥문葉脈

文 유엽형동모가 유행하며, 요서의 요령식 동과와 한국식 동과의 중간 형태를 띠는 요령식 동과가 단동 망강촌望江村과 관전 쌍산자雙山子에서 출토되었다. 공구류로는 선형동부가, 의기류로는 엽맥문 다뉴조문경이 있다. 박보朴堡유적에서는 중원계 반리문경蟠螭文鏡이 출토되었지만 뉴가 2개 달려있어 재지적인 성격을 띠고 있다. 장식품으로는 청동고리 등이 약간 출토되며, 철기로는 철부, 철겸, 철착, 철도자 등의 공구류 위주이다. 명도전明刀錢도 확인된다.

서황산둔유형西荒山屯類型은 길림성 중남부의 제2송화강유역을 중심으로 분포한다. 이 지역의 문화는 보산문화寶山文化, 대해맹-포자연유형大海猛-泡子沿類型, 서황산둔유형 등으로 세분하기도 한다. 서황산둔유형은 대청산식 변형비파형동검과 촉각식동검觸角式銅劍이 특징적이다. 대청산식 변형비파형동검은 검신 하부나 검신 기부 쪽에 구멍이 2개 혹은 4개 뚫려 있는 것이 많다. 제2송화강의 하류는 토광묘가 중심을 이루고 있지만 제2송화강 중상류와 길림합달령吉林哈達嶺의 남부 산악지역에서는 대석개묘大石蓋墓가 중심을 이루고 있다. 청동기는 무기류, 공구류, 의기류와 장식품이 있다. 무기류로는 'T'자형 검병과 검파두식을 갖춘 대청산식 변형비파형동검과 촉각식동검, 동촉이 있으며, 공구류로는 병부에 엽맥문이 주조된 동도가 있다. 의기류로는 다뉴조문경이 있으며 팔찌, 반지 등 청동제 장식품도 출토된다. 철부, 철겸, 철도 등 철기가 출토되며, 재지계 토기들과 함께 중원계 승문토기도 확인된다.

이밖에도 두만강유역부터 러시아 연해주 일대까지에는 단결-끄로우노프카문화가 분포하며 송눈평원에는 한서漢書2기문화가 있는데, 청동기문화에서 철기문화로 급격하게 전환되고 있다.

_한반도의 청동기문화

비파형동검문화

출토유구와 공반유물

한반도에서 가장 이른 시기의 청동기로는 압록강 변에 위치한 용천 신암리新岩里유적 2층에서 출토된 동도자와 청동단추이다. 그러나 청동기문화의 본격적인 발전은 역시 비파형동검문화의 등장부터라고 할 수 있다. 한반도에서 비파형동검문화 관련 유물로는 비파형동검, 비파형동모, 동촉, 선형동부 등으로 유물구성이 비교적 단순하다. 현재까지 이러한 청동기들은 청천강 이남에서 주로 출토된다. 남한은 최근 발굴조사가 늘어나면서 비파형동검문화의 양

표 8.1__남한지역 비파형동검문화 관련 유적의 유물 공반관계

유적명	청동기	석기	옥	기타
여수 적량동 상적 2호 석곽	비파형동검 1 비파형동모 1	유구석부1, 지석 1 박편석기 1	관옥 5	이중구연토기편 등
여수 적량동 상적 4호 석곽	비파형동검편 1	석편		무문토기편 홍도편
여수 적량동 상적 9호 석곽	비파형동검편 1	석착 1, 지석 1, 석편		무문토기편 홍도편, 유문토기편
여수 적량동 상적 21호 석곽	비파형동검 1	석재편		
여수 오림동 8호 지석묘	비파형동검편 1	유경식석촉 1		
여수 오림동 5호 석곽	비파형동검편 1		관옥 2	
여수 봉계동 월앙 10호 지석묘	비파형동검 봉부편 1		소옥 1, 관옥 15	
여수 월내동 상촌 지석묘Ⅱ 7호 지석묘	비파형동검 1			이중구연토기편
여수 월내동 상촌 지석묘Ⅱ 2호 묘역지석묘	비파형동검편 1			흔암리식토기편
여수 월내동 상촌 지석묘Ⅲ 92호 지석묘	비파형동검편 1	유엽형석촉 1		
여수 월내동 상촌 지석묘Ⅲ 115호 지석묘	비파형동검 1	석촉 2, 유구석부 2		
여수 월내동 상촌 지석묘Ⅲ 116호 지석묘	비파형동검 1	유경식석촉 3 용도미상석기 1		
보성 덕치리 신기 15호 지석묘	동촉 1	유병식석검 1 유경식석촉 17		
순천 우산리 8호 지석묘	비파형동검 1		곡옥 2, 소옥 5	
부여 송국리 1호 석관묘	비파형동검 1 동착 1	유병식석검 1 유경식석촉 11	곡옥 2, 관옥 17	
창원 진동리 지석묘	비파형동검 1	유병식석검 1 유경식석촉 2		
창원 덕천리 16호 석곽	비파형동검 1	유병식석검 1		홍도 1
홍천 방량리	비파형동검 1	유경식석촉 6		
광주 역동 마-1호묘	비파형동검 1 마제형검파두식 1	삼각만입촉 8		
서천 오석리 주구석관묘	비파형동검 1	이단경식석촉 3	관옥 11	
김천 송죽리 4호 지석묘	비파형동검 1	유경식석촉 1		지석편, 홍도발 2 청동호 2
김천 문당동 1호 목관묘	비파형동검 1	유경식석검 1 석부 1 용도미상석기 1	소옥 97	주머니호 1 흑도장경호 1

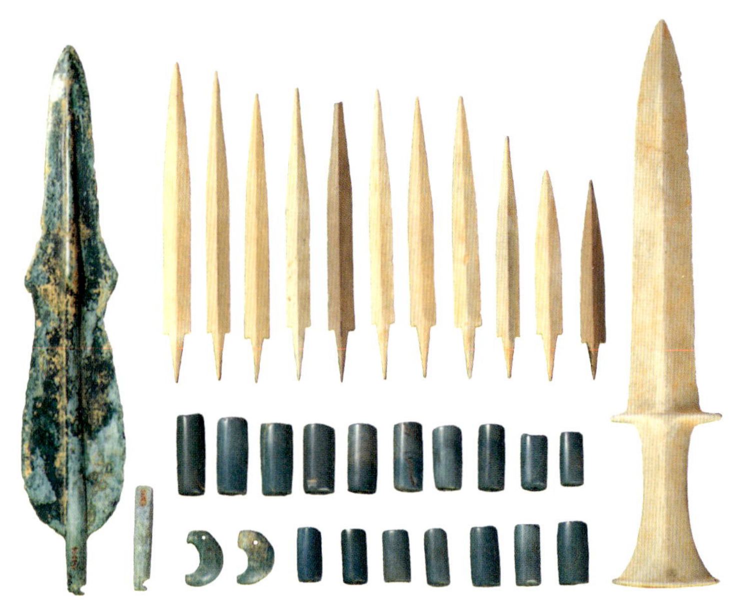

그림 8.7__송국리 1호 석관묘의 출토유물

상이 점차 밝혀지고 있지만 북한은 아직까지 그렇지 못하다.

한반도에서 비파형동검문화는 대동강유역부터 한강유역까지, 그리고 금강 하류, 고흥반도부터 김해에 이르는 남해안에서 발달하였다. 청동기가 출토된 분묘는 주로 지석묘이며, 석관묘나 주구석관묘도 있다. 남한에서는 주로 비파형동검만 단독으로 출토되며 석검이나 석촉, 옥 등이 공반되기도 한다. 여수 적량동積良洞 상적 2호 석곽에서는 보기 드물게 비파형동검과 비파형동모가 공반되었고, 부여 송국리松菊里 석관묘에서는 비파형동검과 동착이 함께 출토되었다.

북한에서도 비파형동검문화 관련 유물들은 적지 않지만 자료가 충분하지 않다. 특징이라면 현재까지 대동강유역에서는 곡인이 미약해진 비파형동검이나 변형비파형동검들만 출토되며, 곡인이 뚜렷한 전형비파형동검은 해서정맥海西正脈 이남에 위치한 연안 금곡동金谷洞유적에서만 출토되었다는 것이다. 개천 용흥리龍興里에서는 곡인이 미약해진 비파형동검과 동도자, 식옥, 석부가 출토되었으며, 평양 신성동新成洞 석관묘에서는 변형비파형동검과 검파두식, 뇌문의 다뉴조문경, 흑도장경호가 출토되었다. 배천 대아리大雅里 석관묘에서는 대청산식 변형비파형동검과 이단경식 동촉, 이단경식석촉, 삼각만입석촉, 관옥이 출토되었고, 신평 선암리仙岩里 석관묘에서도 대청산식 변형비파형동검과 이단경식석촉, 삼각만입석촉, 관옥이 출

162

토되었다. 배천 홍현리紅峴里 지석묘에서는 동촉과 일단경식석촉, 관옥, 환옥이 출토되었고, 은천 덕양리德陽里 약사동藥寺洞 지석묘에서는 이단경식 동촉과 이단경식석촉, 석부가 출토되었다. 그러나 서북한의 지석묘들에서는 세형동검도 다수 출토되고 있기 때문에 이러한 동촉들이 모두 비파형동검문화에 속하는 것인지는 판단하기 어렵다.

이상과 같이 서북한에서 비파형동검문화와 관련된 청동기들은 석관묘와 지석묘에서 주로 출토된다. 또한 중부에 가까운 연안 금곡동유적을 제외하면 늦은 형식의 비파형동검, 또는 대청산식이나 윤가촌식 변형비파형동검이 중심을 이루고 있다. 이러한 비파형동검은 김천 문당동文唐洞 목관묘와 김천 송죽리松竹里 지석묘에서도 출토되었다. 특히 김천 송죽리 비파형동검은 경부에 구멍이 뚫려 있어 배천 대아리 출토품과 매우 흡사하다.

청동기의 종류와 형식

한반도 비파형동검문화에서 확인되는 청동기로는 비파형동검, 비파형동모, 동촉 등의 무기류와 동부, 동착 등의 공구류가 대표적이다. 비파형동검은 곡인이 뚜렷한 전형과 곡인이 미약해지면서 세신화된 변형으로 구분된다. 남한의 비파형동검은 전형이 중심을 이루고 있지만 깨진 파편이나 재가공한 것들이 다수를 차지하고 있다. 창원 진동리鎭東里 비파형동검은 검엽을 재가공하여 인부를 직인화하였으며, 여수 봉계동鳳溪洞 월앙과 순천 원가곡元佳谷 지석묘에서는 비파형동검의 봉부편만 출토되었다. 남한 비파형동검의 가장 큰 특징은 경부에 홈이 1~2개 파져 있는 점인데, 나무로 만든 자루를 연결시키기 위한 것으로 보인다. 창원 덕천리德川里 비파형동검은 검신 기부 좌우측에 구멍이 각각 하나씩 뚫려 있어 서황산둔유형과의 관련성을 생각해 볼 수 있다.

남한에서는 곡인이 완전히 퇴화되어 비파형동검이라 부르기 어려운 변형비파형동검들도 출토되고 있다. 고흥 운대雲垈 지석묘, 보성 덕치리德峙里 신기新基 지석묘, 서천 오석리烏石里 주구석관묘, 광주 역동驛洞 마-1호묘, 전傳 진주 출토품 등은 모두 굵은 등대에 직인화된 좁은 검엽만 남아있다. 광주 역동 마-1호묘에서는 변형비파형동검과 함께 마제형 검파두식이 출토되었다. 마제형 검파두식은 김해 연지蓮池 지석묘에서도 출토되었으며, 요동반도의 강상 적석묘와 무순에서도 출토되어 동북아시아 비파형동검문화 사이의 연관성을 살펴볼 수 있다. 북한에서는 곡인이 뚜렷한 비파형동검은 찾아보기 어렵다. 오히려 곡인이 미약해진 비파형동검들이 출토되고 있는데, 요서와 요동의 늦은 시기 비파형동검들과 유사하다. 직인화된 검신에 청동검병을 갖춘 변형비파형동검들도 출토되고 있다. 이러한 동검들은 세형동검과는 달리 결입부가 형성되어 있지 않다.

비파형동모는 곡인의 모신에 자루를 끼울 수 있는 공부가 달려 있다. 여수 적량동 상적과 보성 봉릉리鳳陵里 지석묘에서 출토되었으며 영흥에서는 용범이 출토되기도 했다. 이밖에도 수습된 비파형동모들이 더 있어서 한반도 비파형동검문화의 특징적인 유물로 볼 수 있다. 동촉은 보성 덕치리 지석묘와 김해 무계리茂溪里 지석묘, 배천 대아리 석관묘 등에서 출토되었는데, 형식적으로 약간씩 차이를 보인다. 공구류로는 선형동부가 있는데 부여 송국리유적 55-8호 주거지에서는 그 용범이 출토된 바 있다.

비파형동검문화는 청천강 이남의 한반도 전역에서 확인되지만 기종이 단순하고 수량도 많지 않다. 중국 동북지방의 비파형동검문화 가운데 요동 비파형동검문화와 유사하며, 특히 분묘구조와 부장유물에 있어서는 이도하자유형과 더욱 유사하다.

세형동검문화

분포와 출토유구

세형동검문화는 한반도를 중심으로 하면서 동북쪽으로는 두만강유역을 넘어 연해주까지, 동남쪽으로는 바다를 건너 일본열도 서부까지 분포한다. 특히 대동강유역, 함흥평야 일대, 충남과 전북 등 중서부, 낙동강 중·하류에 밀집분포하고 있다. 하지만 산지가 발달한 섬진강유역과 낙동강 상류 및 한강 상류에서는 드물게 확인되고 있어서 서로 비교된다. 일본열도에서는 북부규슈[北部九州]의 후쿠오카[福岡], 나가사키[長崎], 사가[佐賀]에 주로 분포한다.

서북한에서 세형동검 반출 유적들은 대동강 하류부터 재령강과 예성강유역으로 이어지는 평야지대에 집중적으로 분포하는데, 본격적인 철기 파급과 궤를 같이 하는 한문화漢文化의 유입 이전과 이후 유적으로 구분된다. 원래 주된 묘제는 석관묘, 적석목관묘이지만 낙랑군 설치 이후 목곽묘, 귀틀무덤 등의 묘제가 등장한다. 부장품으로는 세형동검·동모·동과와 같은 청동무기류와 함께, 철노鐵弩·철검·철모·철극·철도 등의 철제 무기류도 출토된다. 동부·동착·동사와 같은 청동공구류도 있지만 철제 공구류가 더 자주 출토되고 전통적인 다뉴경多鈕鏡보다 한경漢鏡이 더 많이 출토되는 현상은 낙랑을 통한 한문화 유입 이후 유적이 많은 점에 기인한 듯하다. 한문화의 유입 이후, 이전에 볼 수 없었던 거마구가 확인되며, 유리구슬이나 은반지, 옥장식품도 출토된다.

동북한에서는 함흥평야와 두만강유역 및 연해주 일대에서 세형동검문화 관련 유적들이 확인된다. 함흥평야 일대에서는 세형동검·동모·동과와 같은 무기류가 중심을 이루며 정문경이나 간두령도 확인된다. 함흥 이화동梨花洞유적에서는 철부가, 영흥 용강리龍江里에서는 철모나 철검 등의 무기류와 거마구가 출토되었다. 연해주 이즈웨스또프까유적에서는 조문경과 동모·동사 등이 출토되었다.

한반도 중서부는 세형동검문화가 가장 발달한 지역이다. 삽교천유역부터 금강유역과 만경강유역에 밀집 분포하며, 한강 하류와 임진강유역에서도 확인되고 있다. 묘제는 주로 적석목관묘와 목관묘(토광묘)이다. 무기류로는 세형동검만 확인되다가 곧이어 동모와 동과가 등장한다. 공구류는 동부·동착·동사와 같은 청동기가 점차 철부·철착·철사와 같은 철기로 바뀌어간다. 의기류로는 방패형·검파형·나팔형의 이형동기와 조문경·정문경 등의 다뉴경, 팔주령·쌍두령·조합식쌍두령·간두령의 동령류가 있다. 석제 곡옥·관옥·소옥 등은 철기가 공반되면서 유리제 관옥으로 바뀌어간다. 점토대토기와 흑도장경호 같은 토기들도 세형동검문화와 불가분의 관계를 갖고 있다.

한반도 서남부의 영산강유역에서도 적석목관묘에서 세형동검문화 관련 유물들이 출토되었다. 세형동검, 동모, 동과 등의 무기류, 동부, 동착, 동사 등의 공구류, 조문경과 정문경 및 각종 동령류가 출토되지만 이형동기는 확인되지 않았다. 지석묘에서도 간혹 세형동검이나 동과 등이 출토된다.

한반도 동남부에서는 낙동강 중류의 대구부터 영천, 경주로 이어지는 지역과 낙동강 하류의 창원·김해 일대에서 세형동검문화 관련 유적들이 집중적으로 조사되고 있다. 반면에 안동분지를 비롯한 낙동강 상류에서는 거의 확인되지 않고 있다. 이 지역에서는 전傳 상주 동령류나 전傳 경주 입실리入室里 정문경, 전傳 경남 정문경 등과 같이 비교적 이른 시기의 유물들도 확인되지만 철기문화가 유입되고 난 이후의 유적들이 중심을 이루고 있다. 무기류로는 세형동검·동모·동과와 함께 철검, 철모, 철과, 철도 등이 확인되며, 공구류로는 판상철부·철겸 등이 새로 등장한다. 의기류로는 간두령과 잠형령이 확인되며, 경주 조양동朝陽洞 5호묘에서는 다뉴소문경多鈕素文鏡이 철기류와 함께 출토되었다.

세형동검 반출 유적이 집중적으로 분포하는 몇 지역 중 가장 이른 시기 유적들은 한반도 중서부에 주로 분포하지만 시간이 흐르면서 그 중심이 점차 한반도 서남부와 서북부로 옮겨가게 된다. 이는 철기문화 유입의 계기나 경로와도 무관하지 않은 듯하다. 전국戰國 연燕계통 철기문화가 한반도 중서부 일대에 유입되지만 철기문화가 보편화되는 한편, 낙랑을 통해 한계 철기문화가 새로이 유입되면서 그 주된 경로인 서북한과 동남한이 새로운 중심지로 부상하게 되는 것이다.

일본열도에서 세형동검문화는 규슈[九州] 북부로부터 세토나이카이[瀨戸內海]를 따라 긴키[近畿]까지 분포한다. 청동기는 주로 옹관묘와 목관묘에서 출토된다. 세형동검·동모·동과와 같은 무기류가 중심을 이루며, 정문경과 동사 등도 확인된다. 일본열도의 세형동검문화는 점차 특유의 중세형동검문화_{中細形銅劍文化}로 발전하고 있어서 한반도와는 다른 발전과정을 걷고 있다.

청동기의 종류와 형식

세형동검문화의 청동기는 무기류, 공구류, 의기류로 대별된다. 무기류로는 세형동검과 중원식 동검, 동과, 동모, 동촉이 있으며 늦은 시기에는 철검, 철모, 철과, 철촉, 철극과 같은 철제 무기류가 등장한다.

세형동검은 결입부가 뚜렷해진 검신에 짧은 경부가 달려있는 동검이다. 비파형동검을 계승하고 있어 이른 형식에는 그 특징이 남아있는데, 검신기부가 약한 호형이며 봉부가 길다. 그와는 달리 전형적인 세형동검은 기부가 직각으로 꺾이며 봉부는 3cm 내외로 짧다.

동주식東周式 동검으로도 불리는 중원식 동검은 함평 초포리草浦里유적에서만 세형동검과 함께 출토되었다. 그러나 완주 상림리上林里나 익산 신룡리新龍里 출토품도 직·간접적으로 관련될 것이다. 또한 서북한의 평양 석암리石巖里유적과 평원 신송리新松里유적, 재령 고산리孤山里유적에서도 출토되었는데, 평원 신송리유적과 재령 고산리유적에서는 변형비파형동검과 함께 출토되었다.

한국식 동과는 '一'자형을 이루는 과신戈身과 경부莖部로만 구성되어 있어 'ㄱ'자형으로 꺾여 있는 중원식 동과와는 다르다. 최근 요서와 요동에서 한국식 동과의 조형으로 볼 수 있는 요령식 동과들이 출토되고 있다. 또한 연하도燕下都의 신장두辛壯頭 30호묘에서 한국식 동과가 출토되어 양 지역 간의 관계를 살펴볼 수 있다. 동모는 마름모꼴의 모신에 자루를 끼울 수 있는 공부銎部가 달려 있으며, 공부에 구멍이 뚫린 유공식有孔式과 고리가 달린 유이식有耳式으로 구분되는데 전자에 이어 후자가 등장한다.

청동공구류로는 동부·동착·동사 등이 있으며 철기문화가 들어오면서 철기로 바뀌어간다. 동부는 선형扇形동부·주머니형동부·장방형동부·유견有肩동부가 있는데, 이른 시기의 유적에서는 선형동부가, 늦은 시기의 유적에서는 유견동부가 주로 출토된다. 동착은 이른 시기부터 늦은 시기까지 계속 출토되는데, 인부가 비교적 넓은 것과 신부 중간에 단이 져서 인부가 좁아진 것으로 구분할 수 있다. 동사는 단면형태가 약한 호형을 이루며 인부는 삼각형을 띠고 있다.

의기류로는 이형동기, 동경, 동령류가 대표적이다. 이형동기로는 검파형동기·나팔형동기·방패형동기가 있는데, 주로 한반도 중서부에서 출토된다. 이형동기의 기능은 알 수 없지만 심양 정가와자 6512호묘에서 출토된 나팔형동기가 거마구이고 검파형동기와 방패형동기도 요서에서 출토된 당로와 유사한 형태여서 거마구를 모방했을 가능성이 있다.

동경은 다뉴경과 한경漢鏡으로 구분된다. 이른 시기의 유적에서 주로 조문경이 확인되며 이

그림 8.8__화순 대곡리유적의 출토유물

어서 정문경이 등장한다. 그리고 철기문화가 본격화되면서 한경이 유입된다. 조문경은 요서 비파형동검문화에 처음 등장해서 세형동검문화기에 한반도로 들어온다. 배면 문양은 뇌문, 성문, 태양문 등이 있다. 정문경의 배면 문양은 태양문 일색이며, 문양이 아주 정세하다.

 동령은 팔주령·쌍두령·조합씩쌍두령·간두령이 조합을 이루며 출토되기도 하고 간두령과 잠형령만 출토되기도 한다. 동령 조합은 전 논산, 화순 대곡리, 함평 초포리와 같은 발전기의 유적들에서 출토된다. 이후 철기문화가 들어오면서 간두령만 남게 된다. 팔주령은 팔각판의 끝부분에 령부가 붙어 있는 형태로 그 조형이 대단히 아름답다.

한반도 청동기문화의 전개과정

 한반도의 청동기문화는 비파형동검문화와 세형동검문화로 구분할 수 있다. 비파형동검문 화는 전개과정을 구체적으로 파악하기 어렵지만 중국 동북지방과 구분되는 독특한 비파형동 검문화가 있었음이 분명하다. 한반도 중남부의 비파형동검은 곡인이 뚜렷한 전형비파형동검 위주이며 경부에 홈이 파진 것이 특징이다. 경부에 홈이 파진 동검 중에는 곡인의 형태가 완

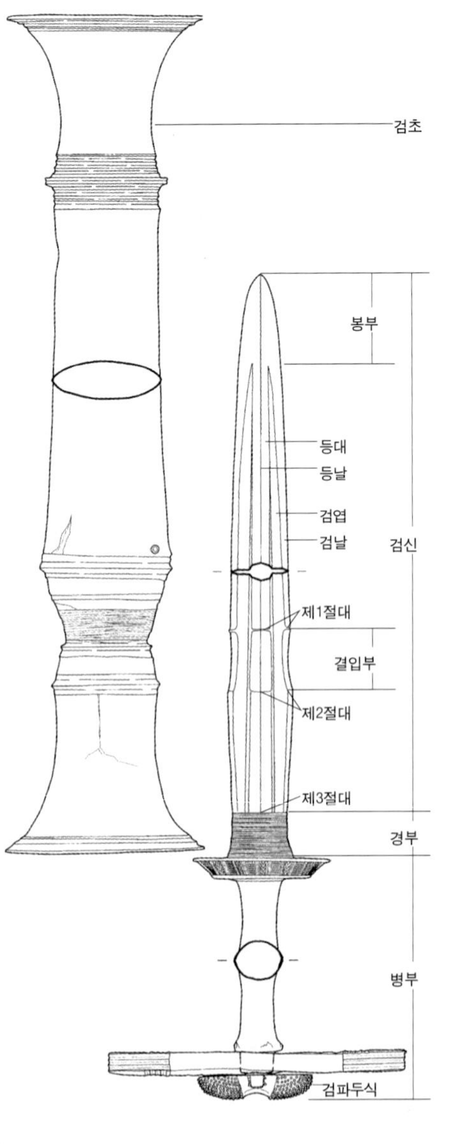

비파형동검과 세형동검

비파형동검과 세형동검은 우리나라 청동기시대를 대표하는 유물이다. 비파형동검은 만주식 동검滿洲式銅劍·요령식 동검遼寧式銅劍으로, 세형동검은 좁은놋단검·한국식 동검韓國式銅劍으로도 불린다. 그러나 양자는 논자에 따라 지칭하는 범위가 약간씩 다르므로 주의를 요한다. 특히 중국 동북지방에서 출토되고 있는 검신폭이 좁아들고 직인화된 동검에 대한 명칭은 큰 차이를 보인다. 이러한 동검에 대하여 비파형동검의 범주 안에 포함시켜 변형비파형동검變形琵琶形銅劍으로 부르기도 하지만 세신화된 검신에 주목하여 세형동검의 범주에 포함시키기도 한다. 좀 더 구체적으로 살펴보면 세형동검을 대청산-오도령구문식大靑山-五道嶺溝門式, 윤가촌식尹家村式, 남성리-초포리식南城里-草浦里式으로 구분하기도 하고, 중국 동북지방에 주로 분포하는 형식을 요령식세형동검遼寧式細形銅劍으로, 한반도에 주로 분포하는 형식을 한국식세형동검韓國式細形銅劍으로 부르기도 한다. 중국에서는 동북계동검東北系銅劍·곡인단경식 동검曲刃短莖式銅劍 등으로 부르고 있는데, 중국 동북지방의 비파형동검과 변형비파형동검을 포괄한다. 하지만 어느 경우를 막론하고 곡인을 이루는 검신과 짧은 슴베가 특징적이므로 비파형동검과 변형비파형동검 및 세형동검은 형식학적으로 선후관계를 갖고 있는 것은 틀림없다.

전히 사라진 것도 있어서 남한의 비파형동검은 중국 동북지방과 다른 자체적인 변천과정을 걷는 것으로 이해된다.

세형동검문화의 전개과정은 비교적 뚜렷하다. 세형동검문화는 서기전 3세기 초 중국 동북지방의 십이대영자문화에서 분지되어 성립하였다. 이러한 가능성은 예산 동서리東西里유적에서 출토된 곡인의 형태가 남아있는 초기 세형동검이나 나팔형동기 등이 심양 정가와자 6512호묘를 비롯한 중국 동북지방에서 확인되기 때문이다. 서기전 3세기 전·중엽에는 전형적인 세형동검이 등장하며 검파형·방패형·나팔형의 이형동기와 다뉴조문경이 유행한다. 서기전 3세기 후엽부터 서기전 2세기 초에 이르면 동과·동모와 같은 새로운 무기류와 동령류가 등장하고 조문경을 대신해서 정문경이 유행한다. 또한 세형동검문화가 일본열도에 파급되는 시기도 이때로 추정된다. 서기전 2세기 전엽에는 전국연계철기문화가 한반도 중서부에 유입된다. 세형동검이나 동과·동모와 같은 무기류는 변함없이 지속되지만 정문경은 쇠퇴하기 시작하며 동령류도 간두령만 남아 있다. 또한 청동공구류를 대신해서 내구성이 좋은 철제 공구류가 등장한다. 세형동검문화는 서기전 1세기에 낙랑계 철기문화가 유입되면서 쇠퇴의 길로 접어든다.

중국 동북지방부터 한반도에 이르는 지역에서는 서기전 2000년기 전반부터 청동기를 사용하기 시작하지만 본격적인 청동기문화는 비파형동검문화의 등장부터라 할 수 있다. 비파형동검문화의 기원에 대해서는 요서기원설과 요동기원설로 나뉘어져 있지만, 최근에는 요서기원설에 좀 더 주목하고 있다. 십이대영자문화는 요서를 대표하는 비파형동검문화인데, 대체로 서기전 9세기를 전후한 시기에 등장하였으며, 이후 요동과 한반도까지 영향을 미치고 있다. 요동의 비파형동검문화는 요동반도의 강상유형과 요동북부의 이도하자유형으로 구분할 수 있으며, 한반도에서는 청천강 이남을 중심으로 분포하고 있다. 서기전 1000년기 후엽에 이르면 비파형동검문화는 커다란 변화를 맞이하게 되는데, 가장 큰 변화는 요서에서 십이대영자문화가 급격하게 쇠퇴한 것이다. 이와는 달리 요동에서는 변형비파형동검문화가, 한반도에서는 세형동검문화가 새로 형성되면서 이전보다 훨씬 다양한 청동기문화를 꽃피운다. 그러나 중원으로부터 철기문화가 유입되면서 청동기문화는 점차 쇠퇴하기 시작하며, 서력전 후경에는 주도적인 자리를 내려놓게 된다.

청동기는 당시 사회의 기술적 수준을 보여주는 척도이다. 또한 이 시기가 우리 역사상 고조선, 부여, 삼한 같은 초기국가들이 형성되는 때라는 점에서 광역적으로 분포하는 청동기는 초기국가의 영역과 그들 사이의 상호관계를 파악하는데 중요한 물질자료라고 할 수 있다.

조진선

姜仁旭, 1996, 「遼寧地域 琵琶形銅劍에 대한 一考察」, 『韓國上古史學報』 21, pp. 173~247.

미야자토 오사무, 2010, 『한반도 청동기의 기원과 전개』, 서울: 사회평론.

오강원, 2006, 『비파형동검문화와 요령지역의 청동기문화』, 고양: 청계.

이종수, 2009, 『松花江유역 초기철기문화와 夫餘의 문화기원』, 서울: 주류성.

이청규, 2005, 「靑銅器를 통해 본 古朝鮮과 주변사회」, 『북방사논총』 6, pp. 7~58.

趙鎭先, 2005, 『細形銅劍文化의 研究』, 서울: 學硏文化社.

궈다순·장싱더(김정열 역), 2008, 『동북문화와 유연문명(상·하)』, 서울: 동북아역사재단.

09

경관, 의례, 예술

_농업경관의 형성   _한국 청동기시대 의례와 예술

모든 유적이나 유물은 일상적인 기능과 용도 이상의 무언가를 의미하는 상징이자 기호가 될 수 있다. 한국 청동기시대는 다른 나라의 청동기시대에 못지않게 상징과 의례와 관련한 다양한 물질문화를 포함하고 있다. 환호취락의 발굴은 농경공동체의 형성과 발전을 경관의 측면에서 해석할 수 있는 가능성을 열어주고 있으며, 암각화와 농경문청동기 등에 나타나는 다양한 도상을 통해 청동기시대 사람들이 상징을 제작하고, 의미를 부여하고, 그것을 해석-재해석하는 과정을 추론해 볼 수도 있다.

_농업경관의 형성

청동기시대에 들어 농경과 정주(취락)생활이 확대·본격화되면서, 인간에 의한 경관의 개변이 빈번해지는 것은 물론 경관에 대한 인식도 변화하게 된다. 더구나 전-중기 전이기를 거치면서 본격적으로 확산되기 시작한 수도작水稻作은 또 새로운 경관의 형성을 촉발하게 된다. 논을 비롯한 생산시설은 물론, 공동묘지도 거주구역에 인접하여 조성된 (광의의) 취락의 등장은 청동기시대인의 일상적인 삶과 죽음을 종합적으로 이해할 수 있는 장이 되기도 한다.

특히 환호취락에서는 그러한 양상이 더욱 확연해진다. 엄밀하게 정하자면, 환호環濠는 마을 전체를 분명하게 둘러싸야 할 뿐만 아니라, 폭과 깊이가 심리적인 괴리를 느껴질 정도여야 하지만 실제로는 다소 폭이 좁고 거주구역의 일부나마 분명하게 감싸지 않더라도 어느 정도의 길이와 폭을 가진 구溝를 포괄하기도 한다. 현재까지 남한에서만도 37개소 이상의 신석기시대 및 청동기시대 환호가 발견되고 있다. 신석기시대의 진주 상촌리上村里 B지구나 청동기시대 전기의 청원 대율리大栗里 사례를 제외한 대부분 환호는 청동기시대 중기와 후기에 비정될 수 있고, 영남에서 상대적으로 자주 확인되고 있어 시공에 걸친 편중되는 경향이 있기도

그림 9.1_청동기시대 환호취락(창원 남산유적)

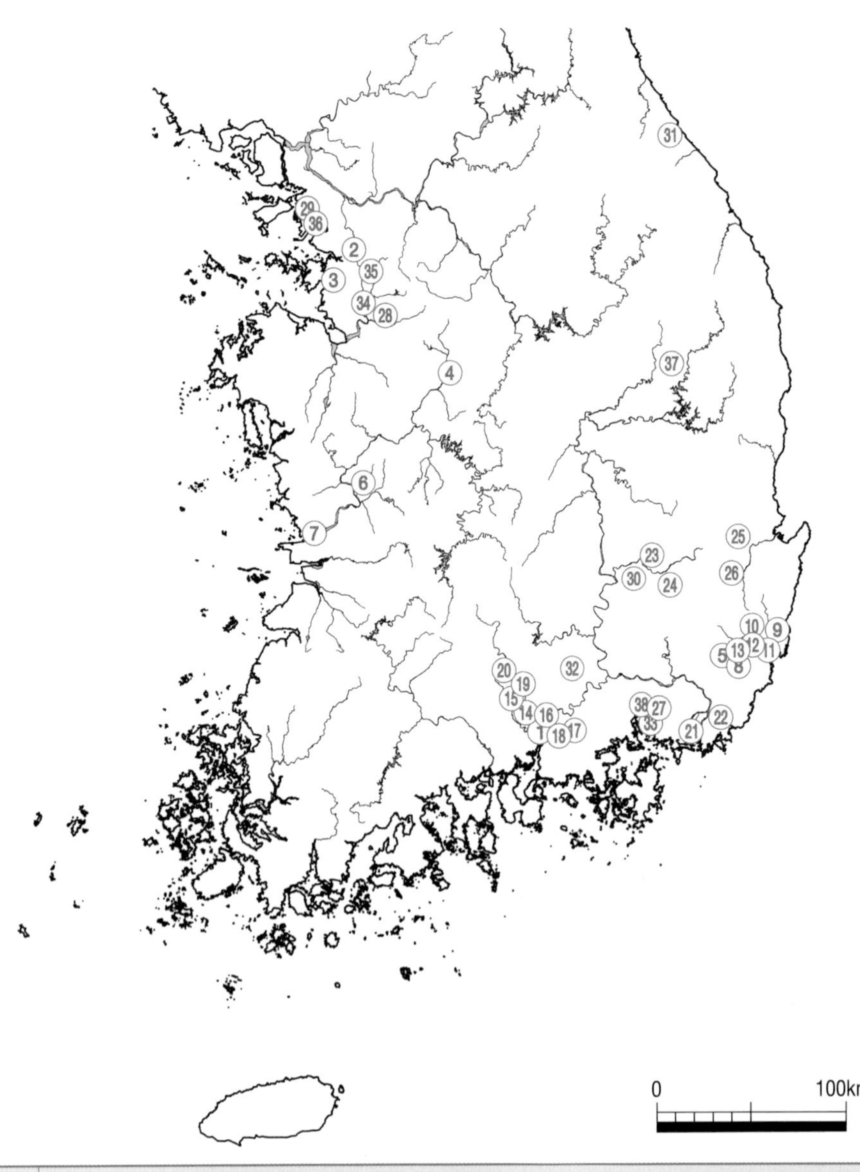

시기	유적명
신석기	① 진주 상촌리 B지구
청동기 전기	② 수원 율전동 ③ 화성 쌍송리 ④ 청원 대율리 ⑤ 울산 방기리
청동기 중기	⑥ 부여 송국리 ⑦ 서천 도삼리 ⑧ 울산 검단리 ⑨ 울산 연암동 ⑩ 울산 교동 ⑪ 울산 명산리 ⑫ 울산 천상리 ⑬ 울산 무거동 옥현 ⑭ 진주 대평리 옥방 1지구 ⑮ 진주 대평리 옥방 4지구 ⑯ 진주 대평리 옥방 7지구 ⑰ 진주 가호동 ⑱ 진주 이곡리 ⑲ 산청 사월리 ⑳ 산청 옥산리 ㉑ 김해 대성동 ㉒ 부산 동래 온천동 ㉓ 대구 동천동 ㉔ 경산 임당동 ㉕ 경주 갑산리 ㉖ 경주 석장동 ㉗ 창원 덕천리
청동기 후기	㉘ 안성 반제리 ㉙ 부천 고강동 ㉚ 대구 팔당동 ㉛ 강릉 방동리 ㉜ 합천 영창리 ㉝ 창원 남산 ㉞ 오산 청학동 ㉟ 화성 동학산
기타	㊱ 인천 문학동 ㊲ 봉화 갑평리 ㊳ 창원 상남리

그림 9.2__남한지역의 환호취락유적 분포

하다.

환호는 방어용 장벽 또는 사회적 (상징적) 경계라는 기능과 의미 중 어느 하나를 갖거나 아니면 양자를 동시에 가질 수도 있다. 이 가운데 제의와 관련하여 순수한 상징적 경계로 해석할 수 있는 사례로 부천 고강동(古康洞)이나 울산 연암동(蓮岩洞), 화성 쌍송리(雙松里), 안성 반제리(盤諸里) 등 유적의 환호를 들 수 있다. 이 유적들에서 발견되는 환호의 경우, 환호 내에서 제의와 관련된 시설이 발견되거나 혹은 주거 구역에 인접하여 위치하면서 동시에 주거 구역으로부터 확연히 구분되며 환호 내부에서 주거지가 발견되고 있지 않아 제의와 관련된 유구 및 그 상징적 경계로 추정할 수 있다. 한편, 주거지들과 함께 발견되는 환호의 경우, 공동체의 경계를 표현하는 상징적 경계의 의미와 함께 방어적 기능과 함께 지닌 것으로 파악할 수 있다. 예를 들어 울산 검단리(檢丹里), 방기리(芳基里), 천상리(川上里), 경주 갑산리(甲山里), 강릉 방동리(芳洞里) 등의 환호유적들은 마을의 전체 혹은 일부를 둘러싸고 있어서 실제적인 그리고 상징적인 경계로 추정할 수 있다. 또한 진주 대평리(大坪里) 옥방(玉房) 1지구에서 목책과 함께 발견된 환호와 창원 서상동(西上洞) 남산의 망루 시설을 가진 환호 등은 부여 송국리(松菊里)에서 발견되는 방어용 목책과 유사한 목적의 방어용 시설이었음을 짐작할 수 있다.

환호취락의 등장은 본격적인 수도작의 본격적 확산과 궤를 같이 하는 상위유력층이나 사회적 위계의 등장이라는 사회경제적 변화와 깊은 관련이 있는 것으로 이해되기도 하지만 방어적 기제에 대한 사회심리적 수요, 경계의 부각, 취락 내부구조의 복합화 등 좀 더 여러 방면으로 이해로 지평을 확장할 필요가 있다. 또한 환호가 다목적이고 다의적일 수 있다는 점을 염두에 두면서 그것이 속한 맥락에서 이해되어야 하며, 축조과정에서 능동적 주체로서 개인의 역할과 인식도 고려되어야 할 것이다. 공동체 구성원으로서 개인의 정체성과 공동체 자체의 정체성의 형성은 환호의 축조과정에 참여함으로써 가능했을 것이며 그러한 정체성은 그들의 일상생활 혹은 제의과정에서 이러한 환호를 인지하고 경험함으로써 유지될 수 있었다. 그러한 제의의 과정에서 환호는 연령, 사회적 성, 지위에 따라 참여자와 비참여자 사이를 구분하는 기제로 작용했을 수도 있다. 이러한 구분과 범주화는 실제의 공동체 제의에서 실현되며 사회적 기억 속에 규범이나 구조로서 남게 된다.

그러나 그러한 규범과 구조가 반드시 사회계층화와만 연결되는 것은 아니다. 청원 대율리, 대구 팔달동(八達洞), 울산 방기리 등 유적에서 보듯이, 환호 내외부의 주거지 간 확연한 계층적 차이를 인지할 만한 증거는 잘 보이지 않는다. 2~3기의 주거지들이 중심부에 위치하는 동시에 환호로 둘러 싸여 있다. 이러한 주거지들은 해당 공동체의 지도자나 수장으로 거처로 추정될 수도 있지만 평면적이 약간 넓다는 점 외에 출토 유물의 양과 질의 측면에서 커다란 차이를 보이지 않는 등 계층적 차이를 인지할 만한 명확한 증거는 없다. 이와 함께 이 유적의 청동기시대 대부분의 주거지들 사이에 물질자료의 측면에서 실질적인 차이를 보이는 경우가 거의 없다는 점도 염두에 두어야 한다. 따라서 환호로 둘러싸인 2~3기의 주거지들은 특정한 소수의 개인들에 의해 점유되었을 가능성보다는 공동체 차원에서 공동으로 이용되었을 가능성이 크다. 이러한 추론은 환호의 축조가 공동체성에 기반을 둔 개인의 정체성의 형성에 영향을 끼쳤을 것이라는 또 다른 해석과 연결될 수 있다.

환호는 주거 축조의 기준이 되기도 한다. 안성 반제리유적이나 화성 쌍송리유적에서처럼 주거지들은 환호를 중심으로 어느 한쪽에 위치하거나 서로 대칭적으로 배치되어 있다. 결국 환호가 취락이라는 공동체 내에서 그리고 그 공동체에 의해 하나의 규범으로 유지되는 셈이다.

청동기시대 취락에서 개별 주거 2~5기가 소규모 군집을 형성하는 것은 종종 확인되는 현상으로 울산 방기리, 울산 천상리, 화성 쌍송리 등 환호취락에서도 관찰된다. 이러한 군집은 세대공동체世代共同體, 의사확대가족가구擬似擴大家族家口, 단순가족가구의 결집 등으로 해석될 수도 있으나 아직 분명하지 않다. 다만 개인들이 취락이라는 공동체 내에서 뿐만 아니라, 군집 내에서도 또 다른 정체성을 형성했을 것이라는 점은 분명하다. 개별 가구나 개인은 공동체 구성원이자 군집의 성원으로서 이중 혹은 다중의 정체성을 가지고 있었을 것이며 그러한 정체성들은 다양한 수준-개인, 주거군집, 공동체 등-에서 때때로 갈등을 빚거나 협상하기도 하였을 것이다.

대구 동천동東川洞유적의 경우에서 보는 바와 같이, 환호취락에 내부구조의 복합화가 확인되기도 한다. 이 유적에서는 환호 안에 주거구역, 분묘, 제의祭儀공간, 경작지 등이 위치해있다. 유사한 현상은 보령 관창리寬倉里, 진주 평거동平居洞 등 환호가 없는 청동기시대 취락에서도 관찰된다. 이는 삶과 죽음, 성스러운 것과 세속적인 것들이 분리되지만 인접해서 위치함으로써 일상생활에서 상호관계가 서로 인지·경험되는 것을 의미한다.

한편, 환호취락은 경관에서 권력의 원천이자 근거로 작동하기도 한다. 울산 검단리, 창원 남산, (환호는 아니지만 목책으로 둘러진) 부여 송국리 등 유적은 넓은 가시권이 확보된 위치에 입지한다. 환호취락이 하나의 공동체로서 인식되는 동시에 그것이 가진 사회적, 상징적 권력이 다른 공동체에 속한 개인에 의해 인지되고 체현되는 것은 바로 그러한 시각화에 의해 가능한 것이었다.

환호취락은 청동기시대 경관에 중요한 변화를 가져왔다. 이러한 변화에는 단순히 물리적 환경의 변화나 사회경제적 변화-사회계층화와 수도작-는 물론 상징적 세계를 포함하는 삶의 전 영역에서의 변화가 포함되어 있었을 것이다.

_한국 청동기시대 의례와 예술

의례와 예술은 일상생활과 전혀 동떨어진 분야가 아니라 일상에서 끊임없이 경험되고 기억되어 삶의 실제적인 부분에 많은 영향을 끼치는 실체다. 암각화岩刻畵는 청동기시대인의 세계관과 깊은 관련이 있었을 상징구조가 가장 명확하게 그리고 특징적으로 드러난 매우 현저한 예라 할 수 있다.

현재까지 한반도에서는 총 26개의 암각화가 알려져 있다. 이중 4개-여수 오림동五林洞, 남원 대곡리大谷里, 나주 운곡동雲谷洞 등 호남에서 3개, 나머지 하나는 제주도의 제주 광령리光令里에서 발견됨-를 제외한 22개가 영남에서 발견되었다.

울산 반구대盤龜臺 암각화-대곡리大谷里와 천전리川前里 암각화-나 경주 석장리錫杖里 암각화처럼 강을 내려다보는 탁월한 위치에 입지하되, 외부에서 관찰하기는 매우 어렵기도 하고 실제 접근이 그리 용이하지 않은 경우가 있는 반면, 남원 대곡리, 포항 칠포리七浦里, 안동 수곡리水谷里, 영주 가흥동可興洞 등지에서 발견된 암각화처럼 외부로 노출된 수직 혹은 수평의 바위 표면에 문양이 새겨져 외부에서 보다 용이하게 살펴 볼 수 있는 경우도 있다. 이외에도 암각화는 지석묘와 밀접한 관련이 있는 지점에서 발견되기도 한다. 여수 오림동, 대구 천내리川內里, 경주 안심리安心里, 포항 인비리仁庇里 등 유적에서처럼 지석묘의 상석에 암각화가 새겨진 경우가 대표적인 예가 되겠다. 아울러 묘역식 지석묘의 상석이나 묘역의 구획시설에서 암각화가 발견된 밀양 활성동活城洞 살내와 안인리安仁里 신안마을의 암각화나 비록 담장에 사용된 석재에서 발견되었지만 원래는 지석묘의 상석이었을 것으로 추정되는 제주 광령리 암각화, 상석의 채석장에 새겨진 나주 운곡동 암각화 등도 지석묘와 암각화의 긴밀한 관련을 찾아볼 수 있는 사례들이라 하겠다.

이외에도 다양한 맥락에서 암각화가 새겨지기도 한다. 대구 진천동辰泉洞처럼 묘역을 가진 입석에 암각화가 새겨진 경우가 있다. 전기의 늦은 시기에 조성된 것으로 추정되는 분묘의 석재에서 암각화가 발견된 의령 마쌍리馬雙里유적, 송국리식 주거지 내에서 암각화가 새겨진 암석이 발견된 사천 본촌리本村里 등 유적의 경우도 있다. 한편 청동기시대 암각화가 새겨진 바위가 역사시대 고분축조에 이용된 부산 복천동福泉洞, 함안 도항리道項里, 고령 지산동池山洞 등의 고분군도 있다.

경관과 상징성이라는 측면에 주목하면, 위에서 언급한 암각화들은 첫째, 강가나 계곡, 또는 봉우리의 수직 혹은 수평의 바위면 등 자연적으로 노출된 지점이나 둘째, 지석묘나 입석 또는 이와 관련한 시설이나 지점에 조영된 경우로 나누어 볼 수 있다.

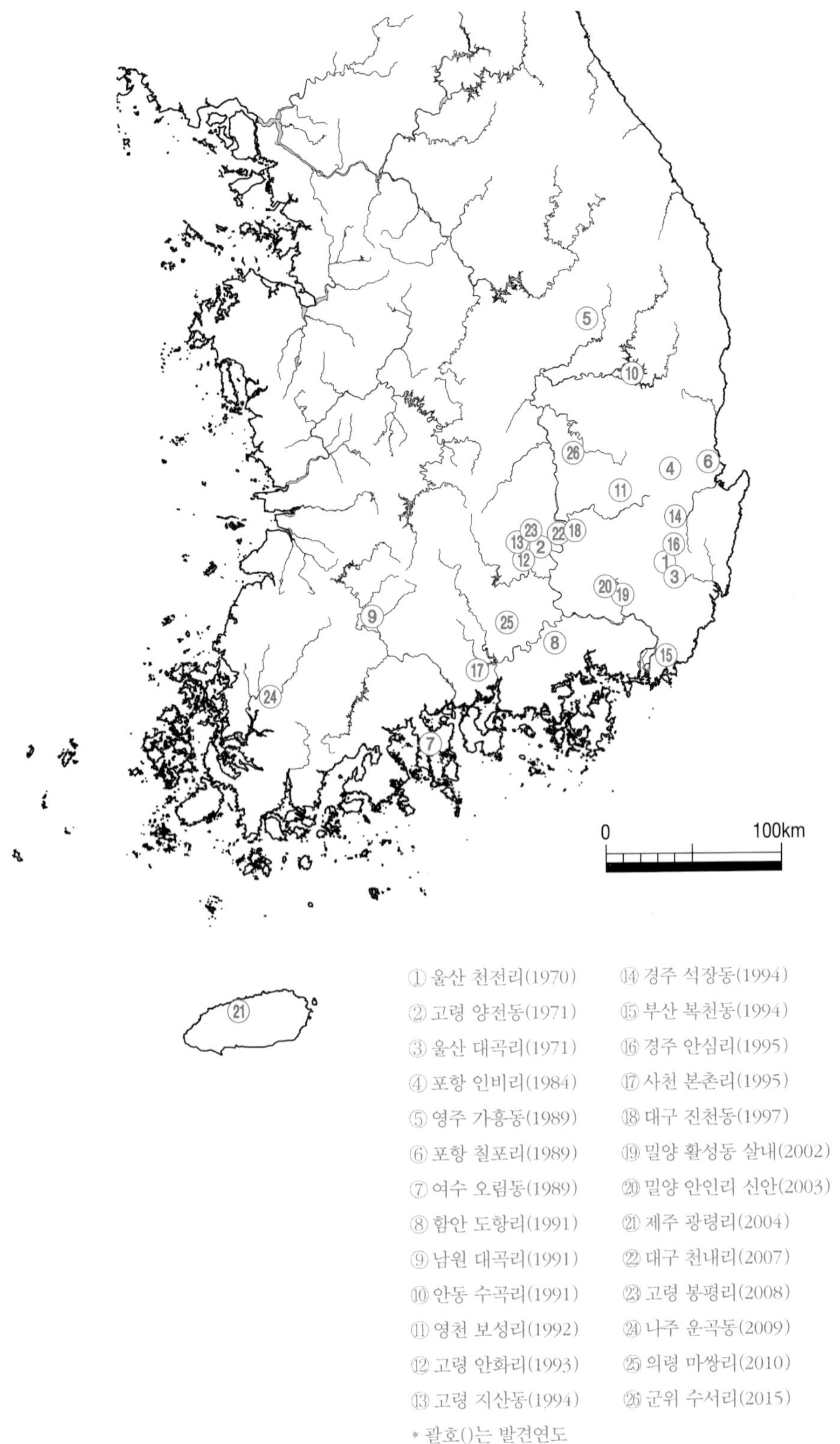

① 울산 천전리(1970)
② 고령 양전동(1971)
③ 울산 대곡리(1971)
④ 포항 인비리(1984)
⑤ 영주 가흥동(1989)
⑥ 포항 칠포리(1989)
⑦ 여수 오림동(1989)
⑧ 함안 도항리(1991)
⑨ 남원 대곡리(1991)
⑩ 안동 수곡리(1991)
⑪ 영천 보성리(1992)
⑫ 고령 안화리(1993)
⑬ 고령 지산동(1994)
⑭ 경주 석장동(1994)
⑮ 부산 복천동(1994)
⑯ 경주 안심리(1995)
⑰ 사천 본촌리(1995)
⑱ 대구 진천동(1997)
⑲ 밀양 활성동 살내(2002)
⑳ 밀양 안인리 신안(2003)
㉑ 제주 광령리(2004)
㉒ 대구 천내리(2007)
㉓ 고령 봉평리(2008)
㉔ 나주 운곡동(2009)
㉕ 의령 마쌍리(2010)
㉖ 군위 수서리(2015)

* 괄호()는 발견연도

그림 9.3__남한지역 암각화 분포

첫 번째 경우, 비록 정반대의 장소-명확히 보이는 곳이거나 반대로 접근하기에 쉽지 않은 곳-에 입지하지만 양자가 비슷한 방식으로 주위 경관을 장소화場所化한다는 공통점이 있다. 양자 모두 특정한 의미를 가진 상징과 기호를 새김으로써 특정 지점에 새로운 의미를 부여한다. 즉, 특정한 의미와 가치를 새로 부여받거나 기존의 의미와 가치가 재해석되기도 한다. 또한 그러한 의미와 가치를 지닌 장소는 일상생활에서 가시적으로 경험되거나 기억 속에서 존재하다가 일련의 제의祭儀 혹은 지속적인 암각화의 제작과정을 통해 기념되고 재해석된다. 암각화가 지녔을 여러 의미들에 대한 해석과 지식들은 아마도 한정된 사람들에게만 기억되었을 가능성이 크다. 결국, 암각화에 대한 제한적 접근과 해석은 당시 사회에서 관련 공동체 구성원을 범주화하는 주요기준으로 작용하게 된다.

지석묘 혹은 입석의 경우도 이와 관련하여 주목할 만하다. 지석묘 상석에 새겨진 암각화의 경우, 지석묘만으로 그 지석묘 혹은 지석묘 군을 축조했던 공동체 내 사회적 차이-단순히 지위의 차이뿐만 아니라 성별이나 연령별 구분을 포함한 차이-를 구분하기 쉽지 않은 상황에서 특정 지석묘에 새겨진 암각화는 그것이 단순한 무덤의 의미 외에 축조과정이나 이후 행해진 제의와 관련하여 그것을 기억하고 경험하며 전달하는 매개체의 역할을 했음을 암시한다.

암각화에 새겨진 주요 도상은 일단 사실적 대상을 묘사한 동물상이나 인물상과 추상적인 도안인 동심원-나선형-문양, 마름모문양, 검파형劍把型문양, 석검문양, 음문陰門모양, 윷판문양, 세선문 등으로 구분할 수 있다. 동물상이나 인물상은 여수 오림동 지석묘의 경우를 제외하면 울산 대곡리 반구대와 천전리 암각화에서 주로 나타난다. 마름모문양은 천전리 암각화에서 주로 관찰되는 반면, 검파, 석검, 동심원 등 문양은 기타 여러 암각화에서 발견된다. 동심원 문양 경우, 대표적으로 부산 복천동, 함안 도항리, 밀양 안인리 신안, 대구 진천동, 대구 천내리 등 암각화에서 관찰된다. 검파형문양은 영천 보성리甫城里, 영주 가흥동, 경주 석장리, 경주 안심리, 포항 칠포리, 고령 안화리安和里, 의령 마쌍리, 군위 수서리水西里, 남원 대곡리 등 암각화에서, 음문은 포항 칠포리, 밀양 활성동 살내, 밀양 안인리 신안, 남원 대곡리 암각화에서 특징적으로 관찰된다. 석검문양은 밀양 안인리 신안, 밀양 황성동 살내, 의령 마쌍리, 경주 석장리, 포항 인비리, 영천 보성리, 고령 봉평리鳳坪里, 사천 본촌리, 여수 오림동 암각화에서, 윷판문양은 포항 칠포리와 안동 수곡리 그리고 군위 수서리 등 암각화에서, 세선문은 나주 운곡동 암각화에서 관찰된다(표 9.1 참조).

세계 여러 지역과 비교할 때, 한반도 암각화는 보편성과 특수성을 모두 보여준다. 동심원 문양은 주로 태양과 관련지어 해석하는 것이 일반적으로 세계 여러 지역에서 공통적으로 관찰된다. 반면, 검파형문양은 한반도 암각화의 특징적인 요소이다. 검파형문양은 귀면鬼面의 일종, 석검의 손잡이, 지모신상地母神像, 방패, 태양신상, 무복巫服 등으로 다양하게 해석되기도

표 9.1__남한지역 암각화의 대표문양조합

번호	유적명	문양요소								
		동물상	인물상	동심원 나선	마름모	검파 방패	석검 동검	음문	윷판	세선
1	울산 천천리	○	○	○	○					
2	고령 양전동			○		○	○			
3	울산 반구대	○	○							
4	포항 인비리					○				
5	영주 가흥동					○				
6	포항 칠포리					○	○	○	○	
7	여수 오림동		○				○			
8	함안 도항리			○						○
9	남원 대곡리					○				
10	안동 수곡리							○	○	
11	영천 보성리					○	○			
12	고령 안화리									○
13	고령 지산동		○			○		○		
14	경주 석장동	○	○			○	○	○		
15	부산 복천동			○	○					
16	경주 안심리					○				
17	사천 본촌리						○			
18	대구 진천동			○						
19	밀양 황성동 살내							○	○	
20	밀양 안인리 신안	○	○					○	○	
21	제주 광령리									○
22	대구 천내리			○						
23	고령 봉평리			○				○	○	
24	나주 운곡동									○
25	의령 마쌍리					○	○			
26	군위 수서리					○			○	

한다. 시비를 가리기에 앞서 어느 정도의 다의성에 대해 생각해볼 여지는 있다. 포항 인비리 암각화의 석검 손잡이가 검파형문양과 매우 흡사한 점과 남원 대곡리 암각화의 검파형문양 처럼 문양 내에 음문처럼 보이는 문양이 다시 시문된 경우를 볼 때, 검파형문양은 석검의 손 잡이와 관련이 깊되 여성을 상징하는 문양으로 추론할 수도 있다. 또한 포항 인비리나 칠포 리, 그리고 밀양 안인리 신안 등 암각화의 경우처럼 검신과 손잡이가 분리되어 표현되거나 칠포리의 경우처럼 석검과 음문이 서로 결합하는 듯한 문양이 발견되는 점 등을 감안하면 적 어도 석검의 검신은 남성의 성기를 상징화한 것으로, 그리고 검파형문양은 여성과 깊은 관련

180

이 있는 것으로 해석할 수 있다. 따라서 석검 자체-혹은 검파형문양 자체-는 남성 자체를 의미하거나 경우에 따라 남성과 여성의 결합을 의미할 수도 있게 된다. 이러한 추론을 염두에 둔다면 적어도 검파형문양, 음문, 석검문양 등을 가진 암각화를 제작함으로써 그 지점에 남성과 여성의 결합, 그것이 유발할 수 있는 풍요와 다산 등의 의미를 장소화하는 것으로 생각해 볼 수 있다.

울산 대곡리 반구대 암각화에는 이러한 추상적인 도안 외에 동물상과 인물상 등 사실적인 도안을 포함되어 있다. 특히 포경장면은 비슷한 시기에 다른 나라에서는 찾아보기 어려운 매우 희귀하고 귀중한 자료라 하겠다. 이러한 다양한 도안들은 태화강의 지류인 대곡천 변에 위치한 여러 바위면 중 하나에 조각되어 있다. 암각화가 있는 지점이 울산만으로부터 대략 26.5km 떨어져 있고 과거에는 만자체가 현재보다 내륙 쪽에 형성되어 있었다는 점을 감안하면, 하구로부터 배편을 이용한 왕래가 어려운 거리에 위치해 있지는 않다고 할 수 있다. 그럼에도 불구하고, 20km가 넘는 거리는 배로 오가기에는 상당히 먼 거리라는 점은 분명하다. 더구나 대곡천변에 유사한 바위 면이 적지 않음에도 유독 쉽게 눈에 띠지 않는 곳을 선택한 점이 주목된다. 결국, 대곡리 반구대 암각화가 위치한 지점이 단순히 입지상 유리하여서, 혹은 무작위로 선택되었다고 보기는 어렵다. 오히려 의도적인 선택의 결과라는 결론에 이르게 된다. 지점 선택과 관련된 특이성을 고려할 때, 대곡리 반구대 암각화의 위치에 대한 정보

그림 9.4__대곡리 반구대 암각화 주변의 지형

나 내용이 제작에 직접적으로 관여했던 구성원에게만 한정되었을 가능성이 다분하다. 따라서 대곡리 반구대 암각화에 새겨진 다양한 문양들도 단순히 공동체 구성원 모두에게 공유되어야 할 지식이나 상징이 아니라, 특별한 구성원들에게 특별한 경우에만 제한적으로 공개·기억되거나 재해석되었던 것으로 파악하는 편이 보다 합리적일 것이다.

대곡리 반구대 암각화는 신석기시대, 청동기시대, 심지어 원삼국시대에 조각되었을 것이라는 다양한 가설이 제기된 바 있다. 이러한 가설들은 시베리아 등에서 발견된 암각화와의 비교문화적 연구나 시대별 제작기법, 생계경제양식, 제의나 예술의 일반적인 형태에 대한 분석 등 나름의 근거를 가지고 있다. 그런데 분명한 것은 청동기시대의 요소라고 할 만한 것이 많다는 것이다. 그럼에도 불구하고, 대곡리 반구대 암각화가 반드시 어느 특정한 한 시기에 제작되었을 것이라고 볼 필요는 없다는 점은 인정해야 할 듯하다. 대곡리 반구대 암각화에서 육지 동물을 포함한 새로운 도안들이 고래와 같은 기존의 도안들이 새겨진 바위 면에 새로이 추가될 때 기존의 도안이 갖고 있었을 맥락을 고려하지 않은 채 추가되는 상황을 보면 적어도 기존의 것들을 의도적으로 무시하거나 인식하지 못했을 가능성이 크다. 즉 기존의 맥락을 더 이상 의식하지 않았을 먼 훗날에 제작되었을 가능성을 암시한다. 따라서 이러한 상황을 종합적으로 고려하면 현재로써는 대곡리 반구대 암각화가 적어도 신석기시대부터 청동기시대에 이르는 오랜 기간 여러 차례에 걸쳐 제작되었을 것으로 보는 것이 타당할 듯하다.

지금까지 대곡리 반구대 암각화에서는 15개 벽면에서 총 306개 도안이 판별된 바 있다. 이 가운데 85% 가량의 도안들이 유적을 구성하는 총 16개의 바위면 중 4개면-B, C, D, E-에서 확인되며 지금까지 발견된 도안들은 인물상, 동물상, 도구상 및 기타상의 4개 범주로 구분될 수 있다. 인물상은 총 15개-13개의 전신상과 2개의 얼굴-가 발견되었는데, 이 중에서 고래, 동물 등을 사냥하거나 피리(?)를 부는 남성상, 샤먼으로 추정되는 인물상 등이 주목된다. 이러한 인물상을 통해 당시 남성과 여성 간의 노동 분화, 다양한 형태의 생계방식-포경, 어로, 사냥, 농경 등-의 모습, 그리고 대곡리 반구대 암각화의 장기 지속적인 제작 등의 특징을 엿볼 수 있다.

동물상은 고래류, 육식동물-호랑이, 표범, 여우, 늑대 등-과 초식동물 -사슴, 염소, 멧돼지 등-, 거북이, 물새, 어류 등으로 세분할 수 있다. 다양한 동물들이 짝짓기를 하거나 사냥되거나 함정에 빠진 모습 등이 묘사되어 있는데 이 가운데 역시 가장 주목되는 것은 고래류이다. 머리모양, 주름 수, 지느러미의 형태와 크기, 등지느러미의 형태 그리고 분수공의 형태와 수 등을 기준으로 판단해보았을 때, 북방긴수염고래, 흑등고래, 향유고래, 회색고래, 범고래 대략 5 종류가 주를 이루고 있으며, 소수나마 돌고래류도 포함되어 있다. 특히, 흥미로운 도안은 커다란 고래에 작은 고래 (혹은 어류)가 같이 있는 장면인데 이전까지는 임신한 고래나

그림 9.5_ 대곡리 반구대 암각화 복원(3D 스캐닝이미지)

고래와 함께 다른 어류가 동시에 존재하는 것으로 보기도 하지만 새끼고래가 성장할 때까지 돌보는 회색 혹은 흑등고래의 어미와 새끼로 보는 것이 더 개연성이 있다.

5명에서 10명까지 승선한 것으로 추측되는 배와 부구, 작살, 그물을 사용한 포경장면을 통해 어떤 도구들이 무슨 목적으로 사용되었는지를 알 수 있다. 해안가에 접근한 고래를 배로 추적하여 작살과 그물로 포획한 다음 적당한 장소로 이동하여 해체하는 일련의 과정은 현재에도 인도네시아 등지에서 행해지고 있는데 암각화의 장면이 그러한 포경의 상황을 묘사한 것으로 추정해 볼 수 있다.

앞의 여러 사항을 종합해보면, 울산 대곡리 반구대 암각화는 신석기시대부터 청동기시대까지 오랜 기간 동안 조영되었는데, 어로, 수렵, 포경, 농경 등 다양한 형태의 생계방식이나 남녀 간의 노동 분화, 포경이나 수렵 등 공동체 차원의 자원 획득에 관한 것은 물론, 실제 노동 과정과 암각화의 제작 및 해석-재해석을 통한 개인적, 집단적 정체성의 형성과정을 보여주는 좋은 사례라고 할 수 있다.

대구 진천동 입석 유적의 암각화도 여러 측면에서 주목된다. 동심원 문양이 새겨진 입석이 놓인 장방형의 묘역 주변에서 총 5기의 석관묘와 토기를 비롯한 다양한 청동기시대 유물이 발견된 바 있다. 묘역을 가진 입석이 세워지고 난 이후 주변에 석관묘가 축조되며 이와 함께 다양한 제의가 있었다는 점 등을 추론할 수 있다. 물론 이러한 동심원 도상이 입석이나 묘역의 축조와 같은 시기에 새겨졌는지를 확인할 수는 없으나 적어도 이러한 도상이 청동기시대의 암각화에 보편적으로 등장하는 도상이라는 점을 감안하면 커다란 시기적 차이를 상정하기는 어려울 듯하다.

밀양 활성동 살내나 안인리 신안유적의 묘역시설에서 암각화가 발견되는 경우도 있지만 이렇게 유구의 중심에 위치하면서 분묘의 축조에서 기준이 되는 동시에 제의의 중심이 되는 입석에 암각화가 발견되는 경우는 여수 오림동 등의 지석묘 상석에서 암각화가 발견되는 경우와 더불어 매우 특징적이라고 할 수 있다. 이와 같은 사실들을 토대로 추정해볼 때 동심원으로 대표되는 도상은 제의시설로서 입석과 묘역이 가졌을 기존의 상징성을 좀 더 강화하는 동시에 동심원이 가지고 있는 또 다른 상징-예를 들어 태양의 의미-를 부가하는 역할을 했을 것으로 판단된다. 언뜻 다른 듯하지만 지석묘 상석에 암각화가 새겨진 것도 유사한 맥락에서 이해할 수 있다. 즉 이미 상징성을 갖고 있는 시설에 암각화를 새기면서 그 의미를 강화하는 동시에 새로운 의미를 부여함으로써, 제의와 기억, 그리고 경험의 중심이 되었던 상황을 추정해 볼 수 있다.

이외에도 여러 종류의 청동기에 다양한 문양이 시문되는 경우가 많이 발견된다. 예를 들어 전傳 대전 출토 농경문청동기에는 따비와 괭이를 가지고 밭을 갈고 있는 사람이나 나뭇가

184

지에 앉아 있는 새 등이 새겨져 있어 당시의 농경 방식을 추정할 수 있는 중요한 단서를 제공한다. 또한 전傳 경주 출토 견갑형청동기에는 사슴과 표범 등의 동물문양이 새겨지기도 하고, 아산 남성리 출토 검파형 동기에는 사람의 손바닥과 사슴이 새겨져 있기도 하다. 이외에 동경 등에 다양한 동심원, 선문이나 뇌문雷文 및 여러 종류의 기하문幾何文이 시문되기도 한다. 이러한 예들을 통해 청동기 시대 사람들의 농경의례, 신앙, 자연관 등을 추론할 수 있다.

　다른 나라의 예를 보면, 토우土偶나 신상神像, 대규모 제사 유적, 동굴벽화, 벽화고분 등도 제의와 예술과 관련하여 논의될 수 있는 중요한 소재이지만 한국 청동기시대에 이러한 유적·유물이 거의 발견되지 않고 있어 상세히 다루기는 어렵다.

김종일

추천문헌

김범철, 2011, 『쌀의 고고학』, 민속원.

김종일, 2006, 「경관고고학의 이론적 특징과 적용가능성」, 『한국고고학보』 58, pp. 110~145.

安在晧, 2000, 「韓國 農耕社會의 成立」, 『한국고고학보』 34, pp. 41~66.

李相吉, 2000, 「靑銅器時代 儀禮에 관한 考古學的 硏究」, 大邱曉星카톨릭大學校 博士學位論文.

전호태, 2013, 『울산 반구대 암각화 연구』, 서울: 한림출판사.

10

사회성격의 이해

_청동기시대 남한지역의 사회변화   _고조선과 삼한에 대한 고고학적 이해

사회성격을 파악하는 작업에서 사회조직의 복원은 그 출발점이 되는 필수과정이다. 원론적으로 사회조직의 고고학적 복원은 (구성)단위를 정하고, 대략적이나마 그 고찰의 공간적 범위를 정하는 작업에서 시작된다. 사회조직은 개인, 가구, 취락, 정치체 등 다양한 수준의 단위로 구성되며, 그들 간 관계의 성격과 강도에 따라 그 사회의 성격이 달라지게 된다. 복합적인 구조를 가진 사회, 즉 계층의 분화가 심하고, 각 단위들의 연결이 다중적인 사회는 단순한 구조의 사회에 비해 단위들의 관계가 좀 더 넓은 영역에서 형성될 가능성이 높다. 따라서 사회조직을 복원하기 위한 고찰의 범위도 넓어질 수밖에 없다.

앞선 시대와는 달리 청동기시대에는 일개 취락이나 국소적局所的 공동체를 넘어서는 광역적인 사회조직이 나타나는 것으로 추정된다. 느슨하게나마 수장首長, chiefs의 통제를 받는 광역적인 사회조직의 등장은 복합사회complex society로 진입했음을 알리는 중요한 기준이다. 광역적인 사회조직을 구성하는 개별 취락들 간에는 규모와 기능의 측면에서 차별적이고 위계적인 성향이 나타나게 된다. 실제 고고학 연구에서는 취락 간 몇 단계의 위계가 보이면 복합화된 사회조직의 등장을 상정하기도 한다. 위계적 취락체계가 발달할수록 인구가 밀집하는 중심지central place는 주변의 소규모 (생산자)취락으로부터 (잉여로 생산된) 식량을 공급받아야만 할 가능성이 높아지게 된다. 생산자취락은 식량을 비롯한 1차 산업 생산물을 공급하되, 다른 혜택을 취하게 됨으로써 취락 간에는 위계적 질서와 아울러 긴밀한 연결망이 생겨나게 된다. 중심지는 정치, 군사, 종교, 교환(혹은 교역), 생산 등 여러 가지 사회적 기능 중 일부 혹은 모두에서 중핵적인 역할을 하게 된다. 중심지가 어떤 역할에 주목하였는지를 알기 위해서는 위계적인 취락체계와 사회적 기능을 대변하는 정보들의 분포를 비교해 보아야 한다. 예를 들어, 중심지가 농업생산을 추구했다면, 위계가 낮은 취락에 비해 높은 취락 주변에 생산성이 높은 토지가 많이 분포해야 할 것이다. 중심지가 중점적으로 수행했던 역할은 그 사회의 구성원, 특히 수장(층)이 어떤 것에 주목했으며, 그 권력의 기반이 무엇이었는지를 알 수 있게 한다.

한편, 수장(층)을 정점으로 분화되는 신분체계나 사회적 관계 형성 또한 해당사회의 복합화complexity를 알리는 중요한 기준이다. 국소적 공동체로서 취락 내 가구 간 부富와 지위를 표상하는 물품의 차별적 분포를 파악하거나 장송의 결과물인 분묘가 규모나 부장양상, 입지 등에서 보이는 차이를 분석하면서 개인 간 신분적 차별을 인지하게 된다. 그런데 취락이나 분묘에서 보이는 차이가 어느 정도여야 복합사회에 진입했다고 판정하는 보편적 규칙은 없다. 체계적인 위계의 복원에 의거하기도 하지만 종종 일반적인 분묘에 비해 월등한 규모와 풍부한 부장양상을 보이는 소수의 분묘를 발견하면서 복합화를 추정하기도 한다.

그런데 일방의 변화에 주목하여 복합사회로의 진입을 언급하는 것이 위험할 수 있음이 반복적으로 지적되어왔다. 따라서 그런 차별화가 고조되는 즈음에 나타나는 여러 방면dimensions의 사회문화적 변화를 체계적으로 고려해야 할 필요성이 제기되기도 한다. 그러한 변화로 자주 거명되는 것이 농업을 비롯한 생산의 집약화, 인구의 증가, 구성원 간 결속 강화나 방어를 목적으로 하는 시설의 확충, 위세품威勢品, prestige goods을 중심으로 한 사치품의 장거리교역, 친족집단의 수준을 넘어서는 공동의례의 등장 등이다.

청동기시대 어느 시점에는 그러한 변화들이 상당수 확연하게 나타난다. 물론 모든 변화가 동시에 시작되는 것도 아니고, 그 속도도 일정하지 않다. 더구나 중국 동북지방, 서북한, 동북한, 남한 등 지역별로 변화의 발생시점도 다소 차이를 보인다. 조사와 연구가 상대적으로 밀도 높게 이루어진 남한지역에 관한 한 그러한 다방면의 변화는 청동기시대 전기에서 중기로 넘어오는 전이과정에서 제법 급속하게 진행된다.

_청동기시대 남한지역의 사회변화

　　남한지역에서 (정주)취락생활은 신석기시대로부터 청동기시대 조기로 넘어오면서 확대되고 전기에 들어서는 본격화된다. 조기의 경우, 그간 발견된 유적의 수가 많지 않아 획기적으로 취락생활이 확대되었다고 단정하기는 쉽지 않다. 다만 금강 중류역의 연기 대평리大坪里, 북한강유역의 춘천 중도中島 등 몇몇 충적대지에서 상당히 규모가 큰 취락이 발견되는 점은 주목할 만하다.

　　전기에 접어들면, 남한 전역에 걸쳐 구릉이나 충적대지에 취락이 형성된다. 대다수 취락은 채 20여동이 되지 않는 주거로 이루어지는 정도지만 종종 이 보다는 훨씬 규모가 큰 취락이 등장하기도 한다. 천안 백석동白石洞유적에서는 여러 지점에 대한 연차발굴을 통해 방형계 주거 200여 동이 확인되었다. 이외에도 화천 용암리龍岩里, 춘천 천전리泉田里·중도 등 유적의 발굴을 통해 남한지역 곳곳에 대규모취락이 형성된 것을 알 수 있다(그림 10.1).

취락을 이루는 주거들은 당시 기초적인 사회조직으로서 가구家口—한 가옥 내 거주하는 사람의 집단—의 구조와 규모에 관련된 중요한 정보를 준다. 대체로 (세)장방형의 평면을 띠는 주거들은 복수의 화덕을 갖추고 있으며, 모든 경우가 그런 것은 아니지만 화덕을 기준으로 몇 개의 단위(주거)공간으로 분할될 수도 있다(그림 10.2). 유적에 따라 다소의 차이는 있지만 개별 유적 내에서는 (세)장방형 주거의 장축과 단축길이의 비가 특정 수치의 배수를 띠는 점은 그러한 분할가능성을 좀 더 구체화해볼 수 있는 정보이기도 하다. 결국 평면 (세)장방형 주거는 복수의 (단위)방형주거들이 병렬적으로 합쳐진 결합형 주거일 가능성이 높아지게 되는 셈이다. 이러한 공간분할 및 결합양상을 통해 개별 단위공간은 핵가족의, 전체 공간은 확대가족의 주거로 추정하기도 한다. 결과적으로 취락은 확대가족가구의 집합체였던 셈

그림 10.1__청동기시대 이른 시기 대규모 취락의 등장
1: 중도, 2: 대평리(연기), 3: 백석동

이다. 한편, 일부 유적에서는 확대가족가구 몇몇이 군집을 이루어고 있어 취락이 그러한 가구군집으로 분할되기도 한다. 보편적인 양상은 아니어서 확대하기는 어렵지만 개별가구와 취락 혹은 국소적 공동체의 중간 단계 실체가 있었을 가능성이 시사되기도 한다.

청동기시대 전기에 인구증가와 집중을 알리는 대규모취락이 곳곳에 등장하지만 취락 내 신분분화를 알리는 증거들이 본격적으로 나타났다고 보기는 어렵다. 즉, 주거지의 크기는 거기에 거주했던 가구 규모에 따라 정해질 뿐, 특정 가구가 훨씬 넓은 주거공간을 사용하거나 더 화려한 물품을 소유했었다는 증거는 확연하지 않다. 다만 청원 대율리大栗里유적에서처럼 주거공간을 구별하는 2열의 구溝를 경계로 상대적으로 큰 주거가 다소 좋은 지점에 자리 잡기도 한다. 주거공간의 구별이나 차별은 흔히 사회적 계층이 발생한 후 나타나는 현상이다. 그런데 구별된 공간 내·외부에 위치하는 가구 간 관계가 확연하지 않고 그러한 현상이 일반화되어 있지 않은 경우, 신분차이를 반영하는 것으로 확정하기는 쉽지 않다. 더구나 분묘자료가 그러한 변화를 인지하기에 적당치 않다는 점도 청동기시대 전기의 사회복합화를 적극적으로 언급하지 못하는 이유가 된다. 다만 장기적인 안목에서 보자면 그러한 기미를 보이거나 강화되고 있다고 할 것이다.

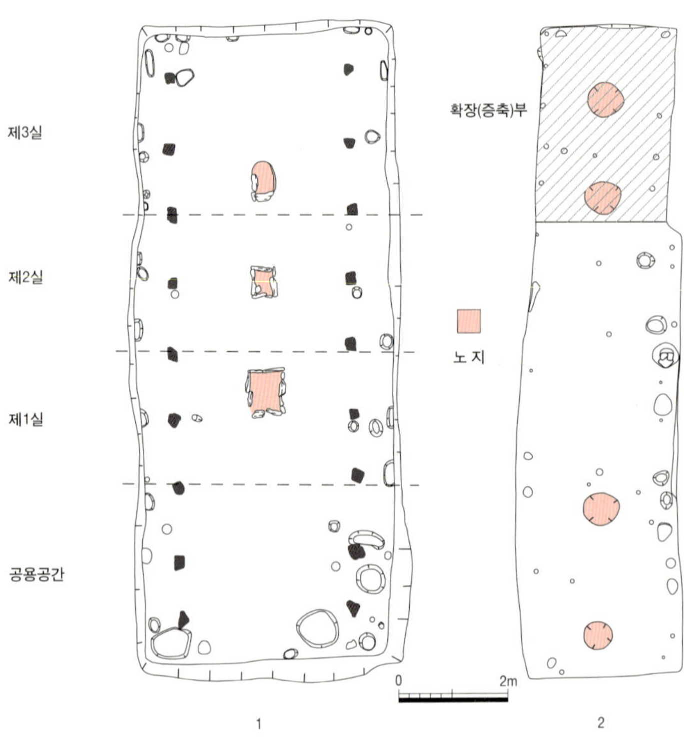

그림 10.2__청동기시대 세장방형 주거지와 분실(分室)안
1: 하당리 6호, 2: 백석동 96-10호

신석기시대 후기에 들어서 울진 후포리厚浦里 등 몇몇 분묘유적들이 알려지기는 했으나 그 수가 매우 적다(그림 10.3). 물론 별다른 시설을 남기지 않는 직장直葬의 경우 유골마저 부패하고 나면 발견되기 쉽지 않은 것도 사실이다. 그러나 현재 자료로 보건대, 적어도 수적인 측면에서 청동기시대 전기에는 분묘 조성 즉, 매장문화가 확산된 것으로 판단된다. 그러나 취락의 규모, 즉 가구의 수에 비해 분묘가 현저하게 적은 점은 시설을 갖춘 매장 자체가 대다수 구성원에 적용되었다기보다는 일부에 한정되었을 것으로 추정되기도 한다. 청동기시대에 들어서면서 가장 널리 사용되는 묘제는 지석묘이다. 지석묘 중 큰 것은 소규모 취락 주민의 노동력만으로는 조성이 불가능한 경우가 많다. 여러 취락의 협업이 요구되는 바, 노동력 동원의 체제가 존재하였을 것이고 강제력이 행사되었을 것으로 추정하기도 한다. 그러나 이러한 입장은 많은 민족지연구를 통해 현재로선 부정되고 있다. 복합사회에 진입하지 않은 부족사회에서도 그러한 거석분묘 혹은 거석기념물巨石記念物, megalithic monument들이 조성된다는 예가 적지 않다. 거석기념물로서 지석묘는 청동기시대 경관을 이루는 주요요소인 동시에, 그 축조를 통해 생산성 높은 토지의 점유, 이념 조작 등이 이루어짐으로써 다음 시기로의 전이과정에서 중요한 사회경제적 변화를 추동하는 역할을 하게된다. 특히, 지석묘의 축조가 청동기시대 전기와 중기에 집중되는 경향은 그 역할의 중요성을 짐작하게 한다.

앞서 언급한 바와 같이, 청동기시대의 괄목할 만한 사회경제적 변화는 전기에서 중기로 이행하는 과정에서 나타난다. 곳곳에 대규모취락이 등장하며 이들을 정점으로 주변 취락들은

그림 10.3__신석기시대 분묘와 부장양상
1: 교동, 2: 문암리 토광묘, 3: 후포리, 4: 가덕도 장항 6호

위계적 관계망으로 연결된다. 부여 송국리松菊里유적을 중심으로 한 (취락)연결망은 그 대표적인 사례이다(그림 10.4). 특정 지점에 인구가 집중하자 주변 취락으로부터 일차산물의 유입이 필요하게 되고 그러한 관계는 위계적 연결망을 형성하게 된 것으로 생각된다. 결국, 취락 간에는 규모뿐만 아니라, 위상과 역할에 있어서도 분화가 이루어지게 되는 셈이다. 그러한 연결망의 말단에는 저장수혈이 주거지에 비해 압도적으로 많아 저장의 기능을 중점적으로 수행했을 것으로 추정되는 취락들이 자리하기도 한다.

송국리유적 주변의 상황만이 아니더라도 저장의 역할이 강조되는 취락의 등장은 특히 한반도 중서부에서 두드러지는 현상이다(그림 10.5). 대전 복룡동伏龍洞·가오동加午洞, 천안 대흥리大興里, 공주 장선리長善里·산의리山儀里·신영리新影里 여드니·안영리安永里 새터, 논산 마전리麻田里, 청원 쌍청리雙淸里 등은 옥외(지하)저장시설의 수뿐만 아니라, 주거에 대한 비율이라는 측면에서도 현저한 유적들이다. 무엇이 저장되었는지 분명치 않은데, 다만 구휼救恤작물이나 잉여剩餘산물이 그 대상이었을 것으로 추정할 뿐이다. 특히 당시의 여타 사회적 변화와 결부하여 잉여surplus의 저장에 주목하면서, 상위유력층에 의한 잉여의 전용專用이나 '잉여관리의 공공화公共化'를 추론하기도 한다. 사회복합화가 진행되면서 잉여를 독점적으로 보관하거

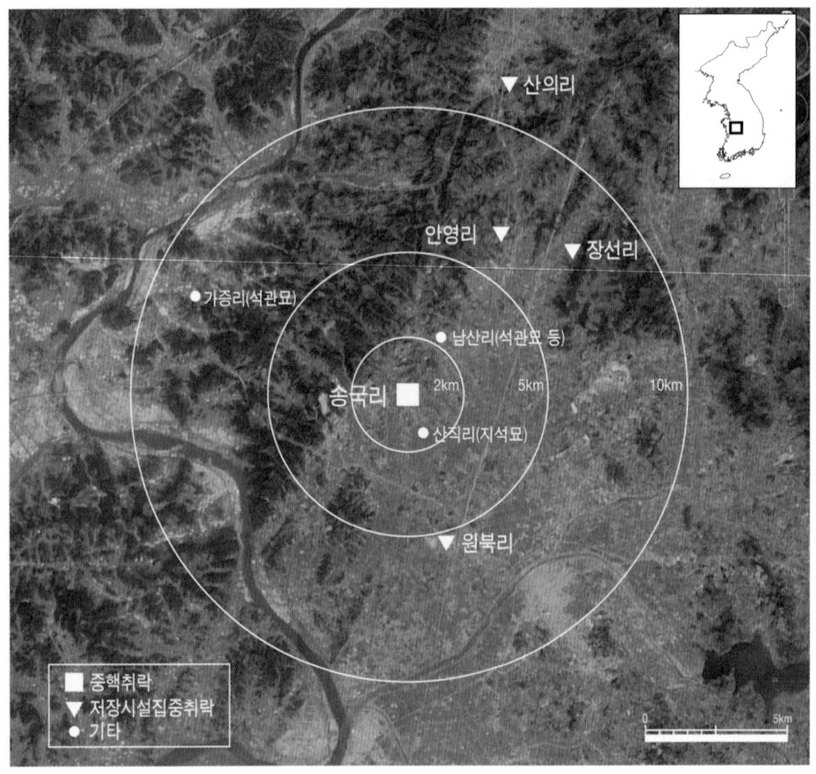

그림 10.4__송국리유적 주변의 취락연결망

번호	유적명	저장수혈:주거
1	천안 석곡리	11:5(2.20)
2	천안 대홍리	29:5(5.80)
3	청원 쌍청리	88:46(1.91)
4	공주 신영리	47:4(11.75)
5	공주 장원리	5:2(2.50)
6	공주 귀산리	5:8(0.63)
7	공주 산의리	41:8(5.13)
8	공주 안영리새터	19:4(4.75)
9	공주 장선리	35:3(11.67)
10	논산 원북리'다'	15:7(2.14)
11	논산 마전리	19:4(4.75)
12	대전 자운동	7:5(1.40)
13	대전 복룡동	65:5(13.00)
14	대전 가오동	9:7(1.29)

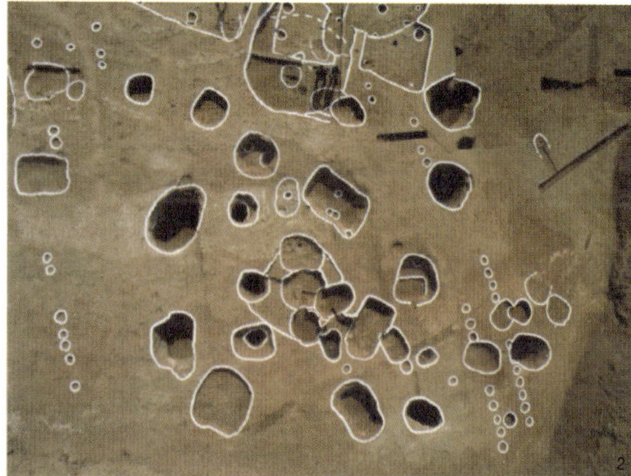

그림 10.5__청동기시대 중기 저장시설 집중유적
1: 중서부지역 저장시설 집중유적, 2 · 3: 안영리

나 그 방어를 위한 시설이 강화되는 것은 세계 여러 지역에서 관찰되는 현상이다.

위계의 정점에 있는 대규모취락들은 다양한 사회적 기능을 수행하게 된다. 그 한 예는 의례중심지로서의 기능이다. 송국리를 비롯하여, 보령 관창리寬倉里, 사천 이금동梨琴洞 등 유적에서는 의례용으로 추정되는 건물지가 발견되기도 한다(그림 10.6). 의례와 관련된 시설이 취락 내에 설치되는 것은 청동기시대 전기에서 중기로 전이하는 과정에서 발생하는 중요한 변화이다. 취락 내부에 상시적으로 활용할 수 있는 의례공간이 형성되는 것은 결국, 집단의 례가 빈번하게 벌어질 수 있는 토대가 된다.

중심지적 성격의 대규모 취락에는 방어 혹은 내부 결속 등을 목적으로 하는 시설을 갖추기도 한다. 송국리유적의 목책木柵, 울산 검단리檢丹里나 창원 남산南山의 환호環濠 등은 그 대표적

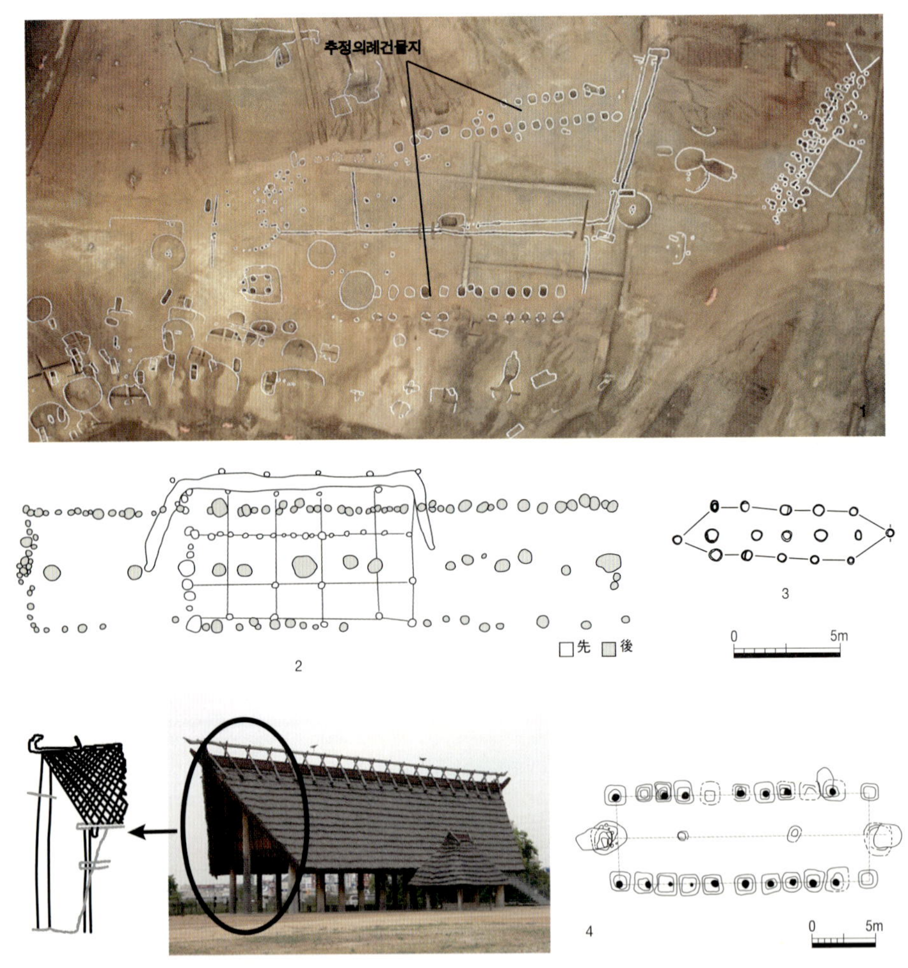

그림 10.6__청동기시대 중기의 의례시설 추정
1: 송국리54지구, 2: 이금동, 3: 관창리B지구, 4: 일본 이케가미소네 신전 복원모습과 모식도

인 예이다(그림 10.7). 특히 환호의 조성이 현저해지는 것은 주목할 만하다. 환호가 설치된 청동기시대 취락은 30여개 소에 이르는 것으로 알려져 있다. 그중 60% 이상이 중기에 비정되고 있다. 종종 화재로 소실된 주거지, 장대화長大化된 부장용 석촉 등과 방어시설을 관련지어 농산물을 둘러 싼 약탈, 집단 간 통합의 과정에서 발생하는 갈등의 증거로 이해하기도 한다. 그러나 화재로 소실된 주거지의 수가 매우 적고, 석촉 또한 실전용이라기보다는 단순한 상징적 성격이 강하기 때문에 그러한 설이 설득력을 갖기는 어렵다.

한편, 중심지들에서는 일부 물품들을 독점적으로 생산한 증거도 보인다. 남강 상류의 진주 대평리大坪里취락에서는 옥, 송국리취락에서는 청동기 등의 제작과 관련된 생산전문화가 진행된 듯하다. 특히, 대평리취락에서 보는 바와 같이 옥의 생산전문화는 분업체계를 기반으로 하기도 한다(그림 10.8).

194

그림 10.7__청동기시대 중기의 주요 환호유적
1: 연암동, 2: 서상동 남산유적 환호 단면, 3: 검단리유적 복원도

그림 10.8__청동기시대 중기 수공생산(진주 대평리유적의 옥 생산)
1: 옥 가공구와 가공과정, 2: 전경, 3: 수공업 생산유구의 분포

    물론 이러한 물품은 실용기 혹은 이기利器라기보다는 의례나 위세를 위한 상징물로서 부장
되기도 한다. 그러한 물품이 부장된 분묘의 주인공은 대체로 수장이거나 상위유력층으로 인
식되고 있다. 송국리 1호 석관묘, 여수 적량동積良洞 상적 2호 석곽, 봉계동鳳溪洞 월앙 10호 지
석묘, 사천 이금동 D-10호묘 등에는 관옥管玉을 비롯한 옥류와 동검 등 청동유물이 부장되어
있어 해당 분묘군 내 다른 분묘뿐만 아니라, 주변 지역의 분묘들과 비교했을 때도 두드러진
다. 또한 청동기시대 중기 이후에 조성되는 지석묘 중에는 사천 이금동, 창원 진동리鎭東里와
덕천리德川里, 김해 율하리栗下里, 보성 동촌리東村里 등 유적에서처럼 특정 개인의 분묘가 현저
한 묘역시설을 가지며 차별적 지점에 입지하는 사례가 곳곳에서 확인된다. 추정컨대, 중기에
서도 늦은 시기로 가면서 수장이나 상위유력층의 부상浮上이 더욱 뚜렷해져서 나타나는 현상
으로 이해된다(그림 10.9).

그림 10.9__청동기시대 중기의 묘역식 지석묘
1: 덕천리, 2: 동촌리 1호, 3: 진동리 A-1호, 4: 율하리 A2-19호 축조과정, 5: 율하리 전경

196

　이렇게 두드러지는 분묘를 찾는 일도 사회분화를 이해하는 기초 작업의 중요한 부분이지만 사회 전체의 신분분화를 종합적으로 이해하기 위해서는 나머지 분묘들의 양상도 살펴보아야 한다. 이는 전기에 비해 매장이 보편화되는 바, 단순히 분묘의 조성 자체가 신분적 차이를 표시할 가능성이 상대적으로 낮기 때문이다. 또한 단선적이고 서열적 위계 외에 집단 구성의 다양한 원리들이 분묘를 통해 표현되는 바, 다각적인 접근이 필요하다. 여러 가지가 복합된 상징물이라는 분묘의 특성상 특정 요소가 신분, 소속집단을 반영한다고 규정하기 어렵다. 이런 탓에 분묘에서 보이는 변이를 이해하기 위하여 다변량분석의 기법이 많이 활용된다.

　청동기시대 전기에서 중기로 넘어가면서 나타난 몇 가지 사회변화의 경제적 배경으로 주목 받는 것이 논농사 혹은 수도작水稻作이다. 각지에서 확인된 논, 저수 및 수로시설 등 논농사 관련 유구나 탄화미는 전기에 비해 논농사가 본격화되고 있음을 알려준다. 비록 현재에 비하면 소규모이고 형태가 정연하지도 않지만 논산 마전리麻田里, 부여 구봉리九鳳里, 울산 무거동無去洞 옥현玉峴, 진주 평거동平居洞 등에서 보이는 논농사관련 시설에 대한 인적, 물적 비용의 투자는 정주定住를 가속화시키는 역할을 하게 된다(그림 10.10).

그림 10.10__청동기시대 수도작 관련시설과 탄화미
1: 무거동 옥현,　2: 송국리 출토 탄화미,　3: 마전리 KW-002호 우물,　4: 관창리 수로 제1보 시설,　5: 관창리 수로 전경,
6: 마전리 수전 복원도,　7: 논 층위

한편, 논농사의 확대는 가구와 가족의 형태를 변화시키게 된다. 논농사는 쌀농사의 집약적인 형태이다. 조방적인 농업형태가 널리 퍼져 있던 상황에서 집약화가 진행되자 그에 맞는 형태의 가구가 보편화된다. 대체로 화전火田 경작을 포함한 조방적 농업방식은 대규모 가구를 선호하는 반면, 집약적 농업방식에는 소규모 가구가 유리하다고 한다. 전기 (세)장방형 주거지에서 구심구조를 가진 방형 혹은 원형의 -休岩里式 혹은 松菊里式- 중기 주거지로의 변화는 주거공간의 면적은 물론 가구 규모의 축소를 반영한다. 인류학 연구 성과에 따르면, 가구household와 가족family이 반드시 동일시 될 수 없다. 사실, 한 집에 사는 사람들이 모두 가족구성원이 아닌 경우나 가족구성원 모두가 한 집에 살지 않은 경우도 많다. 그러나 두 실체가 합치하는 경우도 적지 않고, 우리 청동기시대 사회에서 두 실체가 완전히 별개라는 실질적인 증거도 없다. 그렇다면 전기 (세)장방형주거지는 단위주거가 병렬적으로 연결된 확대가족의 거주공간이고, 3~4인 정도의 거주에 적합한 규모를 가진 중기 주거지의 유행은 가구구성 및 가족형태의 변화를 반영하는 것이라는 추론이 어느 정도 설득력을 지니게 된다. 확대가족가구에서 핵가족가구로 변화했다고 해서 가족적 유대가 완전히 사라지지는 않았던 것으로 판단된다. 중기 취락에서는 셋에서 다섯 채 정도의 주거지가 군집을 이루는데 거주자수란 측면에서 보자면 이러한 군집은 전기의 일반적인 (세)장방형 주거와 유사하다(그림 10.11). 이런 점에 착안하여 그런 주거군住居群을 '세대공동체世帶共同體, household community'로 규정하기도 하지만 단순한 관찰 이상의 보강분석이 없고, 19세기 사상가 엥겔스Frederick Engels를 따른 1970년대 북한 및 일본 학계의 선험적이고 교조적인 해석의 잔재가 있기도 하여 선뜻 받아드리기는 어렵다. '가구군家口群' 정도로 부르고 좀 더 다각적인 분석을 통해 그러한 현상이 나오게 된 과정이나 사회적 큰 흐름과의 관계를 이해하려는 작업이 더 생산적일 듯하다.

현재 편년체계로 청동기시대 중기에서 후기로의 변화를 체계적이고 개연적으로 설명하기는 쉽지 않다. 가장 근본적인 이유는 취락의 수나 규모가 현격히 줄어들기 때문이다. 물론, 후

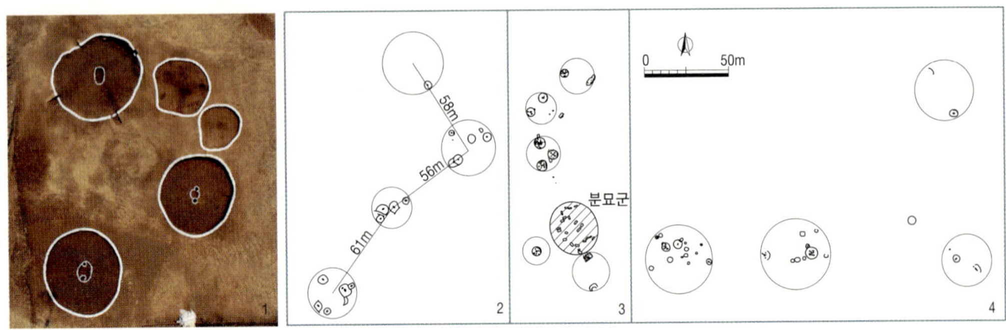

그림 10.11__중기 송국리형 주거의 군집양상
1: 두계리 방동뜰, 2: 당정리, 3: 오석리, 4: 원북-정지리

기를 대표하는 점토대토기 및 표지적 공반유물들이 송국리형 취락에서 발견되기도 하지만 그러한 주거는 소수에 불과하다. 그렇지 않은 경우, 보령 교성리校成里, 하남 수석동水石洞 등 유적에서 보듯이 산정상부 등 매우 방어적인 입지에서 발견된다. 이러한 현상은 점토대토기 문화가 요동지역에서 기원하여 주민의 이동과 함께 남한지역으로 전달되면서 나타나는 기존 원주민 집단인 송국리문화 집단과의 초기적 갈등을 반영하는 것으로 이해되고 있다(그림 10.12). 조형祖型으로 추정되는 요령지역 양천涼泉문화의 주민들이 서기전 5세기경 이 지역에 고조된 긴장의 국면을 피해 남하하면서 파급된 것이 청동기시대 후기를 대표하는 점토대토 기문화라는 추정이 그러한 이해의 배경이다.

그러나 상대적으로 최근 축적된 취락정보는 원주原住세력과 접촉하면서 흡수되기도 하고 적응력을 얻어 독자적인 세력을 유지하기도 했을 가능성을 시사하고 있다. 원주세력이던 송 국리문화와 접촉하면서 그에 동화되는 상황은 관창리를 비롯하여 서천 도삼리道三里, 부여 나

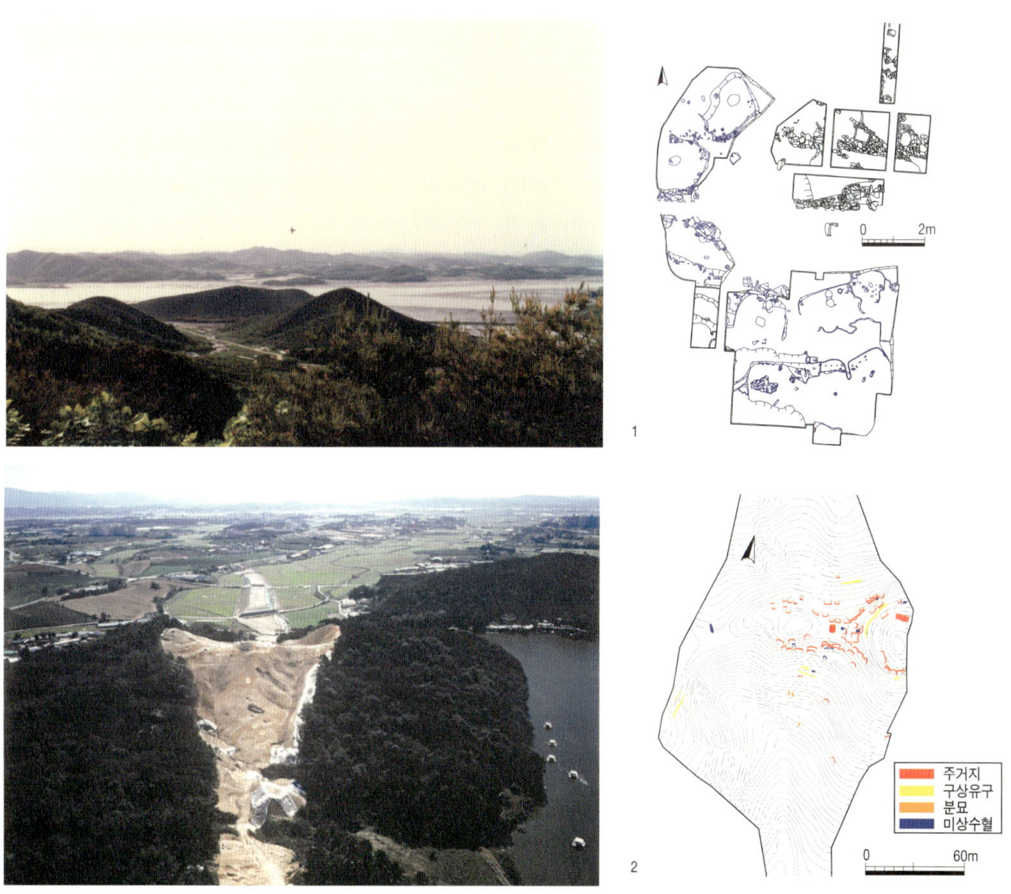

그림 10.12__청동기시대 후기취락의 고소입지(전경 및 유구 분포)
1: 교성리, 2: 반제리

복리羅福里, 장흥 갈두葛頭 등 남한 서부의 송국리유형 취락에 반영되어 있다. 이들 유적에서는 많은 수의 송국리식 주거 중 단지 소수만이 점토대토기를 반출하고 있다. 이들과는 달리 안성 반제리盤諸里, 합천 영창리盈倉里, 강릉 방동리芳洞里, 고성 송현리松峴里와 초도리草島里 등 취락에서 보이는 것처럼 적응을 통해 나름의 세력을 구축하게 되는 경우도 있다. 한편, 주변에는 송국리문화의 존재가 전혀 알려져 있지 않은 강원도 동해안지역의 송현리와 초도리유적처럼 다수가 점토대토기문화의 방형계 주거이고 송국리식 주거가 소수인 유적은 그 주민집단이 중서부지역으로부터 이동하여 왔을 가능성과 그 지역 송국리문화와의 접촉이 그러한 적응력 확보에 일조했을 가능성을 시사하고 있다.

한편, 반제리, 영창리, 화성 동학산東鶴山 등 유적에서는 산 정상부를 둘러 싼 환호가 발견된다. 주거구역과는 분리되어 있을 뿐만 아니라, 내부에 다른 기능의 시설이 없고 청동기를 매납埋納한 사례도 있어 중기보다 의례적 성격이 더 강했을 것으로 추측된다. 의례성의 강화는 분묘에서도 확연하게 인지된다.

청동기시대 후기에는 대전 괴정동槐亭洞, 부여 연화리蓮花里, 아산 남성리南城里, 예산 동서리東西里 등 유적에서처럼 세형동검이나 조문경 외에 방패형防牌形동기, 원개형圓蓋形동기, 검파형劍把形동기 등 '의기儀器'가 부장되는 적석목관묘가 주된 묘제로 자리하게 된다. 이러한 분묘의 유행은 의례적 성격을 강조하는 사회적 분위기나 위세품의 수요를 촉진했던 동북아시아의 당시 정치적 상황과 무관하지 않았을 것으로 보인다. 흔히 부장이 풍부해지는 것은 수장(층)권력의 개인화individualizing 경향을 반영하는 것으로 이해되기도 한다. 더 이상 일체성을 강조하면서 집단 내의 결속력 강화에 힘쓰기보다는 일반민으로부터의 차별성을 부각하는 방향으로 수장의 권력적 지향指向이 옮아감을 의미하는 것이다. 이러한 경향은 내부 부장보다는 분묘의 외형이나 규모를 강조하면서 초超취락적 노동력을 동원하여 지석묘를 축조했던 이전 단계의 사회가 공동체적group-oriented 성향을 보이는 것과는 대비를 이루는 점이다. 더 나아가 그러한 분묘 간에도 부장된 청동기의 양과 종류에서 차이가 확연하고 몇 부류로 구분이 가능해지는 것으로 보아, 청동기를 보유할 정도의 수장층 내에도 상당한 정도의 위계적 관계가 형성되었음을 보여주고 있다(그림 10.13). 초기의 수장사회가 진화하면서 일반적인 수장을 아우르는 대수장大首長, paramount chief이 통제하는 좀 더 복합적인 정치체로 통합되어 가는 현상은 세계 각지에서 적지 않게 관찰되어 왔다. 한편, 그렇게 수장(층)의 개인 부장이 강화되는 시기에는 다음에 살펴볼 바와 같이 동북아시아 일대가 격동을 맞이하게 된다.

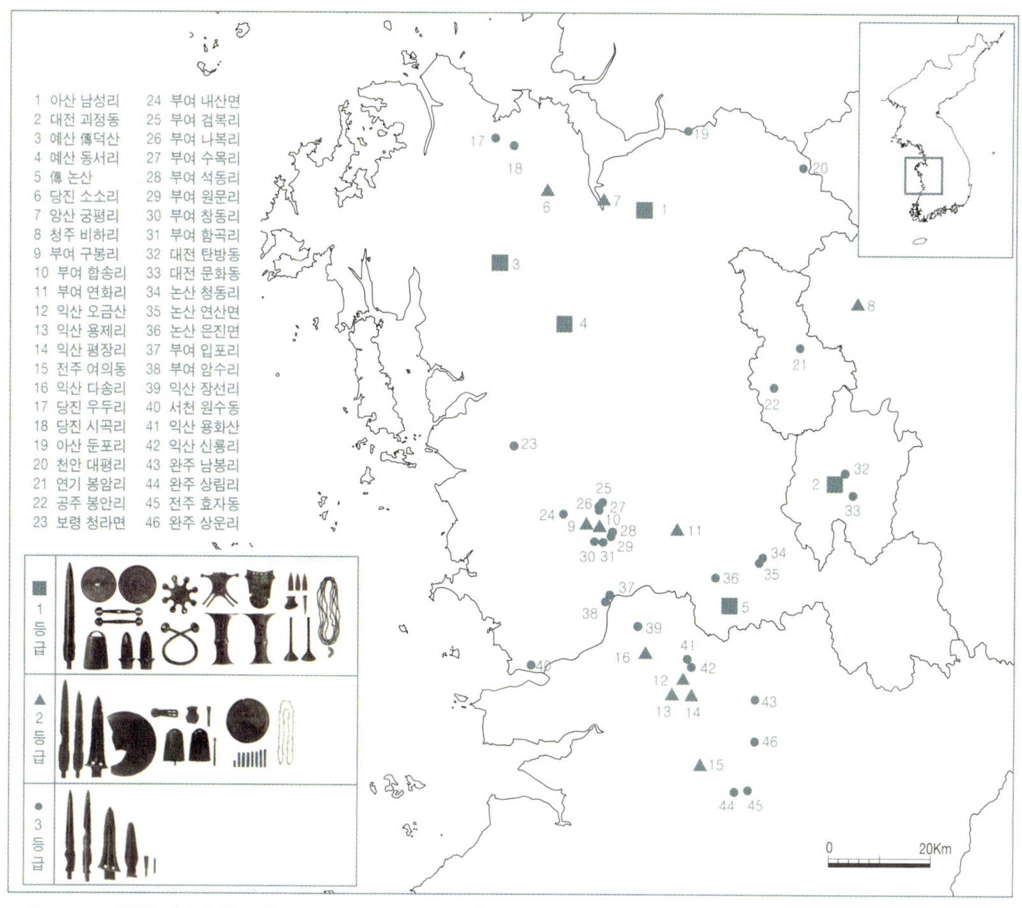

그림 10.13__청동기시대 후기 청동기부장 분묘의 위계성(중서부지역)

_고조선과 삼한에 대한 고고학적 이해

신빙성 검증의 복잡한 과정을 거쳐야 하지만 과거 사회조직을 복원하고 사회성격을 이해하는 가장 직접적인 통로는 문헌기록일 수 있다. 근세의 사회체제를 복원하는 작업에 고고학의 역할이 크지 않은 것은 바로 그런 때문이다. 그러나 문자기록이 없거나 매우 단편적인 경우, 또 당사자가 아닌 주변의 기록인 경우, 고고학의 역할이 커질 수밖에 없다. 우리 역사에서 고조선古朝鮮과 삼한三韓이 그 대표적인 예이다.

고조선은 서기전 8세기 무렵에는 연맹왕국聯盟王國적 정치체로 발전하게 된다. 『한서漢書』,

『사기史記』 등 중국의 사서史書에도 등장할 뿐만 아니라, 팔조법금八條法禁의 존재를 통해 자체적인 문자 및 법체계를 가졌다는 사실이 확인된다. 그렇다면 고조선은 최소한 원사原史단계 혹은 역사시대에 속하는 셈인데, 사회발달과정상 당시 남한지역 사회와는 다소 상이한 맥락에 있을 수밖에 없다. 고조선을 남한지역의 사회와는 다른 국가단계로 추정하게 하는 데에는 소략하나마 중국의 고대 사서에 기록된 사건들이 중요한 단초가 된다.

문헌기록에 기초하여 정립된 대략의 틀에 따르면, 고조선은 요동遼東에 중심을 두면서 '조선朝鮮'이라는 국호를 사용하기 시작하며 '한韓'으로 지칭되는 우두머리를 중심으로 연맹체를 유지하는 초기(서기전 8~6세기), 구체적으로 '왕王'의 호칭을 사용하면서 철기로 무장한 전국戰國 연燕과 각축을 벌이는 중기(서기전 5~4세기), 연의 소왕昭王대(서기전 312~279년) 장수 진개秦開의 침입으로 영토 상당부분을 잃고 대동강유역으로 중심지를 옮겨 중국 진秦·한漢 제국에 항쟁하는 왕국 후기(서기전 3~2세기)로 구분하여 그 변천을 이해할 수 있다.

문헌기록에 의거하여 파악되는 고조선의 강역 및 중심지 이동, 사회성격변화는 비파형동검, 세형동검, 다뉴(기하문)경, 미송리식美松里式 및 묵방리식墨房里式 토기 등 표지적標識的 유물의 형태나 분포변화와도 궤를 같이 한다. 유물의 형태변화를 이해함에 있어 중국 중원中原과의 교차편년이 간헐적으로 이용되기는 하지만 문헌기록에 토대한 설명의 틀에 개별 유물과 관련된 내용을 채워 넣는 작업이 주를 이루고 있기 때문에 사실, 두 분야의 접근이 차이를 보이기는 어렵다. 다만 조사된 유적의 밀도가 낮고 보고의 관행이 남한과는 차이 있는 바, 내용을 채우는 작업은 몇몇 표지유적을 중심으로 설정된 유형에 의존하게 된다.

조양 십이대영자十二臺營子, 영성 남산근南山根, 금서 오금당烏金塘, 본계 양가촌梁家村 등이 고조선 전기에 고조선 및 주변의 청동기문화를 대변하는 유형들이다. 이들은 지역적으로도 요서, 내몽고, 발해만, 요동 등으로 분리되어 있을 뿐만 아니라, 비파형동검, 다뉴경, 북방계 유물, 중원계 유물의 조합에서 차이를 보인다. 그 중 요동의 양가촌유형에는 북방이나 중원계 유물은 포함되지 않고 비파형동검과 다뉴경이 공반한다. 대표적인 유적으로 거명되는 여대 강상崗上은 석관·곽묘를 포괄하는 적석묘역으로, 다인장多人葬의 풍습을 보여준다. 이러한 장제를 한 명의 소유주에 딸린 여러 노예의 순장殉葬을 보여주는 증거로 해석함으로써 고조선 사회의 성격을 파악할 수 있는 단서로 지칭되기도 한다. 195·60년대 북한에서 활발하게 진행되었던 '사회구성체社會構成體 논쟁'에서 고조선을 '노예소유자국가'로 보고 고대古代에 포함시키는 견해의 고고학적 근거가 되기도 한다. 그러나 분묘의 규모나 부장품에서 중심적 분묘(노예소유주)과 주변 분묘(노예) 사이에 명확한 신분 차이를 알려줄만한 근거가 충분하지 않을 뿐만 아니라, 다인장을 곧바로 순장으로 보기는 어렵다는 문제의 소지는 있다.

심양 정가와자鄭家窪子, 객좌 남동구南洞溝 등은 고조선 중기에 고조선 및 주변의 청동기문화를 대변하는 유형들이다. 정가와자유형에서는 중원 및 북방계유물이 보이지 않고 앞서 살핀 바와 같이 남한과의 친연성이 확연하게 된다. 반면, 남동구유형에는 앞선 오금당유형과 유사하게 중원계유물이 포함되지만 객좌현보다 동쪽으로는 이어지지 않는다.

청동기시대 후기에 들어서면 요동부터 한반도 중서부에 이르는 지역에 비파형동검을 대신

그림 10.14_ 주조철기 부장 분묘(신풍유적)

하여 세형동검이, 정가와자유형과 연결되는 문화내용과 함께 출현하는데, 일부에서는 방패형, 원개형, 검파형 등의 청동의기들이 보이기도 한다. 의례적 소재의 강조는 이전 시기에도 관찰되는 것이기는 하지만 부장이 풍부해지는 것은 다른 측면에서 살펴보아야 할 이유가 있다. 이는 수장층 권력의 개인화경향을 반영하는 한반도 중서부지역 청동기시대 후기의 양상과 일맥상통하는 것으로 이해된다. 그렇다면 양적 측면에서 다소의 차이는 있지만 요동과 한반도 중서부는 유사한 궤적을 거쳐 사회복합화가 진행되어갔음을 알 수 있다.

한편, 정가와자 등 청동기를 다량 부장하는 분묘의 등장에도 불구하고 전단계의 거석분묘의 전통이 완전히 사라지는 것은 아닌데, 요동의 환인, 본계, 영길 등지에서 유행하는 대석개묘大石蓋墓는 그 대표적인 예가 된다. 이 또한 한반도 남부의 일부지역에서는 지석묘의 축조가 청동기시대 중기를 넘어 후기까지 지속되는 현상과 비교해가며 주목해 볼 만하다.

고조선은 중국 한漢나라에서 망명하여 국경을 지키던 위만衛滿에 의해 준왕準王이 축출되고 대동강유역에 위만조선衛滿朝鮮(서기전 195?~108년)이 성립되면서 종말을 맞게 된다. 흔히 '준왕의 남분南奔'으로 표현되는 사건은 한반도 중부 이남의 삼한사회에 현격한 영향을 미친다. 그 중 대표적인 것이 주조 철기의 전파이다. 당진 소소리素素里, 부여 합송리合松里, 장수 남양리南陽里 등지의 적석목관묘에서는 세형동검 등 청동기와 함께 철부, 철착 등 철기가 나타나고 있다. 이 유적들의 양상은 남한에서 청동기문화가 주조철기제작 전통을 흡수하는 초기과정을 보여주고 있다. 더 나아가 한국 청동기시대의 종말을 알리는 신호가 된다.

철기 제작이라는 첨단 기술은 남한에 자리 잡고 있던 삼한사회의 상위계층으로부터 적극적인 반향을 불러일으키게 되는 것으로 보인다. 완주 갈산리葛山里 신풍新豊유적에서 관찰되는 철기의 부장과 묘의 규모 간 비례적 상관성은 그러한 가능성을 시사하고 있다(그림 10.14). 사실 삼한은 이미 상당히 발달된 정치체였을 것으로 보인다. 삼한은 고조선과 마찬가지로 문헌기록에서 일정한 단서를 찾을 수 있는 역사적 실체로『삼국지三國志』「위서魏書 동이전東夷傳」한조韓條에는 마한馬韓 54개국, 진한辰韓 12개국, 변한弁韓 12개국 등 삼한 78개 소국小國의 이름이 게재되어 있을 정도이다. 특히 철기 유입의 초기 양상을 잘 보여주는 남한 서해안지역은 삼한의 영도세력이었던 '목지국目支國'의 고지故地였을 가능성도 거론되고 있다.

철기문화와 결합된 점토대토기문화는 한반도 남부에서 다음 시기의 주류문화를 배태하게 된다. 그러한 전이과정에서 광주 신창동新昌洞, 사천 늑도勒島 등 생활·매장·생산·교류의 모든 활동이 행해지던 대규모 복합유적은 한반도 남부에서 지역거점으로서 중요한 역할을 하게 된다.

김범철

추천문헌

權五榮, 1997 「한국고대의 취락과 주거」, 『韓國古代史研究』 12, pp. 45~73.

金範哲, 2010, 「호서지역 지석묘의 사회경제적 기능」, 『韓國上古史學報』 68, pp. 5~24.

김범철, 2011, 『쌀의 고고학』, 서울: 민속원.

金範哲, 2014, 「湖西地域 靑銅器時代 家內 貯藏樣相 變化의 意味」, 『韓國上古史學報』 83, pp. 53~68.

김승옥, 2007, 「분묘자료를 통해 본 청동기시대 사회조직과 변천」, 『계층사회와 지배자의 출현』, 한국고고학회 편, pp. 61~140, 서울: 사회평론.

송호정, 2000, 『한국고대사속의 고조선사』, 서울: 푸른역사.

李盛周, 2007, 『靑銅器·鐵器時代 社會變動論』, 서울: 학연문화사.

이청규, 2005, 「靑銅器를 통해 본 古朝鮮과 주변사회」, 『북방사논총』 6, pp. 7~58.

주변의 청동기시대 문화: 북방지역

_북방지역의 청동기시대 문화   _동북아시아 무문토기문화권과의 교류

_북방지역의 청동기시대 문화

　한국 청동기시대 동아시아 일대에는 어느 정도 권역을 형성하는 상이한 문화들이 공존한다. 먼저 북한 및 중국 동북지방 일대의 무문토기문화권을 들 수 있다. 이는 중국고고학계에서는 협사갈도挾砂褐陶로 통칭되는 무문토기를 반출하는 권역으로 요동 및 길림 송화강유역 일대까지 분포하며, 이후 비파형동검의 분포범위와도 대체로 부합된다. 두 번째는 적봉시를 중심으로 하는 내몽고 동남부와 대릉하 이북을 포괄하는 문화권이다. 세 번째는 시베리아 남부-몽골-만리장성 일대에 이르는 초원문화권이다. 네 번째는 흑룡강성 동북부-연해주, 하바로프스크 일대의 아무르강 중류역에 이르는 극동지역(환동해) 문화권이다.

문화별 특색은 상당부분 상이한 지리적 환경 및 생계경제방식에서 기인한 듯한데, 청동기시대 문화가 각기 다른 방향으로 전개되면서 더욱 분명해진다. 초원문화권은 동석기시대銅石器時代를 포함하여 청동기시대가 대체로 서기전 30세기경에 시작되는 반면에, 극동지역은 청동기의 존재가 미약하여 청동기~초기철기시대를 통칭한 '고금속시대古金屬時代'가 서기전 10세기를 전후해서야 본격적으로 등장한다. 무문토기문화권의 경우 서기전 20~15세기에 일부 지역에서 신석기시대에서 청동기시대로의 전이가 보이며, 서기전 15세기경 청동기시대에 진입한다. 내몽고 동남부의 경우, 하가점하층문화夏家店上層文化를 청동기시대의 시작으로 본다면 대략 서기전 20세기가 그 상한이 된다. 한편 시베리아 및 몽골 초원지대의 경우 카라숙Karasuk문화(서기전 13~9세기), 스키토-시베리아Scytho-Siberia문화(서기전 9~3세기)에 해당한다.

문화권별 시기구분체계도 다소 상이하다. 한국이나 러시아, 몽골과는 달리 중원中原문화권의 경우 삼시기법이 제한적으로 통용된다. 중원에서 청동기시대 이후는 삼대三代-하夏, 상商, 주周-를 기준으로 하는 왕조 중심의 편년체계를 따르기 때문이다. 하나라의 출현시기와 청동기시대는 대체로 부합되는 바, 서기전 20세기경을 청동기시대로 볼 수 있다.

중국 동북지방은 한국 청동기시대의 고지故地인 바 비록 현재의 국경상 중국이더라도 한국 고고학의 주변으로 볼 수는 없다. 또한 홍산紅山문화에서 하가점상층문화로 계승이 확인되는 내몽고 동남부 일대는 한국 청동기시대 문화와 전체적으로 연관성을 논하기는 다소 애매하지만 적어도 청동기제작기술에 관한 한, 중국 동북지방과 한반도 일대에 직접적인 영향을 미친 것으로 볼 수 있다. 또한 시기-예컨대, 수천水泉문화-에 따라서는 무문토기문화권이 전입된 증거도 있기 때문에, 역시 한국 청동기문화의 주변으로 보기는 어렵다. 따라서 한국 청동기시대 주변문화에 대한 이해는 시베리아와 몽골, 중국 북방 만리장성 일대의 '초원지대'와 연해주 및 아무르강 일대의 '극동지역' 정도로 그 공간적인 범위가 정해질 수 있겠다. 이러한 광대한 공간 속에서 다종다양한 문화상은 지역별 표지 문화로 대표될 수 있는데(그림 11.1), 그 대략을 보여주고 있다.

시베리아 및 몽골~장성지대의 북방초원문화

시베리아

시베리아 초원지대의 편년체계는 크게 시베리아-몽골지역과 중국 장성지대가 서로 구분된다. 한국 청동기시대와 관련된 남부 시베리아 문화의 흐름은 '아파나시에보Afnasievo문화

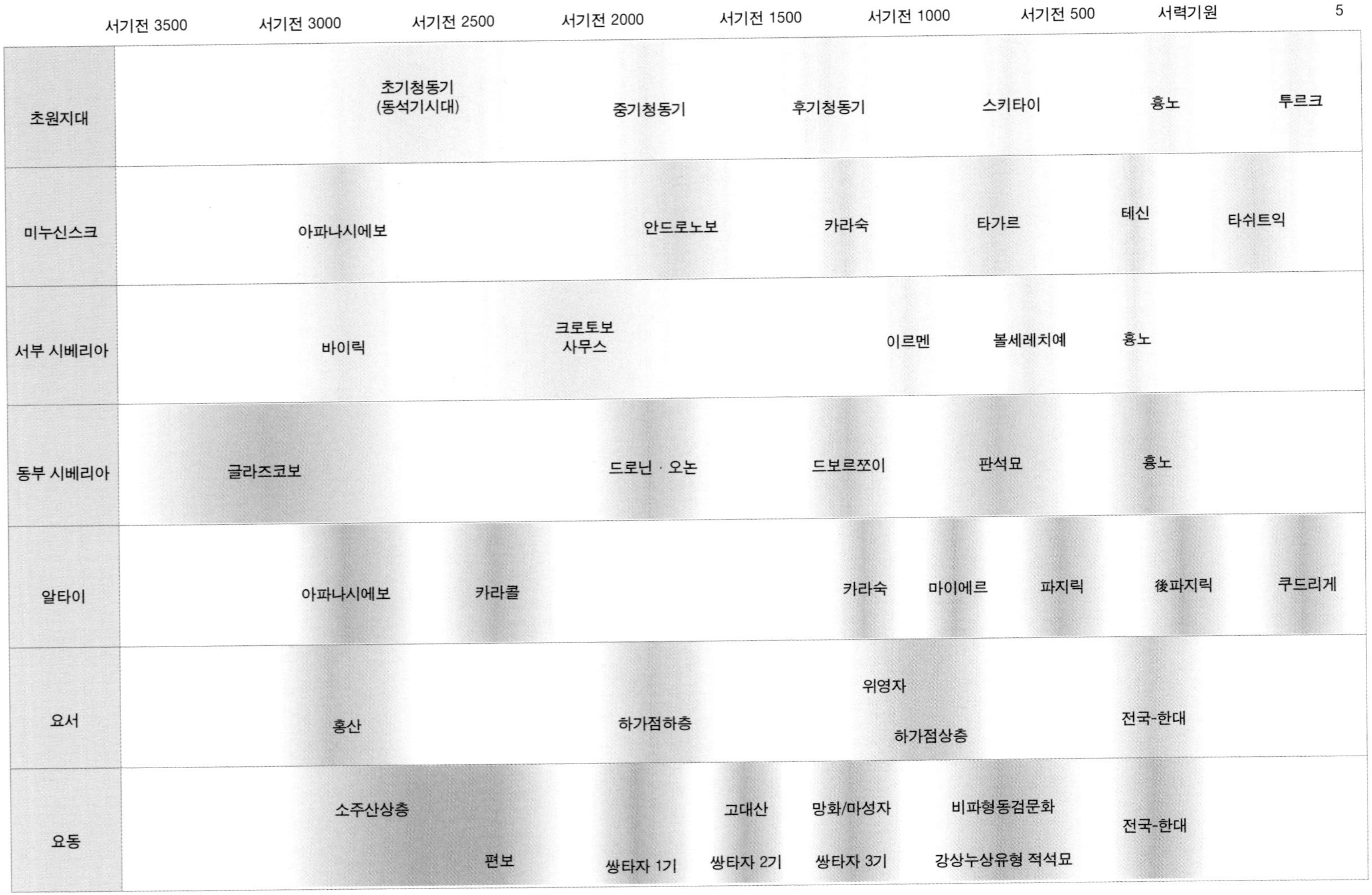

5

지역	서기전 3500	서기전 3000	서기전 2500	서기전 2000	서기전 1500	서기전 1000	서기전 500	서력기원	
초원지대			초기청동기 (동석기시대)	중기청동기	후기청동기		스키타이	흉노	투르크
미누신스크		아파나시에보		안드로노보	카라숙	타가르	테신	타쉬트익	
서부 시베리아		바이릭		크로토보 사무스		이르멘	볼세레치예	흉노	
동부 시베리아		글라즈코보		드로닌·오논	드보르쪼이		판석묘	흉노	
알타이		아파나시에보	카라콜		카라숙	마이에르	파지릭	後파지릭	쿠드리게
요서		홍산		하가점하층		위영자 하가점상층		전국-한대	
요동			소주산상층 편보	쌍타자 1기	고대산 쌍타자 2기	망화/마성자 쌍타자 3기	비파형동검문화 강상누상유형 적석묘	전국-한대	

그림 11.1__유라시아~한반도의 선사·고대문화 편년

기-안드로노보Andronovo문화기-카라숙문화기-타가르Tagar문화기-흉노匈奴시기'로 나누어 볼 수 있다.

동석기시대~전기 청동기시대에 해당하는 아파나시에보문화(서기전 30~25세기)는 흑해 연안에서 기원한 얌나야Yamnaya문화를 누렸던 최초의 유목민이 초원 동쪽으로 이동하면서 형성된다. 이때부터 본격적인 목축과 말의 이용이 이루어졌으며, 또한 청동기의 사용, 쿠르간kurgan이라는 분묘의 축조가 시작한다. 한편 형질적으로는 유로포이드Europoid들이 본격적으로 등장한다. 아파나시에보문화는 동쪽으로는 남부 시베리아, 중국에서는 신강성 일대까지 확산되었다. 다음으로 중기 청동기시대의 안드로노보문화(서기전 25~15세기)는 전차의 사용으로 특징지어지는데, 흑해 연안 또는 우랄산맥 근처가 기원지로 지목된다. 그런데 안드로노보문화는 분포지역이 다양한 양상을 포괄하는 탓에 '안드로노보문화 공동체' 또는 '표도로보문화'와 같은 다른 이름으로 불리기도 한다. 이 문화는 시베리아를 거쳐서 인더스문명 쪽으로는 물론 동아시아로는 실크로드를 중심으로 하는 신강성 일대로도 확산된다. 중국 상商나라의 부호묘婦好墓 등에서 발견된 전차의 기원으로 추정되지만 그 이상 동쪽으로 이 문화가 직접 전입된 흔적은 없다. 후기 청동기시대의 카라숙문화는 석관묘를 주로 썼으며, 그 핵심은 미누신스크 일대에 한정되지만 카라숙 청동기의 전파경로는 매우 넓어서 중국 동북지방은 물론, 평안북도 및 연해주까지도 확산된 흔적이 있다. 따라서 이 시기부터 흉노시기까지가 북방 청동기문화와 중국 동북지방과 한반도를 배경으로 하는 한국 청동기시대 문화의 접점이 형성된다고 할 수 있다(그림 11.2).

카라숙문화기(서기전 13~9세기) 이 시기 동안 미누신스크지역에서는 석관묘가 주 묘제가 된다. 카라숙 청동기가 부장품으로서 처음 확인된 것은 카라숙문화의 핵심지역이만 그 분포범위는 광범하게 확대된다. 카라숙 청동기는 유라시아 청동기시대 중기(서기전 17~13세기)에 서부 시베리아에서 형성된 세이마-투르비노 청동기가 확산

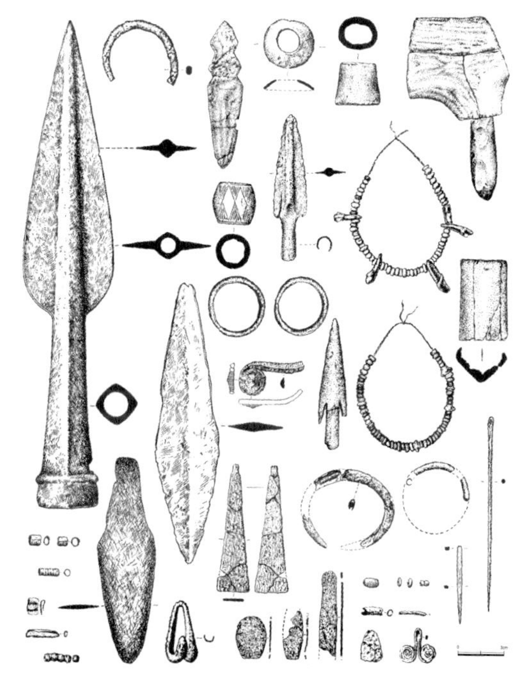

그림 **11.2**__남부 시베리아 안드로노보문화 청동기

되는 과정에서 기원해서 서기전 13세기경 시베리아 동부 및 중국 북부 및 동북지방으로 확산된다. 카라숙 청동기는 연해주, 요동 동부, 내몽고 등 북위 40~45°에 해당하는 동아시아 각 지역으로 동시에 남하하지만 강한 지역색을 띤다. 따라서 카라숙 청동기문화의 파급이 대규모 주민 이주에 의한 전파로 보기는 어렵다고 하겠다.

스키토-시베리아문화기(서기전 9~5세기) 스키토-시베리아문화는 서기전 9세기경 시베리아에서 나타나는, 유목경제 기반의 철기문화이다. 그 주요한 분포는 유라시아 초원지대로 서쪽으로는 흑해 연안, 우크라이나, 시베리아 초원지대를 포함하고, 동쪽으로는 중국 동북지방에까지 이른다. 북경 근교의 연경현을 중심으로 분포하는 옥황묘玉皇廟문화와 적봉시 일대의 정구자井溝子문화까지도 이 문화권에 속한다. 이는 때때로 '스키타이계 문화', '스키타이유형의 문화'등으로도 불린다.

시베리아와 북중국의 스키토-시베리아문화의 변천은 대체로 초기(서기전 9~7세기), 중기(서기전 7~5세기), 후기(서기전 4~2세기) 등으로 나눠볼 수 있다. 이 중에서 후기 단계는 흉노제국의 전기에 해당할 수도 있다.

파지릭Pazyryk문화는 알타이의 고원지대에 주로 분포하지만 러시아의 알타이공화국 이외에 서부 몽고와 중국 신강성 위구르자치구 북쪽의 알타이지구 및 카자흐스탄의 서북국경에서도 비슷한 문화가 존재한다. 대표적인 유적으로 파지릭Pazyryk, 바샤다르Bashadar, 투엑타Tuekta, 우코크Ukok 등이 있다. 금·은으로 도금한 맹수의 머리가 새겨진 장식, 맹수가 사냥하는 장면과 같은 역동적이고 화려한 스키타이계의 동물양식의 장식으로 의복을 치장했다. 무기로는 청동 및 철제의 동검, 동촉 및 골촉, 투부鬪斧 등이 있다. 목제 마구에는 금도금을 해서 매우 화려하다.

남부 시베리아 미누신스크분지에는 타가르문화가 있다. 봉분 주위를 사각형의 호석으로 돌리고 매장주체부는 석관묘나 목관묘로 된 분묘가 유행한다. 피장자의 허리부분에 남자는 동검, 투부 등이 부장되며 여자는 동도, 동경과 장신구 등이 부장된다. 경우에 따라서는 수십 명분의 인골이 한 곳에서 매장되기도 한다. 대표적인 대형 고분유적으로는 높이가 최고 11.5m에 이르는 살브익Salvyk을 들 수 있다.

흉노문화기(서기전 4~2세기) 스키토-시베리아문화가 사라지면서 그 자리를 흉노문화가 대체하게 된다. 전체 시베리아 초원지대에서는 우랄산맥 근방에서 발흥한 사르마트문화와 흉노를 합쳐서 흉노-사르마트Hun-Sarmat기라고도 한다. 후기 파지릭문화의 대표적인 유적으로는 쉬베Shibe의 쿠르간군이 있다. 각 쿠르간은 순수하게 적석으로만 쌓아 평면이 원형을 이루게 한다. 그 중 한 고분의 동쪽에는 일렬로 약 0.5~1.5m정도의 입석立石(현지어로 balbal) 7개가 약 1.5m의 간격으로 늘어져 있었다. 봉분의 정확한 크기를 측정할 수는 없으나 발굴된 다른 고분의 양상에 비춰 볼 때 직경 45m, 높이 약 2m 내외로 추정된다.

미누신스크지역의 경우, 타가르문화의 말기에 해당하는 테신Tesin기가 시작된다. 이 시기의 유적은 주로 예니세이 강 중류에 분포하며, 그 존속기간은 서기전 2세기~1세기 말엽이다. 테신기에 들어서면 다인장 목실분으로 타가르의 묘제를 계승하며 토기도 심발형이 주를 이룬다. 반면, 동검은 사라지고 고리달린 철검이 출현하며 대구帶鉤, 동물을 소재로 한 청동패식 등 흉노계의 문화요소가 많이 발견된다. 묘제나 기본적인 유물상에서 뿐만 아니라, 형질적으로도 이전의 타가르문화 사라가쉔기를 계승하지만 일부 흉노계 유물이 출토되는 바, 어느 정도의 교류는 추정해 볼 수 있다.

몽골

카라숙문화기(서기전 13~9세기) 몽골에서도 다양한 카라숙 청동기가 출토되었는데, 청동기로는 손잡이 끝이 고리형인 동도, '올兀'자형 수레고삐 걸이인 궁형동기弓形銅器, 동검 등 실용구와 팔찌, 연주장식, 무문의 경형장식鏡形裝飾 등 장신구가 있다. 한편, 몽골에서 카라숙 청동기가 사용된 시기에는 중국으로부터 유입된 삼족토기도 알려져 있다. 몽골에서는 카라숙 청동기가 사슴돌과 같은 석조물에는 새겨지는 예가 적지 않지만 실물이 분묘나 주거지에서는 발견된 예는 매우 적다. 따라서 유물의 연대는 북중국의 유물 연대를 참조하게 된다. 중국 북방의 하북 초도구初道溝, 산서 고홍高紅 등 유적에서 출토된 유물은 대체로 상대 말기, 즉 서기전 13~12세기에 비정되는데, 섬서 염가촌閻家村에서도 반출된 곡병형 카라숙동검이 은허殷墟 2기 말에 해당하는 것으로 알려져 그러한 연대관을 뒷받침하고 있다. 직병형 카라숙동검은 북경 백부白浮유적의 연대와 청동예기를 참고할 때 서기전 11~10세기경으로 비정된다(그림 11.3).

스키토-시베리아문화기 서기전 8~3세기에 몽골 서부에서는 찬드만Chandman문화, 동부에서는 판석묘板石墓문화가 번성한다. 찬드만문화는 사얀-알타이지역의 스키토-시베리아유형의 문화와 깊은 친연성을 보여주는 반면, 판석묘문화는 서기전 1천년 기 북아시아를 대표하는 석묘문화의 한 분파이다.

판석묘라는 명칭은 장방형 묘역의 둘레에 석판을 두른 때문에 붙여졌는데, 종종 사슴돌이 주위에서 발견되기도 한다. 대부분 수십 기가 떼를 지어서 일렬로 늘어서있다. 묘역 내 매장 주체부는 석곽인데, 일부에서는 목관을 쓴 흔적도 확인된다. 묘광은 평면은 장방형으로 한

변이 2~3m, 깊이는 0.5~1.5m정도인데, 그 외곽에 0.5~2m 높이의 석판을 세운다. 종종 시신 주위에 황토가 뿌려져 있기도 하고, 말 등 가축의 두골이 부장되기도 한다. 판석묘문화의 중심연대는 스키토-시베리아유형의 단계인 서기전 8~3세기대이며, 카라숙문화기로 소급되는 것도 있어서 '드보르쯔이Dvortsoi문화'라고도 불린다.

주거자료가 부족한 탓에 판석묘문화의 생계경제에 대해 정확히 밝히기는 어렵고, 목축이나 유목 위주였을 것으로 추정할 뿐이다. 한편, 중원지역과의 교류도 주목되는데, 몽골에 인접한 중국 북부에서 발견되는 사문력蛇紋鬲이라고도 하는 삼족기三足器나 하가점상층문화의 청동 투구는 그 중요한 증거가 된다. 몽골 동부를 중심으로 러시아 자바이칼지역에서부터 내몽고 동부까지 확인되는 판석묘 축조의 전

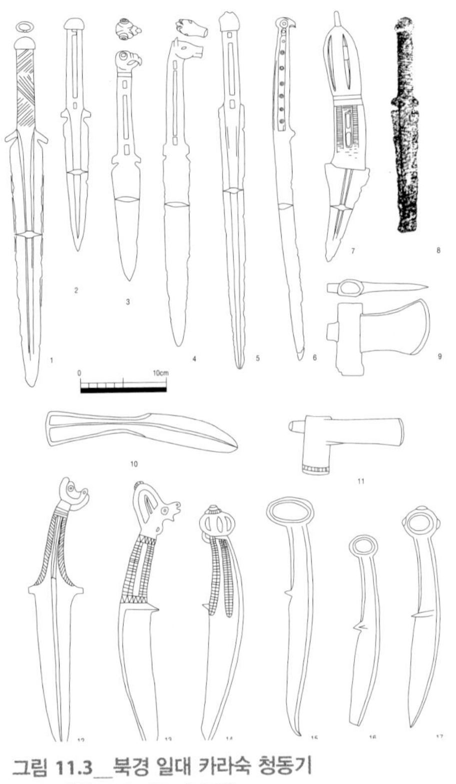

그림 11.3__북경 일대 카라숙 청동기
1~9: 백부, 10~17: 초도구

통은 한반도의 고인돌과 석관묘, 요동의 석붕 및 하가점상층문화의 석곽묘와 함께 서기전 1천년기 동북아시아 석묘문화의 한 부분을 차지한다.

몽골의 서부지역에 분포하는 찬드만문화의 고분은 크게 석곽묘와 목곽묘로 세분된다. 목곽묘의 경우, 단변 2~3m의 정사각형으로 곽을 짜고 그 안에 적게는 1명, 많게는 7~8인을 한꺼번에 묻은 것이 특징이다. 동아시아에서는 시신을 바로 눕히는 신전앙와장이 일반적인데 비해 이 지역에서는 몸을 옆으로 구부려 누인 측와굴신장이 주류를 이룬다. 찬드만문화의 청동유물은 남부 시베리아와 오르도스의 중간 형태를 보인다. 대표적인 예로 전투용 도끼는 오르도스의 학취부鶴嘴斧와 남부 시베리아 출토의 중간형이 있다. 묘제에서도 그런 경향이 엿보인다. 이러한 여러 특징을 종합하면 몽골 서부지역은 스키토-시베리아문화와 동북아시아 석묘문화가 만나는 접점이라는 것을 알 수 있다.

흉노시기(서기전 4~2세기) 문헌에 따르면, '흉노'는 늦어도 서기전 4세기경에는 기병을 갖춘 강성한 정치체였다. 이 기록을 신뢰한다면 판석묘 및 찬드만문화가 번성한 스키토-시베리아유형의 후기 단계에 이미 흉노는 거대한 정치세력으로 존재했다는 것을 의미한다. 그런

214

데 고고학적으로 흉노의 대형고분과 유물이 등장하는 시기는 서기전 1세기 무렵이다. 노용울Noyon Uul 또는 Noin-Ula을 비롯한 대부분의 흉노고분유적에서 편년의 기준으로 활용될 중국계 유물 중, 일부는 서기전 2세기 후반으로 비정되기도 하지만, 대부분은 서기전 1세기 중반~기원후 1세기 초반에 해당하는 바, 사서의 기록과는 시차가 있다.

중국 북부 장성지대

카라숙문화기(서기전 13~9세기) 카라숙 청동기는 병부가 휘어진 곡병형의 동검 및 동도로 대표되는 전기와 직병형 동검을 위주로 하는 후기로 나눌 수 있다. 카라숙 청동기는 중국 북부 및 중원의 상~서주대의 여러 유적에서 발견된다. 중국 서북부 이동에서 카라숙 청동기를 반출하는 문화 및 유형은 청해성 일대의 서패西琪문화와 감숙성 일대의 사와寺洼문화, 내몽고 중부의 서차西岔문화, 섬서성 서북부와 산서성 일대의 이가애李家崖문화, 하북성 북부 일대의 위방圍坊3기문화, 장가원張家園상층문화, 내몽고 동남부의 하가점상층문화, 요서 발해만 일대의 문화 등이 있다.

조금 더 좁혀서 요령지역만을 대상으로 하면, 요서는 발해만 남부-홍성 양하楊河, 수중 풍가촌馮家村 등 유적-와 카라숙 청동기가 발견되는 발해만 북부-건평 마광馬光, 조양 위영자魏營子, 객좌 소파태구小波太溝, 객좌 화상구和尙溝 등 유적-로, 요동은 대체로 요북-신민 대홍기大紅旗, 법고 만유가灣柳街 등 유적-, 요중-무순 망화望花 등 유적- 및 압록강유역-단동 동구東溝 및 용천 신암리新岩里 등 유적- 등으로 세분된다.

스키토-시베리아유형단계의 오르도스 청동기문화(서기전 8~3세기) 이 시기 중국 북방 초원지대의 문화는 모경구毛慶溝유형, 양랑楊郎유형, 옥황묘玉皇廟문화 등으로 세분된다. 모경구유형은 토광묘, 직신앙와장, 승석문토기의 사용이 큰 특징으로 꼽힌다(그림 11. 4). 대표유적으로 양성 모경구毛慶溝, 공소호公蘇壕, 화림격이 범가요자范家窑子, 준격이기 서구반西溝畔, 아랍선좌기 호로사태呼魯斯太, 신목 납림고토納林高兎, 순현 요자窑子, 양성 음우구飮牛溝등이 있다. 그 변천은 4기로 나누어 설명되는데 1기는 춘추 중·말기(서기전 7세기 중반~5세기 초), 2기는 전국 초기(서기전 5세기 초반~4세기 말), 3기는 전국 중기(서기전 4세기 중반~3세기 후반), 4기는 전국 후기(서기전 3세기 중반~후반)로 편년된다.

영하 회족자치구의 고원현과 감숙성, 동남부의 경양현을 중심으로는 양랑유형이 분포하는데, 오르도스 지역의 선흉노先匈奴문화와 구분되는 '융적戎狄문화'로 일괄하여 부르기도 한다. 토광묘와 함께 토동묘土洞墓, catacomb가 널리 쓰이며 모든 분묘에 예외 없이 동물뼈가 부장된다. 골각기의 사용이 상당히 많은 것이 특징이다. 동물장식으로는 타가르문화의 것과 유사

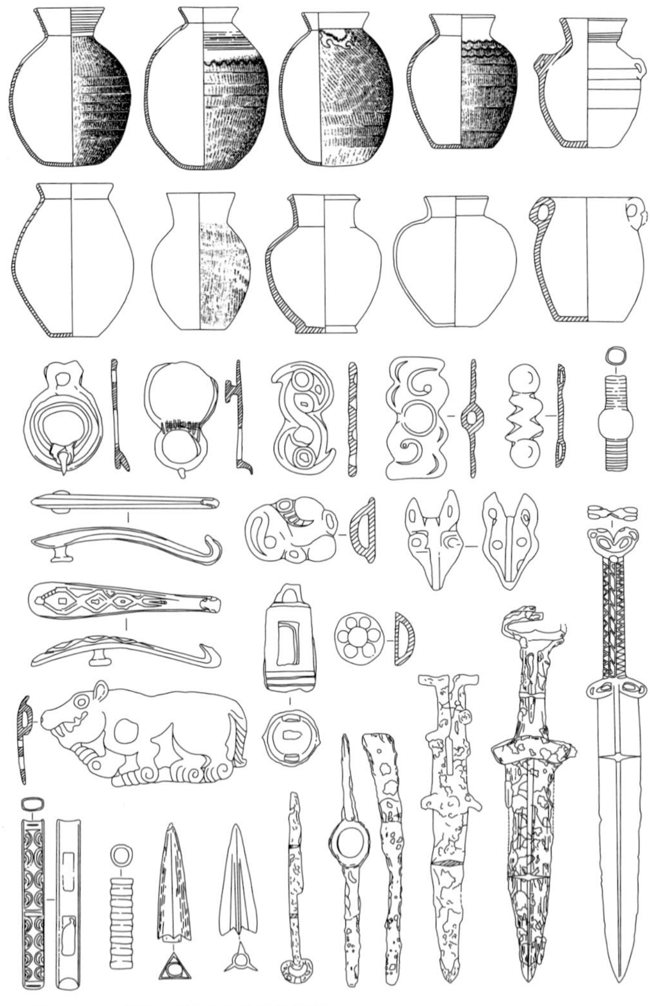

그림 11.4__내몽고 중남부 모경구유형

한 사슴좌상이 대표적이다. 스키토-시베리아유형의 초기단계인 아르좐-마이에르 문화나 카자흐스탄의 스키토-시베리아유형에 해당하는 샤키문화 초기에 유행하는 동물굴신屈身도 보여서 비교적 남부 시베리아 및 중앙아시아의 스키토-시베리아유형과 문화적 친연도가 높은 것으로 보인다. 주요 유적으로 고원 양랑楊郎을 비롯하여 팽보 우가장于家庄, 중위 낭와자狼窩子, 중령 예정촌倪丁村 등이 있다.

중국 북경의 북부 군도산 산맥 일대에는 옥황묘문화가 있는데, 양랑이나 모경구유형과 마찬가지로 분묘를 중심으로 알려져 있다. 주 묘제는 토광묘이며 매장 주체부의 위 또는 한쪽 단변에 동물뼈를 부장하는 것이 특징이다.

유물로는 동검, 동부, 동물장식 등 초원계가 주를 이루지만 양랑이나 모경구유형과 달리 과戈, 청동예기 등 중원계의 유물이 다수 포함되어있다. 주요 유적으로 연경 옥황묘, 선화 소백양小白陽, 회래 북신보北辛堡, 난평 이수구문梨樹溝門, 장가구 니하자촌泥河子村 등이 있다. 세 시기 정도로 편년이 가능한데, 그 첫 시기는 대체로 서기전 7~6세기 초반, 두 번째 시기는 서기전 6세기 말~5세기 중반, 세 번째 시기는 서기전 5세기 말~4세기 중반에 해당한다. 옥황묘문화는 다른 중국 북방지역의 스키토-시베리아유형보다 빨리 소멸하는데, 유목문화의 조기 소멸은 북경 이북으로 확장되는 연燕나라 세력과 관련이 있는 것으로 보인다. 연의 확장에 따라 옥황묘문화의 요소는 동쪽으로 전파되어서 요서지방의 비파형동검문화에도 그 흔적을 남긴다.

216

흉노시기(서기전 4~2세기) 중국 북방지역에서는 서기전 4~2세기대의 유적으로 준격이기 옥룡태玉隆太, 준격이기 서구반西溝畔, 항금기 아로시등阿魯柴登 등을 꼽을 수 있는데, 금관과 함께 화려한 금장식이 다수 출토된다. 물론, 이들 유적 모두 지표수습을 통해 확인되었거나 극히 일부만이 조사된 것이기 때문에 분묘의 구조나 전체적인 유물상을 파악하기에는 다소 무리가 있다. 그럼에도 불구하고 유물의 성격으로 볼 때 당시 최상위계층의 분묘로 지칭하기에 손색이 없다. 전반적으로 중국 서북지방에서 유입된 사키문화의 영향이 강력하게 보이는 것이 이전 시기 오르도스지역의 문화와 차이점이다.

_동북아시아 무문토기문화권과의 교류

先비파형동검문화기(카라숙문화기)

카라숙 청동기들이 동아시아로 확산되는 과정은 크게 4단계를 거친다(그림 11.5). 첫 단계는 유라시아 청동기시대 중기(서기전 20~15세기)에 서부 시베리아의 세이마-투르비노 청동기가 동부 시베리아와 중국 북방 일대로 확산되는 시기로, 대량의 주민집단 이동이 아니라 각 지역의 토착문화에 청동기 제작기술만 전파되는 양상을 띤다. 카라숙 청동기 자체는 광범위한 지역들에서 공통성을 보이지만 공반하는 다른 청동기는 지역성을 강하게 띤다.

두 번째 단계(서기전 13~12세기)는 몽골, 남부 시베리아, 자바이칼 등에 세이마-투르비노 청동기의 영향을 받아서 카라숙 청동기가 널리 확산되는 시기이다.

세 번째 단계(서기전 12~9세기)는 카라숙 청동기가 1차적으로 중국 북부와 내몽고 동남부 등 주변지역으로 확산되는 시기이다. 이때에는 카라숙 청동기가 초원지대에서 중국 북방 및 내몽고 동남부 일대로 점진적으로 확산되는 양상을 보인다. 이러한 카라숙 청동기의 남진 현상과 맞물려서 내몽고 동남부 일대의 고기후 자료들에서는 한랭건조화 현상이 간취된다. 특히 이 시기는 하가점하층문화가 사라지고 아직 하가점상층문화가 등장하기 이전으로 하가점상·하층문화과는 비교할 수 없을 정도로 유적의 수가 감소하는 시점이다. 이러한 카라숙 청동기의 남하와 토착 주민집단의 감소를 연결하여 해석하면 이 무렵 중국 북방의 기존 주민집단이 해체되고 이동성이 강한 유목집단이 남하한 증거라고 추정된다. 같은 시기 요서지역 발해만 일대에서도 기존의 토착문화가 사라지고 대신에 중원지역의 상주商周 교체기에 이 지역

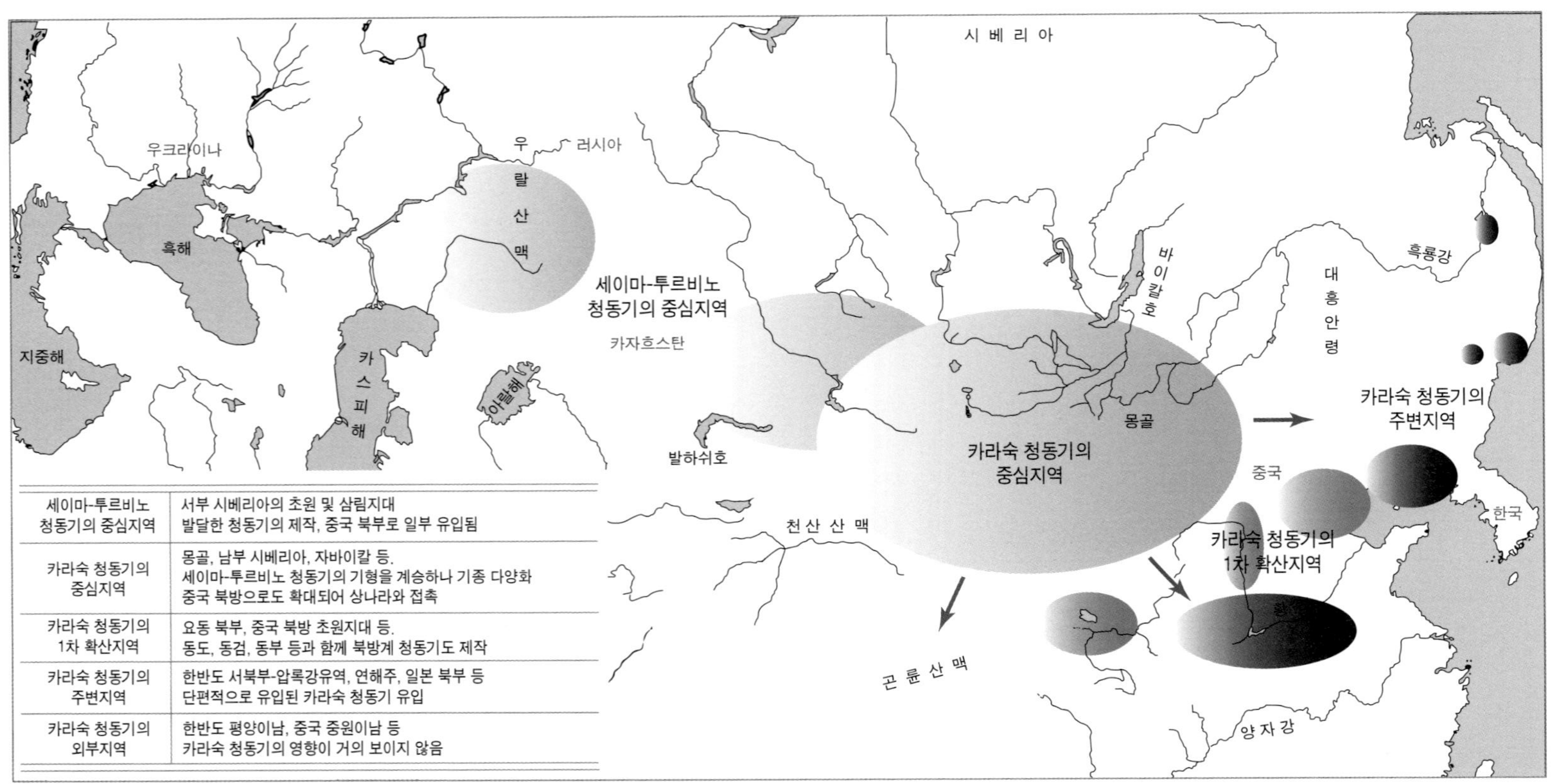

세이마-투르비노 청동기의 중심지역	서부 시베리아의 초원 및 삼림지대 발달한 청동기의 제작, 중국 북부로 일부 유입됨
카라숙 청동기의 중심지역	몽골, 남부 시베리아, 자바이칼 등. 세이마-투르비노 청동기의 기형을 계승하나 기종 다양화 중국 북방으로도 확대되어 상나라와 접촉
카라숙 청동기의 1차 확산지역	요동 북부, 중국 북방 초원지대 등. 동도, 동검, 동부 등과 함께 북방계 청동기도 제작
카라숙 청동기의 주변지역	한반도 서북부-압록강유역, 연해주, 일본 북부 등 단편적으로 유입된 카라숙 청동기 유입
카라숙 청동기의 외부지역	한반도 평양이남, 중국 중원이남 등 카라숙 청동기의 영향이 거의 보이지 않음

그림 11.5__서기전 17~9세기 세이마-투르비노 및 카라숙 청동기의 확산

으로 유입된 유이민들이 남긴 청동기의 매납유구가 등장한다.

네 번째 단계(서기전 9~7세기)는 카라숙 청동기가 주변지역으로 확산되는 시점으로 동아시아 전역에 비파형동검문화가 형성되는 시기로 한반도 북부, 연해주 북부 등 동아시아 일대에 단편적으로 카라숙 청동기가 보이는 시기이다. 하지만 기존의 석검을 이용해서 카라숙 청동기를 모방하는 등 실질적으로 문화가 전입되었다고 보기는 어렵다.

비파형동검 및 세형동검문화기(스키토-시베리아 및 흉노시기)

이 시기에 비파형동검문화권으로 유입되는 초원지대 청동기문화는 하가점상층문화, 옥황묘문화, 흉노문화, 토착화된 흉노계문화 등 크게 4부류로 구분할 수 있다. 북방계 청동기문화의 영향은 장식에만 한정되는데, 그러한 유물은 거의 예외 없이 당시 최상위계층의 분묘나 부장이 풍부한 분묘에서 집중적으로 발견된다. 무구나 묘제는 제외한 채 장식만 영향을 받은 것은 초원지대의 문물이 강력한 비파형동검문화권에 큰 영향을 주지 않았음을 방증하는 것이라고 볼 수 있다. 요동으로의 유입은 주로 옥황묘문화의 붕괴, 연나라의 동진, 한사군漢四郡의 설치와 같은 중국세력의 확장과 관련된다.

표 11.1__비파형동검문화기 요령 출토 북방계 청동기

지역구분		주요유적	동물장식	대구(帶鉤)	쌍조형장식 금속기	시기
요서	발해만	조양 십이대영자	인면, 여우머리형		동도	전기
		조양 일대 수집품	개구리형			중기
		금주 전구구자	호형			중기
		능원 삼관전자	호형금, 개구리형동, 맹수금			중기
		객좌 남동구	요어鯰魚형			중기
요동	심양	심양 정가와자	개구리형석			중기
	요중	본계 유가초	개구리형			후기
		본계 박보			세형동검	후기
	요북	신빈 용두산			동병철검	후기
		신빈 와방신촌			철검	후기
		서풍 서차구		장방형	철검	후기
	요동반도	대련 누상 3호묘	소형 말장식			중기

하가점상층문화와 초원청동기문화 초원지대와의 관련성에 주목하면 하가점상층문화의 전개 과정은 크게 5단계로 나눠볼 수 있다(그림 11.6). 첫 번째 단계는 서기전 12세기 말~11세

기에, 두 번째는 서기전 10~9세기에, 세 번째는 서기전 9세기 말~8세기에, 네 번째는 7세기 초·중반에, 마지막으로 다섯 번째 단계는 7세기 후반~6세기 전반에 해당한다. 첫째와 둘째 단계에는 카라숙문화기와 관련이 많은 유물들이 보이며, 뒤의 세 단계에는 스키토-시베리아 계통 청동기와의 관련성이 두드러진다. 두 번째 단계에 속하는 영성 남산근南山根 102호 석곽 묘에서 골판에 새겨진 사슴 사냥장면에 등장하는 전차로 보아 카라숙문화 후기 단계와 동시 기임을 알 수 있다. 세 번째 단계(서기전 8~7세기경)에 속하는 영성 남산근 101호와 영성 소 흑석구小黑石溝 8501호 묘 등에서는 초기 스키토-시베리아문화의 요소가 대량으로 발견된다. 이 시기의 주요 유물로는 돌기형 검격의 비수식검, 저립佇立하거나 굴신한 동물의 장식 등이 바로 그것이다. 아울러 하가점상층문화에서 출토되는 청동제 투구는 중국 북방은 물론 자바 이칼지역과 흑해 연안에서도 발견된다. 4~5단계는 초기 스키토-시베리아문화 계통의 유물 이 사라지는 대신 동물장식, 그리핀장식 동검 등 중기 스키토-시베리아 유물이 주로 발견된 다. 이를 통해 서기전 12~6세기의 500여 년간 하가점상층문화와 유라시아 초원지대의 문화 사이에는 교류가 이루어졌음을 알 수 있다. 연대상으로도 병행관계가 있다.

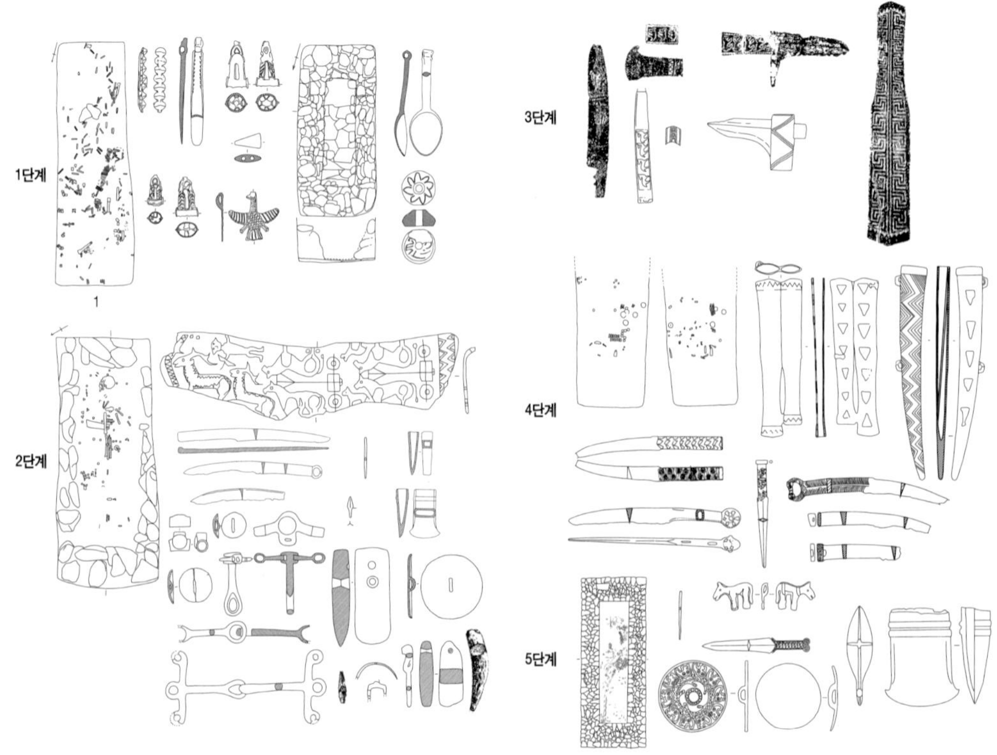

그림 11.6__하가점상층문화 1~5단계

비파형동검문화권과 초원청동기문화 비파형동검문화권과 초원청동기문화의 상호교류는 4단계 정도로 나눠 살펴볼 수 있다. 첫 번째는 조양 십이대영자十二臺營子유적에서 보듯이 하가점상층문화가 남하하여 남산근과 소흑석구와 같은 유적이 나타나고, 비파형동검문화권도 그 영향을 받아서 하가점상층문화의 청동기와 동물장식을 일부 받아들이는 시기인데, 대체로 서기전 9~8세기에 해당한다. 두 번째 단계는 비파형동검문화 중기에 하가점상층문화가 붕괴되고 연산산맥 일대의 옥황묘문화와 교류하면서 그 계통의 동물장식이 중원 예기와 함께 요서의 비파형동검문화로 유입되는 시기로, 서기전 6~5세기에 해당한다. 심양 정가와자鄭家窪子 6512호묘를 통해서 알 수 있듯이, 이 시기에는 교류범위가 요중으로 확대된다. 세 번째 단계는 비파형동검 후기~세형동검 초기에 해당하는 서기전 4~3세기 무렵으로, 요서에서는 연이 동진하면서 비파형동검문화가 소멸되며 북방계 유물도 사라진다. 대신에 요동의 본계지역을 중심으로 동물장식과 조형검파두鳥型劍把頭 등이 발견되기 시작한다. 네 번째 단계가 되면 상대적으로 요령성의 동쪽과 북쪽에 위치한 본계와 서풍 일대에서도 초원계 유물이 발견되기 시작한다. 대표적인 유적으로 서풍 서차구西岔溝가 있다. 이 유적은 심하게 도굴되어 전체 문화양상을 파악하기 다소 애매하지만 남아있는 유물로 볼 때 몽골과 자바이칼 경내에서 확인되는 흉노분묘의 출토유물과 많은 유사성이 있다. 따라서 이 지역의 초원계 문화는 흉노계의 문화가 대흥안령을 넘어서 중국 동북지방으로 확산된 결과라고 보인다. 한편, 같은 시기 낙랑군이 설치된 평양지역에서는 이미 한화漢化된 초원계 대구들이 발견된다. 또한 이 단계에는 한반도로 동물형대구와 소형 동물장식, 안테나식 동검 검파두 등이 유입된다.

첫 번째 단계의 대표적인 유적으로 조양 십이대영자와 금서 오금당烏金塘 등이 있다. 이 유적들은 요서지역 발해만 일대에 비파형동검문화가 본격적으로 출현하는 시기의 대형분묘이다. 이 시기의 대형분묘에서는 동물장식의 동도 등이 초기 스키토-시베리아유형의 영향을 받은 듯한 청동기가 출토된다. 그러나 초원계통의 유물은 청동제 장식류에 한정되며, 북쪽으로 이웃한 하가점상층문화에서 흔히 보이는 것들이다. 따라서 직접적인 초원지대와의 상호교류에 따른 결과로 보기 어렵다. 사회정치적으로 성장한 발해만 일대의 상위유력층은 하가점상층문화와의 교섭을 통해 그러한 청동장식품을 수용하게 되는 듯하다.

두 번째 단계에는 능원 삼관전자三官甸子, 객좌 남동구南洞溝 등 유적이 속한다. 삼관전자유적에서는 석곽묘에서 동물장식과 다량의 청동기 부장이 확인된다. 남동구유적의 분묘 역시 석곽묘로, 하가점상층문화와 일맥상통한다. 이 유적에서는 같은 시기 초원지대에서는 찾아 볼 수 없는 요어형鰩魚形장식과 함께 중원의 전형적인 청동예기인 궤簋도 확인되는데, 요서의 최상위계층이 중기에도 중원 및 초원지대의 문화요소를 적극적으로 도입한 결과로 이해할 수 있다. 호형虎形장식은 옥황묘유적 등 연산 이북에서 보이는 것과 매우 유사한데, 이로써 두 번째 단계에 들면서 초원과의 교류경로가 하가점상층문화에서 연산산맥 일대의 옥황묘문화로 이동한 것으로 추정해 볼 수 있다. 연나라의 팽창과 함께 군도산 일대의 옥황묘문화 고분군에서는 대규모 고분의 축조는 중단되고 비교적 소규모의 것들이 산발적으로 분포하는 양상을 보인다. 옥황묘문화의 중심연대를 감안하면 서기전 6세기경부터 요서지역 비파형동검문화 유적에서 옥황묘문화 계통의 문화유소가 발견된다. 하지만 삼관전자나 남동구에서 동물형 대구는 출토되지 않고, 그보다 늦은 능원 오도하자五道河子유적에서부터 나오는 바, 동물형 대구는 그보다는 늦은 단계에 유입된다고 볼 수 있다.

최근 조사를 통해 동호東胡에 소속될 것으로 추정되는 정구자문화의 실체가 점점 분명해지고 있는데, 이로써 하가점상층문화가 해체되고 지역을 달리하여 초원문화 계통으로 내몽고 동남부에 정구자유형과 연산산맥 일대에 옥황묘문화가 병존했을 가능성이 제기되고 있다. 현재까지 점토대토기 외에는 정구자유형과 비파형동검문화 간 적극적인 교류의 흔적이 확인되지 않는다.

한편, 두 번째 단계에서는 요동으로도 초원지대의 문화요소가 유입된 것이 확인된다. 그 대표적인 유적으로 심양 정가와자 6512호와 요동반도의 대련 누상樓上을 들 수 있다. 누상유적에서 출토된 동물저립장식은 옥황묘문화에서 보이는 것과 매우 유사하다. 심양 정가와자에서는 석제의 개구리장식 또한 그러하다. 그런데 이들은 초원지대와의 직접적인 교류의 결과라기보다는 요서 발해만 일대의 비파형동검문화가 동쪽으로 유입되면서 같이 들어온 것으로 보인다.

세 번째 단계는 서기전 4~3세기에 해당하는데, 이때에는 옥황묘문화가 완전히 해체되고, 연나라 팽창의 영향이 본격적으로 동북아시아 전체에 미치게 된다. 전반적으로 연나라의 철기가 확산되는 시기로 초원지역과의 관련은 거의 보이지 않는다.

네 번째 단계는 서기전 3~1세기에 요동과 한반도에 철기문화가 보급되며 한반도에는 세형동검이 본격적으로 등장한다. 이때의 대표적인 유물은 손잡이에 쌍조형雙鳥形장식이 부가된 검으로, 스키토-시베리아유형에서 직접적인 관련을 찾아보기는 어렵고 오히려, 서풍 서차구로 대표되는 흉노계통의 쌍원형雙圓形장식을 한 철검에서 그 연원을 찾을 수 있다. 요서에는 쌍조형장식이 전혀 등장하지 않기 때문에 초원지역과의 교류하는 루트가 변한 것으로 볼 수 있다. 또한 서풍 서차구에서는 스키토-시베리아문화와 흉노문화에서 유행하던 장방형 및 'P'자형 청동대구가 발견된다. 특히 '출出'자문이 새겨진 청동대구가 주목된다. 이러한 대구는 유라시아의 초원지대와 북부 중국에서도 특히 자바이칼의 흉노지역에서만 확인된다. 그 외에 동복銅鍑, 철검, 무구 등의 존재를 보아도 서풍 서차구의 동물장식은 명백하게 몽골과 자바이칼지역에서 발흥한 흉노세력의 직접적인 영향을 받은 것이라 할 수 있다. 본계 유가초劉家

222

_岫에서 출토된 청동 장식은 엎드려 있는 호랑이와 같은 맹수를 매우 도식적으로 표현하고 있다. 서기전 1세기경부터 초원계 유물이 보이는 곳으로 평양 일대의 낙랑유적도 있다. 황주 흑교리_{黑橋里}유적에서와 같이 서있는 말의 장식과 같이 옥황묘계통의 유물이 보이는 경우도 있지만 대부분의 경우 중원의 기술과 형식이 많이 섞인 황금대구가 주목된다. 이는 중원의 장인_{匠人}이 초원지대의 집단에게 공급했던 유물의 일종으로 생각해 볼 수 있다. 흉노의 고분에서도 중국계의 장인들이 만든 초원풍격의 청동, 금제 장식들이 대량 출토되고 있다. 따라서 낙랑의 유물로 초원지대와의 직접적인 연관을 상정하기는 현재로서는 어렵다.

막연하게 북방의 초원은 한민족의 기원지라는 생각이 있다. 사실, 많은 문화요소에서 초원지대와의 관련성이 지속되었음을 확인할 수 있다. 그러나 어떠한 고고학적 증거도 대량의 이주를 증명하지는 못한다. '교류'나 '전파'라는 측면에서 초원지대의 문화에 주목해야할 것이다. 북방 초원의 주민들은 목축 또는 유목을 하며 이동에 근거한 생활을 영위하면서 청동기를 중심으로 하는 선진적인 요소들이 한국 청동기시대 문화, 특히 중국 동북지방문화에 유입되는 역할을 한 셈이다. 동북아시아 청동기시대 형성이 한국-중국-일본의 문화교류 구도뿐만이 아니라 초원-농경문화라는 두 상이한 체계의 존재와 상호교류가 이해되어야 한다.

강인욱

추천문헌

姜仁旭, 2009, 「서기전 13~9세기 카라숙 청동기의 東進과 요동·한반도의초기 청동기문화」, 『湖西考古學』 21, pp. 18~67.

강인욱, 2010, 「紀元前 4~西紀 1세기의 考古學資料로 본 匈奴와 동아시아: 흉노학의 정립을 위한 토대구축을 겸하여」, 『중앙아시아연구』 15, pp. 1~27.

서울대학교 박물관, 2008, 『몽골: 초원에 핀 고대문화』, 서울대학교 박물관 제46회 특별전 기념도록.

정석배, 2004, 『북방유라시아대륙의 청동기문화』, 서울: 학연문화사.

최몽룡·이헌종·강인욱, 2003, 『시베리아의 선사고고학』, 서울: 주류성.

12

주변의 청동기시대 문화: 일본열도

_조몬시대 후·만기의 사회와 문화　　　_한국 청동기시대 문화와의 관계

_야요이시대 사회와 문화

일본열도는 북동-남서방향으로 길어 아한대에서 아열대까지 다양한 기후와 지역성이 나타나고, 인문지리적 차이에 따라 동일본과 서일본으로 나뉜다(그림 12.1). 선사시대부터 서일본과 동일본의 고고학적 문화상 차이는 서일본과 한반도의 차이만큼 확연하다. 가령 조몬시대 생계양상의 차이와 취락 간 관계, 석기구성변화에서 동일본과 서일본의 양상이 매우 다르다. 그리고 야요이문화 성립 이후에도 동일본에서는 야요이토기가 확인되지 않고, 홋카이도에서는 속조몬[續繩文]문화가 지속된다. 동해라는 동일한 생계환경을 공유하고 대한해협 및 세토나이카이해로 연결된 서일본은 한반도로부터 유입된 문화요소가 직간접적으로 영향이 미치는 지역이다. 이것이 규슈라는 특정지역만이 아닌 서일본 전체와 한반도의 관계가 중요해지는 이유이기도 하다.

한반도 청동기시대는 일본의 조몬[繩文]시대와 야요이[弥生]시대에 걸쳐 있다. 조몬시대는 식물의 섬유질을 꼬아 토기기면에 찍거나 굴려 승문繩文을 시문한 조몬 토기가 제작·사용되

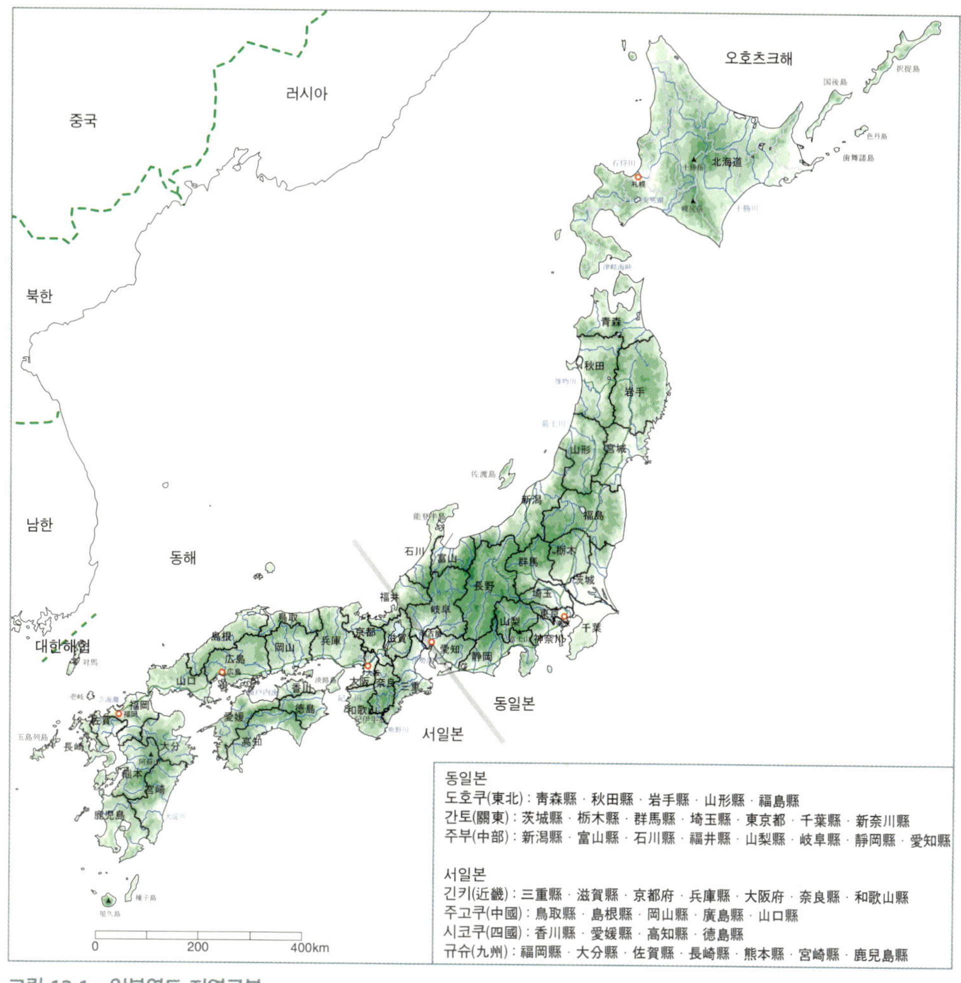

그림 12.1__일본열도 지역구분

던 시대를 일컫는다. 사회경제상 홀로세Holocene이후 풍부한 동식물자원에 의존하여 일본열도 주민들이 정주형定住型 수렵채집경제를 영위한 사회로 볼 수 있다. 조몬시대는 토기가 등장하는 서기전 13750~11250년경부터 야요이시대 전까지 1만년 넘게 지속된다.

야요이시대도 야요이식 토기가 중요한 기준이 되어왔다. 1884년 도쿄도 야요이쵸[弥生町] 무카이가오카[向ヶ丘]유적에서 발견된 조몬토기와 구별되는 호壺가 야요이식 토기로 명명되고, 차츰 시대를 대표하는 용어로 정착되었다. 야요이시대는 일본열도에서 벼농사를 바탕으로 한 식량생산경제가 성립된 시기이다. 한반도로부터 도래인渡來人과 함께 들어온 새로운 문화가 서북 규슈로 유입되어 야요이문화가 형성되고 서일본 전역으로 파급된다. 야요이시대는 서기전 5세기부터 기원후 3세기까지 지속된다. 최근 도전적으로 제시된 연대관에 입각한다면 서기전 10세기후반부터 시작되어 약 1200년간 지속되었을 수도 있다.

구체적으로 한반도의 청동기시대는 조몬시대 후기 후반부터 야요이시대 중기 초까지에 해당한다. 한국 청동기시대가 그러했듯 일본열도도 이 기간 동안 수렵채집에서 농경사회로 이행하고, 사회적 갈등이 고조되며, 계층화가 진행되어 결국 고대국가로 들어서는 길을 재촉하게 된다. 바로 일본열도의 이러한 시대변화에 한반도 청동기시대라는 선진적 문화가 자극이 되었던 것이다.

【참고하기】

AMS연대설정과 야요이시대 개시연대

종래 야요이시대는 서기전 5세기~기원후 3세기까지로 여겨졌다. 이 연대는 연대측정값과 고분시대와의 연대조절, 토기 한 형식의 존속기간이 약 25~50년이라는 전제, 거울 형식의 부장주기가 30년이라는 점, 경사傾斜편년 등에 의거하여 소급한 것이다.

이러한 전통적인 연대관은 2003년 5월 일본고고학협회 제69회 총회에서 국립역사민속박물관 연구팀(이하, 역박)이 AMS법을 이용하여 야요이시대 시작을 약 500년 더 이른 서기전 10세기까지 소급시키면서 재검토된다. 이 연구는 즉각적으로 국내외 학계에 커다란 반향을 불러 일으켰다. 그러나 학계에서는 AMS연대측정의 정확성, 즉 보정곡선의 문제, 시료의 문제, 패각과 관련된 축적효과radiocarbon marine reservoir effect, 청동기 및 철기 출현시점 등에 문제의 소지가 있음을 지적하게 된다. 특히 새로운 연대관을 인정하면, 야요이시대 조기의 마가리타曲り田유적에서 철기가 확인되기 때문에 일본열도에서 철기가 서기전 10세기에 출현하게 되어 고고학 자료와 맞지 않다는 비판이 제기되었다. 이에 대해 조기 철기의 출토정황이 불분명함을 지적하면서, 이타즈케1식 이전의 연대측정값을 늘여 야요이 개시연대의 정확도를 높이는 시도를 하게 된다. 그 결과, 구로카와식 고단계는 서기전 1300~1000년, 구로카와식 신단계는 서기전 1000~930년경, 야마노테라식은 서기전 930년, 유우스1식은 서기전 890년, 야요이시대 전기인 이타즈케1식은 서기전 810~750년에 시작된다고 결론을 내렸다.

역박에서 제시한 연대는 한중일의 병행관계 및 연대론에 대한 재검토를 재촉하게 된다. 고고학적 연대추정은 야요이시대 전기 이마카와今川유적에서 출토된 비파형동검 재가공품을 기준으로 하여 비파형동검의 상한을 정하고, 이에 소급되는 야요이시대 조기연대를 결정하는 방식으로 진행된다. 따라서 비파형동검 상한연대에 대한 연구자마다의 의견에 따라 야요이시대 개시기 연대는 서기전 9세기, 서기전 8세기, 서기전 8~7세기, 서기전 9~7세기로 다양하게 제시되었다. 그러나 한반도 출토 청동기 연대의 타당성이 충분히 검토되지 않는 상황에서 자료가 선택적으로 이용되거나 중국과 서일본을 직접 연결하려는 경향이 고조되고 있다. 그럼에도 불구하고 야요이문화의 형성에 한반도 송국리문화의 영향이 지대했던 것은 분명한 사실이다. 따라서 야요이문화의 형성과 전개과정을 올바르게 이해하게 위해서는 중국 동북지방-한반도, 한반도-서일본의 순차적 비교·검토가 필요하다.

_조몬시대 후·만기의 사회와 문화

조몬시대 후·만기의 사회상

조몬시대 중기는 취락의 규모와 수가 비약적으로 확대되고 토기의 장식성이 극대화되는 등 수렵채집경제가 안정적으로 유지되는 시기이다. 특히 도호쿠 남부와 호쿠리쿠지역에서는 중앙광장 주위로 분묘과 평지건물, 수혈주거, 저장공 등이 동심원상으로 배치된 환상취락이 유행하기도 한다(그림 12.2).

동일본에서는 중기 말부터 취락이 약화된다. 한편 수혈주거가 급감하는 대신 굴립주건물이 증가하다가 다시 후기 후반부터는 수혈주거가 증가하여 굴립주건물과 병존한다. 반면 서

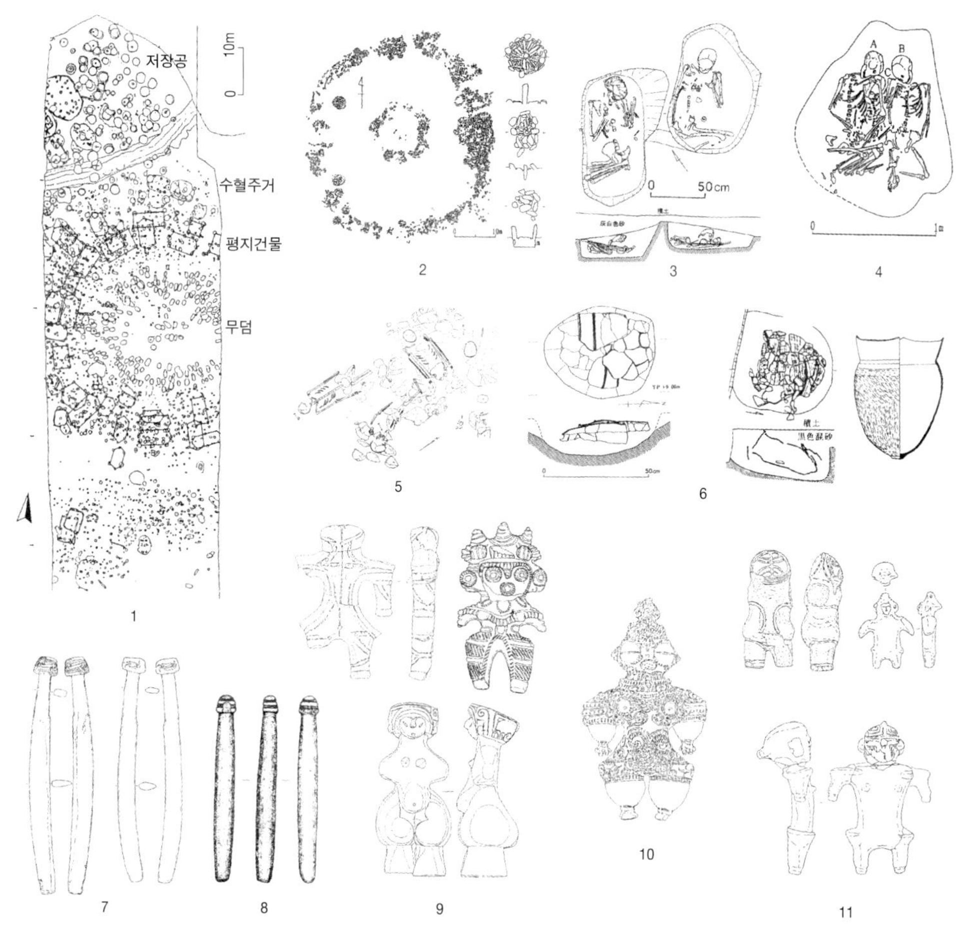

그림 12.2__조몬시대 주거와 분묘, 의례용 유물
1: 조몬시대 중기 환상취락(니시다), 2: 환상배석묘, 3: 토광묘, 4: 합장묘, 5: 패총 내 매장, 6: 옹관묘,
7: 석도, 8: 석봉, 9: 동일본의 토우, 10: 차광기토우, 11: 서일본의 후만기 토우

일본에서는 수혈주거가 더욱 증가하고 하천변 충적지의 야트막한 구릉에 취락이 입지하게 된다. 만기부터는 전국적으로 취락의 규모와 수가 감소하지만 패총이 늘어나고, 분묘군이 지속적으로 조성되고 있어 취락의 약화를 인구감소와 직접 연결시키기는 어려워 보인다. 만기에 취락이 감소하는 원인에 대해, 주거구역을 충적지로 이동하면서 구조상 흔적이 남기 어려운 평지식 주거로 전환된 데에서 원인을 찾을 수도 있다.

조몬시대에는 토광묘, 옹관묘, 환상주제묘環狀周堤墓 등의 묘제와 일차장, 이차장, 단인장, 합장 등의 매장방식이 공존하고, 그 분포와 결합양상이 시공간에 따라 다양하다(그림 12.2). 매장자세는 주검을 구부려 묻는 굴장이 일반적이고 만기에 신전장이 출현한다. 조몬시대 후기 이후 동일본에서는 이차장의 전통이 계속되지만 서일본에서는 화장이 출현하며, 오사카후[大阪府] 구사카[日下]패총과 무카이데[向出]유적에서는 토광묘를 환상으로 배치하거나 옹관묘를 사용하는 등 친족묘적 성격이 엿보이기도 한다.

무덤에서 묻힌 인골에는 치아가 뽑힌 발치拔齒와 웃 앞니를 세로로 갈아 홈을 만든 연치硏齒가 확인된다. 발치풍습은 성인이 되기 위한 통과의례의 한 형태였던 것으로 추정되고, 연치는 조몬시대 친족집단 가운데 우두머리에게만 행해진 특별한 풍습으로 여겨진다.

【참고하기】

조몬시대 시기구분

조몬시대는 초창·조·전·중·후·만의 6기로 구분된다. 초창기(서기전 13700~9600년)는 구석기시대의 대형 석창이 계속 제작되면서, 새롭게 무문토기, 두립문토기, 융선문토기 등이 출현한다. 조기(서기전 9600~5000년)는 조몬문화의 골격이 형성되는 시기로 수혈주거와 환상취락 및 패총이 형성된다. 승문繩文이 유행하는데, 연사문계를 비롯해 패각조흔문계, 패각침선문계 토기군들이 출현한다. 전기(서기전 5000~3500년)에는 유적수가 더욱 증가하고 장방형대형주거지 및 대규모 취락이 형성되며, 지역별 토기형태가 다양해진다. 이 시기 규슈에서는 한반도 신석기시대와 관련되는 도도로키식, 소바타식 등의 토기형식이 유행한다. 중기(서기전 3500~2400년)에는 채집경제의 안정화가 극에 달하는데, 취락이 확대되며 주거가 규격화된다. 기능분화에 따라 토기 기종이 풍부해지고, 입체적 문양 등 장식성이 높아지는데, 일명 화염火焰토기가 이 때 출현한다. 반면, 서일본에서는 심발형토기가 기본을 이루고 기종의 분화는 활발하지 않다. 후기(서기전 2400~1270년)에 동일본에서는 주거유적이 감소하는 반면, 서일본에서는 증가한다. 마소승문磨消繩文이 출현하는데, 서일본에서는 후기 후반에 마소승문이 일찍 사라진다. 만기(서기전 1270~900)에는 취락의 규모와 수가 축소되고 흑색마연토기가 유행한다. 특히 동일본은 가메가오카식 토기군, 서일본은 만기후엽의 돌대문토기문화권으로 대별된다.

　분묘에는 소형 토기류를 비롯해, 석촉, 석봉, 석부 등이 부장된다. 석봉은 남성 성기를 형상화한 것이 많고, 토우는 여성의 유방을 표현한 것이 많은데, 영유아 사망률이 높았던 조몬 사회에서 성별에 따른 자손번영을 기원하던 모습을 엿 볼 수 있다. 특히 토우는 초창기에 사지가 생략된 간단한 형태로 출현하여 점차 입체화되고, 중기부터 입상화된다. 후기 후반에는 서일본에서도 출현하고 있어, 일본열도에 보편적 신앙형태가 완성되었음 알 수 있다. 만기에는 도호쿠지역을 중심으로 조몬시대를 대표하는 차광기토우遮光器土偶가 출현한다. 그밖에 석검·석도·손과 발모양 토제품·귀걸이를 통해 조몬시대에는 출산, 성장, 생업, 장송 등 생활의 여러 장면에서 주술의례가 이루어졌음을 알 수 있다.

　조몬시대에는 분묘, 배석유구, 대형 석봉 등 제의에 관련된 시설과 유물이 취락 내에서 확인된다. 이로부터 자연과 관련된 주술과 의례가 일상에 밀접하게 관련되었음을 추정할 수 있다. 반면 야요이시대에는 도작농경과 더불어 파급된 조상신숭배나 조령신앙과 같은 신앙체제가 유입되고, 생사공간이 분리된다.

조몬시대 후·만기농경론과 석기상

　해안가에 형성된 수많은 패총을 통해 선사시대 일본열도의 부단한 해양자원 이용을 짐작할 수 있다. 한편 일본열도는 남북으로 긴 덕에 다양한 식생대를 포함하는데, 조몬시대에는 400여 종에 이르는 수목은 물론 초본류나 이끼류를 포함하는 풍부한 산림자원 또한 중요한 자원이었을 것이다. 기온상승에 힘입어 조몬시대 전·중기에 형성된 상록광엽수림과 낙엽광엽수림을 생업의 장으로 삼아, 밤·상수리열매·도토리·호두와 같은 견과류의 채집과 초보적이나마 근경류의 경작을 통해 비교적 안정적으로 식량을 확보하게 된다.

　복합적 생계경제체계는 도구상에서도 확인된다. 조몬시대 도구조합은 굴지구인 타제석부, 벌채구인 마제석부, 목공구를 비롯해 수렵 및 어로구, 조리구, 장신구 등으로 이루어진다. 전통적으로 단식 낚싯바늘이 사용되지만 한반도의 영향으로 규슈에서는 서북 규슈형 결합식 낚싯바늘이 나타나기도 한다.

　한편 타제석부를 경작구로 보면서 일련의 조몬농경론이 제기기되기도 한다. 중부산악지대에 밤이 번성하고, 수렵구인 석촉이 감소하며, 타제석부와 여성상토우의 증가, 토기기능의 분화, 재배식물 등은 조몬 중기농경론의 근거가 된다. 조몬 후·만기에 피와 조 등의 잡곡을 재배하는 화전농경이 성립하고, 토기에 나타난 벼압흔, 대맥의 탄화물을 근거로 밭에서 벼와 잡곡이 재배되었다는 조몬 후·만기농경론이 제기되기도 한다. 화분분석을 통해 조몬시대 만기의 빈번한 삼림파괴가 인지되고 서일본에서는 수렵구가 적으며 깨·자소와 같은 재배작물이 확인되는 바, 여러 비판에도 불구하고 조몬시대 후·만기에 화전이나 천수답이 존재했을 가능성이 지속적으로 제기되고 있다.

한편 식물규산체plant-opal의 분석이나, 토기 압흔분석을 통해 조몬시대 후기 후반부터 벼의 존재를 알리는 자료들이 늘어나게 된다. 한편 이무렵 타제석부와 마제석부가 급증하고, 타제 석겸과 타제 반월형석도도 나타난다. 이 시점은 한반도에 청동기시대가 시작되는 시점과 맞물려 있다. 이런 상황들을 고려하면 조몬시대 후·만기에 한반도 동남부에서 규슈로 농경에 대한 정보와 그에 따라 물질자료가 단편적으로나마 유입되었을 것이라는 추정도 가능하게 된다. 이러한 조몬시대 후·만기에 한반도 청동기시대 문화와의 접촉은 이후 한반도 도래인이 본격적으로 유입되어, 조몬사회 내 대변혁을 추동하는 밑거름이 되었을 것이다. 다만 조몬시대 후·만기의 농경을 야요이시대 도작과 같은 무게로 평가할 수는 없다. 더구나 사회 전반에 파급된 영향에서도 분명한 차이가 있다.

조몬시대 후·만기 토기문화의 전개

조몬시대 중기에는 동일본의 화염토기, 가츠사카[勝坂]식처럼 토기의 장식성이 정점에 달한다. 규슈에서는 아타카[阿高]식이 대표적인데, 심발형을 기본으로 승문 없이 요선문[凹線文]으로 장식하고, 구순부에 손이나 봉상도구로 요철면을 만들기도 한다(그림 12.3). 특히 태토에 활석 분말을 혼입한 것이 특징이다. 아타카식 토기는 쓰시마의 요시다유적과 메오토이시유적에서 수가리[水佳里]Ⅱ식 토기와 함께 출토된 바 있다.

후·만기에 들어서면 토기상은 매우 복잡해진다. 지역 간 차이가 현저하고 형식명칭이 다양하지만 몇 가지 공통적인 특징이 보이기도 한다. 후기에는 토기의 장식성이 감소하고 침선과 승문의 일부를 지워 승문과 무문을 대비시키는 마소승문이 유행한다. 서일본에서는 동일본의 쇼묘지[稱名寺]식에 병행하는 나카츠[中津]식 토기가 성립하는 시점을 후기의 시작으로 본다. 나카츠식은 곡선적인 문양을 새기고, 내부에 승문을 시문한 정제토기와 패각으로 다듬은 조제토기로 구성된다. 나카츠식 토기는 무문화가 진행되어 구연부에만 문양대가 있는 연대문[緣帶文]토기, 횡위평행선 사이에 마소승문을 시문한 토기, 요선문을 시문한 토기로 발전한다. 규슈에서는 난부쿠지[南福寺]식을 거쳐 연대문토기가 형성되고, 토기 표면을 마연하고 흑색으로 만든 토기가 등장하여 니시타이라[西平]식, 다로사코[太郎迫]식, 미만다[三万田]식, 고료우[御領]식 등으로 변한다(그림 12.3).

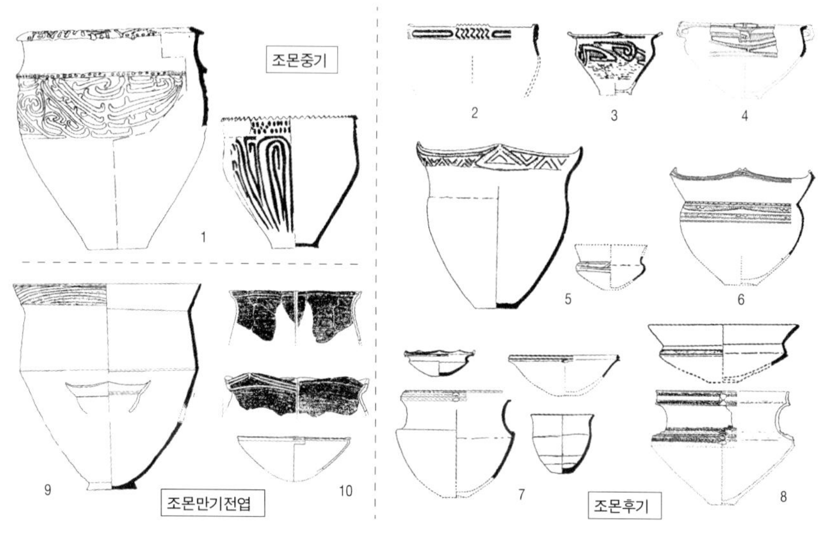

그림 12.3__조몬시대 후 · 만기 규슈지역의 토기형식(1/20)
1: 아타카식, 2: 난부쿠지식, 3: 고이케바루죠소식, 4: 가네자키식, 5: 기타쿠네야마식, 6: 니시타이라식, 7: 고료우식,
8: 미만다식, 9: 고가식, 10: 누키가와Ⅱ식

　일본의 만기는 도호쿠 가메가오카식 토기와의 병행관계로 규정되는데, 후기 후엽에 나타
난 흑색마연계통이 지속되고, 동체부 문양이 사라지며 굴곡형 심발과 천발로 구성된다(그림
12.4). 규슈의 토기상은 만기 전엽의 누키가와[貫川]Ⅱ식과 고가[古賀]Ⅱ식을 거쳐, 만기 중엽의
구로카와[黑川]식, 만기 후엽의 돌대문토기로 변해간다(그림 12.5-4). 만기 중엽의 구로카와
식 토기는 규슈 남부를 대표하는데, 흑색마연의 정제토기인 천발과 조제토기인 심발류로 구
성된다. 특히 한반도계 공렬토기와 공반하면서 일찍부터 주목을 받아왔다(그림 12.5-2·4).
만기후엽의 각목돌대문토기 심발은 구로카와식처럼 재지특성에 따라 기형, 각목형태와 크
기에서 지역차가 분명하다. 돌대문이 1조에서 2조로 변하고, 2조 돌대문이 유행하는 야마노
테라[山ノ寺]식 단계나 유우스[夜臼]식 단계에 한반도로부터 수도작민이 도래하면서 변혁기를
맞이하게 된다. 그 창구였던 서북 규슈는 다른 지역보다 빨리 '야요이화'가 진행된다.

　조몬시대 인골자료를 보면, 평균수명이 남성은 30~34세, 여성은 20~24세이다. 영유아사
망율을 고려할 때, 조몬시대 생활이 안전하고 풍족하기만 한 것은 아니었다. 특히 후·만기에
동일본은 이전 시기에 비해 전반적으로 취락이 감소하고 있어 당시에 환경악화로 인하여 식
량자원 이용에 지장이 생겼음을 짐작할 수 있다. 반면 서일본에서는 동일본의 문화가 적극적
으로 유입되어 문화적 융성기를 맞이한다. 만기 중엽의 구로카와식 천발, 만기 후엽의 돌대
문토기문화권의 형성은 기존의 동에서 서로의 문화유입이 아닌 서에서 동으로의 문화 파급
력이 증대하였음을 말해준다. 그러한 배경에는 한반도 청동기시대 농경문화의 단계적인 파

급이 있었기 때문이다. 즉 당시의 생활기반을 유지하기 위한 서일본 조몬인의 적극적 노력으로 돌대문토기문화권이 형성되고, 이것이 야요이시대 문화권과 중복되는 점은 시사하는 바가 크다.

【참고하기】

가메가오식 토기

　　가메가오카[龜ヶ岡]식 토기란 도호쿠에서 발달한 조몬시대 만기 토기의 총칭이다. 흑색마연으로 기벽이 얇으며 정교한 제작기법이 특징적이다. 심발을 비롯해 발, 천발, 주구토기, 대부토기, 향로형토기, 표주박형토기, 개, 호 등 기종이 풍부하고, 토기 외에 차광기토우, 옥류, 귀걸이, 토판, 암판, 석기, 골각제장신구, 조개제팔찌 등의 풍부한 유물이 확인된다. 이와테현 오보라패총의 A · A′ · B · C지점별 토기내용을 근거로 오오보라 B-C-A-A′식으로 분류되었고, 세분연구를 통해 오오보라 B1 → B2 → B-C → C1 → C2 → A → A′식으로 변한다. 가메가오카식 토기는 분포가 확대되어 긴키지역에까지 반입되거나 모방되는데, 당시 서일본과 동일본의 관계를 엿볼 수 있는 중요한 유물군이다.

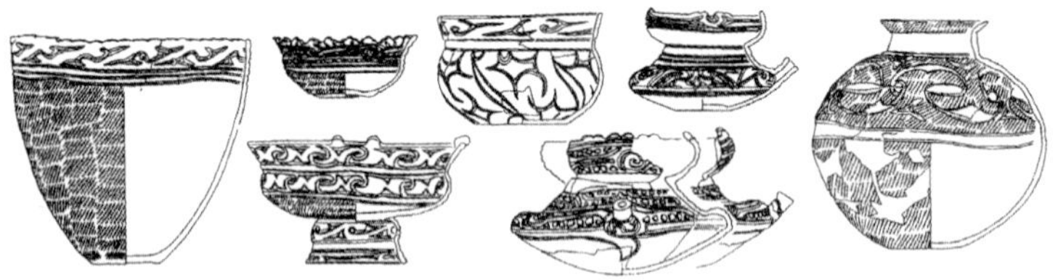

그림 12.4__가메가오카식 토기(1/10)

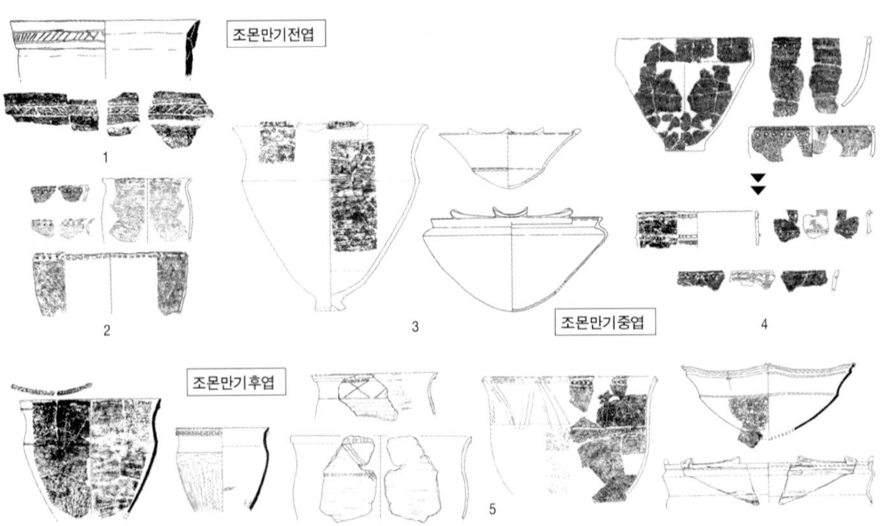

그림 12.5__한반도 청동기시대와 관련되는 조몬토기(1/15)
1: 이중구연토기,　2: 산인지방출토 공렬토기,　3: 구로카와식 토기,　4: 규슈지방출토 공렬토기,　5: 각목돌대문토기

232

__야요이시대 사회와 문화

야요이문화의 형성과정

야요이문화는 한반도로부터 수도작에 관련된 기술적 요소, 토기제작전통, 환호취락, 묘제, 대륙계 마제석기 등 다양한 문화요소가 일거에 서북 규슈로 유입되어 재지문화와 융합하면서 형성되게 된다(그림 12.6). 서북 규슈에서 시작된 야요이문화는 동쪽으로 파급되어 야요이시대 전기에는 서일본 전체로 확대된다. 전통적으로 야요이시대는 야요이식 토기를 제작·사용하던 시대로 정의되어왔지만 1978년 후쿠오카현 이타즈케[板付]유적과 1981년 사가현 나바타케[菜畑]유적의 조몬시대 만기 후엽 지층에서 수전水田, 논이 확인되면서 당시 사회를 수도작사회로 다시 정의하기에 이른다. 따라서 야요이시대 전기에 앞서 조몬시대 만기 후엽을 기저문화로 하면서 수도작문화가 파급되는 단계(선1기·조기)가 설정되어 야요이시대는 조·전·중·후의 4시기로 구분된다.

야요이시대 조기에는 수도작이 전래되면서 대륙계 마제석기가 등장하고 지석묘가 조영된다. 전기에는 환호취락이 본격적으로 출현하고 수도작이 서일본 각지로 확산된다. 전기 후반에 한반도 세형동검문화의 영향을 받은 청동기가 출현하고, 중기에는 청동기가 자체 생산되며, 각 지역의 취락들이 정치적으로 결집하여 문헌에 '소국小國'이라고 기록된 지역공동체가 등장한다. 후기에는 철기가 보급되고, 거대분구를 가진 분구묘도 출현하게 된다.

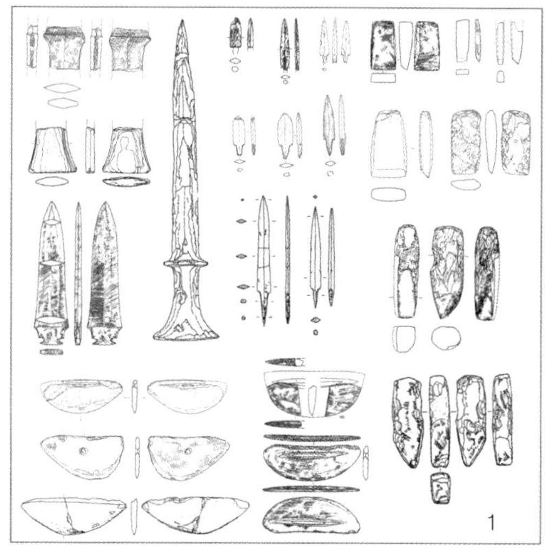
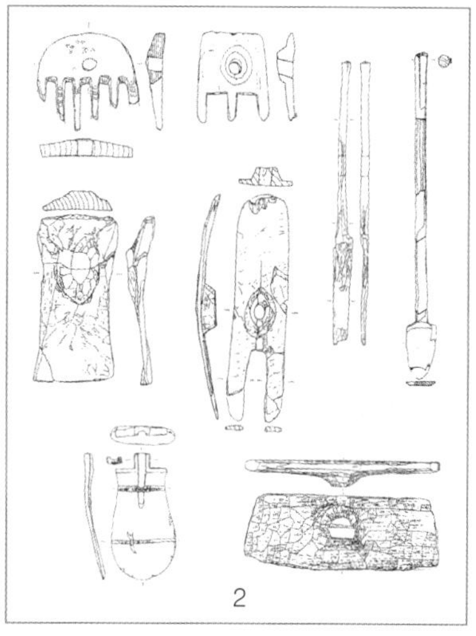

그림 12.6__야요이시대 석제 · 목제 농공구류
1: 야요이시대 대륙계 마제석기(1/10), 2: 야요이시대 목제 농구류(1:25)

그리고 서일본은 점차 낙랑군을 경유한 대중국관계를 지향하며 말령, 환두대도, 한경漢鏡, 금인 등을 입수한다. 이처럼 서일본은 재지 조몬문화, 한반도와 중국으로부터 유입된 문화를 선택적으로 수용하고 융합하여 새롭게 야요이문화를 탄생시킨다.

야요이문화 연구는 조몬시대 및 고분시대와 구별되는 야요이적 요소를 추출하는 단계를 거쳐 야요이시대의 확립, 야요이문화의 계보를 구하는 단계로 진행되었다. 특히 야요이문화의 기원문제는 인골을 이용한 형질인류학적 방법과 고고학자료를 이용한 양 방면에서 진행된다. 전자는 혼혈설과 소진화설이 있다. 당초에는 식생활에 따라 형질변화가 발생하였다는 소진화설이 제기되었지만 이후 야요이토기가 지석묘에서 출토되고, 야마구치현 도이가하마유적 등에서 조몬인과 다른 형질의 인골이 확인되면서 혼혈설이 제기되었다. 아울러 야요이문화 형성에 외적 요소와 조몬적 요소의 어느 쪽이 더 많은 기여를 했는지에 대한 논의가 진행되었다. 인골자료와 더불어 도래인주체설이 먼저 제기되었다. 그러나 응당 도래인이 묻혀 있을 것으로 생각했던 후쿠오카현 신마치유적 등의 지석묘에서 조몬인 형질의 인골이 확인되고, 도래인의 인골자료가 야요이시대 전기 말 이후인 점이 지적되면서 조몬인주체설이 힘을 얻고 있다. 이들 논의는 동전의 양면과 같아서 양자택일적 관점보다는 외적 요소의 도입과 야요이화 과정에 대한 실질적 논의가 더욱 필요하다.

한편, 수도작의 도입은 상징과 의례의 측면서도 전기를 마련하게 된다. 수렵채집사회에서 유행하던 주술 및 제의가 일소되고, 새로운 조상숭배사상과 조령신앙이 유입된다. 물론 일부 지역에서 야요이시대 전기까지 토우, 석봉, 발치풍습 등이 남아 있지만 새롭게 유입된 새모양 목제품, 사람모양 목제품, 복골 등이 성행한다. 특히 새모양 목제품은 한반도의 솟대에서 기원을 찾기도 하지만 논산 마전리유적 우물위에서 새모양 목제품이 확인되는 등 농경사회의 심볼로 여겨지기도 한다. 새의 역할이 하늘과 땅, 조상과 나를 이어주는 매개체로서만이 아니라, 철새의 움직임을 통한 파종, 수확 등의 농경활동 시점을 파악하는 기준이 된다는 점에서 농경생활과 직결된다. 또한 조몬시대에 여성은 채집, 남성은 수렵 및 어로라는 성별에 따른 분업체제가 발달한 반면, 야요이시대에는 도작이라는 남녀 협업을 통해 성을 초월한 제의가 이루어지면서 조몬적 제의관이 사라졌다.

야요이토기의 성립과 전개

야요이토기에는 새롭게 호나 고배 등의 기형이 추가되고, 조몬시대에 없던 기술, 즉 도래인들의 기술—폭넓은 점토띠 외경접합, 목리조정, 덮개형 야외소성시설 등이 적용된다. 한편 야

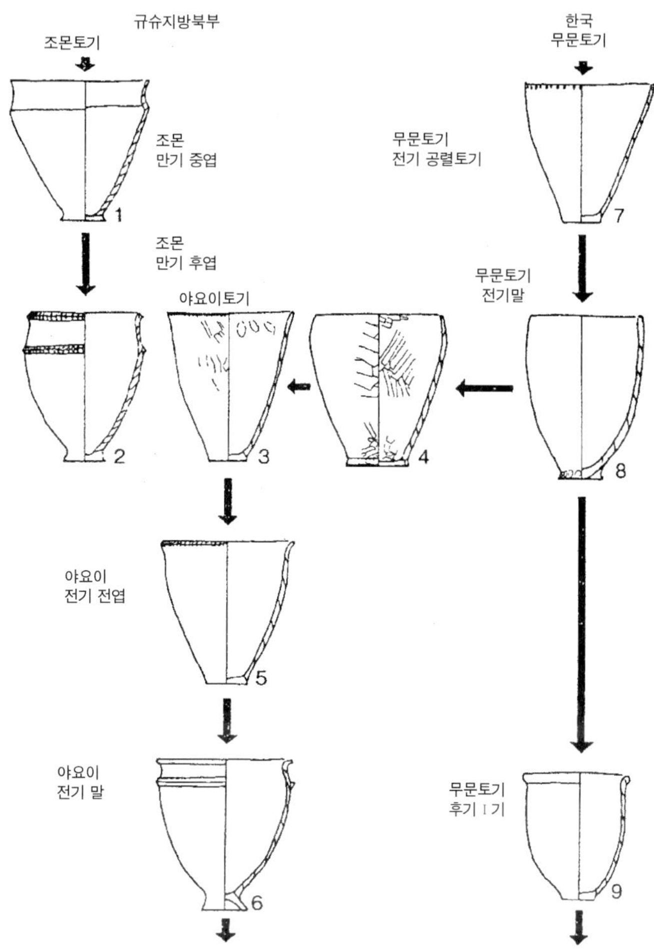

그림 12.7__야요이토기 형성과정

요이토기 형성에는 새로운 토기형식의 출현뿐만 아니라 가구변화도 반영되어 있다. 조몬시대 만기 돌대문토기는 구경 20cm 전후와 40cm 전후의 대소 기종으로 구분되지만 야요이토기는 구경 19~24cm로 획일화된다. 토기의 규격변화는 야요이시대 한 주거에 동거하는 집단 규모가 축소되어 1회 취사량이 적어지고, 대형토기가 굳이 필요하지 않는 조리방식으로 전환되었으며, 기능에 따라 서로 다른 형태의 토기를 사용하게 되었음을 의미한다.

　최초의 야요이토기는 이타즈케 I 식으로 심발형에 구연이 외반하며 구순각목이 시문된다. 유우스 II b식과 공반하는 것을 이타즈케 I a식, 공반하지 않는 것을 이타즈케 I b식으로 나누며, 후자부터를 야요이시대 전기로 본다. 가장 오래된 야요이토기(이타즈케 I a식)는 가장 늦은 조몬토기(유우스 II b식)와 공반하는데, 이를 시간차, 기능차, 계통차로 인식하기도 한다. 이러한 문제는 비단 규슈에만 한정되지 않는다. 즉 긴키지역에서 돌대문토기와 야요이토기

의 공존상이 확인되면서 양자의 관계에 대한 논쟁이 계속되고 있다. 돌대문토기를 사용하던
조몬집단이 새로운 도작농경문화와 조우하면서 표출하는 반응에 따라 다양한 양상이 나타난
다고 보아야 한다. 조몬집단은 수도작기술을 수용하지 않은 채 조몬문화를 보존하거나 단편
적으로만 받아들이기도 하며, 농경구를 도입하면서 수전 경작에 적극적으로 참여하고 야요
이문화를 지향하는 등의 다양한 대처방안을 모색하였다.

규슈지역에서 성립된 이타즈케 I 식 토기는 이타즈케 II 식을 거쳐 중기의 조노코시[城ノ越]
식, 스구[須久]식으로 전개된다. 중기의 야요이토기는 구연부가 발달하는데, 구연 단면이 역
'L'자형 또는 'T'자형을 이룬다(그림 12.8). 그리고 적색마연한 통형의 기대가 출현하는데, 제
사용으로 사용된다. 중기후반에는 구연이 주머니상을 이루는 대상구연호가 출현하여 쓰시마
는 물론 한반도 늑도유적에서도 출토된다. 후기에는 토기제작이 간편화되면서 적색마연이 감
소하고, 토기 저부가 환저로 변하며, 구연은 '〈'자상으로 외반한다. 그리고 중기의 대상구연호
가 지속적으로 제작되지만 외반구연위에 부착되어 이중구연 혹은 복합구연으로 변한다. 호형
토기는 경부가 길어지고, 장식성이 급감하며, 이들 토기가 다음 고분시대의 하지키로 계승된다.

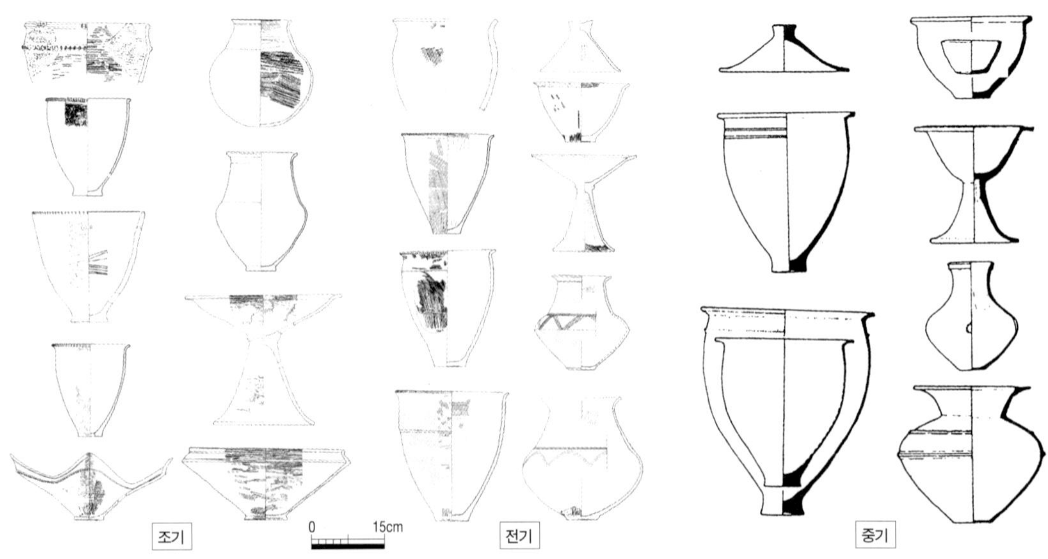

그림 12.8__야요이토기의 변화

환호취락의 형성과 경관

일본에서 환호가 가장 먼저 출현하는 지역도 서북 규슈이다. 가장 이른 환호취락은 유우스

236

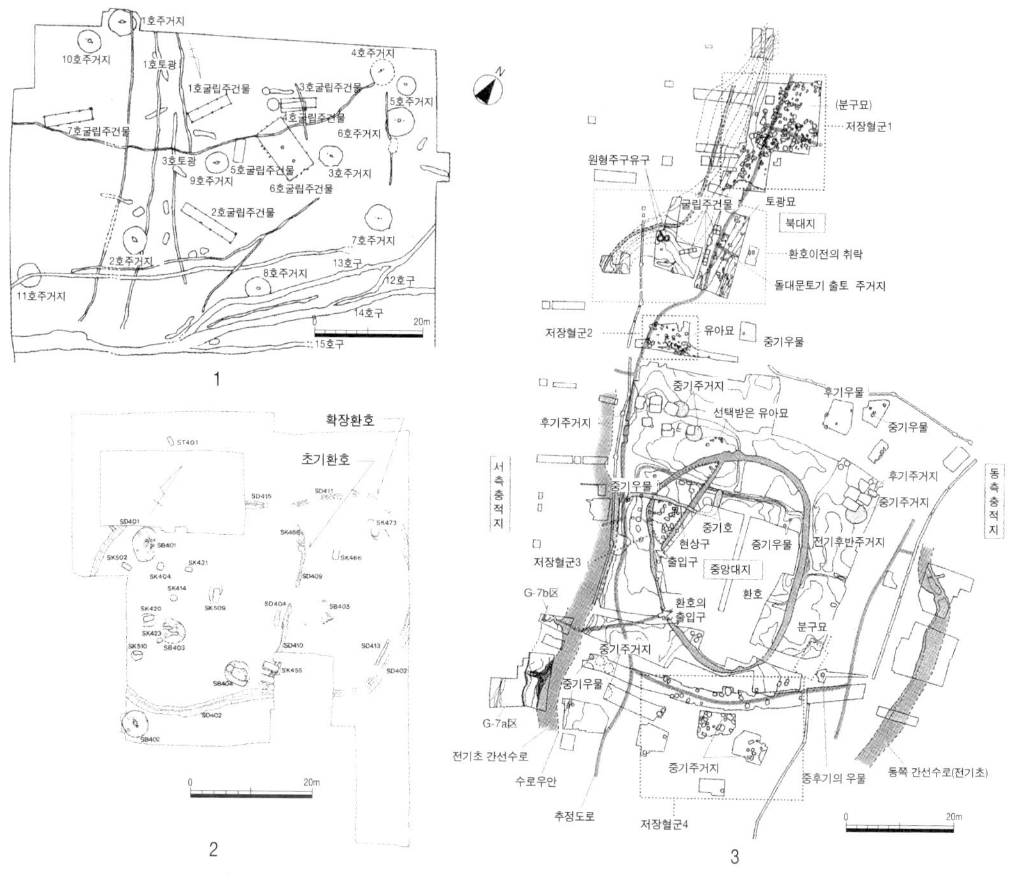

그림 12.9__야요이시대 환호취락유적
1: 에츠지 조기, 2: 다이카이 전기, 3: 이타즈케 조기~후기

Ⅱ식 단계에 조성된 후쿠오카현 에츠지[江辻]취락이다(그림 12.9-1). 그런데 2중의 환호는 규모나 형태면에서 방어보다 구획을 위한 시설로 추정된다. 환호내부에서는 대형건물지와 굴립주건물의 주공, 직경 3~5m의 송국리식 주거지 등이 확인되는데, 도래인의 정착지로 추정하기도 한다.

전형적인 환호취락의 면모는 전기부터 확연해지는데, 이타즈케유적이 대표적이다(그림 12.9-3). 환호는 유우스식단계부터 조성되어 생산구역과 거주구역를 구분된다. 환호 내 동쪽에는 활모양을 연상시킨다고 하여 붙여진 현상구[弦狀溝]가 직선적으로 배치되어 있다. 현상구 내부에서 주머니형 저장수혈이 확인된다. 환호 북쪽에서는 분묘군이, 남서쪽에서는 수전유구가 확인된다. 이처럼 서북 규슈에서 환호취락은 충적저지의 야트막한 구릉에 위치하며, 저지[低地]의 생산구역, 주거구역, 및 외곽의 분묘구역 등으로 공간이 분리된 마을경관을 이루고 있었을 것으로 보인다. 환호의 조성과 관리, 벼농사 등에 상당한 노동력이 동원되었고, 환호취락 내에 거주하는 우두머리가 동원된 인력은 물론 취락과 주변을 시설을 관리했을 것으

237

로 추정된다.

수도작의 성행과 더불어 환호취락이 서쪽으로 확산된다. 오사카만에 면한 낮은 평야지대에 위치하는 효고현 고베시 다이카이[大開]유적은 야요이시대 전기 전반부터 환호가 설치되기 시작하여 동북쪽으로 확장된다. 초기의 환호는 원형에 가까우며 내부에 3~5동의 주거지가 조성된다. 환호 내에서 돌대문토기나 각섬석이 혼입된 이코마서록산[生駒西麓産] 토기가 출토되지만 반월형석도가 발견되지 않고 환호 바깥쪽에서는 송국리계 수혈주거가 발견되고 있다. 이러한 출토상황으로 비춰보건대, 조몬계에 동화된 야요이토기 제작 집단이 유적을 조영했으며 외래적 요소를 보유한 사람들은 환호 밖에 거주하였을 것으로 추정된다(그림 12.9-2).

국(國)의 형성과 계층화

청동기의 유입과 전개

야요이시대 전기 후반 규슈에는 한반도로부터 또 한 번의 도래물결이 밀려온다. 원형점토대토기문화와 세형동검문화가 바로 그것이다. 점토대토기가 청동기보다 먼저 서일본으로 유입되는데, 영남지역 점토대토기문화인의 도래로 나타난다고 생각된다.

청동기는 세형동검, 동모, 동과 등의 무기류를 중심으로 다뉴세문경, 동탁 등이 규슈으로 유입된다. 이후 철기 유입에 따라 청동기는 대부분 의기儀器로 전환되는데, 무기류도 실용성보다 현시성을 강조하면서 '중세형 → 중광형 → 광형'으로 변한다(그림 12.10). 길이 20cm 정도이던 동모는 약 1m로 커진다. 동탁도 마찬가지로 20cm 정도이던 것이 점차 커져 135cm에 이르게 되어 더 이상 매달아 사용할 수 없게 된다. 즉 '듣는 동탁에서 보는 동탁으로' 변해가고, 표면에는 횡대문, 가사거문袈裟襷文, 유수문 및 각종 회화적 요소가 가미된다. 청동 무기류와 동탁이 대형화되면서 특정지점에 이들을 모아서 매납埋納하는 새로운 형태의 제의가 등장한다. 청동기를 매개로 한 의례는 서일본의 세력변화와 궤를 같이 하면서 단순한 신앙적 제의를 벗어나, 국의 위상강화에 활용되게 된다.

서일본의 동경은 한반도에서 연원한 다뉴세문경과 한경漢鏡이 있다. 다뉴세문경은 대부분 반입품인데, 주로 분묘 부장품으로 옹관묘 등에서 출토된다. 그보다 늦게 유입되는 한경은 전·후한경, 신대의 왕망경까지 다양한데, 성운문경, 연호문경, 내행화문경, 방격규구경(TLV경) 등이 있다. 한경은 적극적으로 모방되어 방제경이 등장하는데, 대체로 수장(층)의 위세품으로 전용된다. 동경의 종류만 삼각연신수경三角緣神獸鏡으로 바뀌었을 뿐, 이러한 전통은 고분시대에도 이어져 전방후원분에서도 방제경이 출토된다.

238

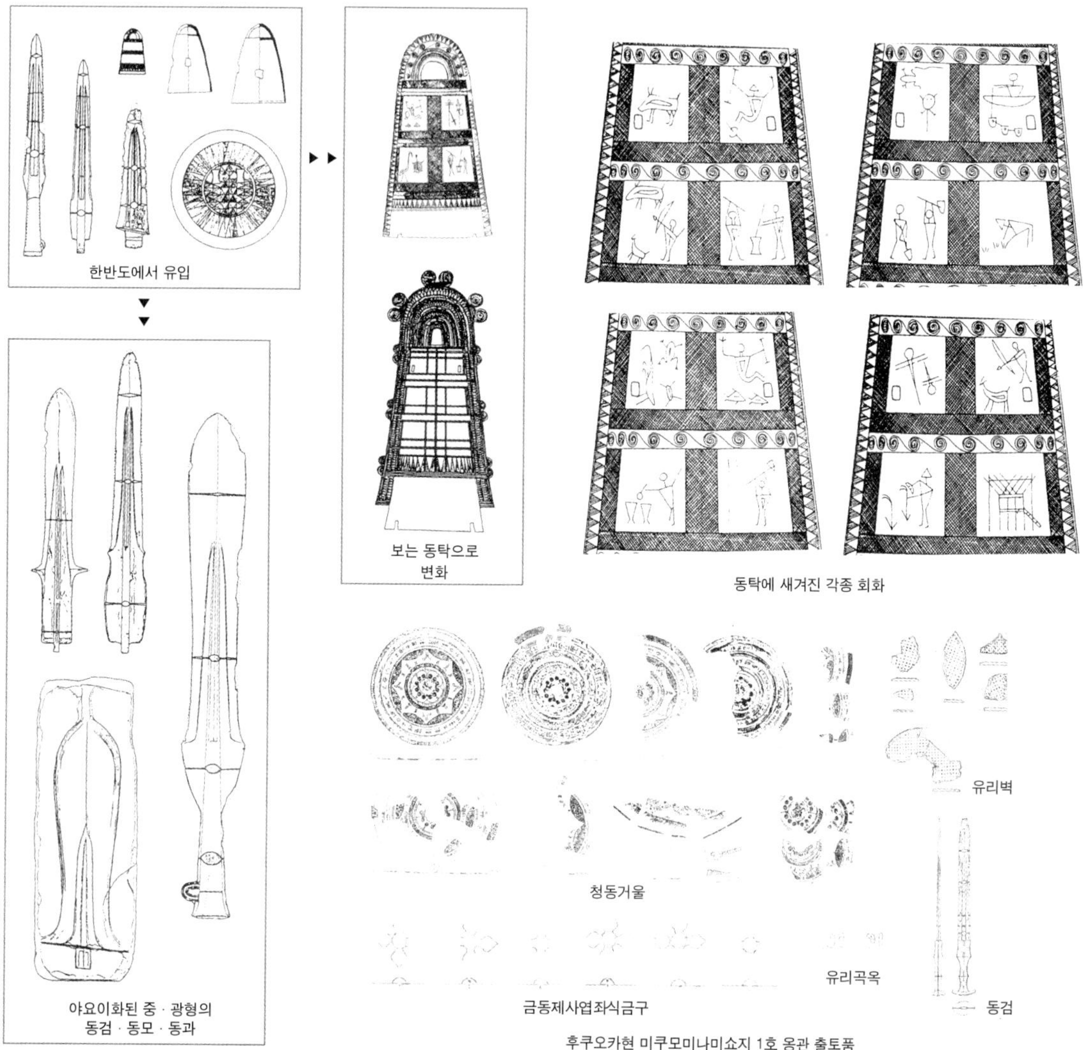

그림 **12.10**__야요이시대 청동기 유입과 변화

분묘에서 보이는 야요이사회의 계층화

야요이문화 성립기에 한반도로부터 지석묘가 전래되지만 성행하지 못하고 사라진다. 이후 야요이화과정에서 서북 규슈를 중심으로 대형 옹관묘가 등장한다. 옹관묘는 대형의 호에서 발전하는데, 전기 전반까지 주로 소아용으로 이용되지만 전기 후반부터 성인용 옹관묘가 성행하고, 후기 후반부터 분구묘, 석관묘, 토광묘, 목관묘 등으로 대체되어 간다(그림 12.11). 이들 분묘에서 엿볼 수 있는 부장유물의 격차는 당시 야요이사회에서 발아되어 심화되는 사회계층화와 왕묘의 출현과정을 여실히 보여준다.

야요이문화 성립기의 지석묘에는 공통적으로 적색마연호가 부장되고, 일부에서는 관옥

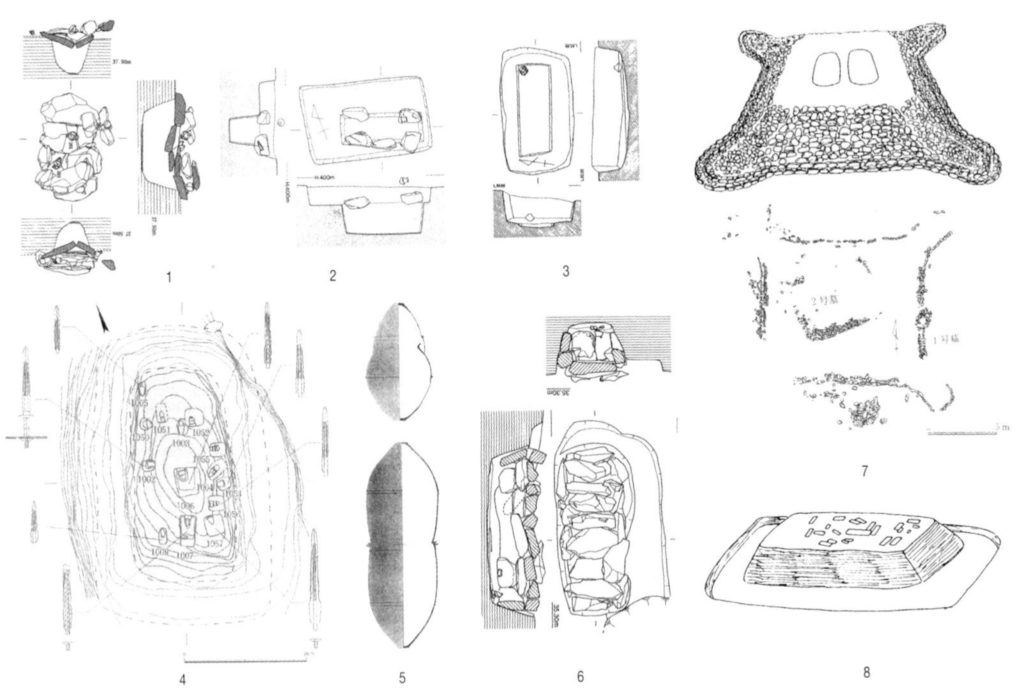

그림 12.11__야요이시대 분묘
1: 지석묘(쓰부테이시B SA29호), 2: 지석묘(신마치 23호), 3: 목관묘(도죠야마 1호), 4: 분구묘(요시노가리), 5: 옹관묘,
6: 석관묘(다쿠마츠가우라 SK206호), 7: 사우돌출묘(나카노미호), 8: 방형주구묘

이 출토되기도 하지만 부장유물에서 뚜렷한 위계적 양상이 확인되지는 않는다. 다만 지석묘의 수가 적어 취락의 모든 거주민이 분묘에 매장된 것은 아니고, 일부 계층이나 도래인이 묻혔을 것으로 추정된다. 중기에 성행하는 옹관묘는 부장유물 및 크기에서 위계성이 간취된다. 부장품이 있는 것 중에는 분구가 있으며, 내부에 적색안료가 뿌려져 있는 것이 많다. 그리고 부장품의 종류에 따라 몇 등급으로 나눌 수도 있다. 최상위등급으로 분류되는 스구·오카모토[須玖·岡本] D지점 옹관묘와 미쿠모미나미쇼지[三雲南小路]유적에서는 한경 30면 이상, 둥근옥[璧], 복수의 청동무기, 곡옥 등이 부장된다(그림 12.11). 최상위등급의 옹관묘는 가히 왕묘로 추정될 정도로 부장유물 종류와 수량이 압도적이다. 다음 등급의 다테이와[立岩]유적 K10에서는 옥제품 없이 한경 6면, 동모 1, 철제이기 등이 확인된다. 세 번째 등급의 분묘들에는 한경 1면과 철제이기[利器]가 부장되며, 네 번째 등급의 분묘에서는 철제이기만 확인된다. 마지막 등급의 분묘에서는 유물이 출토되지 않는다. 이렇듯, 야요이시대 중기사회에는 계층이 분명하게 형성되어 있었음을 알 수 있다.

전기 중엽 경 규슈에서 대형옹관묘에 대응할 만한 긴키의 묘제는 방형주구묘이다. 이는 (장)방형의 분구 주위에 도랑을 돌린 것으로 매장주체부로는 목관이 많고, 주구 내에는 공헌[供獻]토기의 파편이 퇴적되는 경우가 많다. 이들 방형주구묘와 분구묘는 취락 인근에서 확인

240

되다가, 후기 후반부터 차츰 일반 묘지에서 떨어진 곳에 별도로 조영된다. 이후 점차 대형화
되어 전방후원분의 조형祖型이 된다.

거점취락과 국의 형성

청동기 유입과 더불어 심화된 계층화는 취락구조에도 나타나는데, 대규모 취락이 형성되
고, 여기에는 청동기를 부장한 수장(층)의 분묘들이 조성된다. 요시노가리[吉野ヶ里]유적이 대
표적이다(그림 12.12). 이 유적은 야요이시대 전 기간에 걸쳐 조성되지만 환호취락은 전기
말부터 형성되어 후기에 더욱 커진다. 중기 후반에는 구릉전면에 거주구역과 옹관묘군이 형
성되고, 거주 집단별로 토기를 생산한다. 거주구역 북쪽에는 수장(층)을 매장한 분구묘가 등
장하여 묘제에도 계층화 경향이 나타난다. 분묘에는 계층에 따라 세형동검, 한경, 관옥 등의
위세품이 부장되며, 종종 원거리교역에 의해 수입된 남방산 조개 팔찌가 출토되기도 한다.
뿐만 아니라, 신전 혹은 수장의 거처로 여겨지는 대형건물지가 일반 수혈주거지와 떨어져 위

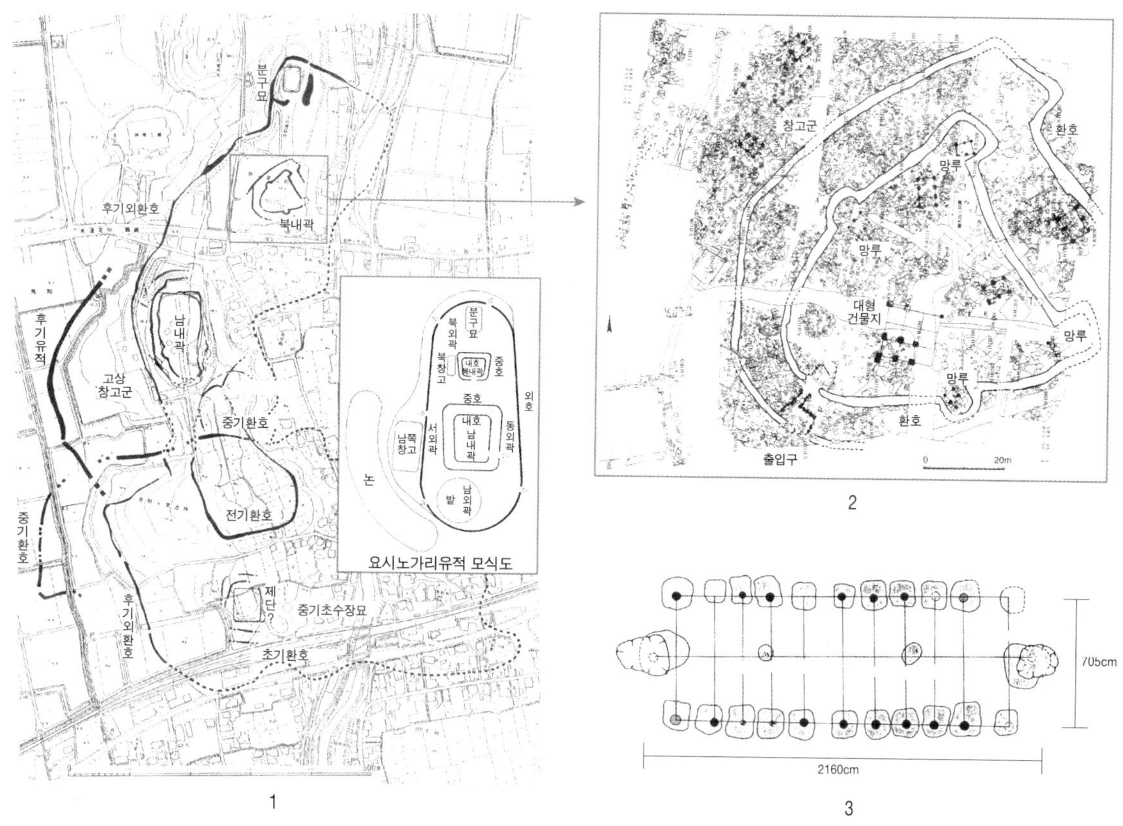

그림 12.12__야요이시대 거점취락
1: 요시노가리 유구배치도, 2: 요시노가리 북내곽, 3: 이케가미소네 대형건물지

치한다.

　이러한 대형취락은 한 지역의 거점으로 역할하게 되는데, 상당히 넓은 공간을 포괄하고 장기간 존속한다. 거점취락에는 주거구역, 농업생산시설, 분묘군, 수장의 거처, 신전건물, 수공업 제품을 생산하는 각종 공방, 우물 등이 유기적으로 배치된다.

　거점취락 주변에는 지원기반이 되는 중소규모의 단일 기능의 취락들이 존재하는데, 이러한 취락연결망구조를 '야요이도시'로 확대해석하는 경우도 있다. 거점취락은 중기 후반에 규모가 더욱 커지는데, 히에, 나카유적, 스구·오카모토 등 유적처럼, 나고쿠[奴國]의 생산과 종교의 중심지로 성장한다. 그 밖에 이키섬의 하루노쯔지유적(이키고쿠[一支國]), 사가현 우키쿤덴유적(마츠고쿠[末盧國]), 후쿠오카현 미쿠모유적(이토고쿠[伊都國]), 후쿠오카현 다테이와유적(후미고쿠[不彌國])과 같은 거점취락과 대규모 분묘유적들이 있다. 즉 거점취락의 성장은 지역을 아우르는 공동체의 성장을 의미하하는데,『한서漢書』지리지에 기술된 것처럼, 왜국이 100여국으로 분립된 소국들과 연결시켜볼 수도 있겠다. 이 무렵 일본은 중국의 사서史書에 등장하기 시작하고, 중국 후한後漢에 조공을 하거나 노예[生口]를 헌상하며, 반대급부로 금인을 하사받아 서일본 내 맹주로 인정받고자 노력하였다.

　특히 이키섬의 하루노쯔지[原の辻]유적은 한반도와 규슈를 연결하는 중계지의 역할을 한 거점취락이다. 중기에는 이중환호가 설치되었다가, 후기에는 삼중환호로 확장된다. 외호의 규모는 동서 350m, 남북 750m에 이른다. 이곳에서 선착장시설이 확인되었다. 먼저 나뭇가지를 깔고 위에 흙을 성토하여 단단하게 만들고, 외면에 돌을 깔아 쌓았다. 이러한 공법은 현재의 토목공사에서도 이용된다. 두 개의 돌출된 제방 간 간격은 약 7m정도로 육지 쪽으로 완만하게 경사져 있으며, 이곳으로 배들이 출입하였다. 그리고 선착장유구와 연결되어 배수구가 설치된 도로유구도 확인된다. 하루노쯔지유적과 같이 선착장을 갖춘 본격적인 해양세력의 대외교섭을 통해, 규슈에 다양한 대륙의 신기술과 신제품을 소개하는 계기를 마련하게 된다. 동주東周식 동검, 세형동검, 원형 및 삼각형점토대토기, 낙랑계 와질토기, 활석혼입토기, 오수전 등은 그런 상황을 반영하는 것으로 보인다. 그리고 한반도계 무문토기와 야요이토기를 모방하여 만든 의疑야요이토기가 집중적으로 분포하는 구역이 확인되어, 도래인이 일정 지역에 한정하여 거주했던 것으로 보인다. 당시의 교류는 상대측인 사천 늑도勒島유적에서도 확인된다. 여기에서는 반입되었거나 현지에서 직접 제작된 야요이토기와 함께 낙랑계토기 등 외래토기들이 많이 출토된다. 야요이시대 중기 후반부터 '서북한-늑도-대마도-이키-규슈'를 잇는 교역경로가 활발하게 이용되었을 가능성이 제기되고 있다.

242

_한국 청동기시대 문화와의 관계

청동기시대 한일관계는 공통된 고고학 자료로 엿볼 수 있다. 공렬토기를 근거로 한강 이남의 청동기시대 전기와 일본 조몬시대 만기 중엽이, 수도작 및 마제석기 등을 근거로 중기 전반과 야요이시대 조기가, 송국리식 토기와 주거지를 근거로 중기 후반과 야요이시대 전기 전반이, 원형점토대토기를 근거로 후기와 야요이시대 전기 후반~중기 전반이 각각 병행하는 것으로 보게 된다.

청동기시대 전기에 병행하는 조몬시대 고고학자료로는 최근 소개된 산인지역 출토의 이중구연토기가 대표적이다. 시마네현 산타다니Ⅰ유적과 하라다유적에서 출토된 만기 전엽의 이중구연토기는 발형이고, 구순이 뾰족하며, 기벽이 두텁고 물손질 정면하는 등 재지의 조몬토기에서는 공통성을 찾기 어렵다(그림 12.5-1). 특히 덧띠의 폭이 3cm이하이고, 덧띠 위에만 문양이 시문되는데, 청동기시대 이중구연토기와 유사하다. 일찍이 주목하지 못하였지만 한반도에서 산인으로 흐르는 리만해류를 따라 선사시대 이래로 한반도의 문화가 전파되었을 가능성이 높다. 이러한 지리적 관계나 이후에 공렬토기가 출토되는 점을 고려하면, 산인의 이중구연토기는 전기 전엽의 무문토기와 관련될 개연성이 높다. 뿐만 아니라, 조몬시대 후기 후반 규슈에서는 볍씨 압흔이 보이고, 만기 전엽의 누키가와Ⅱ식 단계에는 반월형석도가 출토되는 등 당시 한반도와 농경이 매개된 교류가 있었던 것으로 보인다.

구로카와식 토기는 공렬토기와 공반하여 일찍부터 한일 양국의 연구자들이 주목해왔다. 공렬토기는 규슈 북부에 먼저 정착하고, 규슈 남부와 산인으로 확산되었다고 여겨져 왔다. 그러나 밀집분포지인 산인의 공렬토기와 규슈 동남부의 것이 구멍을 뚫는 방향이 반대인 점, 산인의 공렬토기 출현시점이 더 이르다는 점을 들어, 양자의 계보가 다를 가능성도 제기된 바 있다. 따라서 기존의 '한반도-규슈 북부-규슈 남부·산인'이라는 단선적 교류보다는 '동남한 해안-산인'과 '서남한-규슈 동남부-규슈 북부'의 다선적인 교류관계도 생각해 볼 수 있다.

조몬시대 만기 후엽을 대표하는 돌대문토기는 천발의 돌대문이 심발에 채용되고, 구순각목이 돌대 위에 부가되면서 출현한다고 여겨져 왔다. 그러나 일본열도 내에서 이러한 형식학적 발전을 보여주는 근거자료가 없고, 각목돌대문토기는 완성된 형태로 출현하므로, 각목돌대문이 서일본에서 자체 발생한다고 보기 어렵다. 특히 서일본의 각목돌대문토기는 조몬토기 내에서 계보를 찾을 수 없는 횡선구획내 문양을 시문한 토기와 공반하면서 세토우치 중부에서 먼저 출현한다. 이들은 한반도 청동기시대 전기의 돌대문토기 및 횡대구획문토기와 관련될 것으로 추정된다.

표 12.1__ 한일 선 · 원사시대 병행관계

한반도	규슈지역	
	토기형식	시기구분
신석기시대 말기	南福寺式 北久根山式	조몬시대 후기 전반
청동기시대 조기	西平式 三万田式 御領式 · 広田Ⅰ期	조몬시대 후기 후반
청동기시대 전기Ⅰ기	貫川Ⅱ	조몬시대 만기 전엽
청동기시대 전기Ⅱ기	黒川式(古) 黒川式(中) 黒川式(新)	조몬시대 만기 중엽
청동기시대 전기Ⅲ기	(長行) (江辻4地点ＳＸ－1)	조몬시대 만기후엽
청동기시대 중기 전반	山ノ寺式 夜臼Ⅰ式 夜臼Ⅱa式	
청동기시대 중기 후반	夜臼Ⅱb式 · 板付Ⅰ式	야요이시대 조기-전기 전반
청동기시대 후기 (원형점토대)	板付Ⅱa式 板付Ⅱb式 板付Ⅱc式	야요이시대 전기 후반
삼한시대 (삼각점토대)	城ノ越式 須久Ⅰ式	야요이시대 중기 전반
	須久Ⅱ式	야요이시대 중기 후반
삼한시대	高三瀦式 下大隅式	야요이시대 후기
삼국시대	西新式	

청동기시대 중기에는 수도작기술을 가진 소규모 도래인집단이 서북 규슈에 들어온다. 도 래인들과 수도작을 접한 조몬인들은 대륙계 마제석기와 목제의 농공구류를 가지고 논, 논둑, 수로, 보 등의 수전 관련시설을 만들었다. 대륙계 마제석기로는 목제를 가공하기 위한 편인

석부류와 마제석촉, 마제석검, 수확구 등이 있는데, 야요이시대 조기에는 생활유적에서 출토되다가, 점차 석검과 석촉 등은 전기에 분묘에 부장된다. 대륙계 마제석기와 더불어 유입된 적색마연호는 경동부 경계와 경부의 외반정도에 따라 형태가 다양하다. 특히 야요이시대 조기의 적색마연호는 무문토기계와 이를 모방하여 재지 조몬토기 태토로 두껍게 만든 유우스계가 있다. 무문토기계는 서북 규슈 각지에서 출토되지만 수량이 많지 않다.

한편, 야요이시대 전후로 한반도의 영향을 받은 목관묘와 지석묘가 출현한다. 목관묘는 조몬시대 만기 전엽의 야마구치현 미도[御堂]유적, 에히메현 나가타[長田]유적, 시가현 가나야[金屋]유적, 가미데[上出]A유적에서 확인된 바 있다. 분명하지는 않지만 이 목관묘는 계보가 한반도에 관련될 가능성이 높다. 지석묘는 야요이시대 조기에 서북 규슈 각지에 집중적으로 조영되는데, 한반도 지석묘를 조형으로 한다. 전기부터 재차 다양한 묘제들이 한반도로부터 유입되는데, 종착지가 확대되어 북부 규슈와 야마구치현에서도 목관묘, 토광묘, 상형석관묘가 조영된다. 이들 분묘에는 야요이계 적색마연토기와 더불어 새로이 유입된 일단병식석검, 마제석촉 등이 부장된다.

이상으로 대륙계 마제석기는 현지에서 제작된 것이 대부분이고, 적색마연호도 서북 규슈 각지에서 다양하게 나타나며, 묘제 또한 지역마다 상이하다. 이를 통해 한반도의 문화요소가 야요이문화 형성기에 특정 지점으로 들어와 확산된 것 아니라, 동시다발적으로 서북 규슈 각지에 유입되었음을 알 수 있다. 또한 한반도로부터의 도래는 일회적 대사건에 그친 것이 아니라, 지속적으로 이루어졌다. 한편, 야요이시대 조기 취락 내에 대륙계 마제석기가 점하는 비율이 11~30%정도이고, 무문토기계의 비율이 30~40%정도이다. 여기에는 조몬인에 의한 모방품도 포함되므로, 실제 도래인에 의해 제작된 비율은 더 낮다. 즉 청동기시대 중기에 3~4동씩의 주거를 영위하던 소규모 단위의 도래인들이 서북 규슈 각지의 조몬집단 속에 정착하였다고 볼 수 있다.

현재의 연구 성과로 보아 야요이문화 형성과 관련된 도래요소는 청동기시대 중기 전반의 한반도 남부와 관련된다고 추정된다. 다만 야요이문화 성립에 지대한 영향을 미친 청동기시대 중기의 하한이 야요이시대 어느 단계에 해당하는가는 아직 의견이 분분하다. 따라서 왜 한반도에서 청동기시대 중기 문화의 주민이 이주할 수밖에 없으며, 왜 서일본은 조몬사회를 지탱하던 수렵채집사회에서 탈피하여, 적극적으로 수도작 위주의 사회로 진입하였는지에 대한 설명은 앞으로의 중요한 과제이다.

천선행

추천문헌

정한덕, 2002, 『日本의 考古學』, 서울: 학연문화사.
천선행, 2009, 「무문토기시대 한일간 지역관계변천」, 『古文化』 73, pp. 33～55.
하야시 켄사쿠(천선행 역), 2015, 『일본 신석기시대 생업과 주거』, 서울: 사회평론.

색인

248

인용도면·도판 목록

그림 6.8 동양대학교 박물관, 2010,『안동저전리유적』,〈원색도판 3〉.

그림 6.9-1 國立中央博物館·國立光州博物館, 1992,『特別展 韓國의 靑銅器文化』, 汎友社, p. 10, 〈145-1〉.

그림 6.9-2 김권구, 2008,「한반도 청동기시대의 목기에 대한 고찰」,『한국고고학보』67, p. 57, 〈도면 16〉을 수정·재편집.

그림 6.9-3 박대순, 2004,『농기구』, 대원사, p. 44, 〈따비〉.

그림 6.11 손준호 제공.

7장

그림 7.4-1 경남발전연구원 역사문화센터, 2012,『진주 평거 4지구 도시개발사업지구 내 진주 평거 4-1지구 유적 Ⅲ: 유구·유물도판』, p. 383, 〈도판 381. 645〉.

그림 7.7. 배진성, 2005,「무문토기시대 석기의 지역색과 조성변화」,『사람과 돌 특별전 도록』, 국립대구박물관, p. 386, 〈도 5〉.

그림 7.8. 배진성, 2005,「무문토기시대 석기의 지역색과 조성변화」,『사람과 돌 특별전도록』, 국립대구박물관, p. 387, 〈도 6〉.

그림 7.10. 黑崎直, 1985,「くわとすき」,『弥生文化의 研究 5 道具と技術 Ⅰ』, 雄山閣.

8장

그림 8.2 內蒙古敖漢旗博物館, 2004,『敖漢文物精華』, 內蒙古文化出版社.

그림 8.3 숭실대학교 한국기독교박물관, 2011,『한국기독교박물관 소장 거푸집과 청동기』, pp. 12~25, 〈P01·P04·P05·P09·P10·P12·P13·P14〉을 수정·재편집.

그림 8.5 遼寧省博物館·遼寧省文物考古研究所, 2006,『遼河文明展』.
瀋陽市文物考古研究所, 2008,『瀋陽考古發現六十年』, 사진을 재편집.

그림 8.8 趙現鐘·殷和秀, 2013,『國寶 第143號 靑銅器 出土 和順 大谷里 遺蹟』, 國立光州博物館, 〈뒷표지〉.

9장

그림 9.1 창원대학교박물관, 1998,『昌原의 先史·古代 聚落』, p. 7, 〈①〉.

그림 9.3. 울산암각화박물관, 2011,『한국의 암각화 부산 경남 전라 제주編』, p. 19, 〈한국 암각화 유적 분포도〉를 수정·재편집.

그림 9.4 울산암각화박물관, 2013,『울주 대곡리 반구대암각화 한국의 암각화Ⅲ』, p. 53, 〈Fig. 13〉.

그림 9.5 울산암각화박물관, 2013,『울주 대곡리 반구대암각화 한국의 암각화Ⅲ』, pp. 188~189, 〈Fig. 1〉.

256

10장

그림 10.1-1 한국청동기학회 http://www.bronzeculture.or.kr 자유게시판 353 "춘천중도 현장공개 안내" 「중도 유적 사진자료 및 약도」, p. 1 〈사진1〉(한강문화재연구원).

그림 10.1-2 이홍종·현대환·양지훈, 2012, 『行政中心複合都市敷地 內 3-1-B地點 燕岐 大坪里遺蹟: 本文』, 韓國考古環境研究所, p. ⅱ, 〈원색도판 2〉.

그림 10.1-3 吳圭珍·李販燮·裵相勳·安星泰·崔慶淑, 2009, 『천안 유통단지 개발사업지구 내 天安 白石洞 고재미골 遺蹟(寫眞)』, 충청문화재연구원, 〈全景 2〉.

그림 10.2 이형원, 2009, 『청동기시대 취락구조와 사회조직』, 서경문화사, p. 120, 〈도면 28〉·p. 126, 〈도면 32(2)〉을 수정·재편집.

그림 10.3-1 국립춘천박물관, 2004, 『강원고고학의 발자취』, p. 20, 〈발견당시 모습〉·p. 22, 〈출토유물〉. 金元龍, 1963, 「春川校洞 穴居遺蹟과 遺物」, 『歷史學報』 20, p. 4, 〈圖 (3)〉.

그림 10.3-2 복천박물관, 2013, 『선사·고대 옥의 세계』, 2013 복천 박물관 특별 기획전, p. 21.

그림 10.3-3 國立慶州博物館, 1991, 『蔚珍厚浦里遺蹟』, 〈遺構全景〉. 계명대학교 행소박물관·삼한문화재연구원·영남문화재연구원, 2012, 『대구·경북 신석기문화 그 시작과 끝』, pp. 101~102, 〈출토유물〉.

그림 10.3-4 한국문물연구원 2014, 『부산신항 준설토투기장 사업부지 내 釜山 加德島 獐項 遺蹟(上)』, p. 106, 〈사진24〉.

그림 10.5-2 충남대학교 박물관, 2007, 『호서지역의 청동기문화』, 호서지역 문화재조사연구기관 연합전, p. 100, 〈조사지역의 근경〉.

그림 10.5-3 충남대학교 박물관, 2007, 『호서지역의 청동기문화』, 호서지역 문화재조사연구기관 연합전, p. 101, 〈7호 저장구덩이 유물 노출 모습〉.

그림 10.6-1 김경택·정치영·이건일·민은숙·주혜미·정은지, 2011, 『부여 송국리유적 제12·13차 발굴조사 松菊里Ⅶ』, 한국전통문화대학교 고고학연구소, p. 4, 〈원색사진2②〉.

그림 10.7-1 慶南文化財研究院, 2006, 『蔚山 蓮岩洞 環濠遺蹟』, p. 8.

그림 10.7-2 昌原大學校 博物館, 1997, 『昌原의 先史·古代 聚落』, p. 8, 〈環濠의 斷面⑪〉.

그림 10.7-3 한국생활사박물관 편찬위원회, 2002, 『한국생활사박물관02 고조선생활관』, 사계절, pp. 22~23.

그림 10.8-1 국립진주박물관, 2002, 『청동기시대의 大坪·大坪人』, p. 104, 〈장신구의 제작과정〉.

그림 10.8-2 경남발전연구원 역사문화센터, 2010, 『경남의 청동기시대 문화』, p. 20, 〈진주 대평리 어은1지구유적〉.

그림 10.8-3 고민정, 2010, 「남강유역 청동기시대 후기 취락구조와 성격」, 『영남고고학』 54, p. 34, 〈도면 13〉 수정·재편집.

그림 10.9-1 慶南大學校博物館, 2013, 『德川里』, p. 5, 〈원색도판 1〉.

그림 11.3 姜仁旭, 2010,「서기전 13~9세기 카라숙 청동기의 東進과 요동·한반도의 초기 청동기문화」,『호서고고학보』21, p. 26,〈도면6〉·p. 27,〈도면7〉을 수정·재편집.

그림 11.4 田廣金·郭素新, 1986,『鄂爾多斯式青銅器』을 재편집.

그림 11.6 강인욱, 2010,「비파형동검의 한반도 유입과정에 대하여」,『제6회 한국청동기학회 국제학술대회』, 한국청동기학회. p. 107,〈도면 3-1〉·p. 108〈도면 3-2〉을 재편집.

12장

그림 12.2-1 鈴木公雄 編, 1988,『縄文人の生活と文化』古代史復元2, 講談社, p. 123.

그림 12.2-2~8 戸澤充則, 1994,『縄文時代研究事典』, 東京堂出版, p. 50.

그림 12.2-9~11 정한덕, 2002,『일본의 고고학』, 학연문화사, p. 115와 奈良文化財研究所, 2005,『日本の考古學』上, 學生社, pp. 228~231을 수정·재편집.

그림 12.4 奈良文化財研究所, 2005,『日本の考古學』上, 學生社, pp. 213~214를 수정·재편집

그림 12.6-2 佐藤浩司, 2008,「西日本の農耕具」,『弥生·古墳時代の木製農具』, 季刊考古学 第104號, p. 20을 수정·재편집.

그림 12.7 家根祥多, 1984,「縄文土器から弥生土器へ」,『縄文から弥生へ』, 帝塚山考古学研究所.

그림 12.8 小南裕一, 2005,「北部九州地域における彌生文化成立期前後の土器編年」,『古文化談叢』52. 정한덕, 2002,『일본의 고고학』, 학연문화사의 일부 도면을 수정·재편집.

그림 12.9-1 奈良文化財研究所, 2005,『日本の考古學』上, 學生社, p. 375.

그림 12.9-2 森岡秀人·中園 聰·設樂博己, 2005,『稲作傳來』先史日本を復原する4, 岩波書店, p. 96.

그림 12.9-3 山崎純男, 2008,『最古の農村 板付遺跡』, 新泉社,〈圖9〉.

그림 12.10 정한덕, 2002,『일본의 고고학』, pp. 207~214와 中園聰, 2005,「九州甕棺社会のイデオロギー」,『弥生墓制の地域的展開』, 季刊考古学 第92號, p. 37을 수정·재편집.

그림 12.11-4 片岡宏二, 2005,「墓制からみた北部九州弥生時代」,『弥生墓制の地域的展開』, 季刊考古学 第92號, p. 19.

그림 12.11-5 정한덕, 2002,『일본의 고고학』, 학연문화사, p. 182.

그림 12.11-7 桑原隆博, 2005,「四隅突出型墳墓の新展開」,『弥生墓制の地域的展開』, 季刊考古学 第92號, p. 45.

그림 12.11-8 下條信行, 1988,『弥生農村の誕生』古代史復元4, 講談社, p.134.

그림 12.12-1 奈良文化財研究所, 2005,『日本の考古學』上, 學生社, p. 387. 정한덕, 2002,『일본의 고고학』, 학연문화사, p. 195.

그림 12.12-2 奈良文化財研究所, 2005,『日本の考古學』上, 學生社, p. 391.

그림 12.12-3 奈良文化財研究所, 2005,『日本の考古學』上, 學生社, p. 319.

시대별로 볼 때, 청동기시대는 한국고고학에서 가장 많은 전공자가 종사하는 분야일 것이다. 전공자가 많다는 것은 연구의 성과는 물론 여지도 많은 상황을 반영한다. 다소 얄궂지만 여지가 많다는 것은 설명하고 싶고, 설명해야 하지만 잘 되지 않았던 부분이 산재한다는 것을 의미한다. 이 책을 쓰고 편집하면서 겪게 된 어려움과 망설임은 대부분 그런 현재상황과 깊은 관련이 있다.

우리 역사에서 청동기시대에 나타났던 변화는 고대국가 태동의 전조precursor가 된다. 다양한 변화가 시작되었던 만큼 매우 역동적이었으며, 국가에 비해서는 강제성과 구심력이 약했던 탓에 매우 유동적인 시기였다. 역동성과 유동성이 팽배했던 탓에, 당시를 연구하는 입장에서는 이런저런 분야로 두루 시선을 돌려야 그 문화상을 온전하게 이해하고 설명할 수 있다. 그러한 이해와 설명의 기초는 일차적으로 자료의 축적이다. 해방 이후, 특히 최근 1·20년 동안 축적된 많은 실물 정보에 힘입어, 언뜻 무엇이라도 금방 할 수 있을 것처럼 보였다. 그러나 책의 기획단계에서부터 과연 어디까지가, 무엇까지가 우리 청동기시대 문화 서술의 대상이 되어야 하는지조차 정하기 어려웠다. 그 공간적 범위가 현재 중국, 북한, 남한 등 조사의 방식이나 밀도는 물론 학적 풍토를 달리하는 세 정치체에 걸친 탓이기도 했다. 한편, 그 문화 내용으로부터 청동기시대인들이 어떤 삶을 살았는지를 복원하기 또한 쉽지 않았다. 우리의 청동기시대 어느 시점에는 고조선古朝鮮이 중국 동북지방과 북한지역에 고대(연맹)왕국의 위상을 지니고 있었으나 남한지역의 여러 사회는 그렇지 못했다. 일부 문화내용으로 보면, 사회복합도가 다소 차이나는 듯도 하다. 물론 좀 더 균형감 있는 비교를 통해 재고해보아야 할 점도 있지만 어쨌든 현존하는 지역 간 변이를 하나의 틀에 묶어내는 것은 그다지 단순한 작업만은 아니었다.

한편, 11명의 필자들이 각기 장점을 살려 각 장을 서술하다보니 필수 내용의 누락을 피할 수도 있고, 내용을 풍부하게 하며, 균형감을 유지하는 데에는 유리했다. 그러나 11명의 생각이 하나일 수는 없는 바, 단정적이면서 통일된 서술체계를 유지해야 하는 개설서의 집필에 도움이 된 것만은 아니었다.

그럼에도 불구하고 필진은 통일된 서술 기조를 유지하기 위해 노력하였다. 내용의 공정성과 보편성은 물론이고 각 장의 문투도 일관적으로 하려고 노력하였다. 공정성, 보편성, 일관

260

성의 원칙 외에도 평이성과 미래지향성은 본서를 집필하는 필진 모두가 끝까지 놓지 못할 화
두였다. 필진 대부분은 대학교육에 전업적으로 종사하고 있다. 그간의 경험을 바탕으로 학부
2·3학년이 커다란 불편을 느끼지 않고 읽을 수 있는, 강의에서 직접 사용할 수 있는 교재로
서의 개설서를 집필하자는 것은 기획단계에부터 분명한 목표였다. 그 결과 본문 246쪽이라
는 그리 부담스럽지 않은 양의 책을 만들게 되었다. 내용과 서술체계뿐만 아니라 양도 표적
대상에 맞추고자 했다. '미래지향성!' 이 화두는 관행적으로 사용되어온, 그리고 계속 사용될
우려가 있는 용어나 개념을 폐기하고 다소 생소하지만 적절하다고 생각되는 대체재를 수용
하기 위한 전략적 근거가 되었다. 사실 이 전략은 보편성과는 다소 배치되는 면이 있다. 일일
이 열거할 수는 없지만 원래의 취지를 잘못 이해한 채 차용하여 세 불리기를 해온 잘못된 관
행을 극복하고 우리 고고학의 미래세대라 할 수 있는 젊은 학도들이 좀 더 올바른 교육을 받
기를 바라는 순수한 마음에서 상호충돌적인 전략을 채택하게 되었다. 미래지향성은 내용면
에서도 추구되었다. 현재는 다소 조사의 밀도가 떨어지지만 중국 동북지방의 서술 비중을 늘
리고, 북방 청동기시대 문화서술의 장을 독립적으로 배정한 것도 통일시대를 맞는 우리 학문
후속세대에게 과연 무엇이 더 필요할까에 대한 통찰에서 비롯되었다.

한 학계가 다양한 수준의 개설서를 무리 없이 쓸 수 있게 되었다는 것은 분명 자찬할 만한
일이다. 영국 캠브리지 대학 출판부에서 출간되는 시리즈물들을 볼 때마다 부럽기도 하고 주
눅이 들기도 하였다. 최근 우리 학계에서는 그런 작업이 과거 어느 때보다 활발하다. 매우 고
무적이다. 다만 그것이 외적 성장에 힘입어 우쭐한 나머지 '당랑지부螳螂之斧'의 우를 범하는
것은 아닌지 위태함을 느낄 때도 있다. 이 책도 그런 평가를 받지는 않을까 두렵다. 무척 조
심하려했다는 것만이라도 독자들이 알아주시길 바랄 뿐이다.

이 책은 많은 분들의 도움이 있었기에 나올 수 있었다. 오랜 시간 기다려주신 조상기 원장
님과 중앙문화재연구원 임직원 여러분께 감사와 사과의 말씀을 전한다. 편집자로 효율과 일
관성을 핑계 대며 나머지 필자들에게 적지 않은 패악을 떨었던 점 사과드린다. 교정과 도면
작업에 최선을 다해준 충북대학교 박주영 조교와 대학원생 여러분께도 감사드린다. 여러 차
례의 무리한 요구도 밝게 수용해준 도서출판 진인진 관계자들께도 감사의 말씀을 전한다. 그
래도 가장 큰 인사는 이런 책이 나올 수 있는 토양을 제공해준 선·후배 연구자들의 노고에
드려야 하지 않을까 한다. 기초자료의 축적과 선행연구 없이는 이 책의 한 장도 나가지 못했
을 것이다.

필자들을 대신하여 김범철